国家社科基金面上项目"上海自贸区扩容接轨国家自贸区战略研究"(批准号15BGJ026)最终研究成果

| 光明学术文库 | 经济与管理书系 |

中国自由贸易试验区建设研究

郭晓合　赖庆晟　叶修群 | 著

光明日报出版社

图书在版编目（CIP）数据

中国自由贸易试验区建设研究 / 郭晓合，赖庆晟，叶修群著 . -- 北京：光明日报出版社，2022.9
ISBN 978-7-5194-6793-7

Ⅰ.①中… Ⅱ.①郭… ②赖… ③叶… Ⅲ.①自由贸易区—经济建设—研究—中国 Ⅳ.①F752

中国版本图书馆 CIP 数据核字（2022）第 165289 号

中国自由贸易试验区建设研究
ZHONGGUO ZIYOU MAOYI SHIYANQU JIANSHE YANJIU

著　　者：郭晓合　赖庆晟　叶修群	
责任编辑：李壬杰	责任校对：阮书平
封面设计：中联华文	责任印制：曹　诤

出版发行：光明日报出版社
地　　址：北京市西城区永安路 106 号，100050
电　　话：010-63169890（咨询），010-63131930（邮购）
传　　真：010-63131930
网　　址：http://book.gmw.cn
E - mail：gmrbcbs@gmw.cn
法律顾问：北京市兰台律师事务所龚柳方律师
印　　刷：三河市华东印刷有限公司
装　　订：三河市华东印刷有限公司
本书如有破损、缺页、装订错误，请与本社联系调换，电话：010-63131930

开　　本：170mm×240mm			
字　　数：350 千字		印　　张：19.5	
版　　次：2022 年 9 月第 1 版		印　　次：2022 年 9 月第 1 次印刷	
书　　号：ISBN 978-7-5194-6793-7			
定　　价：98.00 元			

版权所有　　翻印必究

自序　开放与前行

进入21世纪第二个十年，全球经济出现经济多极化与国家主义盛行并存的局面，中美关系由竞合转向全面竞争，冲突不断升级的新格局使世界经济进入重新洗牌时期。面对全球经济动荡的大变局，国家新一代领导人提出对内扩大开放，对外加快实施FTA战略的施政新思路。为此，国家顶层设计提出在上海设立首个自由贸易（以下简称"自贸"）试验区，通过渐进式扩容在全国各地设置若干个自贸试验区，试行高标准巨型FTAs谈判投资贸易新规则，进而在全国复制推广，为国家参与多边、双边自贸协议提供实践依据，为加快实施FTA战略扩大开放服务。对此，我们的研究主要从以下几方面展开。

什么是自由贸易试验区？我们认为自由贸易试验区既不是国际通行的一国境内实施"关内境外"政策的自由贸易区，也不是我国海关特殊监管区功能的简单扩大，而是独具中国特色的，先试先行国际投资贸易最新规则，贯彻"新时期"国家加快实施FTA战略新构思，带动全国扩大开放，提升CSSZ的国际竞争力和探索国际高水平FTZ建设三者功能兼有，强制性制度变迁与诱制性制度变迁相结合的创新试验区。

自由贸易试验区试行的制度创新主要有哪些？我们认为试行的重点是TPP探索的规制一体化边界内措施，主要开展外商投资管理体制改革、扩大服务业开放、贸易便利化三大改革。外商投资管理体制改革重心是开展负面清单为核心的投资准入、公平竞争、权益保护三大领域的规制一体化创新探索。扩大服务业开放是指金融、航运、商贸、专业、文化、社会六大服务业的扩大开放，试行重点是投资准入的放宽，通过服务业扩大开放促进现代服务业与高附加值、高技术含量的高端制造业的融合发展。贸易便利化的制度创新主要依据WTO贸易便利化协议，围绕国际贸易"单一窗口"建设，简化通关流程、实施区港一体化、降低通关成本展开，目的是建立安全、高效、便捷的海关综合监管新模式，优化营商环境，为"新时期"我国开展多边、双边自贸协议谈判提供现实依据。

自由贸易试验区是如何开展扩容，向全国复制推广各项制度创新的呢？我们认为每个自贸试验区增长极的辐射范围有限，因此，需要在全国各地具有区位优势的交通枢纽地区合理布局若干自贸试验区增长极，优化全国各地经济转型升级的空间布局。自贸试验区扩容的逻辑是以上海自贸试验区为外引，内联龙头，以长江经济带为主轴，由东向西纵向扩容；以全国南方、北方的交通枢纽城市为支撑点，由中向南、北方向横向扩容，通过7年的时间分6批先后在全国东西南北中全方位布局"1+3+7+1+6+3"等21个自贸试验区。21个试验区以上海自贸试验区试点内容为主体，结合地方特点，充实新的试点内容。各项改革试点经验由自贸试验区通过分布在全国各地的CSSZ复制推广到全国各地，最终实现开放经济的空间优化和全国的扩大开放。

然而，自贸试验区扩容是如何服务国家加快实施FTA战略的呢？我们把上海自贸试验区假设为一个"迷你版功能型现代自由贸易区"，那么上海自贸试验区扩容就是在全国设立若干个分工不同、各具特色的"迷你版功能型现代自由贸易区"，在全国范围全方位布局服务接轨国家加快实施FTA战略的"试验田"。进而，国家在对外自贸协议谈判中，不断增加运用国内自贸试验区扩容试行的投资准入、货物、服务贸易扩大开放、贸易便利化、对标国际高标准自贸规则等方面的制度创新开放措施，为我国开展多边、双边自贸协议谈判取得突破性进展提供了有力的支持。特别是这些制度创新举措在2020年的RCEP协定中得以最大体现，为中国签署一个现代的、高质量的RCEP协议奠定了坚实的基础。

同时，对外7年来国内沿海自贸试验区贸易增长极与"海丝路"沿线国家高水平FTA建设联动；"丝绸带"沿线国内段自贸试验区贸易增长极，与"一带一路"沿线国家贸易便利化建设联动。初步形成自贸试验区扩容与加快实施FTA战略、"一带一路"建设的有机联动。这种联动发展机制是一种建立在外引内联基础上的，以线连点，以点带面，实现"点、线、面"相结合的三位一体错位发展的联动机制，推动了我国与周边、"一带一路"沿线FTA网络建设的联动发展，不断深化经贸关系，初步构建起优势互补、合作共赢的"一带一路"大市场。

展望未来，我们认为自由贸易试验区建设要进一步试行国际高水平自贸规则，加大试行CPTPP投资贸易新规则的范围；通过国内自贸试验区+各类"园区"网络建设与国外RCEP多边和双边自由贸易区+产业园区网络建设+"一带一路"国际大通道建设三位一体联动发展，促进域内各国产业链、供应链、价值链的融合，"补链""强链"，巩固中国在泛太平洋产业链中的中心地位，实现以最小的改革成本获取最大的FTA战略效应的目的。

郭晓合

2021年7月于上海

目录
CONTENTS

第一章 引言 **1**
　第一节　问题的提出 1
　第二节　研究价值与内容 12

第二章 相关文献与理论依据分析 **17**
　第一节　有关自贸试验区的文献综述 17
　第二节　相关研究评述 31
　第三节　自贸试验区扩容接轨国家 FTA 战略的理论分析 33

第三章 相关概念辨析与上海自贸试验区功能定位 **47**
　第一节　自贸试验区的来龙去脉 47
　第二节　上海自贸试验区功能定位探索 58
　第三节　自贸试验区扩容与国家 FTA 战略辨析 66

第四章 自贸试验区扩容的全国复制推广机制 **71**
　第一节　自贸试验区渐进式的全国扩容 71
　第二节　从 CSSZ 到 PFTZ 开放制度增长极点辐射范围的测度 82
　第三节　自贸试验区扩容接轨国家 FTA 全国空间布局探讨 91

第五章 扩容接轨国际投资贸易新规则的选择 **97**
　第一节　国际投资贸易新规则探索的时代要求 97
　第二节　新国际投资贸易制度的探索者：FTAs 谈判 100
　第三节　上海自贸试验区启动对接中美 BIT 谈判中 TPP 投资新规则 107

1

第六章　扩容接轨国际　先试先行外商投资管理体制的制度变迁 ……… 112
第一节　变迁外商投资管理体制改革的先试先行 ……………………… 112
第二节　变迁外商投资管理体制的效应 ………………………………… 121
第三节　扩容试行负面清单管理体制与全国的复制推广 ……………… 131
第四节　变迁外商投资管理体制的配套改革 …………………………… 142

第七章　扩容接轨国际　服务业扩大开放的制度变迁 …………………… 151
第一节　先试先行服务业投资准入扩大开放制度创新的探索 ………… 151
第二节　先试先行扩大服务业开放制度变迁的产业连锁效应 ………… 160
第三节　服务业投资准入扩大开放全国复制推广的主要举措 ………… 170
第四节　服务业扩大开放制度变迁的金融保障配套改革探索 ………… 177

第八章　扩容接轨国际　贸易便利化的制度变迁 ………………………… 201
第一节　先试先行贸易便利化制度创新的探索 ………………………… 201
第二节　从 CSSZ 到 PTFZ 贸易便利化制度变迁的带动效应 ………… 207
第三节　贸易便利化制度创新的全国复制推广与政策动态调整 ……… 230

第九章　扩容接轨新时期国家加快实施 FTA 战略的探索 ……………… 244
第一节　扩容服务国家加快实施 FTA 战略 …………………………… 244
第二节　扩容服务国家加快实施 FTA 战略效果分析 ………………… 255
第三节　扩容服务国家加快实施 FTA 战略动态演进讨论 …………… 268

第十章　主要结论与建议 …………………………………………………… 280
第一节　扩容接轨国家 FTA 战略探讨的主要结论 …………………… 280
第二节　扩容接轨国家 FTA 战略的不足与政策建议 ………………… 285
第三节　扩容接轨国家 FTA 战略展望 ………………………………… 289

主要参考文献 ………………………………………………………………… 291

后　　记 ……………………………………………………………………… 303

第一章

引 言

第一节 问题的提出

一、研究背景

(一) 国际背景：国际经济动荡不安

进入21世纪第二个10年，世界经济增长持续趋缓，国际经济贸易进入大变革、大动荡、大调整时期。2013年中国（上海）自由贸易试验区（简称上海自贸区）成立后，全球经济处于中速增长周期。作者认为，2007年是全球过去10年中经济增长的顶峰，2008—2018年处于中速增长周期，平均增速不仅低于2008年金融危机以前的10年，也低于2008年以前30年的平均速度。2022年4月19日，IMF预测2023年全球经济的GDP增长率为3.6%。

IMF《世界经济展望》预测显示，2017年后，全球经济出现增长高位震荡现象，全球各国贸易关系的紧张趋势和地缘政局的动荡，中美、欧美之间贸易摩擦的升级制约了经济的增长，全球经济贸易格局演化趋势呈现以下特点：

1. 全球经济多极化与国家主义盛行并存

一方面G7日渐式微，全球治理结构将朝着由G20协调机制演变。另一方面美、中、欧（英国脱欧）国家主义盛行。以美国为代表，强调国家利益至上，在全球大打贸易战。

美国之所以与中国打贸易战，一是中国的崛起让美国感到威胁。数据显示：2013—2015年世界新增GDP3.3万亿美元，美国贡献约1.1万亿美元，中国贡献1.6万亿美元，世界其余国家贡献7000亿美元。2015—2017年世界新增GDP3.38万亿美元，美国贡献约1.42万亿美元，中国贡献1.38万亿美元，其余贡献 5800 亿美元。2018 年美国 20.5 万亿美元，新增 1.1 万亿美元，中国 13.6 万亿美元，新增 1.36 万亿美元。中国已成为美国最强劲的对手。①

二是抑制中国是美国两党的共识（见图 1.1）。总体上，共和党对华更强硬，民主党相对温和。共和党重实际利益轻意识形态，民主党关注意识形态，强调人权等。

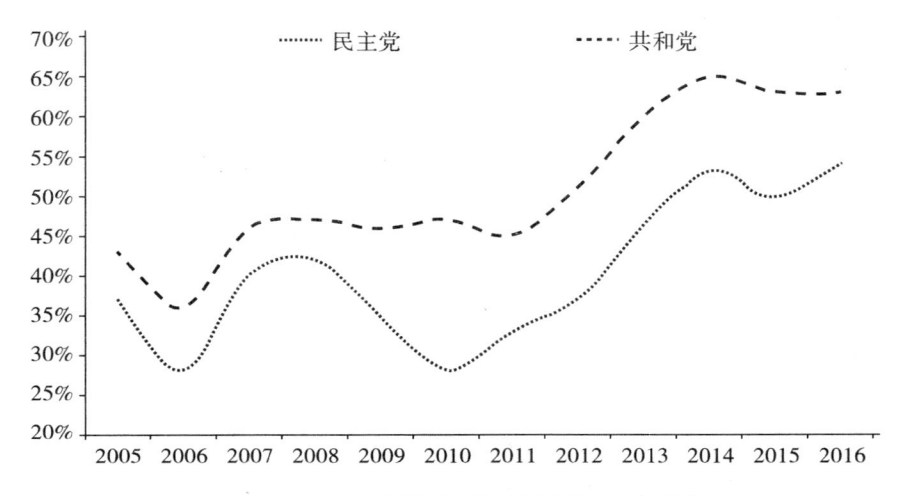

图 1.1　2011 年后美国两党对中国的负面评价②

三是近年来，美国从共和党特朗普执政到民主党拜登上台，对华全面强硬、打压和遏制中国的政策步步升级。从特朗普的"单打独斗"策略走向拜登的"团结盟国"，不断针对中国采取全面对立措施，从军事、经济、科技和国际关系等方面，全方位"围攻"中国，中美冲突不断。但是，经济上，中美提倡的国家主义差异巨大。美国政策的基点是需求，推行宏观需求调控，贸易政策走向是推行新贸易保护主义。中国政策的基点是供给，推行供给侧改革，贸易政策走向是持续扩大开放，与经济全球化接轨。

2. 全球经济结构高级化，出现生产方式三大融合的变革趋势

集约型经济增长方式日趋流行，逐步替代粗放型增长方式；制造业在总产出中占比日趋下降，第三产业占比日趋上升，生产跨国公司化，多国分工协作生产方式日趋流行；呈现出生产方式三大融合的变革趋势：智能制造和数字服务相融合；能源技术与网络技术相融合；制造业与服务业相融合，第二、三产

---

① 数据来源：作者根据国际货币基金组织发布的相关年份各国 GDP 相关数据整理计算。
② 资料来源：Pew Research Center，转引自恒大研究院报告，2018 年。

业界限模糊化趋势。与此相呼应的是服务业全球化趋势，表现有三：

（1）全球贸易方式发生巨变，以现代化、专业化分工协作为基础的中间品贸易比重大幅上升，产业间贸易比重下降。在由服务和货物贸易构成的国际贸易额中，服务贸易比重从5%大幅上升到30%。反映这种贸易变化趋势的投资贸易新规则的探索应运而生。

（2）全球贸易方式的巨变催生了巨型跨国企业更加细化的专业化生产方式的革新：出现以价值链为中枢，以供应链为降低流通成本的连接纽带，以高技术中间品为抓手，外包加工专业化生产为基础的产业链等三链融合专业化分工的生产方式。这种新的生产方式的特点是由上游高新技术价值链、中游物流供应链、下游由几十个国家的上百家企业外包生产零部件分工协作共同制造一个制成品，反映了第二、三产业融合发展的趋势。例如，小到智能手机，大到飞机、游轮的生产，其产业链集群中的不同工厂互相生产各种零部件、半成品；不同物流企业、集成商相互供应各种零配件；各类金融服务商为制造、供应链企业提供各种投融资资金服务，三链融合专业化分工协作生产就是明证。

（3）三链融合的全球化生产方式催生了国家关税壁垒运作方式的变革——零关税、零壁垒、零补贴三零原则的探索。2002年，美国率先提出了"三零"概念，并与各个发达国家和新兴工业化国家谈判协商，提出争取到2010年，把关税降到5%以内，到2015年把关税降为零的目标。目前，第一阶段目标已实现，第二阶段归零的目标没有实现。在世界贸易组织（以下简称"WTO"）里面，讨论关税为零很难获得通过，因此双边或多边自由贸易区（以下简称"FTA"）等形式的区域经济一体化谈判，就成为世界各国中主张商品贸易自由化、生产要素自由流通的国家之间开展更高标准自由贸易协议谈判的主要阵地。

3. 出现全球经济区域化、单边主义并存的格局

（1）倡导多边主义推进贸易新规则。当今世界有六个主要自由贸易协定或谈判：日欧自由贸易谈判（EPA）、全面进步的跨太平洋伙伴关系协定（CPTPP），即美国退出后的TPP版本、跨大西洋贸易与投资伙伴关系协定（TTIP）、新北美自由贸易协定（USMCA）、非洲大陆自由贸易区协定（AfCFTA）、区域全面经济伙伴关系协定（RCEP）。欧盟在英国脱欧公投以及特朗普发起保护主义后，开始调整方向，推动自身主导的双边和多边自贸协定，试图借经贸红利强化成员国的凝聚力，例如，与加拿大和日本分别签署"全面经济贸易协定"（CETA）和EPA。

2018年7月17日，欧盟与日本在东京签署《经济伙伴协定》（EPA, Economic Partnership Agreement），日欧人口总数6亿，综合经济体量占全球GDP的

30%，EPA将打造占据全球贸易额37%的世界最大自由贸易区。根据EPA协议，日欧双方均将大幅下调关税，最终日本出口至欧盟99%的产品将会免除关税，欧盟销往日本94%的产品也将被免除关税。但是，EPA这种协定的实质是发达国家意在建立排他性自贸协定，发展中国家和新兴经济体被排除在外。

2018年11月30日，美、墨、加三国领导人在布宜诺斯艾利斯正式签署新的美国—墨西哥—加拿大贸易协定（USMCA）。USMCA也就自此取代了1994年生效的北美自由贸易协定（NAFTA），成为北美三国之间最新的贸易框架。新北美自贸区，人口总数4.8亿，GDP22.29万亿美元，综合经济体量占全球GDP的27.5%。2019年7月7日，非洲44个国家签署成立非洲大陆自由贸易区（AfCFTA）。目标是通过加强人员、资本、货物和服务的自由流动，促进农业发展、粮食安全、工业化和结构性经济转型，加强非洲经济一体化。AfCFTA将使非洲成为WTO成立后成员国数量最多的自由贸易区，形成一个覆盖12亿人口、拥有2.5万亿美元GDP的非洲单一市场。

但是，截至2019年，在上述六大贸易谈判国中，除了RCEP，中国都没有参与。2016年12月31日中国加入WTO过渡期结束后，美、日、欧盟等发达国家都宣布不承认中国的市场经济地位。2013年，中欧启动双边投资谈判协定（BIT），中方曾希望将BIT谈判与FTA联系在一起，欧盟不同意，双方在未来经贸发展和制度变革等方面分歧较大。

（2）单边主义，主张双边谈判推进贸易新规则。美国特朗普政府发起贸易保护主义，采取退出国际化组织和大打贸易战的国策；主张双边谈判，在全球推进双边贸易、公平贸易、对等贸易。中国则通过自由贸易试验区、自由贸易港措施开展改革创新，推进国际贸易新规则，对外展示接轨国际经济贸易通行新规则的决心，对内扩大对外开放，构建开放型经济新体制，为国家对外开展RCEP等多边和双边FTA谈判提供现实基础和规则依据。两种不同主张的冲突，致使国际经贸动荡加剧、摩擦激化、冲突不断，中美双方的关系已转向相互竞争的阶段。在全球贸易保护主义浪潮的影响下，中国新一轮对外开放面临的国内外环境发生了根本性变化，对外开放方面显现出"天花板"效应。

（二）国内经济状况："此起彼伏"

国际经济动荡不安，对以外向型为主的我国经济发展冲击极大，中国经济面临转型升级的压力：经济增长连续下行、国内内需不振；加工贸易比重过大、生产企业不赚钱；银行利润过高、市场经济体制改革倒退等压力。粗放型发展弊病日益凸显。

1. 中国经济增长下行

2009 年以来，我国经济增长连续下行，WTO 给中国带来的红利进入末期，外贸出口大幅回落，外汇储备连年上行，这对国内经济造成巨大冲击。2009 年 4 万亿投资，人民币加速升值，国家探索以国有经济带动经济发展效果不理想，经济连续五年下行，石化、银行、通信等行业获得垄断利润，效益低下，改革出现新的国进民退和依靠传统行政审批经济崛起的利益集团。2013 年后，新贸易保护主义盛行、国际环境恶化、我国外贸出口大幅回落状况并没有改变，对国内经济造成冲击，内需增长缓慢，产能过剩矛盾突出，中国经济增长继续下滑，从 2015 年的 7% 下降到 2019 年的 6.1%（见图 1.2 和图 1.3）①。

图 1.2 2009—2013 年中国经济增长柱状图

2. 内需不振，通货膨胀与通缩压力

消费物价指数从 2009 年的 -0.7% 上升至 2010 年的 3.3%。2011 年 6 月达到 6.4%，2011 年 7 月末，CPI 高达 6.5%，此后开始下行，2012 年 3 月为 3.6%。② 从 2019 年下半年开始 CPI 持续走高，受新冠肺炎疫情的冲击，2020 年 2 月 CPI 同比上涨 5.2%，环比上涨 0.8%；PPI 同比下跌至 -0.4%，环比回落

---

① 资料来源：2014、2019 年国家统计公报，国家统计局，2015 年、2020 年 2 月 28 日公布。
② 一般说来当 CPI>3% 的增幅时，称为通货膨胀；而当 CPI>5% 的增幅时，称为严重的通货膨胀。

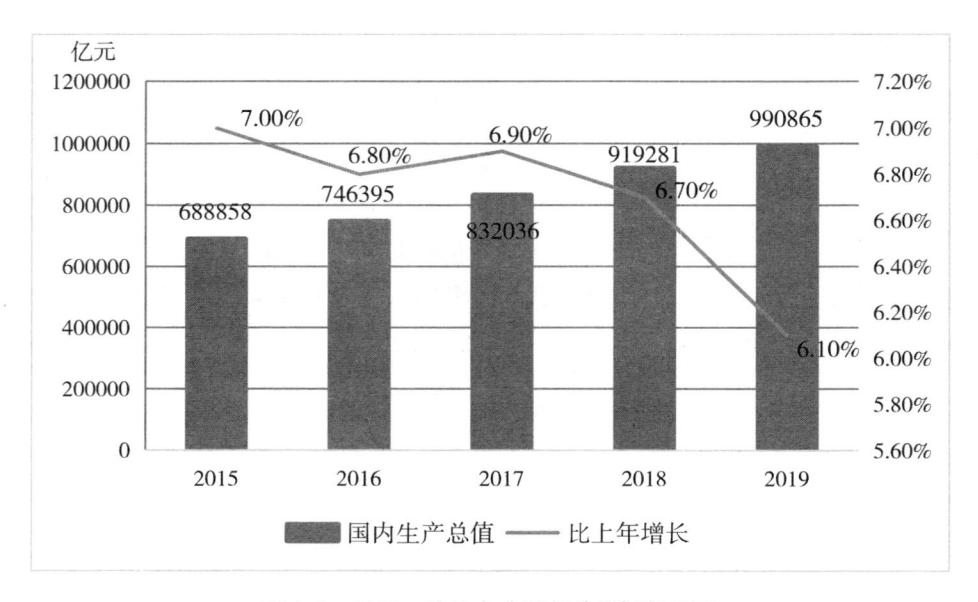

图 1.3 2015—2019 年中国经济增长柱状图

至 -0.5%（见图 1.4）。

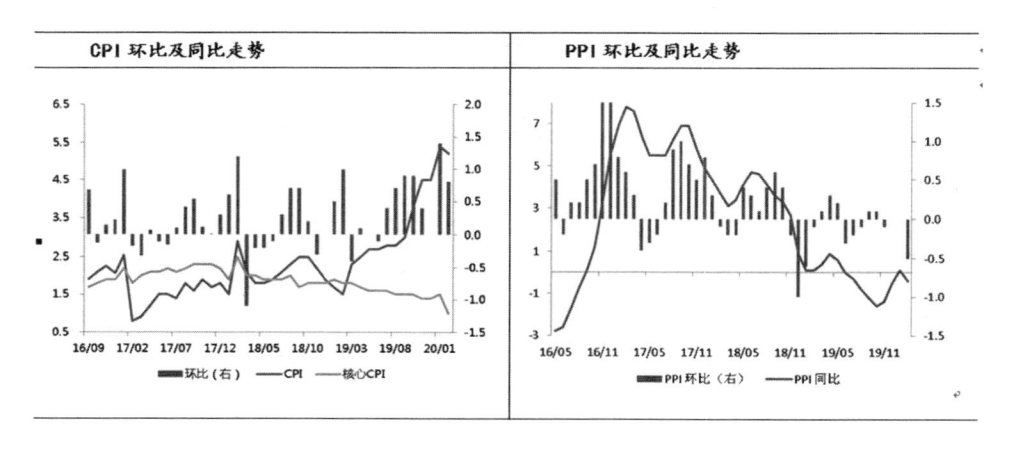

图 1.4 2016—2020 年中国通胀走势图①

2008—2020 年期间，中国经济社会中既有引发通货膨胀的因素，也存在导致出现通货紧缩的可能。2008—2012 年导致通货膨胀的因素：

一是财政收入增长过快。2008—2012 年中国的财政收入以每年 18% 的速度

---

① 资料来源：国家统计局公开信息，2020 年 3 月公布。

持续递增；2011年全年收入达到10万亿元以上，2013年为13万亿元，比上年增长10%。二是投资增长过快。2008—2012年，投资每年增长20%以上，2013年全年全社会固定资产投资447074亿元，比上年增长19.3%。三是外汇体制的桎梏导致外汇储备增长过快（见图1.5）。四是货币严重超发。截至2012年年底，我国广义货币量M2余额为97.42万亿元，居世界第一，约占全球货币供应总量的1/4，是美国的1.5倍，英国的4.9倍，日本的1.7倍，比整个欧元区的货币供应量还多出20多万亿元。2008—2012年，中国货币供应量激增50万亿元，存量翻番。2007—2018年，将全球各大经济体货币供应量在这10年来的变化进行对比后发现，中国货币超发全球第一（见图1.6）。

截至2018年3月，人民银行数据显示，人民币广义货币供应量达到173.99万亿元。按照当月汇率折算，人民币广义货币供应量（M2）为27.67万亿美元。

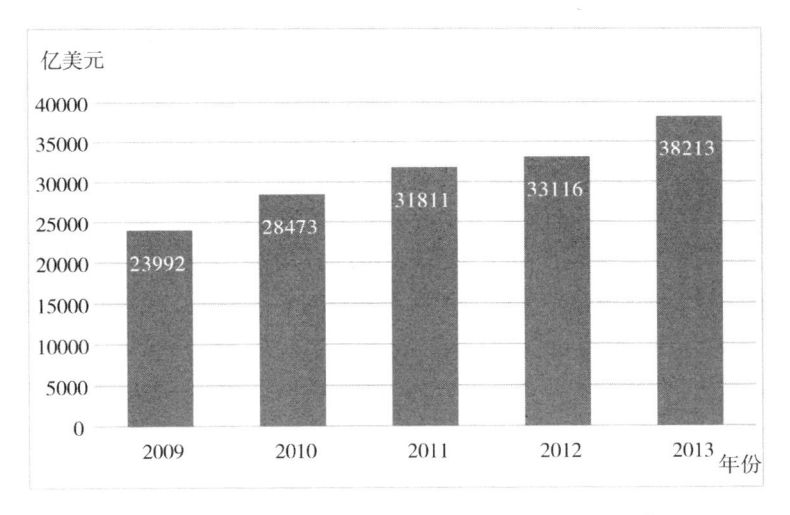

图1.5 2009—2013年国家外汇储备增长柱状图[①]

2013年以后，中国经济一度出现通货紧缩。导致中国经济出现通货紧缩的因素包括：钢铁、光伏、造船、水泥、玻璃等行业产能过剩，生产能力增长太快等；国家发展重心长期放在企业的发展上，民生发展相对滞后，人民税负过重，收入增长过慢引起国内消费能力不足，振兴内需乏力。

---

① 资料来源：国家统计局的2013年国家统计公报。

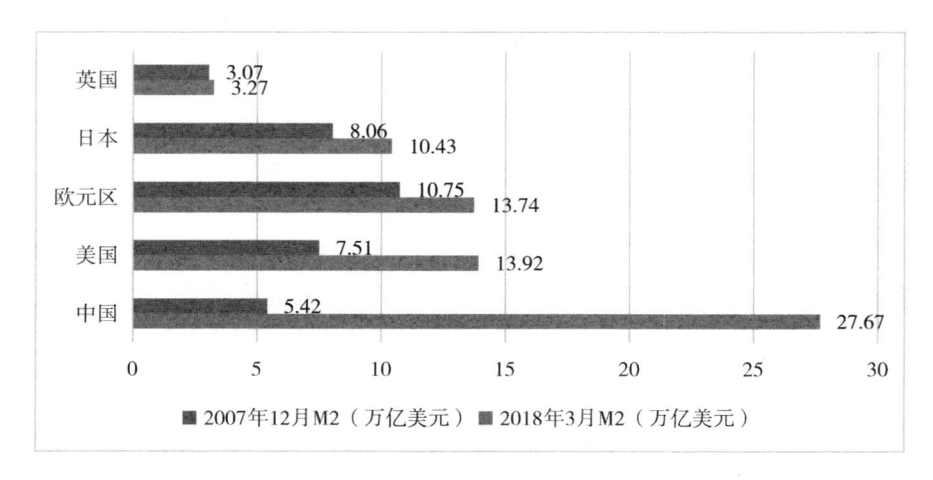

图 1.6　全球 5 大经济体货币供应量 M2 对比图[①]

3. 制度供给结构性失衡

在贸易扩大开放上，服务贸易、进口开放滞后于货物贸易、出口开放，在产业开放上，基础产业、第三产业开放滞后于制造业、第二产业开放；在地区扩大开放上，中西部开放相对滞后于东部开放；在开放型经济市场机制形成上，开展有序开放的法治经济体制建设跟不上扩大开放的步伐。

4. 区域发展不平衡，经济发展质量有待提升

中国区域经济空间分布形成"东部科技区+中部工业区+西部资源区"的发展特征，区域经济结构存在一定问题：

（1）经济增速持续下滑具有结构性特征（见图 1.7）：增速西高，东中，东北断崖式下滑；GDP 总量东部高，中部中，西部低；广东、江苏、山东、浙江排全国前四位。

（2）中西部和东部地区增速差距持续收窄。2007 年前，我国区域经济增长主要呈现"东快西慢"的格局，GDP 增速东部>西部>中部，东部地区由于良好的区位优势和政策红利，成为中国经济腾飞的"领头羊"；2007 年后，区域经济增长格局变为"东慢西快"，GDP 增速西部>中部>东部，主要是由于全球金融危机影响叠加自身经济结构调整，东部地区增长出现明显减速。2012 年以来，中西部与东部区域经济增速差距开始持续缩窄；2015 年，东部地区经济增速已高于中西部，实现反超。

---

① 数据来源：2018 年根据各大经济体央行数据整理绘制。

近3年GDP平均增速（%）

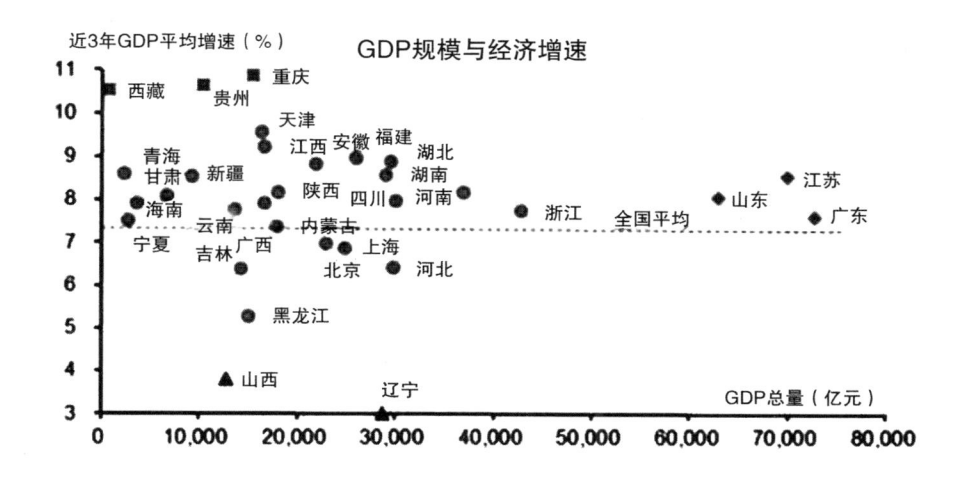

GDP规模与经济增速

图1.7 中国经济增速持续下滑的结构性特征①

（3）固定资产投资占GDP比重逐年增加，投资拉动经济增长格局不变。2005—2015年固定资产投资占GDP比重从40%升至80%。其中，固定资产投资基建房地产占比上升，制造业投资乏力，经济发展质量不够健康。从2002年到2018年，北上广深的房价涨了20倍，但全国的GDP上涨了只有不到7倍。截至2018年，中国的楼市总市值已经超过了货币发行的45倍，房地产发展已经进入高风险运行阶段。

（4）地方债务问题凸显。2014年，中国的地方债务突破24万亿元，其规模已经超过了德国GDP。经过数年整顿，2018年地方债务规模压缩到22.22万亿元，比2014年有所收窄。

中国经济增长出现持续下滑，凸显了我国开放经济发展的制度供给结构性失衡。究其原因，这与WTO给我国经济发展带来的红利结束，省际边界屏蔽效应使得多年来我国扩大开放效应由东向西递减，我国服务业开放滞后于制造业开放，4万亿投资的传统投资模式弊病一度导致"国退民进"的市场经济体制改革倒退，市场法治经济体制建设发展缓慢，企业融资成本高、三角债、低价竞争、无序竞争的乱局迟迟得不到改善相关。我们认为，上述问题皆与我国开放经济发展的制度供给不足，致使改革开放不进则退有关联，供给侧结构性改革再次登上了舞台。

---

① 赵伟. 中国区域经济——科技区+工业区+资源区，未来发展的分化与转型［EB/OL］. 新财富，2016-11-23.

9

在对外扩大开放上，通过 FTA 战略推进新一轮对外开放，我国将沿以下主线展开：由于多哈会谈陷入僵局，很多国家从多边贸易体制转向更灵活、更有针对性的区域贸易协定，谈判重心也从初级商品贸易自由化为主，转向促进生产要素自由流通和服务贸易自由化。中国需要与时俱进，通过加入新型 FTA 谈判、建立区域全面经济合作伙伴关系（RCEP）、和越来越多的国家签订建立以促进生产要素自由流通和服务贸易自由化为重心的多边和双边 FTA 协定等方式打开局面。而自贸试验区（PFTZ）是试行 TPP、TISA 等新一轮以投资、服务贸易自由化、强调公平竞争和权益保护为主的多边投资贸易体制和区域贸易安排最新规则，实现国家 FTA 战略的最佳试验载体。在此背景下，2013 年 9 月中国首个自贸试验区——上海自贸试验区成立。

二、研究意义

当今世界，在全球价值体系及全球产业链的布局不断扩张和发展的今天，世界的经济、贸易、技术格局，正在发生前所未有的改变。产业链的形成使得全球经济紧密地联合在一起。全球经济由三个产业链连接：以德国为中心的欧洲的产业链；以美国为中心的北美产业链；以中国为中心的泛亚洲和泛太平洋产业链。

面对这种国际形势，中国共产党的十八大审时度势，提出要"加快实施自由贸易区战略"。党的十八届三中全会通过的《中共中央关于全面深化改革若干重大问题的决定》再次明确指出，要加快 FTA 建设，以周边为基础加快实施 FTA 战略，形成以促进生产要素自由流通和服务贸易自由化为主，货物贸易进一步便利化，面向全球的高标准自由贸易区网络，以 FTA 战略来应对国际经济环境的变化。

区域合作是当今世界发展的一个趋势。据统计，全球现在已建立各类区域性一体化组织 100 多个，各种区域性自由贸易安排 200 多个。截至 2016 年，我国已与全球四大洲的 22 个国家和地区签署了 14 个自贸协定。但是，这些国家多是经济小国，FTA 协定自由化程度不高，进一步开展 FTA 建设出现瓶颈，需要探索新路径打开局面。

鉴于我国货物贸易竞争力强、服务贸易竞争力弱的状况，国家设想在海关特殊监管区域（全文简称 CSSZ）发展离岸金融业务等服务贸易，提升我国服务贸易竞争力。通过在交通枢纽地区设置关内境外的一国之内的 FTZ，增强服务贸易出口竞争力。

21 世纪前十年我国的 FTA 和 CSSZ 是平行发展，互不交集时期。党的十八届三中全会后我们开始探索利用CSSZ试行国际一体化新趋势下的规则;把扩大对外开放、提高服务贸易出口竞争力、经济体制改革有效地结合起来,相辅相成,促进经济转型,建立新型开放经济体制。2013年9月上海自贸试验区成立,进而通过渐进式扩容的方式在全国各地布局自贸试验区,利用试验区为加快实施国家FTA战略提供风险压力测试;国家自由贸易区建设进入了探索国内外两个"自由贸易区"网络联动发展的"新时期"。2014年12月5日习近平总书记在中共中央政治局第十九次集体学习时强调,加快实施FTA战略,加快构建开放型经济新体制,通过更深层次、更大范围地参与区域经济一体化,逐步构筑起立足周边、辐射"一带一路"、面向全球的自由贸易区网络,积极扩大服务业开放,加快新议题谈判,进一步提高对外开放水平,以开放促改革、促发展。①

中国自贸试验区建设目标是作为中国新一轮扩大开放的先行者,承担起先行先试的战略重任,探索资源自由流动高效配置的新制度安排体系,探寻服务业扩大开放的可能路径,以开放促改革,接轨国家FTA战略的目标。中国自贸试验区实践成果试图找出指引中国开放经济适应新的全球化趋势的具体道路,必然影响中国对外开放战略的重点、方向和具体政策措施,也是中国新一轮对外开放和国家FTA战略的实践基础。

中国自贸试验区本质上是通过探索中国新型开放经济体制的途径,以增量改革方式来获得经济转型升级的新动力。对外吸取全球巨型自由贸易区谈判中新一代高规格的国际贸易和服务规则的精华,为国家与周边国家建立FTA,形成面向全球的高标准自由贸易区网络服务。同时,通过增加新的制度供给和供给模式(未来制度设定的方式和机制),改变参与主体的行为方式和行为预期,带动国内经济发展。制度改革不过是改变利益分配方式,如何实现利益分配方式的可持续发展,是所有好的制度改革的基本立足点,否则必然是一个糟糕的制度。实现可持续发展的好制度,实际上就是通过新的利益安排制度的形成,完成可持续的激励机制。所以,中国自贸试验区的改革实践,从短期看是新的利益切割分配的改革,从长期看是为经济可持续增长动力寻求可持续的收益分配制度和要素积累激励机制,以激发可持续的增长动力。

在自贸试验区开展制度创新并不是一件容易的事。首先要解决的问题是开放型经济新体制的制度供给问题,分析我国现有开放型市场经济体制存在哪些制度供给上的不足,需要借鉴引入哪些体现经济全球化新趋势的国际通行规则

---

① 习近平. 加快实施自由贸易区战略 加快构建开放型经济新体制[EB/OL]. 新华网,2014-12-06.(以下章节引用这篇文章的引文不再重复做脚注。)

和机制来解决我们制度供给上的不足，实现扩大开放服务建设新型开放体制和服务国家FTA战略的有机结合。因此，如何规划和设计园区的功能体系和运行方式变得尤为重要。

自贸试验区建设发展，服务于国家扩大对外开放，打造海陆内外联动、东西双向开放的全面开放新格局。我们的研究还尝试聚焦于自贸试验区建设如何与"一带一路"倡议的联动，"逐步构筑起立足周边、辐射'一带一路'、面向全球的高标准自由贸易区网络"问题。假设在沿"一带一路"重要节点设立自贸试验区并将其抽象为一个区域增长极，通过制度溢出扇形辐射周边区域来带动区域经济增长。以此类推，假设同时在"一带一路"沿线设立若干个自贸试验区，就会形成多个区域增长极，进而运用点轴开发理念构建由单个自贸试验区增长极点辐射，扩展至增长轴辐射，再到由沿海及陆地的渐进式扇形"面辐射"，从通过区域经济一体化突破阻碍要素流动的行政边界壁垒，促进国内统一大市场形成，实现陆海内外联动、东西双向开放的全面开放新格局，而这种开放格局的形成也为实施接轨国际通行贸易投资新规则的国家FTA战略提供了前提和基础。

第二节 研究价值与内容

一、研究价值

改革开放以来，中国已从后进国一跃成为世界第二大经济体。归纳经验有二：一是不断地坚持改革开放，二是积极承担全球产业的转移和参与全球分工。持续改革开放和经济全球化赋予了中国的经济成就，因此中国以后的发展仍要贯彻这两条主线。

当前中国正面临复杂的国内外环境。在国内，随着我国人口红利优势持续弱化，资源环境的恶化，急需中国转变粗放经济增长方式，转型升级经济结构；在国外，经济全球化、区域经济一体化不断发展，美日欧等发达国家主导的以TTP、TTIP为代表的新的国际经济规则对包括中国在内的发展中国家提出了新的挑战。同时，美国特朗普、拜登两届政府，实施逆全球化而动的新贸易保护主义，中国国际经济环境进一步恶化。对此我们认为，只有持续扩大开放，不断释放改革红利和主动对接国际新规制才能让中国经济取得可持续的发展，才能更好地融入全球经济当中，增强国家开放经济竞争力。

我们研究的价值在于，自贸试验区扩容沿袭从深圳特区到浦东开发的由点及面的改革开放成功模式，在试行 TPP、TTIP、BIT 等多边贸易谈判中的新一代高规格的全球贸易和服务规则等国家 FTA 战略新内容的基础上，力图通过渐进式扩大开放的制度变迁路径，建立内外联动、互利共赢、安全高效的开放型经济体系来带动经济转型。研究的独到视角：一是针对自贸试验区扩容如何与国家 FTA 战略接轨展开研究，发挥其中国经济增长极的辐射带动作用；二是运用制度变迁理论探讨自贸试验区扩容如何依据国家 FTA 战略的新目标开展渐进式制度变迁的改革，发挥试验区扩容的集聚效应，从点辐射到面辐射的扩散效应和增长极的涓流效应。从理论上，在理顺国家间的 FTA 与一国内的 FTZ 的联系与区别的基础上，把研究建立在科学的新制度经济学理论基础上，借鉴国外先进制度安排的机会，增强中国经济转型的制度供给动力，弥补目前关于自由贸易区制度变迁研究的不足。从实践层面看，通过自贸试验区扩容对接国家 FTA 战略新构想，更深层次、更大范围地参与区域经济一体化；发挥自贸试验区在全国改革开放的排头兵作用，在接轨国际的制度规则、法律规范、政府服务、运作模式等方面率先实践，学习、模仿、创新，为我国深化改革开放提供可供借鉴的"制度试验池"和适合推广的有效路径；引领全国走渐进式扩大开放道路来为我国经济发展注入新动力，拓展新空间，为各级决策者的决策提供科学依据和参考思路。

二、研究内容

（一）引言

我们依据新制度经济学的制度变迁的理论思路，探讨自贸试验区扩容如何接轨新时期国家 FTA 战略的新构思，通过开展诱致性制度变迁与强制性制度变迁的渐进式扩大开放路径来带动经济转型。项目基于一个背景（中国新一轮对外开放）、一条主线（制度变迁）、一个对象（上海自贸试验区扩容）、一个目的（以扩大开放促进经济转型）、一种策略（接轨国家 FTA 战略）来构建整体研究框架。在中国及世界经济当前格局及运行情况下，引出自贸试验区建设发展的意义。

（二）从理论上探讨上海自贸试验区扩容在国家 FTA 战略中的地位与作用

1. 文献综述与理论分析

首先，对国内外有关自由贸易区、自贸试验区的研究进行综述和客观深入的评述。其次，提出关于中国自贸试验区建设发展的主要理论依据：运用佩鲁的增长极理论，点轴论，论证把自贸试验区培育成国家服务贸易新增长极的路径；运用克鲁格曼"区域—城市—国际贸易"三位一体的理论模型，论证通过增长极的辐射作用带动周边地区发展的路径；运用诺斯的制度变迁理论，论证引入新制度实现扩大开放，将强制性制度变迁和诱致性制度变迁相结合，开展制度创新，带动经济转型升级的路径；运用区域经济一体化理论探讨减少边界屏蔽效应，增强边界中介效应的路径。

2. 从理论上辨析FTA、FTZ、自由贸易试验区的区别

首先，我们认为，自由贸易区有两层含义：一是指国家间签订的自由贸易协定；二是指一国主权内的贸易措施，是一种"境内关外"的特殊区域（FTZ）。在中国发展具有FTZ部分功能的综合保税区等六种形式的CSSZ。我们运用国际经济学的经典理论从理论、模型上分析两者的联系与区别。其次，研究论证上海自贸试验区扩容是一种两者兼容的制度创新的观点，即立足于国家FTA战略新构思，着眼于全国发展和新一轮改革开放，先在CSSZ内试行巨型自由贸易协定（Free Trade Agreements，全文简称巨型FTAs）倡导的国际投资贸易新规则，作为国家FTA战略新构思的"试验田"，探索新思路和新路径。在试验可行的基础上，通过由点到面的渐进式路径向全国推广，引领全国对外开放升级，以最小的改革成本获取最大的FTA战略效应。

（三）自贸试验区扩容的空间布局与渐进式制度变迁路径研究

我们认为自贸试验区试行国家FTA战略新构思分三个步骤。首先，试行以负面清单管理为重点的外商管理新体制，带动行政审批体制的改革；其次，试行以外汇转移、金融服务为重心的权益保护新机制，带动外汇管理体制改革，降低企业成本；最后，试行以竞争中立为核心的公平竞争体制，促进国内公平竞争市场环境的形成。课题把这些制度创新归纳为渐进式制度变迁路径，从制度不均衡切入，分析这种扩容的机制和方式。

首先，渐进式扩大开放新路径的点轴开发空间布局。运用增长极理念，2013年9月—2020年9月，国务院分6批，批复成立上海等21个自贸试验区。实现试验区东西南北中的空间布局，力求通过围绕增长极的产业集聚与辐射，带动中国区域经济发展。

其次，研究自贸试验区扩容制度变迁的方式。我们把通过政府推行的负面清单管理、贸易投资便利、金融领域创新、事中事后监管等各种正式规则归纳为强制性制度变迁；把企业从区港一体化到跨境通等商贸一体化措施的试行、

探索、创新归纳为诱致性制度变迁；分析两者的相互补充和不同作用，保障试验区扩容的连续性、稳定性与可复制性。

再次，研究自贸试验区扩容制度创新连锁效应。即金融、高端制造、服务业、高科技产业等产业部门之间相互联系、相互影响、互相依赖的关系机制。

最后，研究如何利用自贸试验区扩容，开展接轨国家FTA战略新构思的对策。拟依照"立足周边、辐射'一带一路'、面向全球的自由贸易区网络"蓝图指引，提出以自贸试验区试点内容为主体，结合地方区位特点和产业基础，接轨国家FTA战略新构思的制度创新举措建议，享有试验区扩容带来的制度变迁效应。主要思路包括：诱致性与强制性的制度分类的探索；从上海"独唱"到全国21省市"大合唱"的制度特色的探索；促进产业制度创新连锁效应的制度机制的探索；营造公平竞争的制度环境的探索。

(四) 自贸试验区扩容接轨国家FTA战略的制度变迁效应研究

自贸试验区扩容，是以国家FTA战略新构思先行者身份，通过制度变迁发挥区域经济增长极的辐射带动作用，具体表现为试验区扩容的聚集效应、从点辐射到面辐射的扩散效应和增长极的涓流效应。本部分研究内容包括以下三点。

一是从外商投资引致效应的角度，实证分析先试先行外商投资管理体制制度变迁的必然性。使用投入产出分析方法结合灰色关联分析法实证研究先试先行扩大服务业开放制度变迁的产业连锁效应；使用VAR模型等实证分析工具研究扩大服务业开放制度变迁对长三角区域开放经济发展的带动效应。

二是使用引力模型、随机前沿引力模型实证研究自贸试验区接轨国家FTA，贸易便利化问题。包括"园区"贸易便利化的中间品贸易带动效应、对金融服务贸易竞争力提升的影响和中国与"一带一路"沿线国家的贸易效率等问题。

三是使用VAR模型、显性竞争优势指数等定量分析工具实证评估从上海一个自贸试验区扩容至全国21个自贸试验区，形成区域经济增长极对周边地区经济增长的涓流效应；使用威尔逊模型分析扩容的辐射半径问题。

(五) 强化自贸试验区功能拓展与优化其运行方式的举措建议

从政府职能转变举措、制度创新支撑举措和协同运行保障举措三个方面进行自贸试验区的功能与运行方式发展的论述。例如，推广负面清单管理模式试点等；促进货物贸易便利化的制度创新等；健全监管保障体系等。最后，阐述了自贸试验区渐进式复制推广路径举措。我们认为探寻制度创新复制推广路径是试验区建设发展的关键。通过梳理可复制的经验成果内容，重新审视上海自贸试验区的战略价值，并基于低成本（降低"试错"成本）和高效率（提高

"复制"效率）的考虑，对试验区的渐进式复制路径设计提出新构思，即"一点四线三面"，实现了点（示范）—线（推广）—面（规模）效应。

全书的核心论述部分四到九章的论证逻辑演进：首先从制度变迁的角度说明本章所论述的自贸试验区制度创新是什么，其次运用相应的实证分析工具论证为什么要这么开展制度变迁或这么开展制度变迁会产生什么效应；再次，进一步讨论自贸试验区制度变迁应该怎么做。本书对 7 年来试验区制度创新的先试先行与全国复制推广实践的论述，尽可能以事实为准绳，以国家公布的相关方案、文件和通知的内容表述、时间节点为依据展开论证，力求准确反映自贸试验区是 FTA、CSSZ 和 FTZ 三者功能兼容的制度创新。

第二章

相关文献与理论依据分析

第一节　有关自贸试验区的文献综述

一、FTA 与 FTZ 相关研究

自贸试验区的主要任务之一是在国内的 CSSZ 等各种"园区"中,"先行先试"国际巨型 FTAs 倡导的各种投资贸易新规则,相关国际经典文献举要如下。

(一) 有关 FTA 经典理论文献

1. 贸易创造与大市场经典文献举要

维纳 (Viner, 1950)① 最先提出关税同盟理论。他指出,关税同盟分别会产生贸易创造效应和贸易转移效应,前者促进成员国经济福利水平的提升,后者降低成员与非成员国经济福利水平。西陶斯基 (Scitovsky, 1958)② 认为经济一体化通过扩大市场,获得规模经济效益;激化竞争,产生竞争强化效应,迫使小规模生产转向大量生产。德纽 (Daniau, 1960)③ 认为,欧洲共同市场建立带来的生产要素的自由流动,会降低企业流通成本,产生规模经济效益。贝特滋和罗莫 (Batiz & Romer, 1991)④ 认为建立 FTA,有利于区内范围国家的技术

---

① VINER J. The Customs Union Issue [M]. New York: Carnegie Endowment for International Peace, 1950.
② SCITOVSKY T. Economic Theory and European Integration [M]. London: George Allen and Unwin, 1958.
③ DANIAU J. F. The Common Market: Its Structrure and Purpose [M]. New York: Frederick A Praeger. 1960.
④ RIVERA-BATIZ, LUIS, PAUL M. ROMER. Economic Integration and Endougenous Growth [J]. Quarterly Journal of Economic 1991, 106: 531-555.

进步和生产效率的提升。

2. 区域经济一体化实证研究经典文献举要

关于 FTA 的实证研究举要如下：Urata 和 Kyota（2003）①，Georges（2007）② 构建 CGE 模型，测算北美 FTA 提高贸易自由化水平对成员国的经济增长的可能的带动作用。Bhavish Jugurnath 等（2007）③ 运用随机前沿引力模型评估了自由贸易协定对参加国降低关税壁垒带来的有利与不利的贸易效应。Fazio（2006）④ 使用贸易引力模型分析了关税和非关税壁垒产生的国家边界屏蔽效应。Anyarath Kitwiwattanachai 等（2012）⑤ 使用 CGE 模型对成立东亚 FTA 的前景进行模拟估算，实证探究在东亚地区建立 FTA 对东亚国家可能产生的各种影响。

3. 有关巨型 FTAs 与上海自贸试验区的文献举要

在国内研究方面，魏磊、张汉林（2010）⑥ 认为，吸收 TPP 倡导更高标准的投资贸易新规则，有利于中国的扩大开放。薛荣久等（2013）⑦ 指出 TPP 谈判旨在签署实现提升商品贸易与服务贸易自由化的一揽子协议。成清涛（2013）⑧ 认为上海自贸试验区建设是为中国未来参与 TPP 等巨型 FTAs 为主的多边协议谈判提供"试验田"。刘雪凤等认为（2014）⑨ TPP 知识产权条款短期内将对中国形成知识产权贸易壁垒，长期则促进中国提高知识产权能力。严双

---

① URATA S, KYOTA K. The Impacts of an East Asia FTA on Foreign Trade in East Asia [J] // NBER Working Paper No. 10173 National Bureau of Economic Research Inc, 2003, 14: 217-252.
② GEORGES P. Modeling the Removal of NAFTA Rules of Origin: A Dynamic Computable General Equilibrium Analysis. Department of Economics. 2007. [D] Canada: University of Ottawa, 2007.
③ JUGURNATH B, STEWART M, BROOKS R. Asia Pacific Regional Trade Agreements: An Empirical Study [J]. Journal of Asian Economics, 2007 (06): 974-987.
④ FAZIO G. Euro Mediterranean Economic Implications of Deeper Asian Integration: An Empirical Investigation of Trade Flows [C]. ERSA Conference Papers, 2006.
⑤ KITWIWATTANACHAI A, NELSON D, REED G. Quantitative Impacts of Alternative East Asia Free Trade Areas: A Computable General Equilibrium (CGE) Assessment [J]. Journal of Policy Modeling, 2012 (02): 286-301.
⑥ 魏磊，张汉林. 美国主导跨太平洋伙伴关系协议谈判的意图及中国对策 [J]. 国际贸易，2010 (9): 54-58.
⑦ 薛荣久，杨凤鸣. 跨太平洋伙伴关系协定的特点、困境与结局 [J]. 国际贸易，2013 (05): 49-53.
⑧ 成清涛. 上海自贸区或可成为中国加入 TPP 的窗口 [J]. 经济导刊，2013 (11): 7.
⑨ 刘雪凤，高兴，刘鹏. 跨太平洋伙伴关系协定知识产权条款对中国的影响及其对策研究 [J]. 中国科技论坛，2014 (02): 111-117.

<<< 第二章 相关文献与理论依据分析

伍等（2015）[①]认为 TPP、TTIP 贸易协定具有废除所有关税，打破众多非关税壁垒的特征，但"贸易条件的高标准"客观排除中国的参与。盛斌等（2016）[②]认为 TPP 将通过贸易转移效应、原产地规则效应、投资竞争效应对中国构成挑战与潜在威胁。石静霞[③]等（2017）认为 TPP 金融开放的负面清单模式与规则创新所蕴含的开放与规制相平衡的理念，为我国金融服务市场开放提供了借鉴。张珺等（2018）[④]采用 GTAP 测度了 CPTPP 和 RCEP，分析对域内主要经济体的 GDP、贸易、产出的不同影响。刘雪红（2018）[⑤]认为 TTIP 贸易管制展现了全球贸易管制合作新范式，把全球经贸从"经济之争"引向"制度竞争"。孙南翔（2019）[⑥]认为美墨加协定针对非市场经济国的"毒丸"条款，损害了多边贸易体系中的非歧视待遇原则。褚童（2019）[⑦]认为 TPP、CPTPP、日欧 EPA 等 FTAs 协定中的知识产权规则，呈现"公约递增"的知识产权保护强化趋势与超 TRIPS 内容特点，中国应通过签订 FTAs 协定，积极参与国际知识产权规则的重构。胡枚玲等（2019）[⑧]阐述了 CPTPP 协定透明度和公众参与新规则，构建了规制合作的新机制。

国外相关研究集中在 TPP 等巨型 FTAs 谈判对参与国的影响上，相关研究举要如下。

C. Bergsten 等（2010）[⑨]指出 TPP 有助于美国与太平洋沿岸 APEC 各成员之间开展开放的区域经济合作，减少区域贸易壁垒。美国学者约瑟夫·斯蒂格

[①] 严双伍，龚婧. TPP 与 TTIP 谈判中国掣肘因素研究 [J]. 湖北社会科学，2015（09）：92-95.
[②] 盛斌，高疆. 透视 TPP：理念、特征、影响与中国应对 [J]. 国际经济评论，2016（01）：20-36.
[③] 石静霞，杨幸幸. TPP 金融服务规则评析 [J]. 社会科学家，2017（11）：113-120.
[④] 张珺，展金永. CPTPP 和 RCEP 对亚太主要经济体的经济效应差异研究—基于 GTAP 模型的比较分析 [J]. 亚太经济，2018（03）：12-20.
[⑤] 刘雪红. 欧美 TTIP 贸易管制合作新范式与中国因应 [J]. 上海财经大学学报，2018（05）：139-152.
[⑥] 孙南翔. 美墨加协定对非市场经济国的约束及其合法性研判 [J]. 拉丁美洲研究，2019（01）：60-77.
[⑦] 褚童. 巨型自由贸易协定框架下国际知识产权规则分析及中国应对方案 [J]. 国际经贸探索，2019（03）：80-95.
[⑧] 胡枚玲，张军旗. 论 CPTPP 规制合作的新范式及中国应对 [J]. 国际贸易，2019（10）：35-41.
[⑨] BERGSTEN C, SCHOTT J [R]. Submission to the USTR in Support of a Trans-Pacific Partnership Agreement，2010.

利茨和陈俊君（2016）① 分析了 TPP 协议的具体内容所隐含的气候成本、可能带来的高额医疗费用问题。加拿大学者约翰·沃雷、黄杨荔（2014）② 认为全球大型贸易协定不仅应包括 TTIP 和 TPP，还应纳入中国和亚洲的其他国家。美国诺德·阿加沃尔、李许源（2016）③ 认为美国和中国正在推进 TPP 和 RCEP 两个互不包含对方的大型自由贸易协定，两者的竞争与调和走向，将深刻影响地区和全球的政治经济秩序。

4. 我国 FTA 战略相关文献举要

2007 年以前，关于我国国家 FTA 战略的研究主要集中在中国—东盟自贸区的研究。2007 年党的十七大报告把 FTA 建设提高到战略高度后，研究逐渐增多，代表性文献如下："国家 FTA 战略规划内容应包括货物和服务贸易、投资与新领域；地缘上周边国家优先，然后是大周边及其他地区的国家与区域组织等。"（李钢，2008）④ "中国 FTA 战略具有伙伴国由周边国家向拉美、非、欧辐射，合作的领域不断拓展，推进模式多样化的特点。"（谢锐等，2009）⑤ 熊芳等（2012）⑥ 认为地理因素、经济发展水平对中国 FTA 建设影响显著。刘树林等（2016）⑦ 认为，全面构建，加快实施中国 FTA 战略是中国深化改革、扩大开放的突破口。张中宇（2018）⑧ 认为我国需要将 FTA 战略作为我国参与国际经贸规则制定、争取全球经济治理制度性权力的重要平台。邱龙宇（2020）⑨ 认为深化 FTA 战略是中国对当下逆全球化行为的有力应对。笔者查阅相关文献，尚未查到把我国自贸试验区扩容与国家 FTA 战略联系起来的专门研究。

---

① 约瑟夫·斯蒂格利茨，陈俊君. 贸易协定骗局：跨太平洋伙伴关系的六大问题［J］. 金融市场研究，2016（08）：9-20.
② 约翰·沃雷，黄杨荔. 全球大型贸易协定及其对中国的影响［J］. 国际经济评论，2014（04）：158-160.
③ 维诺德·阿加沃尔，李许源. TPP 与 RCEP：大型自由贸易协定以及贸易与安全的关联［C］海外智库观点要览，2016（12）：31-37.
④ 参见李钢. 中国特色的区域经济合作总体布局与实施自由贸易区战略［J］. 国际贸易，2008（04）：11-17.
⑤ 谢锐，赖明勇. 中国自由贸易区建设：演化历程、特点与趋势［J］. 国际经贸探索，2009（04）：35-40.
⑥ 熊芳，刘德学. 中国自由贸易区建设的战略——基于面板数据的实证分析［J］. 国际经贸探索，2012（01）：4-11.
⑦ 刘树林，王义源，张文涛. 我国加快推进自由贸易区战略研究［J］. 现代管理科学，2016（01）：21-23.
⑧ 张中宇. 中美两国自由贸易区战略比较研究［D］. 北京：对外经济贸易大学，2018.
⑨ 邱龙宇. 中美贸易摩擦背景下新国际主义与中国深化自由贸易区（FTA）战略的机遇［J］. 东岳论丛，2020（04）：26-35.

（二）自由贸易区（FTZ）相关研究

自贸试验区接轨国家 FTA 战略的主要载体之一是依托有中国特色的各类海关特殊监管区，展开扩大开放的制度，引进试验与创新，相关文献举要如下。

1. 国外有关 FTZ 文献举要

Hirschman（1958）[1] 指出建立与国际通行经贸规则接轨的 FTZ，是发展中国家可行的贸易措施。Rhee 等（1990）[2] 指出 FTZ 有助于促进国内企业融入全球价值链体系，提升企业的出口竞争力。Johansson 等（1997）[3]、Schrank（2008）[4] 认为，建设出口加工区有助于东道国吸纳适用的国际技术和先进的管理经验，提高东道国企业的全要素生产率。Waters（2013）[5] 指出加工区这种"境内关外"模式明显地促进了发展中国家的出口、经济增长和就业。Vicens（2013）[6] 实证研究了美国的对外贸易区，指出美国的这种"境内关外"贸易措施，显著地带动了美国的货物出口。Jenkins 等（2016）[7] 对哥斯达黎加出口加工区关联效应的研究表明，该国的这种模式的后向关联效应增强显著。

2. 国内学者对 FTZ 相关文献举要

这里所举要的文献主要是上海自贸试验区成立后，具有部分 FTZ 功能的六种 CSSZ 的研究文献。顾乃华等（2014）[8] 认为上海自贸区是综合保税区的演化

---

[1] HIRSCHMAN A. O. The Strategy of Economic Development [M]. New Havens: Yale University Press, 1958.

[2] RHEE et al. Free Trade Zones in Export Strategies [M]. The World Bank Industry and Energy Department, PRE, 1990.

[3] JOHANANSSON H, NILSSON L. Export processing zones as catalysts [J]. World Development, 1997, 25（12）: 2115-2128.

[4] SCHRANK, ANDREW. Export processing zones in the Dominican Republic: Schools or stopgaps? [J]. World Development, 2008, 36（08）: 1381-1397.

[5] WATTERS J J. Achieving world trade organization compliance for export processing zones while maintaining economic competitiveness for developing countries [J]. Duke Law Journal, 2013, 63（02）: 481-524.

[6] VICENS F M A. The Performance of the United States Foreign Trade Zones and Their Impact on Export Intensity: a panel data approach [J]. Dissertations & Theses Gradworks. 2013.

[7] JENKINS M., ARCE R. Do backward linkages in export processing zones increase dynamically? Firm-level evidence from Costa Rica [J]. Journal of Bussiness Research, 2016, 69（02）: 400-409.

[8] 顾乃华，丁庆庆，唐志芳. 演化经济地理学条件下综合保税区与自贸园区发展 [J]. 重庆社会科学，2014（09）: 27-34.

升级，是强制性制度创新条件下促进产业集群升级的必然选择。高振王等（2017）① 提出保税区向自由贸易区转型的路径和政策建议。章韬等（2017）② 指出，集聚—出口双促进政策仍然是企业生产率提高的主要来源。叶修群（2018）③ 发现：保税区和出口加工区有利于私营工业企业选址，两者之间存在明显的替代关系。孙浦阳等（2019）④ 指出：出口加工区和保税区产业关联效应的强弱决定着上游外商投资开放政策对下游企业出口生存的作用方向。

戴小红等（2016）⑤ 的研究发现，保税物流区域变量与浙江省 GDP 增长存在长期协整关系。杨彩玲（2017）⑥ 认为实现保税物流园区功能的优化升级，必须推动保税物流园区综合现代化建设。黄志勇、李京文（2012）⑦ 认为保税港区是自贸试验区成立之前，我国开放程度最高、政策最优惠、功能最齐全的 CSSZ。王鹜等（2019）⑧ 基于用户均衡货流分配理论的研究为在保税港区对周边内陆港与内贸港口实施运港退税政策提供必要的实证支持。姬云香等（2015）⑨ 认为现行的我国综保区存在监管失灵的弊端，建议实施向国外 FTZ 的混合管理模式转型的监管改革。"综保区的海关监管的制度创新应以'报核制'

---

① 高振王，帆段珺. 保税区向自由贸易区转型的路径与政策探讨［J］. 经济研究参考，2017（64）：11-16.
② 章韬，戚人杰. 集聚—出口双促进政策的溢出效应——来自出口加工区的微观企业证据［J］国际贸易问题，2017（03）：26-38.
③ 叶修群. 保税区与出口加工区对工业企业选址的影响——基于中国省级面板数据的实证分析［J］. 中央财经大学学报，2018（10）：961-104.
④ 孙浦阳，张甍. 外商投资开放政策、出口加工区与企业出口生存——基于产业关联视角的探究［J］. 经济学（季刊），2019（02）：701-720.
⑤ 戴小红，何晓洁. 保税物流区域发展对地区经济增长影响的实证分析——以浙江省保税物流区域为例［J］. 商业经济与管理，2016（12）：55-61.
⑥ 杨彩玲. "一带一路"下保税物流园区功能优化研究——以吉林省为例［J］. 宏观经济管理，2017（12）：76-180.
⑦ 黄志勇，李京文. 中国保税港区发展战略研究［J］. 国际贸易问题，2012（06）：32-39.
⑧ 王鹜，辛旭，陈康，等. 启运港退税政策实施中的港口选择模型［J］. 大连海事大学学报，2019（02）：19-27.
⑨ 姬云香，胡晓红. 综合保税区监管模式研究［J］. 湖南大学学报（社会科学版），2015（02）：132-137.

取代'实地监管',简化备案制。"(李璐玲,2016)① 张建中等(2019)② 认为综保区随着时间效应的积累,其对周边腹地区域经济增长所产生的"极化效应"大于"涓滴效应",有助于形成新的经济增长极。

二、上海自贸试验区相关研究

与各类 CSSZ 不同,上海自贸试验区目的是把在特殊区域先行试验的各项扩大开放举措扩大到在岸地区,进而复制推广到全国,实现东西南北中全方位开放。对这一新生事物,众多国内学者对自贸试验区的性质、功能提出了不同的见解。

裴长洪(2013)③ 认为接轨国际规则是我国新一轮扩大开放的重心,试验区建设,应从货物贸易转型、金融等服务业扩大开放、投资准入方面着手。王道军(2013)④ 认为,上海自贸区将用制度创新代替政策优惠,试验区先试先行的"负面清单"等制度创新着眼于为中国提供可复制的经验。杨志远等(2013)⑤ 着重研究我国的"负面清单"如何制定。太平等(2014)⑥ 认为,上海自贸试验区试行的外资管理方面的国际规则,是为我国顺利开展中美双边投资协定(BIT)谈判做准备。张幼文(2014)⑦ 指出,试验区试验难点在于采取什么方式向全国复制推广。王蕊等(2015)⑧ 认为经过了从保税区到综合保税区的渐进式扩大开放,我国对外开放水平依然滞后。郭晓合等(2016)⑨ 指出

---

① 李璐玲. 我国综合保税区海关监管制度的完善与创新[J]. 中国海洋大学学报(社会科学版),2016(06):97-101.
② 张建中,赵子龙,乃哥麦提·伊加提,等. 综合保税区对腹地区域经济增长的影响:"极化效应"还是"涓滴效应"——基于2011—2016年32个综合保税区数据的实证研究[J]. 宏观经济研究,2019(09):153-167.
③ 裴长洪. 全球治理视野的新一轮开放尺度:自上海自贸区观察[J]. 改革(重庆),2013(12):30-40.
④ 王道军. 上海自贸区建立的基础与制度创新[J]. 开放导报,2013(05):30-33.
⑤ 杨志远,谭文君,张廷海. 中国(上海)自由贸易试验区服务业开放研究[J]. 经济学动态,2013(11):58-67.
⑥ 太平,姜舰,庄芮. 中国(上海)自由贸易试验区外资管理制度变革问题与突破[J]. 国际贸易,2014(08):51-53.
⑦ 张幼文. 自贸区试验与开放型经济体制建设[J]. 学术月刊,2014(01):11-19.
⑧ 王蕊,袁波. 中国自贸区发展与开放水平分析[J]. 国际经济合作,2015(06):55-58.
⑨ 郭晓合,等. 中国(上海)自由贸易试验区建设与发展[M]. 北京:社会科学文献出版社,2016:23.

自贸试验区是兼容 FTZ 与 FTA 的制度创新。李鲁等（2015）[1] 提出以经济园区为载体，作为上海自贸试验区制度创新全国复制推广的可行路径。吕林（2015）[2] 认为上海自贸试验区制度创新的复制推广有助于推动长江经济带制造业服务化。郭晓合和叶修群（2016）[3] 指出上海自贸试验区的建设会加速制造业与服务业的融合，强化产业连锁效应。殷华等（2017）认为，"上海自贸试验区扩区显著促进了上海市经济、投资、进出口的增长，持续的制度创新具有显著的长期经济效应。"[4]

尹晨等（2016）[5] 认为上海自贸试验区为中美"互相尊重"开辟法律化、制度化的机制保障。刘洪愧等（2017）[6] 认为上海自贸试验区在金融开放上存在不足：金融监管体制不能适应金融的开放创新要求。陈林等（2018）[7] 认为：经济和工业发展水平越高、市场规模和消费潜力越大、基础设施越完善的城市越有可能建立自贸试验区。冯凯等（2019）[8] 运用频数法的研究结果表明，上海自贸试验区建立后，服务业仍存在较大的开放空间。郑展鹏等（2019）[9] 指出，我国自贸试验区建设普遍存在功能定位偏差、制度创新动力不足和协调成本高等亟待解决的问题。

三、负面清单管理相关研究

2013 年以来，学界研究主要集中在国际负面清单管理体制的比较、借鉴、

---

① 李鲁，张学良. 上海自贸试验区制度推广的"梯度对接"战略探讨 [J]. 外国经济与管理，2015（02）：69-80.
② 吕林，刘芸，朱瑞博. 中国（上海）自由贸易试验区与长江经济带制造业服务化战略 [J]. 经济体制改革，2015（04）：70-76.
③ 郭晓合，叶修群. 从中国入世到上海自贸区扩区的产业连锁效应 [J]. 经济与管理研究，2016（08）：43-51.
④ 殷华，高维和. 自由贸易试验区产生了"制度红利"效应吗？——来自上海自贸区的证据 [J]. 财经研究，2017（02）：48-59.
⑤ 尹晨，王卓群，马继愈. 中美新型大国关系视野下的上海自贸区发展战略探析 [J]. 复旦学报（社会科学版），2016（05）：158-169.
⑥ 刘洪愧，谢谦. 上海自由贸易试验区金融开放创新实践及制约因素辨析 [J]. 经济纵横，2017（12）：56-66.
⑦ 陈林，邹经韬. 中国自由贸易区试点历程中的区位选择问题研究 [J]. 经济学家，2018（06）：29-37.
⑧ 冯凯，李荣林. 负面清单视角下上海自贸区服务业开放度研究 [J]. 上海经济研究，2019（06）：121-128.
⑨ 郑展鹏，曹玉平，刘志彪. 我国自贸试验区制度创新的认识误区及现实困境 [J]. 经济体制改革，2019（06）：53-59.

引进的探索和如何助力中美 BIT 谈判上,相关文献举要如下:张相文等(2013)[①] 认为上海自贸试验区外商投资准入特别管理措施开启了中国负面清单管理的模式。孙元欣等认为(2014)[②] 负面清单的主要改进是提高了开放度和透明度,并与国际规则接轨,指出扩大开放应涵盖国民经济所有门类。李墨丝等(2015)[③] 提出完善试验区负面清单管理试点,需要从进一步减少投资限制、扩充负面清单的架构、规范不符措施的内容等多个方面落实。

2016 年以后,关于负面清单的研究向纵深展开。杨志远等(2016)[④] 认为负面清单管理模式有利于提升我国开放型经济水平。苏理梅等(2017)[⑤]的实证研究发现:东道国的 GDP 总量越低、法制环境越差,缔约国的 GDP 总量越高,负面清单管理模式对东道国服务业国际竞争力产生的负面影响越大,而传统服务业受负面清单的冲击更大。"'负面清单'内规定的限制措施应有相应的法律法规依据,应参照'棘轮机制'增强投资准入规制的稳定性,协调好内资与外资的关系。"张晓楠等(2018)[⑥] 和杨荣珍等(2018)[⑦] 的研究认为欧盟及加拿大的不符措施对中国进行投资协定谈判具有启示与借鉴意义。冯凯等(2019)[⑧] 的实证研究表明,上海自贸区部分服务业仍存在较大的开放空间。刘再起等(2019)[⑨] 提出要完善我国的负面清单制度体系的建议,推动自贸区开放升级。

总之,进一步探讨如何通过自贸试验区建设接轨巨型 FTAs 最新投资贸易规则,改革外商投资管理体制,改善营商环境,促进外商直接投资是自贸试验区

---

① 张相文,向鹏飞. 负面清单:中国对外开放的新挑战 [J]. 国际贸易,2013(11):19-22.
② 孙元欣,徐晨,李津津. 上海自贸试验区负面清单的评估与思考 [J]. 上海经济研究,2014(10):81-88.
③ 李墨丝,沈玉良. 从中美 BIT 谈判看自由贸易试验区负面清单管理制度的完善 [J]. 国际贸易问题,2015(11):73-82.
④ 杨志远,谢谦. 负面清单管理模式提高了上海自贸区服务业开放水平吗?[J]. 国际贸易,2016(11):11-14.
⑤ 苏理梅,彭冬冬. 负面清单管理模式对服务业国际竞争力的影响研究 [J]. 上海财经大学学报,2017(04):41-51.
⑥ 张晓楠,李振宁. 投资准入"负面清单"制度辨析 [J]. 商业研究,2018(11):76-86.
⑦ 杨荣珍,贾瑞哲. 欧加 CETA 投资协定负面清单制度及对中国的启示 [J]. 国际经贸探索,2018(12):107-118.
⑧ 冯凯,李荣林. 负面清单视角下上海自贸区服务业开放度研究 [J]. 上海经济研究,2019(06):121-128.
⑨ 刘再起,张瑾. 中国特色自由贸易试验区开放升级研究——基于负面清单的分析 [J]. 学习与实践,2019(12):28-36.

外商投资管理体制改革研究的重点。同时，外商投资对中国高新技术产业发展促进作用还需要加大研究的力度与深度。

四、有关自贸试验区扩容制度变迁的相关文献举要①

文献检索查阅表明，探讨自贸试验区扩容接轨国家 FTA 战略的研究基本处于空白状态。但是，我们认为上海自贸试验区扩容主要是通过制度变迁的方式，扩大开放，带动开放型经济体制的转型升级，相关文献举要如下：

（一）扩大开放与增加制度供给的机制

在经济全球化和区域一体化背景下，制度变迁的环境是开放的，一国的持续扩大开放促进了该国制度供给源源不断地增加，主要体现在三个方面。

一是开放促进制度学习。诺斯（North，1994）[2] 指出制度学习对制度变迁有三大影响。制度是人们思维认知结构共同作用的学习产物；制度学习的不同方式和内容构成了制度结构的差异性；由于组织及个人不断进行制度学习，扩大开放可以提供借鉴吸纳外部先进制度的学习机会。Lin（林毅夫，1989）[3] 指出加强与世界各国的经济贸易接触，可弥补国内制度安排的供给不足。赖庆晟、郭晓合（2015）[4] 认为上海自贸试验区的扩容将增加借鉴国外先进制度安排的机会，增强中国经济转型的制度供给动力。"制度型开放包括规则、体制和基本市场经济制度三个层面的制度变革。"（徐康宁，2019）[5]

二是开放改善制度环境。扩大开放会引起从事制度创新的微观经济主体发生变化。拉坦（1984）[6] 的诱致性制度变迁理论认为扩大开放可节约制度创新的设计和创新成本，获取制度创新的潜在收益。樊纲（1993）[7] 认为扩大开放

---

① 赖庆晟. 我国从保税区到自由贸易试验区的渐进式扩大贸易开放路径研究 [D]. 上海：华东师范大学，2016：50-66.（以下第四章各节参考这篇论文的论述不再重复做脚注。）
② 诺斯. 历时经济绩效 [J]. 经济译文，1994（06）：1-7.
③ Lin, Justin Yifu. An economic theory of institutional change: induced and imposed change [J]. Cato Journal, 1989（02）：1-33.
④ 赖庆晟，郭晓合. 扩大开放对我国制度变迁的空间溢出效应 [J]. 经济体制改革，2015（01）：54-58.
⑤ 徐康宁. 扩大对外开放的新机遇、新理念与新方向——重要战略机遇期的文明互鉴与制度型开放 [J]. 江海学刊，2019（01）：84-91.
⑥ 拉坦. 诱致性制度变迁理论 [C] //财产权利与制度变迁——产权学派与新制度学派译文集. 上海：上海人民出版社，2004.
⑦ 樊纲. 两种改革成本与两种改革方式 [J]. 经济研究，1993（01）：3-15.

会引起制度创新的收益变化。邵骏（2014）[①] 指出行政准入管制的放松和税负水平的下降有利于服务业进入率的提高。李宏亮等（2018）[②] 指出服务贸易开放和制度环境改善有利于促进企业市场竞争能力的提升。阙澄宇等（2019）[③] 指出在制度环境较差的情形下，直接投资开放程度的提升不利于货币国际化水平的提高，制度环境改善可降低这一负向效应，产生显著的正向效应。

三是开放激化制度竞争。垄断程度越低，制度竞争就越激烈，制度学习能力就越强，因此制度竞争诱导制度学习，影响制度变迁的发生（North，1994）[④]。孙天琦（2001）[⑤] 认为我国地方政府的制度竞争有三：一是税收及补贴优惠待遇的制度竞争。二是规制竞争。地方政府的保护主义行政管制行为，导致各省市之间出现贸易壁垒、市场割裂和重复建设。三是制度体系竞争。张毓峰等认为（2005）[⑥]，我国入世后，各省市通过出台促进创业资本投资和高科技产业发展的地方性条例，形成地方政府的制度竞争优势。柯武刚等（2000）[⑦] 认为各地区的扩大开放，能强化制度竞争对制度变迁的促进作用，增加制度安排的知识供给。黄上国（2005）[⑧] 认为扩大开放可推动制度变迁的进程。俞宪忠（2016）[⑨] 认为市场公平竞争的制度创新是中国经济转型的主要驱动力。靳文辉（2017）[⑩] 认为制度竞争、制度互补和制度学习是地方政府制度创新的主要方式。

[①] 邵骏. 服务业市场结构与制度环境对产业结构服务化的影响研究 [D]. 广州：暨南大学，2014.
[②] 李宏亮，谢建国. 服务贸易开放提高了制造业企业加成率吗——基于制度环境视角的微观数据研究 [J]. 国际贸易问题，2015（07）：28-40.
[③] 阙澄宇，黄志良. 资本账户开放对货币国际化的影响：基于制度环境视角 [J]. 世界经济研究，2019（06）：17-27.
[④] 诺思. 历时经济绩效 [J]. 经济译文，1994（06）：1-7.
[⑤] 孙天琦. 制度竞争、制度均衡与制度的本土化创新——商洛小额信贷扶贫模式变迁研究 [J]. 经济研究，2001（06）：78-84.
[⑥] 张毓峰，阎星. 论中国城市政府间的制度竞争 [J]. 经济体制改革，2005（01）：44-47.
[⑦] 柯武刚，史漫飞. 制度经济学——社会秩序与公共政策 [M]. 北京：商务印书馆，2000.
[⑧] 黄上国. 开放对制度变迁的影响机制研究 [D]. 杭州：浙江大学，2005.
[⑨] 俞宪忠. 全球化竞争与制度创新驱动 [J]. 中国行政管理，2016（12）：5-9.
[⑩] 靳文辉. 制度竞争、制度互补和制度学习：地方政府制度创新路径 [J]. 中国行政管理，2017（05）：15-19.

(二) 制度的非均衡是我国扩大开放的重要特征

戴维斯和诺斯（1971）[①] 在《制度变迁和美国经济增长》中，使用了制度非均衡来解释制度变迁的动因，其中制度安排是内生变量，而制度环境是外生变量。奥斯特罗姆，菲尼等（1998）[②] 提出的制度变迁"需求—供给"分析框架，为后续的研究者开展研究提供了基础框架。而我国扩大开放的制度非均衡主要体现在通过六种 CSSZ 的试点、探索与推广的渐进式扩大开放路径以增加开放制度供给。张幼文（2013）[③] 认为我国通过借鉴国际通行规则，增加了降低关税和取消非关税壁垒的贸易开放制度供给。

(三) 自贸试验区建设是我国扩大开放制度非均衡的最新形式

自贸试验区是渐进式扩大开放路径的延续与制度创新，试验重点是增加服务贸易开放、市场准入以及境内经济治理规则的制度供给（裴长洪，2013）。[④] 自贸试验区探索通过国内体制改革与对外扩大开放的协同创新，可形成与经济一体化趋势相适应的开放型经济新体制（张幼文，2014）。[⑤] 陆丽萍（2016）[⑥] 提出应加快对接 TPP 知识产权保护、竞争中立等相关规则，进一步推动自贸试验区先行先试。尹政平等（2017）[⑦] 认为国际经贸规则重构的外部压力和国内外经济竞争形势转变引起的内在需求是我国自贸试验区制度创新对接高标准国际经贸新规则的动力。王江等（2018）[⑧] 认为自贸试验区的制度创新有利于提高我国贸易投资便利化水平。"自贸试验区深化制度创新要完善金融综合监管体

[①] DAVIS L., NORTH DOUGLASS C. Institutional Change and American Economic Growth [M]. London: Cambridge University Press, 1971.

[②] V. 奥斯特罗姆, D. 菲尼, H. 皮希特. 制度分析与发展的反思——问题与抉择 [M]. 北京：商务印书馆, 1998.

[③] 张幼文. 中国道路的国际内涵——体制创新、开放特征及其世界影响 [J]. 毛泽东邓小平理论研究, 2013 (01): 75-82.

[④] 裴长洪. 全球治理视野的新一轮开放尺度：自上海自贸区观察 [J]. 改革（重庆）, 2013 (12): 30-40.

[⑤] 张幼文. 自贸区试验与开放型经济体制建设 [J]. 学术月刊, 2014 (01): 11-19.

[⑥] 陆丽萍. TPP 协定与上海自贸试验区先行先试改革开放建议 [J]. 科学发展, 2016 (01): 94-98.

[⑦] 尹政平, 李光辉, 杜国臣. 自贸试验区主动对接国际经贸新规则研究 [J]. 经济纵横, 2017 (11): 39-44.

[⑧] 王江, 吴莉. 中国自贸试验区贸易投资便利化指标体系构建 [J]. 统计与决策, 2018 (22): 65-67.

系，加大系统性金融风险防范力度，扩大金融改革创新辐射效应。"（任春杨等，2019）①

（四）从点轴渐进式扩容到空间经济学国际研究范式探讨的文献举要

上海自贸试验区向全国扩容是通过点轴渐进式扩容方式实现的。点轴渐进式开发方案，在我国最早由陆大道（1986）提出。该开发方案是以克里斯塔勒的中心地理论、佩鲁的增长极理论以及松巴特的生长轴理论等为主要科学依据。

1. 陆大道的点轴渐进式开发方案②

首先，陆大道的点轴渐进式开发框架把克里斯塔勒的中心地理学说运用到中国国土空间开发以及经济产业空间布局等领域。其次，他的方案引入松巴特的生长轴理论的轴线理念，提出以轴线串起极点，强调点线结合。（周茂权，2002）③ 再次，他把点轴渐进式开发分为点轴出现前的均衡阶段、点轴形成阶段、点轴体系框架初步形成、点轴空间结构体系完成四个阶段（陆大道，2002）。④ 他提出将沿海地带轴线与长江沿岸轴线结合起来，形成T型网络开发空间结构来带动全国的经济发展。1987年陆大道的方案写入了《全国国土总体规划》，并在全国试点推广。点轴开发模式引起广泛讨论。例如，黄奇帆（2010）⑤ 认为应通过扩大对外开放、深化对内改革、加强川陕渝区域合作来推动西三角内陆增长极。华玉等（2013）⑥ 使用了主成分分析法（AHP），对环京津地区的主要城市进行量化分析，选取适合环京津地区的新经济增长极。陆大道（2018）⑦ 认为T型架构仍是我国经济增长潜力最大的两大地带，是支撑21世纪我国经济持续发展的一级轴线。

---

① 任春杨，毛艳华. 新时期中国自贸试验区金融改革创新的对策研究 [J]. 现代经济探讨，2019（10）：1-8.
② 陆大道. 2000年我国工业生产力布局总图的科学基础 [J]. 地理科学，1986（05）：110-118.
③ 周茂权. 点轴开发理论的渊源与发展 [J]. 经济地理，1992（02）：49-52.
④ 陆大道. 关于"点-轴"空间结构系统的形成机理分析 [J]. 地理科学，2002（01）：1-6.
⑤ 黄奇帆. 扩大开放、深化改革、加强联合，推动"西三角"成为中国内陆增长极 [J]. 四川大学学报（哲学社会科学版），2010（05）：19-20.
⑥ 华玉，邹艳梅，佟继英. 环京津地区新的发展增长极的定量选择 [J]. 经济管理与研究，2013（12）：100-105.
⑦ 陆大道. 国土开发与经济布局的"T"字型构架与长江经济带可持续发展 [J]. 宏观经济管理，2018（11）：43-47.

2. 克鲁格曼的空间经济学

国际范式探讨的文献举要自贸试验区的全国布局，在实践上深受克鲁格曼"三位一体"的空间经济优化理念的影响。

郑长德等（2008）① 指出克氏的《空间经济学：城市、区域与国际贸易》把经济的空间布局与克氏的"新贸易理论"联系起来，建立了严谨而精致的空间经济模型。克鲁格曼（Krugman，1999）② 认为，通过贸易自由化引起的产业集聚带来的经济福利水平的提升，要比正常贸易所带来的经济福利要大得多。在克氏的 C-P 模型中，要素流动性和贸易自由度的提高将进一步加剧初始的差异，最终导致所有产业向一个区域集中（邹璇，2011；郑长德，唐锐，2018）。③ 梁琦等（2012）④ 认为克氏提倡的空间经济学在中国的发展方向是与国际贸易、城市经济学、区域经济学、发展经济学的融合发展。

张志元等（2015）⑤ 建议"一带一路"的实现要遵循空间经济学的结构演变规律和产业扩散规律，加大国际贸易促进多向联系、优化产业园区的产业结构。梁涵（2018）⑥ 认为，市场转移指数与区际贸易成本在决定长期空间经济均衡上存在"替代"关系，市场转移指数可引发空间均衡的集聚突变，产生其他空间的经济标杆效应。吉亚辉等（2018）⑦ 认为，现阶段生产性服务业集聚以及生产性服务业与制造业协同集聚对于区域创新能力能起到显著的提升作用，而高技术制造业集聚并未促进区域创新能力的提升。

---

① 郑长德，唐锐. 克鲁格曼与空间经济学［J］. 西南民族大学学报（人文社科版）2008，（12）：118.
② FUJITA M，KRUGMAN P，VENABLES A J. The Spatial Economy：Cities，Regions，and International Trade［M］. The MIT Press Cambridge，Massachusetts London，England. 1999：pp329-344.（下文引用这部著作的引文不再重复做脚注。）
③ 邹璇. 空间经济学研究范式分析［J］. 西部论坛，2011（04）：1-6；郑长德，唐锐. 克鲁格曼与空间经济学［J］. 西南民族大学学报（人文社科版），2008（12）：118.
④ 梁琦，黄卓. 空间经济学在中国［J］. 经济学（季刊），2012（03）：1027-1036.
⑤ 张志元，史可，王子健. "一带一路"战略的空间经济学分析［J］. 经济与管理评论，2015（05）：147-154.
⑥ 梁涵. 市场转移与经济地理：一般化的要素流动空间经济模型［J］. 统计与决策，2018（09）：154-158.
⑦ 吉亚辉，陈智. 生产性服务业与高技术制造业协同集聚——基于区域创新能力的空间计量分析［J］. 科技与经济，2018（05）：26-30.

第二节 相关研究评述

一、自贸试验区相关研究评述

综述研究主题涉及的国内外相关研究,主要有 FTA、FTZ 和自贸试验区建设的研究。

在 FTA 研究方面,贸易创造和大市场经典理论是我们研究自贸试验区接轨国家 FTA 战略的主要理论依据。而运用贸易引力模型等方法评估 FTA 效应的实证分析为我们的研究提供了科学的研究方法。自贸试验区扩容的目的之一就是试行现行巨型 FTAs 等国际多边投资贸易规制一体化谈判和区域贸易安排的最新规则,有关巨型 FTAs 谈判、建设规则的研究为自贸试验区建设提供了不断深化的可借鉴的国际通行规则和最新思路。

在 FTZ 研究方面,在一国内部设立"境内关外性质"的 FTZ,虽然有利有弊,但在全球化趋势化发展的今天,FTZ 建设整体利大于弊,对中国企业参与全球产业价值链竞争、吸引人才和资金流动、创新和引进技术等都具有积极的意义,有利于中国开放型经济体制的建设。从中国特色的 FTZ 发展研究看,尽管国内起步发展较国外晚,但在发展的过程中,相关研究紧密跟随,并表现出越来越积极的态势。一方面,研究成果由少到多,越来越深入细化,特别是我国六类 CSSZ 的研究成果颇为丰富。另一方面国内关于此方面的研究,实证分析偏多,基础理论研究偏少,大部分集中在各地具体园区建设的具体问题解决和应用分析上,在国内高水平期刊上发表的论文偏少。

2013 年后,随着自贸试验区的建立和扩容,研究重点转向如何建设自贸试验区。探索主要聚焦在试验区的性质与可复制推广的内容;试验区建设如何接轨中美、中欧 BIT 和 TPP 等巨型 FTAs;试验区的功能探索,从保税区到自贸试验区再到自由贸易港的探索;如何推行贸易便利化改革,如何扩大金融等六大服务业开放和改善营商环境,如何实现行政审批制度的改革,由审批制转为备案制。尽管研究成果颇丰,但研究还有不足,我们认为相关研究的不足主要有以下几点:一是一些实证研究分析,把 6 类 CSSZ、自由贸易园区、自由贸易区、自由贸易港混为一谈,对这些概念的性质与功能认识模糊不清。二是混淆了中国特色的自贸试验区与 FTZ 的功能作用。究其原因在于对 FTA、FTZ、CSSZ、自贸试验区、自由贸易港在理论上缺乏清晰的界定和概念上的混用。三是对新经济形态下中国如何针对国家经济政治发展战略,从全国开放型经济空间结构合理布局角度,提升扩大开放效率等方面还需要开展大量的研究。我们的研究重点之一就是在理论上和概念上探讨这些概念的来龙去脉,厘清它们之间的内在联系与主要区别,深入探讨提升自贸试验区的功能和服务贸易增长极的集聚效应,为开放型经济建设提供依据。

二、外商直接投资与负面清单管理相关研究评述

以负面清单管理为核心的外商投资管理体制改革是自贸试验区改革核心措施,也是截至目前,取得最重大突破性进展的改革之一。从2013年到2020年中国以负面清单的形式扩大投资开放,外商投资市场准入负面清单共发布了六版。相关研究主要涉及外商投资理论、国际贸易和国际直接投资互惠互利的探讨;自贸试验区建设如何吸纳、借鉴国际上的外商投资负面清单管理模式的讨论。但是,2013年上海自贸试验区开展负面清单改革前,基本是审批体制下的正面清单管理。负面清单的相关研究不多,滞后于我国引进外商投资、促进经济转型和产业升级的发展形势。虽然,2013年以后对负面清单的制度创新,改革政府外商投资管理体制的研究因国家的需要日渐增多,但相关自贸试验区外商投资管理体制改革的研究在自贸试验区如何改善营商环境,改变试验区对吸引国内投资大于外商直接投资现状的研究相对薄弱,这是我们研究的又一重点。

三、自贸试验区扩容路径相关研究评述

自贸试验区扩容是一个渐进式、动态调整的过程。文献检索结果显示,从我国自贸试验区扩容接轨国家FTA战略角度的相关学术研究论文为空白,因此研究意义重大。我们主要从开放与制度学习、制度的非均衡,开放制度变迁对经济增长的促进,扩大开放路径与服务贸易增长极培育,点轴开发模式、克鲁格曼空间经济学的国际研究范式等角度归纳相关经典理论文献,精选结合中国实践的相关实证分析的探讨进行综述。虽然这些文献并非直接研究自贸试验区扩容和扩容接轨国家FTA战略问题,但是,相关经典文献为我们奠定了研究的理论基础。例如,克鲁格曼的观点。贸易和空间区位应该融为一体,聚集力和扩散力共同决定空间经济的长期均衡状态,贸易自由化对国内经济地理产生两个方面的重要影响:一是改变了国家整体制造业在地理空间上的布局,并趋向分散均匀分布;二是针对部分制造业,贸易自由化提升了区域专业化水平,每个区域都有可能形成自己专门的产业集聚业态。贸易自由度的提高不会影响产业的区位选择;但贸易自由度达到某一临界值(突破点)后,自由度稍微增加,

就会发生突发性聚集，此时稳定状态是所有产业集中在某一区域。这些观点深深地影响着我国自贸试验区扩容的决策，上海自贸试验区临港片区特斯拉新能源上海超级工厂的投产，截至2020年9月中国自贸试验区建设的"1+3+7+1+6+3"渐进式全国布局，无不深深烙上这些经典理论观点的印记。而结合中国实际运用空间经济学模型实证分析中国区域开放经济的相关探索也为我们研究自贸试验区扩容接轨国家FTA战略提供了可借鉴的科学方法和实证研究思路。

第三节 自贸试验区扩容接轨国家FTA战略的理论分析

一、自贸试验区扩容相关贸易理论依据分析

（一）扩大开放与自贸试验区关系的理论分析

扩大开放与FTA战略是国家贸易总政策的核心，而自贸试验区是贯彻这一总政策的具体措施，是国家对投资贸易实践活动的政策干预措施。两者在理论上属于贸易政策理论的研究范畴。经典贸易理论指出，自由贸易会导致国家间要素价格的均等化，进而消除国家间商品价格的差异。贸易保护会扩大国家间商品价格的差异。Stolper-Samuelson定理指出：在其他条件不变的情况下，某一商品相对价格的上升，将导致该商品密集使用的生产要素的实际价格或报酬提高，而另一种生产要素的实际价格或报酬则下降。

把这一定理运用到解释贸易干预理论时，则自由贸易有使生产要素价格均等化的趋势，但贸易壁垒政策通过限制进口，会使进口替代商品价格上升，刺激国内进口替代商品的生产，从而导致生产要素从密集使用丰裕资源的出口商品生产部门转向密集使用稀缺资源的进口替代商品生产部门。结果导致丰裕资源的价格相对下降，稀缺资源的价格相对上升。所以，贸易壁垒具有使生产要素价格逆转的趋势。例如，中国的扩大开放就是要逐步放开贸易保护，缩减中国与各国间商品价格人为干预导致价格差异的举措，这些举措包括从中国入世，扩大货物贸易开放到建设自贸试验区，扩大服务贸易开放的探索。中国入世后，扩大了出口货物贸易与制造业的开放，促进了商品自由流通，但服务贸易与进口商品开放相对滞后，这种滞后形成的相对保护，不利于生产要素的自由流通，使得服务贸易与进口商品相对价格上升，从而提高生产该种商品时密集使用的生产要素的实际报酬，降低其他生产要素的实际报酬。而涉及金融等生产性服

务贸易开放制度的建设严重滞后，金融等服务业商品价格居高不下，行业资本要素的真实回报率或收益率丰厚，致使行业垄断带来的高成本、低效率和国内企业融资成本高、商品流通成本高的局面得不到改善。而自贸试验区扩容等扩大服务贸易与进口开放的探索就是要促进要素的自由流通，激化竞争，促使金融等服务业商品价格的下降，缩小中国与其他国家间服务业商品的价格差，催化制造业与服务业之间连锁效应的产生，带动经济发展质量的提高。这一现象，我们可用埃奇沃思盒形图来进行理论表述（见图2.1）。

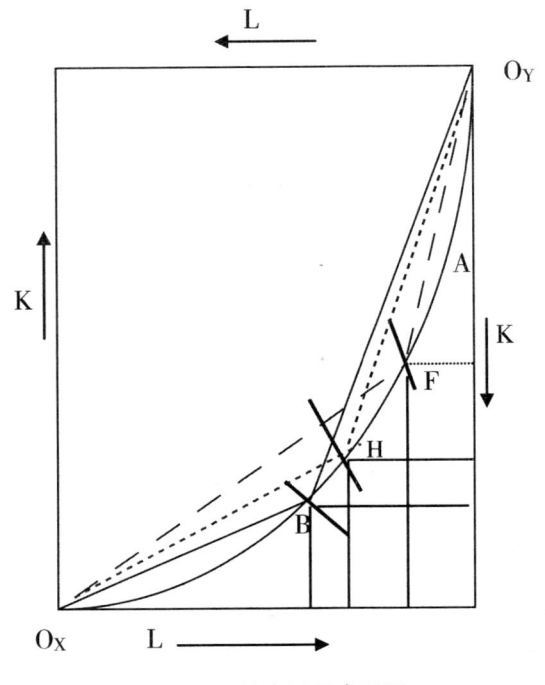

图 2.1 埃奇沃思盒形图

上图（见图 2.1）是中国的埃奇沃思盒形图。纵轴代表资本要素，横轴代表劳动要素。图中连接 O_X 与 O_Y 的曲线是中国的生产契约线。假设 Y 代表制造业，X 代表金融等服务业。在图中，点 A 是自给自足生产点，点 B 是自由贸易生产点，点 F 是 X 贸易壁垒更大的生产点。点 H 是 X 的贸易壁垒比 F 点减少的生产点。生产点 F 点比 B 点离原点 O_X 更远，离 O_Y 更近，表明在对 X 实行大于 Y 的贸易壁垒使得相对价格 P_X/P_Y 上升后，中国生产更多的 X 商品，进而生产更少的 Y 商品，导致两种商品生产中的资本/劳动比率的上涨。从原点 O_X 到点 B 的实线的斜率表示自由贸易下 X 的生产中的资本/劳动比率，而从原点 O_Y 到点

B 的实线的斜率表示 Y 生产中的资本/劳动比率。当生产点为 F 时（对 X 实行更多的贸易壁垒后），商品 X 和 Y 的资本/劳动比率的值是用各自从原点 O_X 和 O_Y 到 F 点的褐色虚线的斜率来表示的。由于褐色虚线的斜率比实线的大，对 X 实施更多的贸易壁垒后的资本/劳动比率要比在自由贸易下两种商品生产的资本/劳动比率大，并且 X 的劳动力报酬在上涨。当中国扩大开放，生产点从 F 点移到 H 点（减少 X 贸易壁垒后）时，商品 X 和 Y 的资本/劳动比率的值是用各自从原点 O_X 和 O_Y 到 H 点的蓝色虚线的斜率来表示的。由于蓝色虚线的斜率比褐色虚线的小，对 X 减少贸易壁垒后的资本/劳动比率虽然还是比在自由贸易下两种商品生产的资本/劳动比率大，但比在 X 实施更多的贸易壁垒下（F 点）两种商品生产的资本/劳动比率要小，X 的劳动力报酬相对下降。

（二）巨型 FTAs 与 FTZ 的局部均衡分析

贸易干预理论指出，国家具体的政策措施可分为进出口商品政策措施和国别政策或区域政策。进口保护政策包括进口保护的贸易政策和产业政策；出口鼓励政策也包括鼓励出口的贸易政策和产业政策。扩大开放、FTA 政策属于国别政策或区域政策的范畴；中国改革开放实践中的六类 CSSZ、国际通行的 FTZ 属于鼓励出口的贸易政策范畴。

从局部均衡分析角度分析，它们的理论模型是不同的。实施扩大开放、FTA 政策（包括 FTAs）的功能是要降低关税与非关税保护的国内价格高于国际市场价格的进口商品的贸易壁垒，它们的局部均衡分析是在封闭条件下某商品供求均衡点 E 的下方进行的，代表国内商品价格高于国际市场价格（参见图 2.2）。

下图（见图 2.2）是 FTA（包括 FTAs）的模型图。假设有越南、文莱、埃及三国，三国都是贸易小国（就像集市里的卖青菜者，是集市里青菜价格的被动接受者）。假设下图（见图 2.2）中的纵轴为服装的相对价格，横轴为服装的数量；D、S 曲线为 A 国的需求与供给曲线；点 E、E'、E"、E"' 分别代表封闭、关税、FTAs、自由贸易条件下服装的供求均衡点；点 Pe、Pt、Pb"、Pc"' 分别代表封闭、关税、FTAs、自由贸易条件下服装的相对价格。

下图（见图 2.2）显示，三国之间没有关税时，越南从成本低的埃及进口，在自由贸易条件下服装的相对价格 Pc 下进口 Q_1Q_2，此时，文莱因成本高被排除在贸易之外。当越南对服装征收 Pt 的关税，服装的进口减为 Q_3Q_4，若此时越南与文莱结成 FTAs，两国间无关税，埃及被排除出贸易，越南以 Pb 价格进口 Q_5Q_6 的服装。结成巨型 FTAs 后，越南消费者福利改善，生产者福利降低。如图 2.2 所示，消费者剩余（福利）增加 x+y+z+e，即 Pb、Pt、E'、E"，生产者

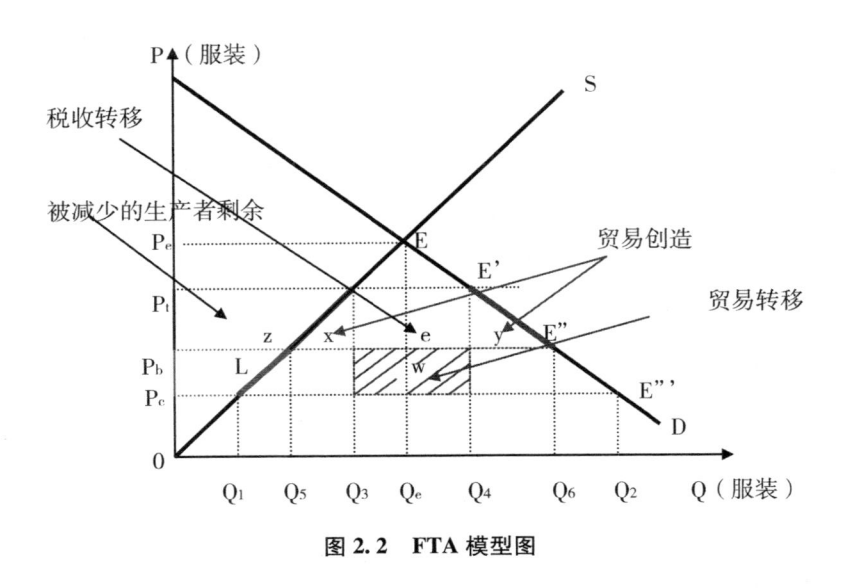

图中纵轴为 P（服装），横轴为 Q（服装）。标注有 S、D、E、E'、E''、E'''、L 等点，以及 P_e、P_t、P_b、P_c 价格水平和 Q_1、Q_5、Q_3、Q_e、Q_4、Q_6、Q_2 数量水平。图中标注了"税收转移"、"被减少的生产者剩余"、"贸易创造"、"贸易转移"等区域，以及 z、x、e、y、w 等面积。

图 2.2　FTA 模型图

剩余减少 z。

原来从埃及进口的关税收入 e+w 现因改从 FTAs 进口而丧失。与 Pt 相比，由于消费者的价格降低到 Pb，产生净福利 x+y，即贸易创造效应。其中，x 表示 FTAs 内成本低的生产（文莱）替代了国内成本高的国内生产而导致的资源配置效率改善，y 表示 FTAs 内取消关税后进口价格下降，国内消费扩大引起的消费者福利净增加。e 是税收转移。但与埃及结盟相比，消费者剩余却少 Pc，Pb，E''，E'''，因为自由贸易的进口（从埃及）必须转向文莱，当然作为 L 区的生产者剩余增加了，作为关税税收 w 部分也因此损失了，即贸易转移。贸易转移反映了 FTAs 内成本高的生产替代了原来来自同盟外成本低的生产，是资源配置的扭曲，所以贸易转移对越南不利。如果 x+y＞w，加入 FTAs 对越南有利，如果 x+y＜w，加入 FTAs 对越南不利。如果越南与埃及结成 FTAs，则该国只有贸易创造而不会发生贸易转移。

从 FTA 的政策含义角度分析，FTA 的成员国参加 FTA 是否能获得利益是有条件的，一般来说，地理位置近、运输方便，则结成 FTA 后利益大；结成 FTA 前贸易量大、关系密切，则结成 FTAs 后贸易创造大。这就是中国为什么要以周边为基础加快实施 FTA 战略。例如，中国与东盟国家组建中国—东盟 FTA，与巴基斯坦建立 FTA，与新加坡建立 FTA 等。同时，通过成立自贸试验区先试先行 TPP 等巨型 FTAs 倡导的国际通行的投资贸易新规则，为中国参与 RCEP 多边贸易谈判，中美、中欧双边投资协定谈判，中国—东盟、中巴、中国与新加坡自贸协定升级谈判，获取更大低成本的国际市场提供实践经验。

中国改革开放实践中的六类CSSZ，国际通行自由贸易港和FTZ的主要功能是促进出口的措施，这是一种间接的出口补贴措施。例如，在中国，通过出口产品进入CSSZ，可以享受出口退税等各种优惠政策；建设中的海南自由贸易港、上海自贸试验区临港新片区推行货物进出自由、投资自由、金融自由流动、外汇自由兑换等各种贸易便利化措施等这些都可以降低出口产品的成本，提高产品的出口竞争力。它们的局部均衡分析是在封闭条件下某商品供求均衡点E的上方进行的，代表一国出口商品价格低于国际市场价格，具备出口竞争力（参见图2.3）。

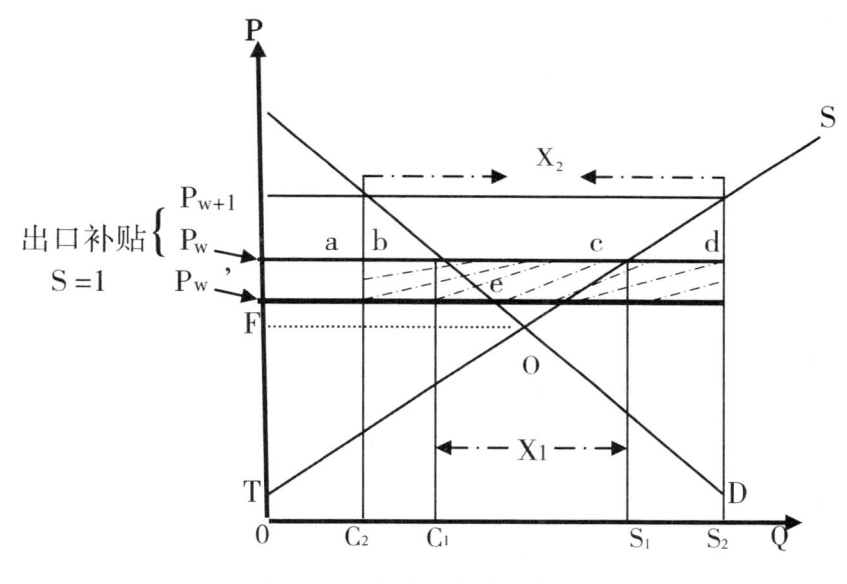

图 2.3 大国出口退税补贴图示

我国的出口退税政策和CSSZ、国际通行的FTZ等间接出口补贴贸易措施是出口才能获得补贴优惠，国内销售不享受这些优惠，这就起到刺激出口，扩大该产品出口量的作用。而我国采取这些措施，目的是通过扩大出口，发展外向型产业来带动经济增长。这些措施对中国经济崛起的作用巨大。在理论上，间接出口补贴对生产、消费、价格和贸易的影响，可分大国、小国两种情况。中国是贸易大国，我们主要分析大国的情况。

在图2.3中，我们假设纵轴为某商品的相对价格，横轴为某商品的数量；D、S曲线为某国某商品的需求与供给曲线；点O、F分别代表封闭条件下的供求均衡点和商品的相对价格；出口产品的国际市场价格为P_w，没有补贴时，生产为S_1，国内需求量为C_1，出口X_1。假设政府实施的出口退税政策相当于对每个单位某商品出口补贴1000元，出口实际所得是 Pw +1000 元，生产者就会扩大生产增加出口，新生产量为 S_2，国内需求量因市场供给减少，价格上升而下降到 C_2。供给在满足了国内需求后的剩余为补贴后的出口，用 X_2 表示，结果会促使国际市场价格下降（从 Pw 到 Pw'）。大国搞出口补贴不仅对本国经济利益造成的损害较大，还会加剧贸易摩擦，产生贸易条件效应，导致贸易条件恶化。但从两利相衡趋其重，两害相权取其轻的角度权衡，对我国而言是利大于弊。中国实施的 CSSZ 政策成功促进了中国的贸易扩大带来的经济增长实践就是最好的证明。而且，中国实施 CSSZ、自由贸易港区（FTZ）等促进出口的间接补贴措施不会像欧美对农产品的直接补贴金钱一样引起其他国家的指责，因其引起贸易摩擦的概率极小；也不用增加政府的财政开支，没有政府财政支出过大的压力，实施起来阻力会更小。

三、自贸试验区扩容的制度变迁理论依据分析

自贸易试验区设立的目的是力图通过中国扩大开放实践中行之有效的点轴渐进式开发路径，对接 FTAs 探路行动中形成的"准入前国民待遇"和"负面清单"等外商投资管理体制改革措施，扩大金融等服务业开放和投资、贸易便利化改革措施，通过渐进式的自贸试验区全国扩容方式复制推广到全国各地。当全国都实行了某项投资贸易新规，例如，我们把全国推广的负面清单管理制度落实到国家双边或多边 FTA 谈判中去，就能加快国家 FTA 战略的实施步伐。从新制度经济学角度分析，这种方式在本质上是一种以强制性与诱致性相结合的制度创新，是政府在试验区特定区域内实施六大服务业强制性扩大开放制度变迁与被激励的微观企业产生的市场经济行为取向型诱致性制度变迁相结合的产物。作为一种影响经济主体行为的外生性要素，制度要素的历史继承性和实践创造性决定了其能够对经济主体发展的路径选择、过程控制和绩效变化等产生直接或间接影响，因此我们对自贸试验区研究的另一重要支撑理论是诺斯的制度变迁理论。

（一）制度变迁的影响

相关内容参见赖庆晟、郭晓合著的《中国自由贸易试验区渐进式扩大开放研究》，此处不再赘述。

（二）制度变迁的方式

制度变迁形式有诱致性制度变迁和强制性制度变迁两种。在中国，由于中央集权强权政治模式的传统影响，几千年以来由上而下行为方式的惯性，由政

府通过强制力推行的制度创新是最适用的形式。所以，从2013年到2020年上海自贸试验区接轨国家FTA战略的制度变迁的探索方式是采取"自上而下"的政府大力推行强制性制度变迁来带动"自下而上"诱致性制度变迁的。

1. 强制性制度变迁

强制性制度变迁是由政府通过强制力量推行的制度变迁。在我国，国家之所以要通过政府行政系统推进制度变迁，是因为在1978年前，我国不是市场经济国家，我们的改革开放进程就是渐进式持续引入市场经济制度的进程。每当经济发展出现障碍时，国家通常都会把它归结于市场经济制度产品供给不足，由政府出面扩大开放，引进新的市场经济制度产品，以开放倒逼改革的方式发展经济，而新的市场经济制度产品的供给通常都会带来新的规模收益。例如，从特区到沿海扩大开放，再到中国加入WTO等，就是这一制度变迁效果的明证。通过这种渐进式的强制性制度变迁方式带动了中国各地的经济发展从工业化初期先后进入工业化中后期。中国加入WTO后的十年期间，我国进出口年均增长约26%，从而带动经济强劲增长。此后，制度供给日渐跟不上经济发展需求的现象频繁出现，出现许多无法由诱致性制度变迁加以消除的制度失衡。当制度失衡一旦出现，国家就会通过中央政府行政力量推动制度变迁，通过自上而下强力推动的方式去解决制度市场的失衡。例如，1990年以来中国先后设立的综合保税区等六种CSSZ、自贸试验区、自由贸易港就是用来解决我国开放经济体制制度失衡的探索。

基于强制性制度变迁的实施主体和模式特征，可以归纳出该类制度变迁的优势。一方面，国家政府机构实施的制度本质上可作为一种特殊的公共品，政府层面的实施主体较私人层面的实施主体更有效率；另一方面，对于维护生产安全和社会稳定的相关制度安排降低了全社会的交易费用。当然，强制性制度变迁并不必然导致制度供求的均衡。

2. 诱致性制度变迁

诱致性制度变迁是市场主体对影响制度供求的各种因素变动所产生的获利机会的自发响应。诱制性制度变迁的需求因素有要素和产品相对价格的长期变化；技术进步所导致的新的收益的利用；对新的收入流的分割所导致的效率收益。诱致性制度变迁的发起需要满足特定的条件：一方面，现有的制度不均衡对微观企业产生了可能获取潜在利润的机会；另一方面，微观企业自下而上发起的制度变迁成本低于进行制度变迁后的预估收益，这里的成本主要指企业的经济成本。基于诱致性制度变迁的实施主体和模式特征，可以归纳出该类制度变迁的优势和缺点，其优势在于微观企业在政府机构强制性制度变迁的拉动下能够从内部自发产生对制度非均衡的变革动力，且充分发挥个体的主观能动性来强化内生变量的效果，最终促进自下而上的诱致性制度变迁的高效性；其缺点在于微观企业的盈利性决定了诱致性制度变迁实现企业预期收益后，企业将缺乏进一步制度变迁的动力，导致变迁效率的降低和进程的放缓。

（三）制度变迁的原因

为什么会发生制度变迁？为什么自贸试验区要扩大服务业开放，引进高标准国际经贸最新规则，以负面清单体制代替传统正面清单旧制度？用新制度经济学观点解释就是制度失衡所致。例如，2010年代，我国出现制造业产品供给过剩，一度出现整个钢铁产业全行业年利润额还不如四大国有银行中的一个银行年利润高的畸形现象，这与金融服务业扩大开放滞后导致的银行垄断局面迟迟得不到改观的制度失衡不无关联。在我国，开放经济体制制度供给结构性失衡突出表现在四个方面：在贸易上，贸易干预政策的进口措施相对滞后于出口措施，服务贸易发展措施相对滞后于货物贸易发展措施；在产业开放举措上，基础产业、第三产业开放举措相对滞后于制造业、第二产业开放举措；在地区开放优惠政策结构上，区域开放优惠政策不平衡，中西部地区开放优惠政策滞后于东部开放优惠政策；在促进工业化与城市化协调发展制度结构上，工业化超前，城市化滞后。

1. 制度选择集合改变

首先，这方面的因素得益于建立在市场经济基础上的相关的经济学理论、企业管理理论的普及。例如，在中国，市场经济知识的普及，提高了人们认识和把握与市场经济制度创新有关的各种事物的能力和推动制度创新者的理性化程度，这就有了自贸试验区通过扩容点轴渐进式开发路径，对接高标准国际经贸最新规则，对内以强制性与诱致性相结合的制度变迁方式逐步复制推广到全国各地的实践做法。其次，扩大开放，开放型经济体制有助于我们比较、选择不同市场经济模式的制度产品。例如，美国宏观需求管理模式，德国社会市场模式，通过扬弃、模仿创新的方式引进为我所用，以求提高国家市场经济竞争力。这就是我国的自贸试验区为什么要接轨FATs高标准自贸协定最新规则来实现全国扩大开放的目标。最后，是一国的根本性法律制度和基本政策的宽容性。我国改革开放以来的不断扩大对外开放国门就体现了我们国家体制宽容性的一面。

2. 技术进步

从生产看，技术进步有利于利用新的制度安排创新经营方式，激发外部性的潜能。例如，在我国，电子商务、移动互联网的服务业经营方式能取代传统的服务业经营方式，究其原因，信息技术的使用产生了流量思维、屏读、网红、流动、迭代思维，先给予，后获取，互联网+的共享经济等新的经营理念日益冲击传统的经营方式。从交易看，技术进步影响交易费用，例如互联网技术导致的"零制造成本"，使免费价格、微信、抖音、体验式营销、私域流量等影响交易费用的制度创新层出不穷，原先并不起眼的线上交易制度的作用日益突显。在分配上，技术进步能有效地改变要素所有者的收入分配格局。例如，在我国，电子商务从贸易领域B2B跨境电商的突破到移动互联网的技术进步，有效地实现了各个产业部门之间收入流的重新分配；移动支付技术进步对传统金融业的冲击，有效地改变了金融服务业各部门收入分配格局。

3. 群体偏好变化

群体偏好与社会传统文化导致的社会偏好结构有关。例如，20世纪以来，我国知识阶层经历了西学东渐的历史发展过程，从康、梁变法维新到五四运动对民主的认知，再到接受马克思主义，接受市场经济等无不体现这一点。这就有了1978年以来的不断扩大开放和贸易政策方面从CSSZ到自贸试验区，再到自由贸易港的扩大开放的探索。因此，我们研究的理论分析，引入强制性制度变迁与诱致性制度变迁理念。

首先，强制性制度变迁中的政治、经济制度构成了中国自贸试验区扩容非均衡演进的重要制度架构，而该制度架构是自贸试验区所在地方政府或直接通过中央政府以区域资源环境变化隐含的要素回报率差异为现实约束条件，对试验区内各主体做出的动机与行为规范的安排。强制性制度变迁中的政治制度包含了地方和中央政府在扩大开放中的治理权和经济资源的收益权，经济制度包含了政府对试验区内要素资源的分配权和产权界定归属，当经济制度无法实现既定的一致性偏好时，强制性政治制度的参与能够有效地对各种利益冲突做出仲裁，以确保试验区内经济发展模式的顺利形成。

其次，强制性制度变迁兼具"掠夺者"与"扶持者"的双重身份，政府基于成本收益原则对自贸试验区的强制性制度变迁具有公共品的性质，因此强制性制度变迁在试验区中的税收、租金、服务等行为能够达到理性的权衡。强制性制度变迁进而引起微观企业对"潜在利润"预期的变化，导致制度需求与诱发性制度供给出现失衡，形成对微观企业主体的不规则外部冲击，且随着累积效应的强化有可能触发不可逆的"自然淘汰"过程。

最后，强制性制度与诱发性制度的适宜性变迁在自贸试验区内的路径创造力、依赖性相互博弈，共同决定了以试验区促进经济转型的路径。基于有限理性的适宜性制度变迁能够有意识地创造"策略构建",对相对稳定状态的制度框架进行适宜性的调整。目的是把试验区带动区域经济增长的开启条件,在反复的制度变迁试验后,适宜性的制度可实现以扩散机制构建为基础的主观认知模型修正,促进制度偏离达到根本性制度变迁的临界点和试验区扩容路径的实现,并表现为服务贸易增长极的开放型经济空间结构优化效应。这一发展路径是新一轮制度构架适宜性调整的开始,这一路径的顺利完成取决于制度变迁在自增强机制作用下能否完成偏离积累,并跨过"临界"锁定均衡状态。

三、自贸试验区扩容相关空间经济理论依据分析

自贸试验区扩容借助制度变迁方式试点国际投资贸易新规不是国家给地方政府的优惠政策,而是通过从沿海到内陆腹地的"点、线、面"扇形扩散,以点带面的路径向全国复制推广,为接轨国家 FTA 战略提供现实基础。这种由点到线及面的非均衡的自贸试验区空间布局与空间连续性思路引入了国际贸易这一分析要素,并纳入了克鲁格曼的空间经济研究范式,形成"国际贸易—城市—区域"三位一体的理论模型分析框架,这一框架就是我们开展研究的又一重要支撑理论。

(一) 中心—外围空间结构下的集聚与扩散

克鲁格曼在《规模报酬与经济地理》(1991)[①] 和《空间经济学:城市、区域与国际贸易》(1999) 两部著述中,将分属不同学科的经济地理学和贸易理论进行了融合,并依据交易成本最小化基本原则引入了新贸易理论的垄断竞争、规模报酬递增、消费偏好多样性的现代经济学理念,运用 D-S 分析框架、计算机动态模拟等计量方法,研究经济活动的空间布局问题,形成空间经济学的核心——边缘(C-P)模型。

依据克氏 C-P 模型这一区域研究范式,我们对上海自贸试验区扩容的研究以规模收益递增和垄断竞争为主要的理论基础,将最终消费品的生产者对中间投入品的多样性偏好决定中间投入品生产者的规模收益递增思路纳入 C-P 空间经济模型中来展开分析。相关内容在赖庆晟、郭晓合合著的《中国自由贸易试验区渐进式扩大开放研究》[②] 中有详细论述,此处略谈。

---

① KRUGMAN P. Increasing Returns and Economic Geography [J]. Journal of Political Economy, 1991, 99 (03): 483-499.
② 赖庆晟, 郭晓合. 中国自由贸易试验区渐进式扩大开放研究 [M]. 上海: 格致出版社, 2017: 47-54.

（二）"国际贸易—城市—区域"理论模型的启示

克鲁格曼（1999）的"国际贸易—城市—区域发展"空间经济学模型，讨论了国际贸易专业化生产、贸易自由化对区域开放经济的影响机制。我们探讨自贸试验区增长极问题时，主要运用克氏 C-P 模型基本研究范式构建分析框架，运用其核心思想解释自贸试验区在地理空间中经济活动的集聚、扩散、空间连续性现象，这将有助于我们论证这种非均衡的资源空间优化配置机制和企业区位选择机制的合理性。

1. 贸易自由化有助于构建新型开放型经济空间的合理布局

贸易自由化能够改变国内经济地理的布局，形成两个人口规模均等的区域，并且各自专业化从事两个产业中的其中一个产业（集聚）。在 C-P 模型中，贸易自由化引起的关键的产业关联效应，能产生一种专业化过程，使特定产业向若干个国家集聚。最典型的国际模型是产业集聚和国际贸易模型致使贸易和空间区位融为一体。同时，贸易自由化还提升了国内经济的福利水平，由于人口分布更加均匀，使得拥挤成本降低；产业集聚引发的厂商联系更为密切，专业化生产带来更多的真实收入。

依据增长极与点轴理论，自贸试验区新型开放经济增长极可选择全国最大的海陆空交通枢纽这一具有发展优势的空间单元，通过生产要素在"点"的集聚以"轴"为载体的连接和扩散，形成新的贸易增长极"点"。在此过程中，有利于开放型经济带来的资本、技术、劳动力等要素流动，形成新的集聚力和扩散力。这种扩大开放的空间经济结构将使得国内经济变得更加外向而促使后向关联效应趋弱，降低原本由于居民人口大量集聚和企业工资上升导致的拥堵成本，促使企业外迁到周边地区，从而带动周边地区发展，使得经济活动在空间上趋向更优化的空间经济结构。同时，带来产业关联引发的集聚现象，促进专业化的产业集聚，提高国民福利水平。

2. 自贸试验区持续提高贸易自由度将带来突发性集聚

如果某种外生冲击改变原有需求的空间分布，扩大了某一区域的需求，则大量的企业将改变原来的区位，向该区域集中。这点给我们的启示是，如果自贸试验区通过接轨国际投资贸易最新规则，革新外商投资管理体制，扩大服务业开放，则会有助于金融、物流大量的相关外资企业向试验区区域集中。但是，依据 C-P 模型的内生特点，这种集中是以突发性集聚方式实现的。也就是说，聚集力和扩散力共同决定在空间经济的长期对称均衡状态条件下，贸易自由度很小时，贸易自由度的提高不会影响产业的区位选择；但是，如果如同我国从

43

保税区到综合保税区，持续提升贸易自由度；如果对标全球高水平的 FTZ，再进一步提升 CSSZ 的贸易自由度，当贸易自由度达到某一临界值（突破点）后，自由度稍微增加，就会发生突发性聚集，引起某些特定产业集中在某一 FTZ 区域。例如，我们在上海，如果在发展高水平贸易自由度的综合保税区基础上，实施有利于离岸金融中心建设的自由贸易港区政策，就会引来从事各种离岸金融衍生品外企的集聚。

3. 内生的非对称性的启示

内生的非对称性是指初始时对称的两个区域，随着交易成本的逐渐降低将最终导致区域间的非对称。包含聚集力的模型显示，生产要素流动性和贸易自由度的提高将进一步加剧初始的差异，最终导致所有产业向一个区域集中。集聚力与分散力通常都会随着交易成本的下降而下降，但分散力的下降相对更快一些。在交易成本较大的情况下，通常分散力更大一些，这时市场拥挤效应占优势，因此经济系统内存在负反馈机制，这使得对称均衡得以稳定。随着交易成本的降低，在某一临界点上，集聚力开始大于分散力，对称分布模式被打破，现代部门的经济活动向某一区域集中。这种内生的非对称性就为上海自贸试验区探索通过建设自由贸易港区实现以国际金融、国际航运、国际贸易中心建设为基础的国际经济中心建设提供了坚实的理论依据。

四、上海自贸试验区扩容接轨国家 FTA 战略研究的主要理论思路

综合上述，对自贸试验区相关贸易理论依据的分析可以使我们清楚地了解到在贸易理论上，自贸试验区扩容接轨巨型 FTAs 新规则的扩大贸易开放举措属于贸易干预理论范畴，而 S-S 定理是扩大开放的理论基础。在贸易干预理论中，扩大开放、FTAs 属于经济一体化政策的研究范畴，是降低进口保护的具体措施，而 CSSZ、FTZ 属于出口贸易政策的研究范畴，是促进出口的具体措施。两者在理论上的局部均衡分析模型是不一样的。扩大开放、FTAs 在理论上的局部均衡分析是在封闭条件下某商品供求均衡点 E 的下方进行的，代表国内相关商品价格高于国际市场价格；而 CSSZ、FTZ 在理论上的局部均衡分析是在封闭条件下某商品供求均衡点 E 的上方进行的，代表国内相关产业商品价格低于国际市场价格。在中国实施这些促进出口的具体措施，是因为这些措施在国际上不需要开展贸易谈判，自己单边实施即可，不会引起贸易摩擦；不用增加政府财政开支，实施起来阻力会更小。而自贸试验区利用 CSSZ"境内关外"的特性试验巨型 FTAs 倡导的国际新规的目的就是降低试验的风险系数，保障扩大开放的稳步前行。

在自贸试验区扩容研究中我们引入制度变迁理论，1978年以来的市场经济体制改革开放时间太短，私人产权力量不足以把全部的外部性内部化；通过政府相关政策进一步推行新制度势在必行。因此，制度变迁理论为我们研究自贸试验区扩容接轨国家FTA战略提供了强有力的科学理论依据，通过"自上而下"的政府推行强制性制度变迁可带动"自下而上"诱致性制度变迁的顺利开展，进而通过政府倡导的渐进式扩容路径，把自贸试验区试验成功的国际投资贸易新规则向全国复制推广，促使全国东西南北中全方位开放格局的形成，为国家开展自由贸易协定谈判提供了可操作的现实基础，加快实施国家FTA战略目标，促进中国融入全球价值链、供应链、产业链和专业化分工协作生产，形成以中国为中心的泛亚洲和泛太平洋产业链，提高国家经济产业竞争力。

从中国区域经济转型发展的实践看，2020年的中国已赫然形成五个各具特色和优势的城市经济圈，长三角、珠三角、渤海湾、东三省、西三角成为引领中国经济的增长极。而这种非均衡发展模式又是通过培育不同定位、功能的自贸试验区贸易增长极制度变迁的"点、线、面"发展的极化集聚效应与空间溢出效应，促进新型开放经济体制的建立，带动区域经济发展。这是克氏"区域—城市—国际贸易"三位一体理论的成功实践。从经济转型看，上海自贸试验区建设自由贸易港区，依然需要运用克氏"三位一体理论"模型分析框架，探讨培育高科技产业、金融、物流服务贸易为支点的新型开放经济增长极的自增强机制，促进试验区增长极所在城市外向型高科技产业和现代服务业产业集聚，带动周围区域经济转型升级。从空间经济合理性的角度探讨这种新型开放经济增长极的空间优化布局，以此来服务于国家区域开放战略的阶段性需求，带动全国各地区持续扩大开放和促进区域开放经济转型发展。

依据和借鉴前人的研究思路和相关的自由贸易理论、制度变迁理论和空间经济理论，在对相关理论概念辨析、界定的基础上，我们研究的主要思路围绕以下论点展开：一是通过制度变迁的方式吸收巨型FTAs谈判提倡的新一代高规格全球贸易和服务规则的精华，通过服务贸易开放增长极培育的点轴渐进式制度变迁路径增加新的制度供给和创新制度供给，实现东西南北中全面开放新格局，以带动我国开放经济发展模式的转型；二是依据克氏国际研究范式，即讨论国际专业化与贸易、产业集聚、可贸易的中间产品和贸易自由化趋势对一国内部空间经济现象的影响的国际模型，意图通过点轴渐进式开发路径，对接高标准国际经贸最新规则，对内以强制性与诱致性相结合的制度变迁方式逐步复制推广到全国各地，以利于对外贯彻国家FTA战略。三是探讨上海自贸试验区扩容如何接轨国家FTA战略问题。探索沿着以下思路展开：上海自贸试验区试验的国际投资贸易最新规则,通过扩容的路径陆续复制推广到全国各省市,覆盖全国各地,国家通过这种渐进式开放的方式,实现从制造业开放扩大到服务业开放,不断扩大开放第一、第二、第三产业领域,一方面建设新型开放型经济体系,另一方面为国家对外开展双边和多边 FTA 谈判持续提供具体的现实依据,落实国家 FTA 战略目标,为打造以中国为中心的泛亚洲和泛太平洋产业链服务。

  以下各部分将依据上述理论观点,分别从渐进式的点线面扩大开放空间布局的优化;接轨试验 FTAs 最新投资贸易规则;外商投资管理改革;扩大金融等领域的服务业开放;贸易便利化改革;自贸试验区扩容接轨国家 FTA 战略的举措等角度——展开分析。

第三章

相关概念辨析与上海自贸试验区功能定位

在我国，有关自贸试验区的研究，涉及国家改革开放中先后设置的六种CSSZ模式。这些政策措施是我国改革开放以来带动开放经济增长的重要贸易干预政策举措。但自贸试验区的设置既不是CSSZ的加强版，也非国际通行FTZ的简单复制，而是为了贯彻落实新时期的国家FTA战略，构建开放型经济新体制，促进国家进一步开放，加快发展更高层次开放型经济，促使国家经济发展从传统外延式扩张模式向内涵式增长模式转型。厘清CSSZ、FTZ、FTA这些概念与自贸试验区概念的联系与区别，明确自贸试验区的扩区与扩容和功能定位、国家FTA战略的动态演进、自贸试验区扩容接轨国家FTA战略的内涵，将有助于我国自贸试验区问题研究的规范与深化。

第一节 自贸试验区的来龙去脉

一、自贸试验区思路的提出[①]

2013年8月22日经国务院正式批准设立上海自贸试验区。自由贸易试验区（以下简称自贸试验区）概念的形成最早源于上海自由贸易区的探索。上海自由贸易区概念是由中国生产力学会王茂林会长牵头的课题组率先提出的。2008年金融危机后，亚太国家的港口城市竞争日趋激烈，自由化措施频出，而我国很多企业的货物需要通过韩国釜山、日本大阪的自由贸易港和我国香港地区中转，建立FTZ已成为外向型企业的共同需求。同时，改革开放已进入深水区的关键节点。未来扩大开放道路怎么走？这是当时浦东新区亟待解决的重大课题。为此，浦东新区政府委托中国生产力学会进行专项研究。

---

① 倪金节. 上海自由贸易区推进将带来巨大的示范效应 [N]. 新京报，2013-04-01.

2009年，中国生产力学会成立了以国务院发展研究中心李泊溪为组长，相关专家组成的项目课题组，经过半年对上海浦东的实地调查，写出了《关于在上海浦东建立自由贸易区的建议》的报告。报告指出，依据沪市新发展战略，探求浦东新区综合配套改革突破口，解决上海发展和浦东新区开发开放中的瓶颈问题；依据国发〔2009〕26号文件"积极稳妥实施FTA战略"的要求，在上海浦东实施以"投资自由、贸易自由、金融自由、航运自由"为目标的"FTZ"政策；在上海浦东试点建立一个既能带动上海浦东新区发展，又具有全国带头示范效应的，以境内关外为基本特征的FTZ。报告正式提出了上海自由贸易区（FTZ）的概念，并通过生产力学会上报给国务院，得到了国务院主要领导的高度重视。此后三年，生产力学会以推动课题研究成果落实为目标，一直与上海市和浦东新区政府共同推动"上海自贸区（FTZ）试点"的落实，2012年年底，时任国务院总理温家宝同志明确表态，鼓励成立"上海自由贸易园区"。2013年，建立上海自由贸易园区得到新一届中央政府和上海市政府的高度重视。

但是，建立什么样的自由贸易区？中央政府和地方政府的目标是不一样的。2013年上海两会期间，试点建立自由贸易园区被正式列为是年上海深入推进经济体制改革的主要任务之一。同年3月底，国务院总理李克强在上海外高桥保税区调研时明确指出，在现有综合保税区基础上，研究如何试点先行，在28平方千米内，建立一个自由贸易试验区，进一步扩大开放，推动完善开放型经济体制。这一表态明确了不搞对地方发展具有优惠政策性质的FTZ，而是探索扩大开放为主的试验区的总体思路。这一思路后来在试验区总体方案中得以全面反映。① 对总理的这一总体思路，上海市政府积极响应，把试点建设自贸试验区作为事关上海当前和长远发展的头等大事而全力推进。同年7月初，李克强总理主持了国务院常务会议，会议基本肯定了《中国（上海）自由贸易试验区总体方案》（以下简称"总体方案"）。2013年9月18日国务院正式颁发"总体方案"，9月29日上海自贸试验区正式挂牌运营。

二、自贸试验区的概念辨析

从2009年上海自由贸易区方案报告对上海试点FTZ的探索到2013年8月"总体方案"的正式出台，再到2019年8月《中国（上海）自由贸易试验区临

---

① 国务院关于印发中国（上海）自由贸易试验区总体方案的通知［EB/OL］.中华人民共和国中央人民政府网，2013-09-27.（以下各章节引用这篇文件的引文不再重复做脚注。）

港新片区总体方案的通知》,十年的理论探讨和建设实践,先后出现了自由贸易区、自由贸易园区、自由贸易试验区、自由贸易港区、自由贸易港等内涵并不一致的概念的运用,在国内一些公开发表的文章、内部工作文件和媒体报道中,不少学者和实际工作者把自由贸易区、自由贸易试验区、自由贸易港区混淆使用,甚至出现把综保区等六类 CSSZ 与 FTZ 混为一谈。因此,我们认为有必要对概念进行辨析,区分这些概念的差异。

(一)国际通行 FTZ 与我国 CSSZ 的联系与区别

上海自贸试验区成立初始,实施范围共 28.78 平方千米,涵盖了上海的 4 个海关特殊监管区:外高桥保税区和保税物流园区,洋山保税港区和浦东机场综合保税区。这表明出于风险防范、稳步推进的考虑,上海自贸试验区的试点最早是以 CSSZ 为试验基地的。但是,我国的 CSSZ 与国际通行 FTZ 还是有差别的。

1. 国际意义上的 FTZ 管理模式与特点

国际意义上的 FTZ 具有如下共性特点。一是国家行为。由国家定位区域的性质、政策框架、管理模式等。二是实行"一线放开、二线管住"的封闭管理区域。入区内的货物免于常规的海关监管。三是具有较高的管理自由度和较多的政策优惠。贸易政策优惠措施包括投资自由、贸易自由、资金自由、运输自由、人员从业自由等制度安排。经济优惠如土地使用优惠、区内加工制造的产品免缴增值税等。四是具有明确的外向型经济功能。如转口贸易、出口加工、仓储展示、商品简单处理加工、物流分拨以及金融等服务功能,转口贸易和离岸金融业务都比较发达。[1] 概括起来就是"国家行为""境内关外""经济自由""功能突出"。

国际通行的 FTZ 是典型"境内关外"的经济自由区。首先,经济贸易自由度高。例如,阿联酋迪拜机场 FTZ、新加坡樟宜机场 FTZ、韩国仁川机场 FTZ 都是国际上通行的 FTZ。特别是新加坡、迪拜等国的 FTZ 建设了多年,形成了一整套完善的科学得力的配套支持措施,低行政干预、高管理自由度、多优惠措施特点突出,经济贸易自由化程度高,国际竞争力强劲,国际营商环境排名多年位居世界前列。其次,国际通行的 FTZ 是海关等不得轻易介入"一线和二线之间的经济自由区",商品货物进出"园区",免于实施惯常的海关监管制度,而我国的 CSSZ,是在海关特殊(严格)监管之下的管辖区,虽然在"国家行为"、服务贸易功能方面差异不大,但性质不同,贸易优惠政策措施上与国际通行的 FTZ 有差距。这就是上海自贸试验区临港片区建设要对标国际高水平的

---

[1] 金辉. 试点自贸区将成深化改革开放突破口 [EB/OL]. 经济参考网,2013-08-22.

FTZ、提升国际竞争力的缘由。

2. CSSZ 管理模式与特点

海关特殊监管区域（Customs Special Supervsion Zone，简称 CSSZ）是经我国国务院批准，设立在中华人民共和国关境内，赋予承接国际产业转移、连接国内国际两个市场的特殊功能和政策，由海关为主实施封闭监管的特定经济功能区域。从 1990 年起，到 2006 年我国先后设立的 CSSZ 区域主要有保税区（1990 年）、出口加工区（2000 年）、保税物流园区（2003 年）、跨境工业园区（2003 年）、保税港区（2005 年）、综合保税区（2006 年）六种模式。由于这六种模式与国际通行的 FTZ 在贸易自由度上有差距，有一定的限制措施，所以统称 CSSZ。各种 CSSZ 模式，设立之初都有不同的政策功能特点，由于不同的特殊区域功能各异，不能够适应全国扩大开放、建设新型开放型经济体制的综合性要求，所以国家提出在这个基础上建立综合保税区，整合优化各种特殊区域的一些政策和功能，实行统一化要求。2015 年 8 月 28 日，国务院办公厅关于印发加快 CSSZ 整合优化方案的通知[1]，逐步将各类 CSSZ 整合为综合保税区。截至 2020 年 12 月，全国共设立了 CSSZ 160 个，其中综合保税区 147 个。[2] 总而言之，自 1990 年以来，我国的 CSSZ 建设对标国际通行的 FTZ，向不断提高贸易便利化、贸易自由度方向演进，成为我国建设自贸试验区的最早试验基地。

我国的 CSSZ 有四个基本特征。由国家审核批准的国家级的特殊监管区，享有所在省（市/自治区）国家赋予开发区的优惠政策；采取封闭围网管理，CSSZ 的基础和监管设施验收标准严格；都具有一线二线的通关特征；都享有保税贸易优惠政策，具备保税功能。我国的 CSSZ 的设立理念源于国际通行的 FTZ，借鉴了 FTZ 的通行规则。因此，我国的一些 CSSZ 在一定程度上或多或少都含有 FTZ 的因子。但是，截至 2013 年，我国境内尚未建立这一国际意义上的 FTZ。20 世纪 80 年代末，国家曾规划在若干沿海港口城市设立 FTZ，但基于当时的环境，这些拟建的 FTZ 都改成了保税区。截至 2013 年我国建立的六类不同模式的 CSSZ 共有 102 个。因此，我国的 CSSZ 借鉴了 FTZ 的经验和管理理念，既有类似于 FTZ 的某些特征，也有我国独特的 CSSZ 管理模式和特点。两者的监管模式对照见表 3.1。

---

[1] 加快海关特殊监管区域整合优化方案[J]. 中华人民共和国国务院公报，2015（26）：52-56.

[2] 促进综合保税区发展 21 条政策再解读（上篇）[EB/OL]. 12360 海关热线，2020-12-16.

表 3.1　FTZ 与 CSSZ 的区别与联系①

国际通行 FTZ	我国的 CSSZ
海关管辖外，实施"境内进出区"管理	海关实施"境内外进出区"的全面监管
进口货物没有配额管制	有条件取消进口货物的配额管控
境外货物免税进口	境外货物有条件免税进口
实施卡口管理，区内货物流转自由	卡口、区内联网，货物流转需办理手续
经营范围不受限制	实施经营范围管制
不限制区域功能	限制区域功能
区内不设管理部门	区内设管理部门

所以，与国内以税收优惠政策和财政支持政策为主的各类经济"园区"（例如，高新技术开发区等国家级开发区）相比较，我国建立的六类国家级 CSSZ 更偏重贸易上的优惠政策措施，经济自由化程度更高；但是与国际通行的 FTZ 相比较，贸易政策措施上的优惠力度要小，经济自由化程度要低。与亚太地区其他国家的港口城市相比较，在吸引外商投资的竞争力方面处于下风。因此，各类 CSSZ 对国内投资的吸引力大于对国外投资的吸引力，区内的国内投资的比例远远高于国外投资的比例，即使到了自贸试验区已经建设了九年的今天，这种局面依然没有太大的改观。

（二）FTA 与 FTZ 的联系与区别

在国际上，自由贸易区分为两种，一种是 Free Trade Agreement（FTA），指两个以上国家或地区通过签署自贸协定设立的包括协议国（地区）在内的经济体。另一种是 Free Trade Zone（FTZ），指在一个国家内部划出一块领土，实行特殊的"境内关外"贸易政策的区域。在贸易干预理论中，这是本质上存在很大差异的两个贸易理论概念。

1. FTA 的界定

经典贸易理论认为，FTA 是指国家之间通过谈判而签订的双边或多边的自由贸易协定，是区域经济一体化的一种组织形式。例如，中国与东盟十国签订的多边 FTA 协议，中国与韩国签订的两国之间的 FTA 协议。其特点是涉及部分国家经济主权让渡给区域一体化组织的制度安排，例如 NAFTA。FTA 的核心制度安排是通过减少乃至取消彼此间的贸易壁垒，促进双边或多边的贸易发展。从

---

① 李正辉. 自由贸易试验区海关监管模式研究［D］. 成都：西南政法大学，2017.

国际经济学理论角度分析，传统的FTA是国际区域经济一体化的一种初级表现形式，全球各种区域经济一体化从初级到高级的不同表现形式有自由贸易区、关税同盟、共同市场、经济联盟等多种。

FTA概念最早来源于《关税与贸易总协定》（GATT，1947）的第24条第8款中（b）对自由贸易区的专门解释。1995年世界贸易组织（WTO）成立后，对"自由贸易区"的解释是FTA是WTO多边贸易体制中最惠国待遇原则的一个例外，具有"互惠性"（区内成员国之间要取消关税和其他贸易限制性法规）和"排他性"（FTA区外的其他WTO成员方不能通过多边贸易体制中最惠国待遇原则享有区内成员国享有的特殊优惠待遇）两大特征。截至2015年1月8日，全球已缔结生效的FTA有604个。[①]

由于在WTO框架下，关于服务贸易，促进资本等生产要素自由流通的谈判进展缓慢，很难达成协议。近年来，发达经济体先后发起或主导以跨区域、跨洲为特点的新一轮多边自由贸易谈判。例如，开始于2002年，由新加坡、新西兰等国发起的，旨在促进环太平洋地区的贸易自由化，后来美国、日本先后加入的跨太平洋伙伴关系协议谈判；开始于2013年的，美国与欧盟间的跨大西洋贸易和投资协议谈判；日本与欧盟间的《经济伙伴协定》等。这些贸易谈判意图通过多边贸易谈判的途径突破WTO规则框架，逐渐形成新一代高规格全球贸易和服务规则，引领经济全球化。这些谈判，主要特点包括：一是推行更高标准的贸易自由化；二是推进投资自由化；三是强调服务贸易自由化；四是强调公平竞争和权益保护，以相互扩大市场开放、改善服务业市场准入条件，形成促进商品、服务、生产要素自由流动的新型巨型FTAs。在这些贸易谈判中，都不包括中国，因此上海自贸试验区成立的初衷之一就是用CSSZ地理上"关内境外"隔离状态的高安全系数（有利于防范风险），全方位试点国际巨型FTAs谈判涉及的高标准国际经贸通行制度，为中国参与国际多、双边贸易投资谈判提供实践经验，贯彻国家的FTA战略。

2. 自由贸易园区（FTZ）的界定

对FTZ这种一国境内的自由贸易区之所以冠以自由贸易园区的称谓，是因为其中文名称与FTA一样，容易造成理解和概念上的混乱。在我国政府有关部门、单位的实际工作中，为了区分两种不同的自由贸易区，正确理解两者不同内涵，商务部、海关总署于2008年5月9日专门下文建议："由于FTA和FTZ

[①] 孙元欣. 中国自由贸易试验区发展研究报告［M］. 上海：格致出版社，2015：110.（根据WTO区域贸易协定数据库计算整理而成）

按其字面意思均可译为'自由贸易区',常常引起概念混淆,为避免误解,建议将 FTZ 和 FTA 分别译为'自由贸易园区'和'自由贸易区',以示区分。"① 依据商务部的规范表述,本书对一国境内的自由贸易区,统一使用 FTZ 或"自由贸易园区"的称谓。

自由贸易区(Free Trade Zone),是"指一国的部分领土,在这部分领土内运入的任何货物就进口关税及其他个税而言,被认为在关境以外,并免于实施惯常的海关监管制度"。这是国际上对 FTZ 最权威的定义,来自海关合作理事会(世界海关组织前身,WCO)于 1973 年的《京都公约》(全称《关于简化和协调海关业务制度的国际公约》)。"自由区"一词,也是第一个正式涉及自由贸易区的国际规范。"自由区"(Free Zone)目前是国际通用提法,其核心是强调"境内关外"的自由贸易,直至今天国际上关于一国境内自由贸易区的种种理解和称谓,都是指符合该公约界定的经济区。② 美国关税委员会的定义是 FTZ 对用于再出口的商品在关税征收上,与一般关税地区不同,是一个只要进口货物不流入国内市场,可免课关税的物理隔离封闭管理区。

FTZ 是自由港发展而来的,自由港划在一国关境以外,全部或绝大部分外国商品进出港口时不课征关税,只需在海关办理申报手续即可;同时,允许外国商品在港内装配、加工、储存或销售。当商品由港内转至自由港所在国国内市场时才需缴纳关税。我国香港特别行政区是世界上最大的综合性自由港。除酒类、烟草、甲醇和某些石氢油料外,允许商品自由进出口,并采取优惠政策,吸引外商投资。自由港和 FTZ 在性质、特征、作用等方面基本一样。自由港一般包括整个港口或城市,例如我国香港地区、新加坡等,而 FTZ(自由贸易港区)只设在港口或城市的某一特定地区,例如,韩国仁川机场 FTZ,巴拿马科隆 FTZ 自由贸易区,它也可以设在内陆或非港口地区。

在世界各国的建设实践中,依据功能定位的不同,FTZ 有工业自由区和商业自由区之分。前者的特点是区内可从事零部件等中间品的加工制造;后者的特点是区内不可以从事加工制造。FTZ 通常设在港口的港区或邻近港口的地区,尤以经济发达国家居多。例如,美国有可以从事加工制造的对外贸易区 92 个。截至 2013 年全球建立的 FTZ 已有超过 1200 个,其中发展中国家占 65.6%,发达国家占 35.4%。随着不断的实践探索,FTZ 逐渐呈现数量不断增加和功能趋

---

① 关于印发《商务部海关总署关于规范"自由贸易区"表述的函》的通知[Z]. 天津市人民政府公报,2008(12):37-38.

② 取自 1973 年海关合作理事会在《京都公约》里的相关解释。

向综合的发展趋势。具有代表性的 FTZ 案例主要有美国纽约 1 号对外贸易区、巴拿马科隆 FTZ、德国汉堡 FTZ。

(三) 国家之间 FTA 与一国内 FTZ 的联系与区别

FTA 与 FTZ 的相同之处，都是以降低贸易和投资成本、提高贸易和投资效率、促进贸易和投资发展为目标；都是一国为减少边界屏蔽效应（对商品服务流通的阻碍作用）、增强边界中介效应（对商品服务流通的促进作用，特别是物流等服务贸易），扩大贸易的举措。但 FTZ 只是国家开放政策的一部分，从政策角度看是国家促进出口、鼓励投资的一种措施，并不涉及国家主权的让渡；而 FTA 是国家之间的自由贸易协议，涉及把国家的一部分经济主权让渡给一体化组织，是一国通过经济一体化消除贸易壁垒，实现扩大市场、促进商品贸易自由流通的国家战略，这是两者最大的区别（见表 3.2）。

表 3.2 FTZ 与 FTA 的区别与联系[①]

区别与联系		FTA	FTZ
区别	本质	区域经济一体化的一种表现形式	贯彻国家贸易政策的具体措施
	设立主体	涉及两个以上主权国家（地区）	单个主权国家（地区）
	区域范围	两个或多个关税地区	一个关税区内部分区域
	国际惯例依据	WTO（世界贸易组织）	WCO（海关合作理事会）
	核心政策	自由贸易区成员之间相互开放贸易、减少乃至取消关税与非关税壁垒，但对外保留各自贸易政策	免于实施惯常的海关监管制度"境内关外"的经济自由区；国际通行的 FTZ 通常都实施贸易自由、企业经营自由、汇兑自由、人员、资本自由流动的措施
	法律依据	双边或多边协议	国内立法
	主权让渡（本质区别）	部分让渡	不涉及主权让渡
联系		都是以降低贸易和投资成本、提高贸易和投资效率、促进贸易和投资发展为目标；都是一国为减少边界屏蔽效应，增强边界中介效应，扩大贸易的举措	

---

① 沈翔峰. 中国（上海）自由贸易试验区接 TPP 问题研究 [D]. 上海：华东师范大学，2014.

（四）自由贸易试验区（PFTZ）与自由贸易园区（FTZ）的联系与区别

2012 年以来，在众多有关中国自贸试验区的研究中，一些学者把自贸试验区与自由贸易园区（FTZ）或 CSSZ 等同为一个概念。例如，任亚运、胡剑波（2015）[1] 认为自由贸易园区作为全球各国各类海关特殊监管区的最高开放层次，在促进本国贸易自由化和投资便利化方面起到了重要作用。陈立虎、李睿莹（2017）[2] 认为我国国内上海、天津、广东和福建已经由国务院批准先后设立四个自贸园区，并在接轨国际贸易高标准贸易便利化制度方面做出了先行先试的努力。沈洁、周奕韵（2018）[3] 认为，2013 年 8 月 17 日，国务院批准设立上海自贸试验区是中国大陆首个自由贸易区。

1. 自贸试验区（PFTZ）与 FTA、FTZ 的联系与区别

作为上海自贸试验区试点的倡导者，中国生产力学会课题组上报国务院《关于在上海浦东建立自由贸易区的建议》报告方案的最初设想是建议"在上海浦东新区试点建立中国第一个 FTZ"'[4] 但是，国家推行的上海自贸试验区建设思路与上海自贸区试点的倡导者和推动者早日建成中国第一个国际意义上的 FTZ 设想并不相同。

（1）在名称上，上海自贸试验区建立并没有按报告的建议，取名 FTZ 或自由贸易园区，而是冠名自贸试验区（Pilot Free Trade Zone，简称 PFTZ）。这说明国家建立试验区的建设目标从一开始就没有打算把试验区建成以境内关外为基本特征的 FTZ。早在 2013 年年初，李克强总理到上海视察，首先提出上海自贸试验区设想。当时，在听取上海方案汇报后，李总理明确指出："在上海综合保税区 28 平方千米范围内搞自由贸易试验区，上海有这个条件，要敢于突破，在服务贸易（领域）敢于短兵相接；请上海市（委、市政府）年中拿出方案，年内实施。按照上海的想法，二线坚决管住，一线逐步彻底放开，但是不搞自由港；28 平方千

---

[1] 任亚运，胡剑波. 基于"钻石模型"的我国自由贸易园区承接服务外包竞争优势研究——以上海自由贸易试验区为例 [C] //新兴经济体创新发展与中国自由贸易试验区建设——中国新兴经济体研究会 2015 年会暨 2015 新兴经济体论坛（国际学术会议）论文集（下）. 广州：中国新兴经济体研究会 2015 年会暨 2015 新兴经济体论坛（国际学术会议），2015：487-495.

[2] 陈立虎，李睿莹. 试论中国自贸园区立法中的贸易便利化制度 [J]. 东吴学术，2017（01）：150-160.

[3] 沈洁，周奕韵. 全力推进中国（上海）自由贸易试验区建设 [J]. 上海党史与党建，2018（08）：2.

[4] 金辉. 试点自贸区将成深化改革开放突破口 [N]. 经济参考报，2013-08-22.

米，要分步走，但不要太慢，要做好，为全国创新提供经验。"① 为了让上海综合保税区人员了解未来上海试点自贸试验区的主要任务和工作方向，2013 年 2 月国务院还专程派商务部条约法律司司长李成钢②到上海给综合保税区全体人员上辅导课，重点辅导准入前国民待遇、负面清单等国际投资规则和中美投资协议谈判情况，探讨"如何通过投资规则谈判推动我国的 FTA 战略"。

（2）依据 2013 年 9 月国务院颁布的《总体方案》要求是："试验区肩负着我国在新时期加快政府职能转变、积极探索管理模式创新、促进贸易和投资便利化，为全面深化改革和扩大开放探索新途径、积累新经验的重要使命，是国家战略需要。"这表明上海自贸试验区的重心是中国政府决定主动通过试验区措施开展改革开放制度创新，单方面推进国际投资贸易新规则；对外展示接轨国际经济贸易通行新规则的决心，对内开展强制性与诱制性相结合的制度创新，构建开放型经济新体制，以解决我国开放经济发展中的服务贸易、进口开放相对滞后于货物贸易、出口开放；基础产业、第三产业开放滞后于制造业、第二产业开放；中西部开放滞后于东部开放；开展有序开放的法制经济体制建设跟不上扩大开放步伐等经济结构失衡问题，带动国家持续扩大开放和促进经济转型发展，建设目标不是国际通行的、以境内关外为基本特征的 FTZ 所能涵盖的。

（3）从自贸试验区建设的扩区扩容进程看，2013 年 9 月试验区最初的范围涵盖上海外高桥保税区等四个 CSSZ，并根据探索试行情况和实际需求，逐步拓展实施范围和试点政策范围。试验一年，在确认风险可控后，2014 年 12 月，上海自贸试验区由原先的 28.78 平方千米扩至 120.72 平方千米，新增陆家嘴金融片区等 5 个片区，在地理上突破了"CSSZ"的试验界限，把试验区从离岸保税区扩大到在岸试验区，扩大国家 FTA 区域经济一体化新举措的试验范围。上海自贸试验区扩区，可在更大空间范围内更好地测试外商投资管理、服务业开放、事中事后监管等改革开放措施的效果，对政府管理制度改革进行更充分的试验，发挥上海创新基础好、开放程度高的优势。国家设立自贸试验区目的，不是让上海独自享有优惠政策，而是通过上海试点的成功，确认风险可控后，通过扩容的方式，把这种模式逐步向全国复制推广。从 2013 年 9 月—2020 年 8 月，国务院先后分六批，批复成立了 21 个自贸试验区，进行自贸试验区扩容，从地理上，在全国东西南北中全方位布局扩大开放格局，为加快实施国家 FTA 战略提供基础，自贸试验区（PFTZ）与 FTA、FTZ 的联系与区别梳理可见表 3.3。

---

① 根据课题组在 2013 年 5 月 20 日到上海浦东机场综合保税区调研录音记录整理。
② 李成钢于 2013 年 2 月 26 日在上海的中美投资协定谈判概况（PPT 讲稿）。

第三章 相关概念辨析与上海自贸试验区功能定位

表 3.3 自由贸易区相关概念的联系与区别

比较项		FTA	FTZ	PFTZ
	惯例依据	WTO	WCO	WCO+FTAs+中国探索
	内涵本质	国际间的区域贸易制度安排	国家内部促进进出口的具体举措	国家内部的扩大开放建设开放型经济体制的制度安排
	设立主体	涉及两个及以上主权国家(地区)	单一主权国家(地区)	单一主权国家(地区)
区别	覆盖范围	涉及两个及以上关境的全部地区	仅限于同一关境内的部分"境内关外"海关特殊监管区	同一关境内的部分"境内关外"离岸区+境内任岸试验区兼有的特殊区域
	功能定位	通过区域贸易制度安排,减少乃至取消彼此间的贸易壁垒	通过实施保税、免税等特殊优惠政策,提高出口贸易竞争力	- 国际投资新规则试验区 - 贸易投资便利化先行区 - 离岸功能创新引领区 - 政府管理职能转变示范区 - 营商环境改善先行区
	法律依据	多双边贸易协定	国内立法	国内立法
	主权让渡	涉及部分主权让渡	不涉及	不涉及
联系		都是旨在通过扩大开放和区域经济一体化举措来促进生产要素自由流动,降低市场壁垒,带动全国统一大市场形成		

资料来源:作者归纳整理,2020 年 1 月。

57

2. 自贸试验区性质分析

归纳 7 年自贸试验区试验的主要内容和发挥的作用，我们认为自贸试验区的性质包括以下三点。一是以试验、复制推广投资便利化与贸易便利化，外商投资管理体制接轨国际通行的"准入前国民待遇+负面清单"管理制度，法制化基础的市场经济制度创新等国际巨型 FTAs 倡导的一体化举措为主，发展离岸业务为辅的新型自贸试验区。二是扩大开放探索与实践的试点区域。PFTZ 是以综合保税区等 CSSZ 为基点，向境内试验区扩区，推动我国新一轮扩大对外开放的试验区，具有以制度创新促进贸易开放的特征，即通过全方位试点高标准国际经贸通行制度，为我国参与国际多、双边贸易投资谈判提供支持，为我国深化扩大开放提供"制度创新试验池"，示范引领全国改革开放升级和经济转型。三是 FTA 与 FTZ 两者兼容的制度创新的探索。一方面在国家 FTA 战略指引下，顺应国内经济转型发展方向和新一轮扩大对外开放，率先在综合保税区等 CSSZ 内试行国际投资贸易金融制度安排最新规则，进而扩展到在岸试验区。在试验可行的基础上，通过由点到面的渐进式路径逐步在全国或部分地区复制推广，引领全国对外开放升级，力图以尽可能小的改革成本获取最大的 FTA 战略效应。另一方面探索离岸 FTZ 建设的新思路和新途径：对标以货物进出自由、投资自由、金融自由三大自由为特征的国际高水平 FTZ，建设世界一流的自由贸易港区，发挥制度创新的先导作用。

总之，自贸试验区实施范围既包括综合保税区等 CSSZ，也包括诸如陆家嘴金融片区等在岸试验区以及海南自由贸易港、上海临港自由贸易港区等国际通行高水平 FTZ。它是国际高标准、高水平 FTA 规则的试验区、综合保税区等 CSSZ、国际高水平 FTZ 三者功能兼有、三位一体的创新试验区。

第二节　上海自贸试验区功能定位探索[①]

上海自贸试验区"大胆试、大胆闯"的探索，不仅起到引领全国走稳健的渐进式扩大对外开放道路的作用，带动全国各地的经济转型升级，而且也为中国参与各类多边、双边投资贸易谈判、加快 FTA 建设步伐，全方位推行国际通行投资贸易新规则，提供了试错与抗风险测试的试验田。因此，在这种中国国

---

① 郭晓合，等. 中国（上海）自由贸易试验区建设与发展［M］. 北京：社会文献出版社，2016. 114-123.（本节由蔡春林、郭晓合共同撰写）

内经济运行环境的需求驱使和国际经济变革环境的压力驱动下,上海自贸试验区功能定位有了新的诠释。

2013年,《中国(上海)自贸试验区总体方案》提出的主要任务是"把扩大开放与体制改革相结合、把培育功能与政策创新相结合,形成与国际投资、贸易通行规则相衔接的基本制度框架。"我们认为,自贸试验区是我国主动适应经济发展新趋势和国际经贸规则新变化、以开放促改革促发展的试验田,其功能有三:一是为我国推行接轨国际投资贸易新规则的强制性制度变迁,扩大对外开放,构建新型开放型经济新体制,打造陆海内外联动、东西双向开放的全面开放新格局探索新途径、积累新经验;二是探索发展高附加值、高技术含量中间品产业和促进二、三产业融合发展的制度创新的有效路径,为打造上海成为增长极的长三角国际大都市圈提供新动力;三是服务我国加快实施FTA战略,为构筑立足周边、辐射"一带一路"、面向全球高标准自由贸易区网络建设做出贡献。

同时,上海自贸试验区功能定位一是应遵循渐进式改革的逻辑,明确梯度、阶段性目标,以此确保行动方案和路径选择的准确,实现自贸试验区的新突破。二是我们在考虑试验区功能的架构和定位时,需要权衡功能的重叠性、差异性和互补性,避免恶性竞争;从整体与局部的维度区分离岸保税区、在岸试验区的功能,为保税片区、金融片区、高科片区、文化创意片区、高端产业片区等不同片区设置差异化功能,促使既能促进竞争又有互补合作的竞合格局的形成。三是上海自贸试验区在担负起外引内联、制度创新先行区责任的同时,还需探索全国一盘棋与各地自贸试验区之间的各具特色、分工合作的总体布局与局部利益协调发展的功能机制,从实践中打破条条框框的限制,建立全国统一的外商投资管理体制和完善的事中事后监管体系,从更多试验性政策等方面完善上海自贸试验区功能的架构和定位的同步更新。依据这一思路,我们提出了从国家层面和区域层面两个维度和八个角度来进行上海自贸试验区功能定位的探讨(具体见表3.4)。

表3.4 上海自贸试验区的功能定位

维度	国家层面	区域层面
Ⅰ	接轨国家加快实施FTA战略的试验区	"迷你版生态经济圈的试验区"
Ⅱ	外引内联,扩大开放先行试验区	交通运输物流开放试验区
Ⅲ	制度创新孵化试验区	智造产业变革开放试验区
Ⅳ	金融服务扩大开放与外汇转移试验基地	商业文化创意产业开放试验区

一、上海自贸试验区国家层面的功能定位

（一）接轨国家加快实施 FTA 战略的"迷你版功能型现代自由贸易区"

上海自贸试验区的主要功能之一是接轨国家加快实施 FTA 战略的试验区，承担多项试行国家对外多边、双边谈判中的重点、难点问题，为自贸协议谈判提供风险压力测试。从这一点看，我们认为可以把上海自贸试验区定位为一个对标国际高标准 FTA 规则的"迷你版现代自由贸易区"。但是，不是所有高标准自贸规则都适合在上海试行，上海是国家经济重镇，且出现风险影响太大，实践证明若干高风险的试验任务不适合在上海试行。自贸试验区的实践表明，有大约 2/3 的试验任务在上海试行，1/3 的试验任务放在其他自贸试验区。因此，在这一层面上，我们把上海自贸试验区定位为一个迷你版功能型现代自由贸易区比较合适。上海自贸试验区的主要功能有如下两点。

首先，通过先试先行巨型 FTAs、国际 BIT 谈判国际通行投资贸易新规则，实现"准入前国民待遇+负面清单"制度、贸易便利化等方面创新改革和服务贸易新规则试验的功能，有助于突破国家开展高标准 FTA、BIT 谈判瓶颈，为国家加快实施 FTA 战略，进一步融入正在重塑的全球价值链，打造以中国为中心的泛亚洲和泛太平洋产业链服务。

其次，实现优化政府等部门监管方式的功能，通过自贸试验区，借鉴和引进其他发达国家等高水平的监管方式，推动监管方式的改革，由审批制转为备案制（事后监管），为我国监管方式手段创新提供依据，以便完善和升级自贸试验区的便利化监管模式。

（二）扩大开放改革先行试验区

上海自贸试验区的功能定位为扩大开放先行的试验区。重点就是扩大服务业开放，选择扩大金融等六个领域的服务业开放，并通过强制性制度变迁与诱制性制度变迁相结合的方式进行新型开放经济体制制度创新的探索；通过点轴面相结合的渐进式制度变迁方式向全国复制推广，以扩大开放倒逼改革机制。因此，将试验区功能定位为扩大开放改革先行的试验区，可为我国扩大对外开放，构建开放型经济新体制，打造陆海内外联动、东西双向开放的全面开放新格局探索新途径、积累新经验。

（三）制度创新孵化的试验区

上海自贸试验区定位为制度创新孵化的试验区。所谓制度创新孵化的试验区是指国家和地方等各部门提出的制度创新在上海自贸试验区内"孵化"，通过

这种强制性的制度变迁方式，带动区内企业开展诱制性制度变迁的制度创新的方式，进行制度的投入运行—修正—改良，为长三角国际大都市圈区域经济一体化建设提供新动力。

首先，自贸试验区定位为制度创新孵化的试验区，从上海经济发展动力看，有利于上海五大中心建设，带动上海总部经济、平台经济、"四新"经济三大业态的产业空间集聚；助力以集成电路综合性产业、智能制造、民用航空产业为核心的高端制造业，以物流供应链、跨境数字贸易、国际医疗服务为代表的新型国际贸易，以高能级全球航运枢纽功能、融资租赁为代表的拓展跨境金融服务功能，以文化创意为代表的专业服务功能五大产业的空间集聚。从促进全国经济管理体制变革看，有助于加快中央与地方政府的强制性制度变迁的进程，促进政府职能从传统微观宏观、事无巨细一把抓的越位管理格局向专注宏观调控管理及审慎监管归位管理新格局转变，助力国际化和法制化营商环境的形成，从上海自贸试验区向全国各地输出一批有活力、有效率、有透明度的管理体制。

其次，上海自贸试验区定位制度创新孵化的试验区，为打造以上海为增长极的长三角国际大都市圈提供新动力。上海"五个中心""四大品牌"（上海制造、服务、购物和文化）的目标是建设一流国际化市场，圈层式的全球化服务体系，体现全面性增值效应；体现自贸试验区与上海"五个中心"建设高度关联、互为支撑的关系。基于产业、区域、区港等路径实现联动，才能实现试验区经济增长极的产业空间"集聚效应"和全球高端资源要素配置核心功能的"辐射溢出效应"。为深化上海"五个中心"功能建设，围绕"1+8"推进上海大都市圈协同发展，为与次级都市圈（南京都市圈、杭州都市圈、合肥都市圈、苏锡常都市圈、宁波都市圈）建设深度联合、共同发展提供助力。

（四）金融服务扩大开放与外汇转移试验基地

上海自贸试验区陆家嘴片区的功能定位为金融服务引领开放试验区。陆家嘴片区是全球银行、证券、保险等金融机构的集聚地，2018年以来的全国和上海金融扩大开放突破性举措为上海自贸试验区进一步吸引全球金融巨头集聚上海提供了契机。例如，摩根大通证券，美国股票市场交易量第一、期货市场交易量第二的著名高频人工智能金融交易公司 Tower Research Capital，大韩再保险公司，全球顶级投资管理公司等世界排名前十的资产管理机构纷纷入驻上海。上海云集众多跨国公司研发中心和地区总部，据统计，截至2020年3月，外资跨国公司地区总部进驻上海达730家，研发中心466家。① 是中国内地各类金融投资机构密集、要素市场完备、资本集散功能强劲的增长极。陆家嘴金融片区是上海国际金融中心的核心区域、全球航运高能级服务区、新型现代国际商务集聚区。该片区具有利用城市核心的区位优势，在打造投融资地区总部经济、全球资产管理中心、国际保险中心，发展以金融要素市场、融资租赁为代表的跨境金融服务等金融业务方面优势明显。

作为金融服务开放引领试验区的定位，要以人民币国际化和外汇FT账户开放的试行为核心，打造成具有全球竞争力的现代金融功能集聚区，推进外汇转移、金融服务等权益保护试验基地与上海国际金融中心建设融合发展，确立全球人民币交易中心地位。

上海自贸试验区保税片区依托上海海、陆、空港枢纽区位优势，重点探索反映使用权代替所用权商业发展趋势的融资租赁业务的拓展，降低企业经营成本。开展大宗商品交易（期货保税交割）、国际大宗商品交易和配资平台建设、期货保税交割仓库建设，为非本国居民提供境外货币银行业存贷和拆借、跨境贸易结算、外汇黄金和大宗商品期货、保险服务及证券交易等各种国际金融衍生品离岸金融业务服务。加强以人民币离岸债券市场、亚洲黄金交易市场、亚洲美元交易市场为重点的上海离岸金融中心建设。为促进外汇转移的改革、大宗商品交易、保税融资租赁业务的发展提供试验基地。

这一定位将有利于充分发挥上海外向型经济和服务贸易上的优势，促进我国服务业对外开放水平的提升；有利于将上海自贸试验区打造成中国企业和资本走向世界的服务平台，为我国加快实施FTA战略、"一带一路"倡议提供服务。

二、上海自贸试验区区域层面的功能定位

（一）"迷你版生态经济圈的试验区"

上海自贸试验区定位为"迷你版生态经济圈的试验区"。所谓"迷你版生态经济圈的试验区"，就是指试验区的生态环境与经济发展协调发展，同时园区内的经济保持可持续发展，为我国全面开放新格局探索新途径、积累新经验。

上海自贸试验区的发展具有重要的战略性意义。必须认真贯彻落实国务院、上海市政府的总体要求与部署，为国家经济转型发展提出了新的顶层设计理念，将试验区打造成"迷你版生态经济圈的试验区"。才能抓住发展机遇，成为对接

---

① 上海一季度实到外资同比增长4.5%，新增外资跨国公司地区总部和研发中心15家［EB/OL］. 中国政府网，2020-04-08.

服务国家FTA战略的重要引擎，投身于国家推进的"一带一路"和长江经济带建设中去，从真正意义上提升上海自贸试验区承担国家战略的使命感和责任感。

首先，自贸试验区定位为"迷你版生态经济圈的试验区"，才能充分发挥上海连接中国与世界各国海陆空立体交通枢纽的区位优势，通过制度创新做大做强产业链、价值链，打造更高开放度的功能型平台，增强国际竞争力和区域创造力，奠定试验区在国家FTA战略中的引领者地位。其次，自贸试验区定位为"迷你版生态经济圈的试验区"，才具有多层次扩容和多方位辐射的功能，才能提升试验区的空间溢出效应，更好地服务国家经济发展。再次，重点发展高附加值、高技术含量，体现二、三产业融合发展趋势的中间品产业。上海自贸试验区拥有集成电路、生物医药、软件与文化创意等国家级产业基地，并构筑了上述领域的完整产业链，对相关领域的高级知识人才、创新力量、前沿技术专家吸引力巨大，在全球高端资源要素配置、科创研发总部经济、新一代信息技术、集成电路、生物医药、高端装备、新材料、新能源、节能环保、航空航天等高新技术领域有发展优势。[1] 总之，这一功能定位有助于上海自贸试验区成为创新型国家战略的核心基地，全面融入全球技术价值链。

（二）交通运输物流开放试验区

上海自贸试验区保税片区的功能定位为交通运输物流开放试验区。试验区保税片区拥有海陆空立体交通枢纽的区位优势，这里的港口物流系统由海港、空港、陆港、内陆喂给节点、集散点和周边、沿江经济走廊腹地组成。现代化港口物流设施完善，配套的现代物流产业发展成熟，国际化特点显著。物流链模式，以海铁、海陆、海河、空陆联运为纽带，把港口与内陆喂给点、集散点连接成一条完整的现代港口国际物流链。依托这一集海陆空三港为一体的、高度发达的港口国际物流系统，试验区保税片区在发展国际运输、国际转运、国际中转集拼、多式联运、本地配送、国际采购分拨、保税业务、商贸展示、国际航运保险与融资租赁等专业服务，组装维修等增值服务、离岸服务外包、大宗商品期货等各种金融衍生品、保险交易市场等业务领域具有优势。

交通运输物流开放试验区的功能定位的主要功用为重点拓展全球枢纽港功能，形成离岸型高端产业集群中心，提升高端航运服务能级，促进我国参与全球价值链分工，助力以中国为中心的泛亚洲和泛太平洋产业链的打造。具体针对保税片区内各个子片区定位如下：外高桥保税区与保税物流园区联动，依托

---

[1] 倪首芳.生产性服务业扩大开放的产业关联效应研究——从保税区到上海自由贸易试验区［D］.上海：华东师范大学，2016：52-53.

区域先发优势，打造成为以新型国际贸易、金融服务贸易、专业服务贸易相互融合的综合性国际物流服务集聚区；洋山保税港区充分利用洋山深水港得天独厚的深水岸线和航道条件，联动临港新片区，依托试验区和临港新片区洋山特殊综合保税区实施高标准贸易自由化政策的叠加优势，打造成为亚太供应链管理中心和具有全球竞争力的高能级全球海运枢纽；浦东机场综合保税区充分依托浦东国际机场全球第三大航空枢纽的地位，发挥临港新片区的政策优势与国际航空市场潜力巨大的独特优势，与其他保税子片区联动发展，打造航空航天制造业、世界级航空枢纽、区域性航空总部基地和航空快件国际枢纽中心，提升高端航运服务功能。

同时，与其他五区联动，侧重于金融、信息服务贸易和高端航运业的发展：与临港片区特殊保税区（FTZ）的政策优势、陆家嘴区的金融保险服务业优势相结合，发展大飞机、船舶、港机设备的融资租赁业、大宗商品交易（期货保税交割）和航运保险与离岸再保险服务业，提升上海全球航运资源配置能力；与张江的互联网信息服务业优势相结合，发展离岸云海数据服务业；与金桥区的制造业优势相结合，发展国际维修检测服务业；与世博片区的文化服务业优势相结合，发展保税会展服务业。

（三）智造产业变革开放试验区

上海自贸试验区的临港新片区、张江高科片区、金桥开发片区定位为智造产业变革开放试验区。临港片区肩负三大建设任务：对标全球竞争力最强的FTZ，以建设具有国际市场竞争力的开放型产业体系为基础，以建立以投资贸易自由化为核心的制度体系为重点，探索具有较强国际市场影响力和竞争力的特殊经济功能区的建设，打造全球高端资源要素配置的核心功能的任务；"在适用自由贸易试验区各项开放创新措施的基础上，探索新片区以投资自由、贸易自由、资金自由、运输自由、人员从业自由等为重点，推进投资贸易自由化便利化"；"发挥开放型制度体系优势，推动统筹国际业务、跨境金融服务、前沿科技研发、跨境服务贸易等功能集聚，强化开放型经济集聚功能"[1]。这三个子片区依托张江功能片区的高新技术产业基础特色，重点打造面向全球的科创中心开放制度增长点的自增强机制。三个片区联手打造集成电路综合性产业、人工智能创新等以关键核心技术为突破口的前沿产业集群；发展精密机械、精细化工、自动控制设备、医疗器械等先进制造业和新能源汽车、高端智能装备、生

---

[1] 国务院. 关于印发中国（上海）自由贸易试验区临港新片区总体方案的通知[J]. 中华人民共和国国务院公报，2019（23）：10-14.

物医药等前沿产业。

三个子片区也是上海重要的现代生产性服务业集聚区，高端制造核心功能区和生态工业示范区。该片区是以创新政府管理，以打造贸易便利化营商环境、培育能代表国家参与国际竞争的高端智能制造产业为重点，向高端服务业与高端智能制造业融合转型。同时，与其他子片区联动，发展科创研发服务业。例如，与保税区片区的高端制造业和商贸物流服务业优势相结合，发展研发外包服务业；与陆家嘴片区的金融服务业优势相结合，发展金融大数据处理服务业；与世博片区的文化创意、专业与社会服务业优势相结合，发展教育培训服务业，形成第二、三产业互补融合的开放制度增长点，成为我国深度融入全球产业价值链，以及经济全球化的重要载体。

（四）现代金融服务与数字货币试验区

陆家嘴片区主要功能可定位为探索人民币国际化、外汇转移与建设面向国际的金融要素市场、投融资体制改革等制度创新和开展数字货币试验、打造现代金融服务贸易开放体系。同时，与其他五区联动，深化发展现代金融服务业。如与临港、保税区片区的高端消费品保税展示交易等商贸服务业优势相结合，发展消费金融服务业；与张江片区的互联网服务业优势相结合，发展互联网金融业；与金桥片区的制造业优势相结合，促进投融资服务业发展；与世博片区文化与专业服务业优势相结合，发展文化金融服务业。

（五）商业文化创意产业开放试验区

上海自贸试验区世博片区的功能可定位为商业文化创意产业开放试验区，成为上海体育传媒文化集聚区、非金融类跨国总部与其他各类企业总部集聚区，与世博园区地块共建世界级的中央活动区。作为商业文化创意产业开放试验区的功能定位，将在商贸、文化、专业、社会四大领域扩大开放的试验基地与滨江生态空间的自然优势联动，重点发展总部经济、高端商业商务服务等现代服务业，以及文化体育会展业等产业，突显国内外总部集聚功能、高端商业商务服务功能、国际机构集聚功能、上海文化交流中心和上海公共活动中心等五大功能，吸引总部经济、"四新"经济集聚，提升上海自贸试验区专业服务发展水平，扩展上海服务贸易发展空间。同时，与其他子片区联动发展创意服务业。如与金桥片区制造业中的工业设计、工业研发与工业包装优势相结合，发展工业艺术创意产业；与张江片区的计算机系统服务、软件服务与互联网信息服务优势相结合，发展文化科技创意产业；与保税区、临港片区的保税展示交易优势相结合，发展国际文化会展创意产业；与陆家嘴片区的金融服务业优势相结合，发展证券分析与咨询、保险辅助服务、法律援助等咨询策划创意产业。

第三节 自贸试验区扩容与国家 FTA 战略辨析

一、上海自贸试验区的扩区与扩容

上海自贸试验区扩区与扩容是一个"大胆试、大胆闯"的摸索过程，如何开展建设并没有现成的经验可以借鉴，需要根据国内外经济形势的变化动态调整。

（一）上海自贸试验区的扩区

所谓扩区是指上海自贸试验区本身地理范围的扩大，是国家分阶段把试验区试验的地理范围扩大到 CSSZ 外的上海市范围内的"园区"和其他在岸区域，扩大加快国家 FTA 战略新举措的试验范围。从 2013 年到 2020 年的扩区实践，上海自贸试验区走的是一条从点开发到点强化的探索道路。

1. 点开发：上海自贸试验区的建立

2013 年 9 月国家批准成立上海自贸试验区，园区范围涵盖为原有的 CSSZ 区域，园区面积共计 28.78 平方千米。国家要求将上海自贸试验区建设成为中国新一轮扩大开放和制度创新的试验基地，先行先试以国际贸易投资最新规则为主要内容的，以公平竞争、权益保护为保障措施的基本制度框架，探索可向全国复制推广的试点经验，发挥示范引领、服务全国的扩大开放，为中国应对新形势下的双边与多边 FTA 谈判做准备。

表 3.5 上海自贸试验区（扩区前）概况[①]

园区名称	覆盖区域	批准成立时间	园区面积
中国（上海）自由贸易试验区	外高桥保税区	1990 年 6 月 10 日	10 平方千米
	外高桥物流园区	2003 年 12 月 8 日	1.03 平方千米
	浦东机场综合保税区	2009 年 8 月 19 日	3.59 平方千米
	洋山保税港区	2005 年 6 月 22 日	14.16 平方千米

---

① 资料来源：根据《中国（上海）自由贸易试验区总体方案》相关内容整理，2016 年 8 月。

2. 点强化：上海自贸试验区扩区，分阶段增加六个片区

上海自贸试验区成立后，贸易保护主义愈演愈烈，国际格局动荡不安。作为中国对外开放的试验田和排头兵，试验区需要根据国内外开放经济形势的变化，动态探索试验区如何促进扩大贸易开放，形成制度创新连锁效应和改革开放新合力，实现区内区外联动发展，发挥其扩大开放制度增长极的极化效应和对全国贸易扩大开放的辐射带动效应。

为此，2014年12月国家决定将上海自贸试验区从28.78平方千米扩展到120.72平方千米，2015年4月8日国务院批准印发《进一步深化中国（上海）自由贸易试验区改革开放方案》，在原有CSSZ的基础上，扩区增加张江（37.2平方千米）、金桥（20.48平方千米）、陆家嘴（34.26平方千米）三个片区次级开放制度增长点。而上海市经研究后，在片区层面，设置保税区管理局、陆家嘴管理局、金桥管理局、张江管理局、世博管理局五个区域管理局。在陆家嘴金融片区范围内划出9.33平方千米为世博片区，并于2015年4月对外公布。

2019年8月，为了打造全球高端资源要素配置的核心功能，提升上海自贸试验区能级，国家再次出手扩区，增加临港新片区增长点。在上海大治河以南、金汇港以东以及小洋山岛、浦东国际机场南侧区域设置新片区。按照"整体规划、分步实施"的原则，先行启动南汇新城、临港装备产业区、小洋山岛、浦东机场南侧等区域，面积为119.5平方千米。六大片区在各自不同主体功能和强化自增强机制的基础上，分工合作，共同构成了上海自贸试验区开放制度增长极。

我们认为，上海自贸试验区动态调整的战略规划思路包括四点。一是服务国家FTA战略，开展管理国际化、制度创新法治化，投资贸易自由化便利化改革为主，发展离岸业务为辅，更宽领域扩大服务业开放，持续形成可复制推广的经验。二是优化扩区后的六大功能片区的产业合理布局，抢占全球产业价值链高端环节，成为国家加快实施FTA战略，打破美国在全球"去中国化"的图谋，建设以中国为中心的泛亚洲和泛太平洋产业链的重要载体。三是探索建立联动机制，促进六大片区的功能强化，形成生产性服务业与高技术制造业相融合的产业空间集聚的外向型经济增长极。四是统筹协调上海自贸试验区和辐射区域的联动发展，发挥自贸试验区在中国经济转型中的带动效应。

上海自贸试验区扩区后的六大功能片区的设立和能级提升将产生制度变迁的连锁效应和自增强机制，即金融、高端制造、服务业、高科技产业等各个产业部门之间相互联系、相互影响、相互依赖的关系机制，从而产生自贸试验区开放制度的增长极效应。截至2019年6月底，上海自贸试验区累计新设企业逾

5.5万户，是前20年同一区域设立企业数的1.5倍。其中，外资企业占比从挂牌初期的5%上升到2019年6月的20%。

（二）上海自贸试验区的扩容

所谓上海自贸试验区扩容是指把在上海先试先行的自贸试验区模式以点轴渐进式方式，向全国各地复制推广。点是指从上海自贸试验区一个试点开始，通过渐进的方式，有步骤、分期、分批地在全国各地增设若干自贸试验区；轴是指全国自贸试验区的地理布局通过沿海、沿江、沿丝绸之路等主要交通干线进行布局，建立"自贸试验区—海关特殊监管区域—非特殊区域"的分级复制推广机制。在扩容的实践中，通过7年时间分六批先后在全国东西南北中全方位布局"1+3+7+1+6+3"等21个自贸试验区。通过点辐渐进式的方式，把试验区先试先行的巨型FTAs国际投资贸易新规则、强制性与诱制性相结合的开放制度创新分级复制推广机制向全国各地区复制推广，推动全国形成全方位、多层次、多元化的开放合作格局，打造国际合作与竞争新优势。这种点轴渐进式的扩容模式将在下一章详细探讨。

二、自贸试验区扩容与加快实施国家FTA战略新构思的提出

关于自贸试验区扩容如何与国家FTA战略接轨的学术研究成果很少，可借鉴的、有启发的学术观点不多，因此本部分的分析论证，主要依据国家领导人、中央政府和国务院相关文件进行表述，以准确反映新时期我国加快实施FTA战略的内涵。

（一）国家FTA战略内涵动态演进分析

国家的FTA战略含义从经济角度分析，是通过与各国签订自贸协议的形式开放国内市场，降低贸易壁垒，为本国企业换取更大的国际市场空间。关于这一点，我们在前面章节中已有论述，此处不再重复。

我国的FTA战略是国家战略行为，战略的内涵和重点会随着国际经济格局的变动动态调整。从我国的FTA战略动态演进角度看，该战略的理论内涵是在探索中逐步清晰的。2014年12月5日，中共中央政治局就加快自由贸易区建设进行第19次集体学习。该次学习邀请了商务部国际贸易经济合作研究院副院长、研究员李光辉就这个问题进行讲解。中央政治局各位委员认真听取了他的讲解，并就有关问题进行了讨论。习近平总书记主持这次学习并发表了讲话，他指出党的十七大把FTA建设上升为国家战略，党的十八大提出要加快实施FTA战略。党的十八届三中全会提出要以周边为基础加快实施FTA战略，形成

面向全球的高标准自由贸易区网络。在这次集体学习讨论会上，习近平总书记进一步提出要逐步构筑起立足周边、辐射"一带一路"、面向全球的自由贸易区网络的战略构思。

"2015年11月9日，中央全面深化改革委员会第十八次会议审议通过《关于加快实施自由贸易区战略的若干意见》，提出了我国FTA建设的总体要求、基本原则、目标任务、战略布局等；12月5日，国务院印发的《关于加快实施自由贸易区战略的若干意见》（国发〔2015〕69号，以下简称"意见"），对我国FTA的战略布局提出了更加明晰的方向"①。意见明确提出我国FTA战略的总体要求是坚持与推进共建"一带一路"和国家对外战略紧密衔接，坚持把握开放主动和维护国家安全，逐步构筑起立足周边、辐射"一带一路"、面向全球的高标准自由贸易区网络。② 关于习近平总书记提出的加快实施国家FTA战略新构思内涵的进一步阐述和国务院意见对如何落实这一新构思的总体要求的具体措施，我们将在第九章进行详细论述，此处略谈。

（二）新时期自贸试验区扩容接轨国家FTA战略分析

所谓新时期是指2013年上海自贸试验区成立以后，我国的自贸试验区通过渐进式扩容方式不断为国家加快实施FTA战略开展双边与多边自由贸易协议谈判提供实践依据、防控和化解风险经验的时期。从接轨国家加快实施FTA战略角度分析，我们把上海自贸试验区定位为一个"迷你版功能型现代自由贸易区"，那么自贸试验区扩容就是在全国设立若干个分工不同且各具特色的"迷你版功能型现代自由贸易区"，在全国范围全方位布局服务接轨国家加快实施FTA战略的"试验田"。

2013年上海自贸试验区成立的定位之一，是要试行"准入前国民待遇+负面清单"等巨型FTAs倡导的国际经贸新规则，开展贸易便利化、金融服务业开放、事中事后监管制度等学习模仿性质的制度创新。通过在试验区内先行先试，进行压力和容错测试，降低未来实施巨型FTAs新规制的风险系数。从加快实施国家FTA战略组合政策的要求看，自贸试验区扩容就是在全国布局自贸试验区，试行国际通行市场准入、海关监管、检验检疫等方面投资贸易便利化最新规则和环境保护、投资保护、公平竞争、政府采购、跨境电子商务等巨型FTAs谈判

---

① 李光辉. 加快实施自由贸易区战略［N］. 学习时报，2017-04-21；中央深改组会议. 加快实施自由贸易区战略 促进加工贸易创新发展［J］. 中国对外贸易，2015（12）：42.
② 国务院. 关于加快实施自由贸易区战略的若干意见［J］. 中华人民共和国国务院公报，2016（1）：35-39.（以下各章节引用这篇文件的引文不再重复做脚注。）

新议题各项具体政策措施，试行投资、服务贸易、进口扩大开放的制度创新举措；在更大的范围内探索形成面向全球高标准自由贸易区网络的试验基地或"迷你版功能型现代自由贸易区"，为加快实施国家 FTA 战略保驾护航。换言之，设立自贸试验区的初衷是要通过先行先试为国家 FTA 战略提供压力测试，把控风险底线。所以，意见强调"继续深化自贸试验区试点。上海等自贸试验区是我国主动适应经济发展新趋势和国际经贸规则新变化、以开放促改革促发展的试验田。可把对外自由贸易区谈判中有共性的难点、焦点问题，在上海等自贸试验区内先行先试，通过在局部地区进行压力测试，积累防控和化解风险的经验，探索最佳开放模式，"持续为国家开展双边与多边自由贸易协议谈判提供实践依据。

截至 2020 年，我国共批准设立了 21 个自贸试验区，逐步形成由南到北、由东至西的"1+3+7+1+6+3"的自贸试验区发展格局。21 个"迷你版功能型现代自由贸易区"以上海自贸试验区试点内容为主体，结合地方特点，充实新的试点内容。各项改革试点经验由自贸试验区通过分布在全国各地的海关特殊监管区复制推广到全国范围。这种点轴渐进式的自贸试验区扩容模式，不仅顺应了全球经贸规则发展变化的新趋势，同时也推动了在全国范围内，在投资、贸易、金融等领域较好地落实了与国际先进制度的对标，积极为国际经贸新规则提供了中国的方案，持续为国家开展双边、多边自由贸易协议谈判提供实践依据，为加快实施国家 FTA 战略提供了安全保障，初步实现了尽可能小的改革成本获取最大的 FTA 战略效应。

综合全章，我们对上海自贸试验区来龙去脉的探讨有助于我们清楚地了解国家为什么要建立自贸试验区，建立什么样的试验区。通过对 FTA（包括 FTAs）、FTZ、CSSZ 和自贸试验区的联系与区别的辨析可知，自贸试验区不是简单的 CSSZ 功能的扩大，建设目标也不仅仅是建设高水平的 FTZ，而是先试先行国际投资贸易最新规则，贯彻加快实施国家 FTA 战略新构思，带动全国扩大开放的试验区，提升 CSSZ 的国际竞争力和探索国际高水平 FTZ 建设三者功能兼有、三位一体的创新试验区。通过上海自贸试验区功能定位和扩区与扩容的辨析，将有助于明晰上海自贸试验区的建设目标和任务。对国家 FTA 战略内涵、我国加快实施 FTA 战略的动态演进，新一代国家领导人关于加快实施国家 FTA 战略的新构思，扩容如何接轨国家 FTA 战略的分析探讨，将有助于以下各章节围绕试验区如何通过扩容路径接轨国家 FTA 战略，试行巨型 FTAs 国际投资贸易新规则，促进提高国家开放型经济水平这一主题，层层递进展开论证。

第四章

自贸试验区扩容的全国复制推广机制

我国自贸试验区扩容就是把在上海先试先行的自贸试验区模式以点轴渐进式模式向全国各地复制推广；把自贸试验区（迷你版功能型现代自由贸易区）试行的、可复制、可推广的各项国际投资贸易新规制和行政体制改革配套措施在全国推广；推动全国形成全方位、多层次、多元化的开放合作格局，促进各地区共同发展。从扩容接轨国家 FTA 战略角度看，就是在全国更大的范围内试行国际通行投资贸易新规则，进行容错与抗风险测试，把控风险底线，为加快实施国家 FTA 战略奠定现实基础。本章主要探讨自贸试验区扩容的全国复制推广机制。

第一节 自贸试验区渐进式的全国扩容[①]

一、自贸试验区扩容点轴渐进式模式

（一）自贸试验区扩容渐进式点轴辐射扩散模式

中国自贸试验区扩容模式的逻辑是以上海自贸试验区为外引内联龙头，以长江经济带为主轴，由东向西纵向扩容；以全国南北的交通枢纽城市为支撑点由中向南北方向横向扩容，通过 7 年的时间，分六批先后在全国东西南北中全方位布局 21 个自贸试验区，扩大试验区范围，并向全国各地复制推广，以最小的改革成本获取最大的 FTA 战略效应。

[①] 赖庆晟，郭晓合. 中国自由贸易试验区渐进式扩大开放研究 [M]. 上海：格致出版社，2017，136-137，142-144.（本章第二节由赖庆晟撰写，其余各节由赖庆晟、郭晓合共同撰写，并补充了 2017 年以后的论据）

根据 2013 年 9 月国务院印发的总体方案，上海自贸试验区的主要任务是"按照先行先试、风险可控、分步推进、逐步完善的方式，把扩大开放与体制改革相结合、把培育功能与政策创新相结合，形成与国际投资、贸易通行规则相衔接的基本制度框架。"这种基本制度框架的搭建是以制度变迁的方式进行的。通过 5 次扩容方式把在上海自贸试验区试行国际投资贸易通行规则的制度安排，通过强制性制度变迁与诱致性制度变迁相结合探索形成可复制、可推广的制度创新经验向全国复制推广。

我国试点建立上海自贸试验区，是渐进式扩大开放路径的延续与制度创新。而上海自贸试验区扩容的制度辐射传导机制是在总结吸纳改革开放以来我国六种 CSSZ 渐进式扩大开放传导经验的基础上，采取了渐进式点轴辐射扩散的模式。

依据自贸试验区建设的主要任务和动态演进，渐进式点轴辐射扩散的扩容模式需要把自贸试验区增长极建设与打造全国各地各具特色的改革开放新高地联系起来；把自贸试验区抽象为一个区域扩大开放增长极（节点），通过制度溢出对周边地区的扩大开放和经济增长发挥辐射带动作用。在首个试验区设立成功的基础上，进而在全国各地的沿海地带发展轴、长江沿岸发展轴、欧亚大陆桥发展轴布局若干个自贸试验区，形成多个区域增长极。依据点轴开发的思路，由单个自贸试验区增长极点辐射，扩展至发展轴的线辐射扩散，最终形成"面辐射扩散"。这种由点辐射扩散、线辐射扩散和面辐射扩散组成的自贸试验区扩容方式，可以加强增长极、发展轴和全国整体区域制度流动的广度和密度，形成各具特色的改革开放新高地，促进区域经济一体化和中国经济转型升级。

（二）上海自贸试验区扩容点轴渐进式扩大开放路径的分析

我们的研究以复制路径的方向、复制路径的进程以及复制路径的载体作为基准点，同时结合上海自贸试验区所面临的发展难点，如产业功能有待完善、园区业务不够多元化等因素，斟酌试验区的战略价值，并围绕低成本（降低"试错"成本）和高效率（提高"复制"效率）的角度，对上海自贸试验区点轴渐进式扩大开放路径进行分析。

首先，依据 7 年来的扩容实践，我们将上海自贸试验区扩容渐进式扩大开放路径归纳成"一点四线三面"。所谓"一点"是指点开发模式，即由上海先行设立扩大开放的自贸试验区增长点，率先试行国际通行投资贸易新规则，进行制度模仿创新原创的探索。

"四线"主要包含三条辐射线和一条反馈线。第一条辐射线基于上海自贸试验区的制度创新（原创阶段），是由上海自贸试验区向全国21个自贸试验区辐射，进而由21个自贸试验区向全国疆土范围的160个CSSZ（截至2020年共有160个）辐射的点辐射；第二条辐射线通过全国21个自贸试验区和全国疆土范围的160个CSSZ的制度创新（二次创新阶段）向周边的经济技术开发、高新技术产业开发区、工业园区、科技园区、边境合作区等全国疆土范围各种类型园区辐射的线辐射；第三条辐射线通过全国21个自贸试验区，全国160个CSSZ，全国各类不同功能性质的"园区"的制度创新（集成创新阶段）向全国各地的面辐射；第四条线是制度创新措施在全国疆土范围复制推广后，所形成的直接或间接的动态反馈。

"三面"是指扩容点轴渐进式扩大开放的三个层面：全国动态演进的自贸试验区层面；全国各类CSSZ和经济技术开发区、高新技术产业开发区、工业园区、科技园区、边境合作区等各类"园区"层面；全国疆土范围层面。

其次，这种点轴辐射渐进式扩大开放（复制推广）路径的蓝图见表4.1，并且这种点轴辐射渐进式扩大开放模式的作用有三个。

一是实现扩大开放复制推广路径的动态循环圈。三条辐射线与一条反馈线形成了三个动态循环圈，有利于自贸试验区积累的经验在全国疆土复制推广后，提供间接或者直接的动态反馈，这些反馈信息主要涵盖了制度创新复制的时效性、实用性和操作性等，反馈的信息将在各个层面间传递与共享，促进上海自贸试验区的制度创新持续完善。

二是实现复制推广路径的三种创新融合。一方面这种复制推广路径只涉及经济层面，不涉及政治层面影响，可以避免对旧的经济体制伤筋动骨；同时这种复制推广路径涵盖了原始创新、二次创新以及集成创新。上海等21个自贸试验区处于中国最深度的制度规则与贸易投资金融变迁前沿，积极参与国际性经济的新变化，在发展中大胆尝试制度创新；六类CSSZ和全国各类"园区"基于上海等21个自贸试验区的经验，边试边用，开展二次创新、集成创新，可扩大上海自贸试验区的创新示范作用以及辐射效果。

三是带来点（示范）—线（推广）—面（规模）效应。"点"是指渐进式持续增加的21个自贸试验区。这是遵循我们所提出的渐进式改革基本路径，可最大限度地减小改革的阻力与风险。

表4.1 上海自贸试验区扩容点轴渐进式大开放路径的蓝图①

点轴渐进式辐射扩散模式		主要内容	涉及的自由贸易试验区
点模式	点开发模式	上海自贸试验区建立	上海自贸试验区
	点强化模式	自贸试验区内部扩区	上海自贸试验区在海关特殊监管区（CSSZ）基础上先后增加陆家嘴、张江、金桥、世博、临港五个片区
	点辐射扩散模式	自贸试验区全国扩容	分6批,7年增加广东、天津、福建、重庆、四川、陕西、湖北、浙江、辽宁、河南、海南、山东、江苏、广西、河北、云南、北京、湖南、安徽等21个自贸试验区
轴模式	轴线布局模式	沿"长江经济带"轴线	上海、江苏、湖北、重庆、四川、安徽、湖南自贸试验区
		沿"丝绸之路经济带"三大轴线	江苏、河南、陕西；广东、广西、云南；重庆、四川、陕西自贸试验区
		沿"21世纪海上丝绸之路"轴线	辽宁、河北、天津、山东、江苏、上海、浙江、福建、广东、海南、广西自贸试验区
	双核驱动的轴线强化模式	沿"北京—天津"双核驱动轴线	北京、天津自贸试验区
		沿"上海—浙江"双核驱动轴线	上海、浙江自贸试验区（包括2020年扩区部分）
		沿"重庆—四川"双核驱动轴线	重庆、四川自贸试验区
网络模式	网络空间布局模式	"长江经济带轴线"与"21世纪海上丝绸之路轴线"与南北中欧亚大陆桥相衔接的网格型网络空间布局结构	21个自贸试验区东西南北中布局

① 资料来源：课题报告自制,2016年9月初制,2020年10月修改重制。

二、自贸试验区全国扩容的动态演进

2014年12月国家决定在上海自贸试验区成功经验的基础上,在东部沿海广东等3省市交通枢纽地区布局新增自贸试验区,2015年4月广东等3个自贸试验区成立。2016年8月,国家决定再次扩容增加重庆等7个自贸试验区,2017年4月重庆等7个自贸试验区成立。2018年10月,海南自贸试验区成立,这是第一个面积覆盖全省的省级自贸试验区。2019年8月山东等6个自贸试验区成立。2020年9月北京等3个自贸试验区设立,浙江自贸试验区扩区。全国21个自贸试验区,由东向西,由南到北,在沿海、沿边、长江经济带和欧亚大陆桥布局,初步形成了东西南北中等各具特色的改革开放新高地和扩大开放制度增长极的格局,通过点辐射扩散,把试验区强制性与诱制性相结合的开放制度创新向全国复制推广。

(一)点扩散第一阶段:沿海扩容形成"1+3"开放制度增长极的格局

广东自贸试验区开放制度增长极的建设特色是粤港澳服务贸易和珠三角空间区位融为一体,互联互通自由化的打造。具体内容包括试点开展适合粤港澳服务贸易自由化的金融创新;放宽港澳服务业领域的投资准入限制;允许香港澳门服务提供方开展海运船舶运输服务、留学教育服务、高端医疗服务等,试点粤港澳检测互认制度;创新粤港澳口岸通关监管模式,推进粤港、粤澳之间的信息相互交换、监管执法互认互助;为港澳及外籍高层次人才认定及出入境和工作生活提供便利,在创新创业、服务保障等方面提供特殊政策支持。[①] 截至2019年4月,广东自贸试验区形成了456项制度创新成果,向全省复制推广了102项改革创新经验。同时,试验区跨境业务和外汇管理便利化措施稳步推广全省,截至2018年,共设立跨境人民币双向资金池290个,累计结算量超6200亿元,全省通过全口径跨境融资宏观审慎管理政策借款达362.17亿美元。

天津自贸试验区开放制度增长极的建设特色是构筑开放型经济新体制,增创国际竞争新优势,推动服务贸易,城市点开放与区域面开放三位一体贸易扩大开放制度增长极的建设与建设京津冀协同发展示范区对接,形成一体化发展的扩大开放新局面。具体内容包括"促进京津冀地区海关通关一体化改革以及检验检疫通关业务一体化发展。加强天津口岸与内地无水港之间联动发展,对符合条件的场所设立海关特殊监管区,实现监管部门的信息互相交换、监管执法互认互助。

---

① 国务院. 关于印发中国(广东)自由贸易试验区总体方案的通知[J]. 中华人民共和国国务院公报,2015(13):9-16.

发挥天津海关特殊监管区在融资租赁、商业保理业务创新方面的领先优势，大力发展融资租赁、商业保理业务。充分发挥亚欧大陆桥的交通枢纽作用，创新多式联运方式，促进对'一带一路'沿线地区的转口贸易的辐射带动作用"①。截至2019年6月底，天津自贸试验区累计实施了400余项改革创新措施，《进一步深化中国（天津）自由贸易试验区改革开放方案》128项任务完成111项；25项首创经验和案例在全国复制推广，106项经验和案例在京津冀及其他区域复制推广。2018年新增市场主体、贸易总额、境外投资三项指标均居全国自贸试验区第2位，利用外资居第3位。②

福建自贸试验区开放制度增长极的建设特色是打造开放和创新融为一体的综合改革试验区、深化两岸经济合作示范区和面向21世纪海上丝绸之路沿线国家和地区开放合作新高地。扩大对台湾地区服务贸易开放，促进福建与台湾服务要素自由便捷流动，进一步扩大开放电信、运输交通等服务业领域。通过创新通关监管模式，信息互相交换、监管执法互认互助等便利化措施，推动对台湾地区货物贸易自由化。通过更加便利化的台湾地区居民往来政策，促进两岸经贸往来便利化。③ 截至2019年5月，福建自贸试验区完成总体方案186项重点试验任务，深化方案136项重点试验任务已实施85%。推出378项创新举措，其中全国首创141项、对台81项。区内累计新增企业8万户、注册资本1.8万亿元，分别是挂牌前历年总和的5.2倍和8.1倍。累计新增外资企业3891家，其中台资企业2323家。④

（二）点扩散第二阶段："1+3+7"开放制度增长极和全国布局雏形初成

辽宁自贸试验区开放制度增长极的建设特色是巩固提升对人才、资本等要素的吸引力，引领东北地区转变经济发展方式、提高经济发展质量和水平，形成提升东北老工业基地竞争力的开放型经济新格局。具体内容包括建立以负面清单制度和加强事中事后监管制度为重要内容的市场准入和监管制度，加快东北地区的市场化体制改革和创新行政管理体制，以行政审批权责清单制度界定政府行政管理职能边界，探索"单一窗口"制度，建立信息共享机制和统一集中的综合政府行政管理执法体系。重点扩大先进制造业和生产性服务业开放，

---

① 国务院. 国务院关于印发中国（天津）自由贸易试验区总体方案的通知［J］. 中华人民共和国国务院公报，2015（13）：17-24.
② 孟兴. 天津自贸试验区充分发挥"试验田"作用［N］. 天津日报，2019-08-13.
③ 国务院. 国务院关于印发中国（福建）自由贸易试验区总体方案的通知［J］. 中华人民共和国国务院公报，2013（13）：23-33.
④ 苏洪民，陆云. 福建自贸试验区成立四周年收获满满［N］. 国际商报，2019-05-17.

发挥先进制造业和生产性服务业的联动机制和产业关联效应，推动东北老工业基地整体竞争力提升和转型发展①。截至2018年年末，国家总体方案中赋予辽宁自贸试验区的123项改革试验任务，已有113项落地，落地率达91.8%。

浙江自贸试验区开放制度增长极的建设特色是通过有特色的改革探索，实现投资贸易便利、高端产业集聚、法治环境规范、金融服务完善、监管高效便捷、辐射带动作用突出，以油品为核心的大宗商品全球配置能力显著提升，对接国际标准建设自由贸易港区先行区，形成与上海自贸试验区全球大宗商品交易平台的互动开放新格局。②浙江自贸试验区挂牌以来，已梳理形成83项含金量较高的制度创新成果，其中34项为全国首创性成果，其首创率达41%。

河南自贸试验区开放制度增长极的建设特色是构建服务"一带一路"建设的重要战略交通枢纽节点，引领内陆经济转型发展，推动构建全方位对外开放新格局。具体内容包括扩大跨境电子商务、信息数据服务、国际贸易物流等能够发挥交通物流枢纽优势的生产性服务业，加快贯通东西南北的立体交通物流体系和"一带一路"沿线重要战略交通枢纽节点的建设等。③河南自贸试验区挂牌以来，省直和中央驻豫单位相继出台47个配套支持文件，自贸试验区建设推进机制基本形成。在商事制度改革、提升贸易便利化水平、多式联运体系建设等方面形成225个实践案例；吸引了超过5万家企业前来注册，注册资本突破6000亿元，试点改革成效初显。

湖北自贸试验区开放制度增长极的建设特色是利用武汉九省通衢之地，努力成为中部有序承接产业转移示范区、战略性新兴产业和高技术产业集聚区、全面改革开放试验田和内陆对外开放新高地，在实施中部崛起战略和推进长江经济带发展中发挥制度创新示范引领作用。具体内容包括扩大新能源新材料、精密机械制造、智能装备制造、高新技术、电子信息等先进制造业开放，扩大金融信息服务、商贸物流、电子商务等生产性服务业开放，承接长江经济带东部地区的外向型产业转移，实施中部崛起战略。④湖北自贸试验区挂牌运行两年来，初步形成300多项制度创新成果，其中9项被国家层面采纳推广，86项

---

① 国务院. 国务院关于印发中国（辽宁）自由贸易试验区总体方案的通知［J］. 中华人民共和国国务院公报，2017（11）：14-20.
② 国务院. 国务院关于印发中国（浙江）自由贸易试验区总体方案的通知［J］. 中华人民共和国国务院公报，2017（11）：20-27.
③ 国务院. 国务院关于印发中国（河南）自由贸易试验区总体方案的通知［J］. 中华人民共和国国务院公报，2017（11）：27-34.
④ 国务院. 国务院关于印发中国（湖北）自由贸易试验区总体方案的通知［J］. 中华人民共和国国务院公报，2017（11）：34-41.

在省内复制推广。截至 2019 年 2 月，湖北自贸试验区累计新设企业 25622 家，累计实际使用外资 31.7 亿美元，进出口总额 2159 亿元人民币。贸易总额占全省 1/3，已成为湖北对外开放的高地。

重庆自贸试验区开放制度增长极的建设特色是努力建成服务"一带一路"建设和长江经济带发展的国际物流枢纽和口岸高地，扩大开放与长江经济带、西部大开发战略联动，推动构建西部地区门户城市全方位开放新格局。具体内容包括发挥中国（重庆）自由贸易试验区内地对外开放高地的综合优势，推动西部地区外向型经济发展，促进长江经济带沿线地区海关通关一体化发展以及检验检疫通关监管一体化改革，实现对外贸易相关部门的信息共享、监管互认互助，发挥中国（重庆）自由贸易试验区在长江经济带沿线的重要节点作用和西部大开发区域中的开放经济合作战略支点作用。① 截至 2019 年 6 月，总体方案 151 项改革试点任务已实施 144 项，落地率为 95.4%。重庆自贸试验区 141 项创新举措，实际可对应政策举措 129 项，已实施 119 项，落实率为 92%。

四川自贸试验区开放制度增长极的建设特色是在打造内陆开放型经济高地、深入推进西部大开发和长江经济带发展中发挥示范作用。具体内容包括加强与重庆自贸试验区互为支撑，协同联动发展，建设内陆开放战略支撑带，通过自贸试验区的高端产业集聚，优化现代服务业以及战略新兴产业的空间布局，实现与重庆自贸试验区的错位发展和优势互补。② 四川自贸区挂牌两年多来，形成了 500 余个实践案例，10 余个在全国复制推广，29 个在四川省复制推广。截至 2019 年 6 月底，四川自贸区累计新设立企业超过 6 万家，注册资本超过 8000 亿元。

陕西自贸试验区开放制度增长极的建设特色是内陆型改革开放新高地，"一带一路"经济合作和人文交流重要支点。具体内容包括探索西部地区扩大开放制度建设和大西北陆路交通枢纽空间区位融为一体，与"一带一路"沿线国家开展经济合作的联动机制。发挥试验区要素资源集聚优势，形成高端产业集聚、金融服务配套、营商环境规范的西部地区开放制度增长极，探索西部地区与"一带一路"沿线国家开展经济合作的新模式，构建促进对"一带一路"沿线国家的对外投资体系，在自贸试验区内建立推动"一带一路"对外投资合作的

---

① 国务院. 国务院关于印发中国（重庆）自由贸易试验区总体方案的通知［J］. 中华人民共和国国务院公报，2017（11）：42-49.

② 国务院. 国务院关于印发中国（四川）自由贸易试验区总体方案的通知［J］. 中华人民共和国国务院公报，2017（11）：49-57.

"一站式"综合服务平台与机制。① 试验区承担了165项试点任务,截至2019年6月,127项改革试点任务完成,西安区域新增市场主体34835家,新增数量为之前历年市场主体数的1.5倍;新增高技术企业2969家。

(三)点扩散第三阶段:成立全国首个省级海南自贸试验区

海南自贸试验区开放制度增长极的建设特色是建设全面深化改革开放试验区、国家生态文明试验区、国际旅游消费中心和国家重大战略服务保障区,把海南打造成为我国面向太平洋和印度洋的重要对外开放门户。② 海南试验区有以下几个特点。与已有11个自贸试验区120平方千米左右的面积相比,海南试验区属于"全域性"自贸试验区,地域范围大,不仅包括了相对发达地区,也包括了欠发达地区,远超已经批准建立的11个试验区面积总和;行政层级高,是中国第一个以省级行政地域单元为载体的自贸试验区,将有利于为在自由贸易环境下同一行政单元内不同类型地区的开放发展和政策协同探索经验。③

从2018年10月成立到2019年5月,海南自贸试验区分三批先后公布了25项制度创新案例,不仅在全省范围复制推广了上海自贸试验区等其他11个试验区的制度创新经验,而且体现了海南特色,例如,"互联网+热带农产品"的国际热带农产品交易中心等项目就是具有"海南特色、全国首创"的创新成果。④ 2020年6月18日,"国务院决定,即日起至2024年12月31日,在中国(海南)自由贸易试验区暂时调整实施《中华人民共和国海关事务担保条例》《中华人民共和国进出口关税条例》《中华人民共和国国际海运条例》《中华人民共和国船舶和海上设施检验条例》和《国内水路运输管理条例》5部"⑤,推动海南自贸试验区进一步扩大开放试点政策落地。

(四)点扩散第四阶段:"1+3+7+1+6"全国东西南北中扩大开放制度增长极格局的形成

2019年8月新设立的6个自贸试验区充分结合各自的区位和发展基础,使

---

① 国务院. 国务院关于印发中国(陕西)自由贸易试验区总体方案的通知 [J]. 中华人民共和国国务院公报,2017(11):257-64.
② 国务院. 国务院关于印发中国(海南)自由贸易试验区总体方案的通知 [J]. 中华人民共和国国务院公报,2018(30):22-28.
③ 孙强. 海南自由贸易试验区:深化制度创新 打造开放新标杆 [N]. 全球商业经典,2019-02-15.
④ 周元,金昌波. 春天的答卷 [N]. 海南日报,2019-04-13.
⑤ 国务院. 国务院关于在中国(海南)自由贸易试验区暂时调整实施有关行政法规规定的通知 [J]. 中华人民共和国国务院公报,2020(19):22-23.

对外开放格局既凸显各具特色的国际化功能定位,也反映出鲜明的地方区位优势。开放制度增长极的特色建设设计目标定位如下:

"山东自贸试验区的建设特色设计目标是:经过三至五年改革探索,对标国际先进规则,形成更多有国际竞争力的制度创新成果,推动经济发展质量变革、效率变革、动力变革,努力建成贸易投资便利、金融服务完善、监管安全高效、辐射带动作用突出的高标准高质量自由贸易园区。

江苏自贸试验区的建设特色设计目标是:加快'一带一路'交会点建设,着力打造开放型经济发展先行区、实体经济创新发展和产业转型升级示范区。努力建成贸易投资便利、高端产业集聚、金融服务完善、监管安全高效、辐射带动作用突出的高标准高质量自由贸易园区。

广西自贸试验区的建设特色设计目标是着力建设西南中南西北出海口、面向东盟的国际陆海贸易新通道,形成21世纪海上丝绸之路和丝绸之路经济带有机衔接的重要门户。努力建成贸易投资便利、金融服务完善、监管安全高效、辐射带动作用突出、引领中国—东盟开放合作的高标准高质量自由贸易园区。

河北自贸试验区的建设特色设计目标是:全面落实中央关于京津冀协同发展战略和高标准高质量建设雄安新区要求,积极承接北京非首都功能疏解和京津科技成果转化,着力建设国际商贸物流重要枢纽、新型工业化基地、全球创新高地和开放发展先行区。

云南自贸试验区的建设特色设计目标是:着力打造'一带一路'和长江经济带互联互通的重要通道,建设连接南亚东南亚大通道的重要节点,推动形成我国面向南亚东南亚辐射中心、开放前沿。努力建成贸易投资便利、交通物流通达、要素流动自由、金融服务创新完善、监管安全高效、生态环境质量一流、辐射带动作用突出的高标准高质量自由贸易园区。

黑龙江自贸试验区的建设特色设计目标是:打造对俄罗斯及东北亚区域合作的中心枢纽。努力建成营商环境优良、贸易投资便利、高端产业集聚、服务体系完善、监管安全高效的高标准高质量自由贸易园区。"[1]

(五)点扩散第五阶段:"1+3+7+1+6+3"全方位、多层次、多元化开放合作格局的强化

2020年9月自贸试验区第5次扩容,新设立3个自贸试验区和浙江自贸试验区扩区,更加强调依靠制度型开放、差别化探索、产业链供应链集成创新,

---

[1] 国务院.国务院关于印发6个新设自由贸易试验区总体方案的通知[J].中华人民共和国国务院公报,2019(25):6-28.

建设高质量、高水平的开放型经济新体制。开放制度增长极的特色建设设计目标定位如下：

"北京自贸试验区的建设特色设计目标是：全面落实中央关于深入实施创新驱动发展、推动京津冀协同发展战略等要求，助力建设具有全球影响力的科技创新中心，加快打造服务业扩大开放先行区、数字经济试验区，着力构建京津冀协同发展的高水平对外开放平台。赋予自贸试验区更大改革自主权，深入开展差别化探索。

湖南自贸试验区的建设特色设计目标是：全面落实中央关于加快建设制造强国、实施中部崛起战略等要求，发挥东部沿海地区和中西部地区过渡带、长江经济带和沿海开放经济带结合部的区位优势，着力打造世界级先进制造业集群、联通长江经济带和粤港澳大湾区的国际投资贸易走廊、中非经贸深度合作先行区和内陆开放新高地。

安徽自贸试验区的建设特色设计目标是：全面落实中央关于深入实施创新驱动发展、推动长三角区域一体化发展战略等要求，发挥在推进'一带一路'建设和长江经济带发展中的重要节点作用，推动科技创新和实体经济发展深度融合，加快推进科技创新策源地建设、先进制造业和战略性新兴产业集聚发展，形成内陆开放新高地。

浙江自贸试验区扩区的建设特色设计目标是：坚持以'八八战略'为统领，发挥'一带一路'建设、长江经济带发展、长三角区域一体化发展等国家战略叠加优势，着力打造以油气为核心的大宗商品资源配置基地、新型国际贸易中心、国际航运和物流枢纽、数字经济发展示范区和先进制造业集聚区。"[1]

总之，2013年自贸试验区成立后，通过极点开发模式形成中国第一个自贸试验区开放制度增长点；进而以点辐射扩散模式，通过7年渐进式的推进扩容，在全国东西南北布局"1+3+7+1+6+3"等21个自贸试验区开放制度增长极。这21个增长极的东西南北中的全方位分布，一改以往由东向西梯度开放思路导致的扩大开放东部沿海领先，中西部滞后，开放不均衡带来东西部经济发展差距拉大的被动局面，体现了全方位扩大开放空间格局的优化。而且，从点开发到点强化再到点辐射扩散的渐进式开发模式，是培育开放制度增长极的有效路径，能够在全国各地形成多个增长极，以点连线带面，促进自贸试验区试行的开放制度创新在全国各地复制推广，为中国经济发展拓展新空间注入新动力。这种

---

[1] 国务院.国务院关于印发北京 湖南 安徽自由贸易试验区总体方案及浙江自由贸易试验区扩展区域方案的通知 [J].中华人民共和国国务院公报，2020（27）：12-30.

增长极的布局，与增长极的辐射范围相关，下一节我们将实证分析主要自贸试验区制度开放增长极的辐射范围，论证这种布局的科学性，为国家从经济开放角度合理布局自贸试验区提供科学依据，为各地选择自贸试验区增长点的分布提供参考思路。

第二节 从 CSSZ 到 PFTZ 开放制度增长极点辐射范围的测度

开放制度辐射范围对自贸试验区（本节及下一节绝大多数地方简称 PFTZ）发挥制度开放增长极的作用至关重要，本节实证研究依据克鲁格曼的城市、区域和国际贸易三位一体的空间经济国际模型，运用引力模型探讨 PFTZ 制度变迁的制度供给基点与制度需求地区之间在空间经济上的相互关联与相互作用。

一、从 CSSZ 到 PFTZ 开放制度增长极点辐射模型的构建

上海自贸试验区仅成立 9 年，其他试验区时间更短，数据的可得性难以支撑科学的实证分析。但是我国的 CSSZ 从保税区到综合保税区到 PFTZ 的制度变迁演进是一脉相承的，CSSZ 是 PFTZ 的核心主体，可代表制度供给方，并且全国各地都有非自贸试验区范围内的 CSSZ 可以作为全国各地没有设立试验区地区的复制推广的次级承载地[1]，满足了实证分析代表制度需求方的条件，因此本节实证分析的数据为全国 CSSZ 的数据。

（一）CSSZ 的开放制度辐射模型

辐射源地（产生制度供给）和受辐射地（产生制度需求）之间产生的空间相互作用，使用引力模型测量比较合适。长期以来，牛顿著名的万有引力模型被广泛运用到空间力学研究，其显著特征是两物吸引力强度与两物之间距离平方成反比，以幂函数形式呈现距离衰减，通常简称此引力模型为牛顿模型：

$$F_{ij} = G \frac{m_i m_j}{d_{ij}^2}$$

模型中，F_{ij} 表示物体 i 和物体 j 之间形成的相互吸引力；m_i 与 m_j 则分别表示物体 i 和 j 的质量规模；d_{ij} 表示从物体 i 到物体 j 之间的距离，G 代表万有引力常数。

---

[1] 国务院在历次全国推广上海自贸试验区可复制改革经验的通知中，都明确划分可在全国范围内和全国 CSSZ 区域复制推广的改革事项。

然而,牛顿模型对应的牛顿势仅存在于三维及以上空间,而针对涉及经济制度辐射方面的"空间经济区域"二维空间的研究,则需要使用新的研究工具。威尔逊(Wilson,1967,1970)[1] 运用最大熵原理,构建用指数函数表现距离衰减特征的引力模型,则满足了开展新经济地理学二维空间的研究条件,即威尔逊模型[2]。我们主要借鉴威尔逊模型的建模思路(王铮等,2002),构建 CSSZ 开放制度辐射模型如下:

$$T_{ij} = K O_i D_j exp(-\beta r_{ij}) \tag{4-1}$$

其中,T_{ij} 代表从 CSSZ 供给地区 i 到 CSSZ 需求地区 j 的开放制度辐射强度;K 代表归一化因子,在大多数研究中的普遍做法是令 $K=1$;O_i 表示 CSSZ 供给地区 i 的开放制度供给量;D_j 表示 CSSZ 需求地区 j 的开放制度需求量;$exp(-\beta r_{ij})$ 是 CSSZ 开放制度辐射能力核,这里的 β 是衰减因子,影响 CSSZ 供给与需求地区之间开放制度辐射力衰减过程的变化速度,r_{ij} 代表 CSSZ 供给地区 i 到 CSSZ 需求地区 j 之间的距离。[3]

(二) CSSZ 开放制度辐射半径 r 的求解公式

为估算 CSSZ 开放制度辐射半径 r,我们将 CSSZ 开放制度辐射模型(公式 4-1)两边都除以 O_i 得到 $D_j exp(-\beta r_{ij})$,D_j 表示 CSSZ 需求地区 j 实际需求的开放制度总量,由于 CSSZ 需求地区 j 所能得到的最大开放制度需求量正是 CSSZ 供给地区 i 所能提供的最大开放制度供给量,令其为 F_i。于是,$F_i exp(-\beta r)$ 被看作是 CSSZ 供给地区 i 对其他 CSSZ 需求地区 j 的开放制度辐射能力,并且赋予它一个阀值 θ,那么有:

$$\theta = F_i exp(-\beta r) \tag{4-2}$$

对公式(4-2)两边都取对数,经过整理得到 CSSZ 开放制度辐射半径 r 的求解公式:

$$r = \frac{1}{\beta} * \ln \frac{F_i}{\theta} \tag{4-3}$$

因此,CSSZ 开放制度辐射半径大小受三个因素影响:衰减因子 β、阀值 θ 和 CSSZ 供给地区 i 能提供的开放制度供给量最大值 F_i。

---

[1] Wilson A. G. A statistical theory of spatial distribution models [J]. Transportation Research, 1967, 1 (3): 253-269; Wilson A. G. Entropy in Urban and Regional Modeling [M]. London, England: Pion Ltd, 1970: 47-49.
[2] 王铮,等. 理论经济地理学 [M]. 北京:经济科学出版社,2002.
[3] 赖庆晟,郭晓合. 中国自由贸易试验区渐进式扩大开放研究 [M]. 上海:格致出版社,2017:181-183.

(三) 参数的估计

β 作为 CSSZ 开放制度辐射能力的衰减因子，影响 CSSZ 开放制度辐射能力衰减过程的变化速度。衰减因子 β 和开放制度辐射半径 r 之间具有以下的关系：

当 $\beta \to \infty$ 时，$r = \lim_{\beta \to \infty} \frac{1}{\beta} * \ln \frac{F_i}{\theta} = 0$；

当 $\beta \to 0$ 时，$r = \lim_{\beta \to 0} \frac{1}{\beta} * \ln \frac{F_i}{\theta} = +\infty$；

当 $\beta \to 1$ 时，$r = \lim_{\beta \to 1} \frac{1}{\beta} * \ln \frac{F_i}{\theta} = \ln \frac{F_i}{\theta}$，$\ln \frac{F_i}{\theta}$ 是一个常数。

以上的逻辑关系式揭示，当 $\beta \to \infty$ 时，该 CSSZ 所在地区不具有开放制度辐射能力。于是，只需要估算在 $\beta \in (0, 1)$ 条件下的 CSSZ 开放制度辐射半径 r 的取值。当 $\beta \to 0$ 时，这个 CSSZ 所在地区的开放制度辐射能力就会趋向于无穷大。王铮等（2002）的研究成果为我们估算衰减因子 β 值提供了一个简化计算公式：

$$\beta = \sqrt{\frac{2T}{t_{max}D}} \tag{4-4}$$

在这里，T 表示 CSSZ 所在地区的数量；t_{max} 代表拥有开放制度辐射能力的 CSSZ 数量，一般认为开放制度值在平均水平以上的 CSSZ 才拥有开放制度辐射能力；D 代表空间发生作用的地理面积，这里也就是 CSSZ 所在地区的平均行政土地面积。

阀值 θ 通常是根据具有开放制度辐射能力的 CSSZ 所在地区开放制度供给量的最小数量级来界定。

二、样本数据选取与开放制度增长极点辐射半径的求解

(一) PFTZ 渐进式扩大开放路径估算方法的选择

扩大开放路径 PFTZ 开放制度变量，涉及中国通过自贸试验区保税区域和在岸区域渐进式扩大开放复制推广路径来增加制度供给问题，因此，开展描述性统计分析前，需要量化对外开放度指标。渐进式扩大开放的内涵，既包括了衡量在岸区域对外开放程度的指标，也包括 CSSZ 建设情况的基本特征，例如园区规模、园区功能等。在岸区域对外开放程度的指标在国际贸易研究范畴中通常用区域外贸依存度表示，其公式如下：

$$open_{it}^0 = \frac{IM_{it}^0 + EX_{it}^0}{gdp_{it}} \tag{4-5}$$

其中，IM_{it}^0 和 EX_{it}^0 分别表示地区 i 第 t 年的对外贸易进口总额与对外贸易出

口总额，gdp_{it} 则表示地区 i 第 t 年的国内生产总值。根据渐进式扩大开放复制推广路径的内涵特征，整合包群、许和连、赖明勇（2003）[①] 和叶修群、郭晓合（2016）[②] 的计算公式，构建 PFTZ 渐进式扩大开放路径指标的估算公式：

$$open_{it}^{PFTZ} = \frac{IM_{it}^0 + EX_{it}^0}{gdp_{it}} \times \sum_m \sum_n (Area_m \times Industry_n) \quad (4-6)$$

这里，$open_{it}^{PFTZ}$ 代表 PFTZ 模式的扩大开放路径指标；$\frac{IM_{it}^0 + EX_{it}^0}{gdp_{it}}$ 代表对外开放度；$Area_m$ 代表各种 PFTZ 的园区面积；$Industry_n$ 代表 PFTZ 各种产业的权重，这里采取各省市区各产业产值占该地区生产总值之比替代表示园区功能，例如，出口加工业采取工业增加值占该地区生产总值的比重近似代替，国际贸易与商品展示采取批发零售业增加值占该地区生产总值的比重近似代替等，这样就能解决自贸试验区既包括保税区域（CSSZ），也有非保税的在岸区域实证分析样本数据如何选取两难的困惑。由于全国 PFTZ 是从 2013 年到 2020 年通过"1+3+7+1+6+3"的渐进式方式扩容的，还没有足够的统计数据可以供实证分析使用；鉴于数据的可得性，我们选取的估算数据的范围是 2010—2013 年，估算时，$open_{it}^{PFTZ}$ 用 CSSZ 替代，即 $open_{it}^{CSSZ}$。

$$open_{it}^{CSSZ} = \frac{IM_{it}^0 + EX_{it}^0}{gdp_{it}} \times \sum_m \sum_n (Area_m \times Industry_n) \quad (4-7)$$

日后，随着全国自贸试验区相关统计的数据库的建立健全，使用公式（4-6）来研究自贸试验区就会使实证研究建立在更严谨、科学的基础上。

（二）渐进式扩大开放路径的测算（使用 CSSZ 替代 PFTZ 进行测算）

截至 2013 年年底，我国共有 28 个省市设有各类 CSSZ，其中东部省市 12 个；中西部省市 16 个[③]。实证分析采用设有各类 CSSZ 的 28 个省市地方经济贸易数据。以 2000 年开始设立出口加工区为起始年份，共选取 2000—2013 年相关经济贸易数据，原始数据均来源于 28 个省市的 2001—2014 年统计年鉴、中国保税区出口加工区协会网站等。我们依据公式（4-7）测算结果见表 4.2。

[①] 包群，许和连，赖明勇. 贸易开放度与经济增长：理论及中国的经验研究 [J]. 世界经济，2003（02）：10-18.
[②] 叶修群，郭晓合. 我国沿海自由贸易园区的贸易效应——基于面板数据的引力模型分析 [J]. 经济经纬，2016，33（04）：74-79.
[③] 对我国东中西部划分方法采取 1986 年"七五"计划的相关标准规定进行划分。因为我国中西部的对外贸易开放程度比较接近，且与东部地区差距较大，所以本书将地区划分为东部地区和中西部地区进行分析。

表 4.2 渐进式扩大开放路径的量化估算（使用 CSSZ 替代 PFTZ 进行估算）

	2000	2001	2002	2003	2004	2005	2006	2007	2008	2009	2010	2011	2012	2013
北京	0.00	0.00	0.00	0.00	0.00	0.00	0.00	0.00	3.69	2.59	3.27	3.40	3.04	2.77
天津	5.95	5.59	6.25	6.79	9.13	9.69	9.50	8.63	13.70	9.19	9.60	9.48	8.98	8.49
河北	0.00	0.00	0.10	0.12	0.15	0.18	0.18	0.21	0.25	0.16	0.20	0.20	0.52	0.51
辽宁	0.73	0.69	0.68	0.76	0.81	0.98	2.68	2.63	2.47	1.86	2.01	1.91	1.91	1.84
上海	6.99	18.15	19.52	33.35	43.60	52.52	54.34	52.29	46.95	36.64	44.83	44.96	39.59	34.45
江苏	1.13	1.16	2.20	5.59	6.84	12.52	16.59	16.08	13.62	12.95	16.15	14.77	18.94	16.47
浙江	1.10	1.12	1.81	2.90	3.39	4.29	4.70	4.80	7.75	6.06	4.12	7.19	5.11	7.99
福建	0.67	0.67	0.78	0.83	1.19	2.44	2.35	2.19	4.89	3.94	7.25	7.62	7.16	6.84
山东	0.28	0.29	0.31	0.78	0.88	0.94	1.32	1.38	3.60	4.09	4.72	9.11	8.34	8.67
广东	10.05	9.46	10.56	7.95	9.93	10.04	10.29	9.78	17.25	13.83	15.34	14.77	14.36	13.90
广西	0.00	0.00	0.00	0.04	0.05	0.05	0.05	0.06	1.26	1.20	1.29	1.35	1.48	1.41
海南	0.68	0.92	0.87	1.02	1.15	0.90	1.26	1.85	2.23	1.58	1.55	1.44	1.35	1.15
东部	2.30	3.17	3.59	5.01	6.43	7.88	8.61	8.33	9.80	7.84	9.19	9.68	9.23	8.71
山西	0.00	0.00	0.00	0.00	0.00	0.00	0.00	0.00	0.00	0.00	0.00	0.00	0.15	0.14
吉林	0.09	0.10	0.11	0.16	0.16	0.14	0.14	0.15	0.15	0.11	0.15	0.54	0.52	0.49
黑龙江	0.00	0.00	0.00	0.00	0.00	0.00	0.00	0.00	0.00	0.13	0.17	0.20	0.16	0.15

续表

	2000	2001	2002	2003	2004	2005	2006	2007	2008	2009	2010	2011	2012	2013
安徽	0.00	0.00	0.09	0.12	0.11	0.14	0.17	0.19	0.19	0.13	0.25	0.27	0.29	0.30
江西	0.00	0.00	0.00	0.00	0.00	0.00	0.00	0.15	0.17	0.14	0.25	0.48	0.43	0.42
河南	0.00	0.00	0.05	0.06	0.07	0.07	0.08	0.09	0.09	0.06	0.24	0.35	0.49	0.48
湖北	0.07	0.07	0.07	0.09	0.09	0.12	0.13	0.13	0.13	0.10	0.13	0.46	0.38	0.36
湖南	0.00	0.00	0.00	0.00	0.00	0.07	0.08	0.08	0.08	0.06	0.07	0.08	0.51	0.61
内蒙古	0.00	0.00	0.09	0.08	0.08	0.09	0.09	0.09	0.07	0.05	0.05	0.06	0.05	0.05
重庆	0.00	0.00	0.00	0.00	0.00	0.00	0.00	0.00	0.57	0.40	1.19	2.10	5.34	3.19
四川	0.00	0.00	0.00	0.00	0.00	0.02	0.02	0.02	0.03	0.03	0.35	0.41	0.42	0.41
贵州	0.00	0.00	0.00	0.00	0.00	0.00	0.00	0.00	0.00	0.00	0.00	0.00	0.00	0.35
云南	0.00	0.00	0.00	0.10	0.12	0.09	0.11	0.12	0.11	0.08	0.11	0.10	0.11	0.11
陕西	0.00	0.00	0.08	0.00	0.00	0.18	0.17	0.17	0.15	0.12	0.15	0.42	0.51	0.59
宁夏	0.00	0.00	0.00	0.00	0.00	0.00	0.00	0.00	0.00	0.00	0.00	0.00	0.77	0.95
新疆	0.00	0.00	0.00	0.19	0.21	0.27	1.24	1.50	1.97	1.03	1.66	1.79	1.60	1.42
中西部	0.01	0.01	0.03	0.05	0.05	0.07	0.14	0.17	0.23	0.15	0.30	0.45	0.73	0.63
全国	0.99	1.36	1.56	2.18	2.78	3.42	3.77	3.66	4.33	3.45	4.11	4.41	4.38	4.09

(三) 开放制度变量样本的描述性统计分析

开放制度变量样本选用根据公式（4-7）计算得出的扩大开放路样本数据，考察渐进式扩大开放路径的制度溢出范围。样本数据覆盖2000—2013年中国28个已建立CSSZ的省（市/自治区），共计392个样本数据，开放制度变量样本的描述性统计分析详见表4.3。

表 4.3 开放制度变量样本的描述性统计分析①

样本	样本数	最小值	最大值	平均值	标准差
总体	392	0.00	54.34	3.18	8.01
北京	14	0.00	3.69	1.34	1.56
天津	14	5.59	13.70	8.64	1.99
河北	14	0.00	0.52	0.20	0.15
山西	14	0.00	0.15	0.02	0.05
内蒙古	14	0.00	0.09	0.06	0.03
辽宁	14	0.68	2.68	1.57	0.74
吉林	14	0.09	0.54	0.21	0.16
黑龙江	14	0.00	0.20	0.06	0.08
上海	14	6.99	54.34	37.73	13.69
江苏	14	1.13	18.94	11.07	6.11
浙江	14	1.10	7.99	4.45	2.19
安徽	14	0.00	0.30	0.16	0.09
福建	14	0.67	7.62	3.49	2.64
江西	14	0.00	0.48	0.15	0.17
山东	14	0.28	9.11	3.19	3.20
河南	14	0.00	0.49	0.15	0.16
湖北	14	0.07	0.46	0.17	0.13
湖南	14	0.00	0.61	0.12	0.18
广东	14	7.95	17.25	11.96	2.72
广西	14	0.00	1.48	0.59	0.65

① 数据来源：依据表4.2的量化估算结果计算得出。

续表

样本	样本数	最小值	最大值	平均值	标准差
海南	14	0.68	2.23	1.28	0.41
重庆	14	0.00	5.34	0.91	1.54
四川	14	0.00	0.42	0.12	0.18
贵州	14	0.00	0.35	0.02	0.09
云南	14	0.00	0.12	0.07	0.05
陕西	14	0.00	0.59	0.20	0.17
宁夏	14	0.00	0.95	0.12	0.30
新疆	14	0.00	1.97	0.92	0.74

（三）CSSZ 开放制度辐射半径 r 求解结果

根据公式（4-3）和公式（4-4），可以解出 CSSZ 开放制度辐射半径 r。

计算衰减因子 β 值：样本 CSSZ 所在地的省域个数 T=28；开放制度存量水平高于总体样本平均值的 CSSZ 所在的省域有 7 个，则 $t_{max}=7$；域元 D 是 CSSZ 所在省域的平均面积为 258177.036 平方千米。将以上数据代入公式（4-4），解出衰减因子 $\beta=0.0056$。

确定阀值 θ：因为高于平均值的 CSSZ 所在地区的开放制度供给量的最小数量级为 1，所以确定阀值 $\theta=1$。

将各个 CSSZ 开放制度供给量历年的平均值、衰减因子 β 值和阀值 θ 值，同时代入公式（4-3）求解得出涉及"21世纪海上丝绸之路"（全文简称"海丝路"）发展轴、"长江经济带"（全文简称"长江带"）发展轴以及"丝绸之路经济带"（全文简称"丝绸带"）发展轴的 CSSZ 开放制度辐射半径 r（如表 4.4 所示）。

三大发展轴的制度增长极辐射半径 r 求解结果表明：虽然不同区位条件、辐射能级的 CSSZ 开放制度增长极辐射范围有大有小，辐射力度有强有弱，但是每个 CSSZ 增长极的辐射半径都是有限的。表 4.4 显示即使是区位条件最优的、辐射能级最强的上海，CSSZ 增长极的辐射半径也仅能覆盖周边江浙皖长三角地区，对全国范围的全覆盖制度辐射能力不足。因此，上海自贸试验区扩容在全国各地的交通枢纽地区布局设立新的自贸试验区势在必行。通过这种以点连线带面的扩容方式，把在上海自贸试验区先试先行的开放制度创新向全国各地复制推广，实现全国范围的全方位、高水平的扩大开放。

表 4.4　CSSZ 开放制度辐射半径（单位：公里）

发展轴线	CSSZ	开放制度辐射半径（公里）	发展轴线	CSSZ	开放制度辐射半径（公里）	发展轴线	CSSZ	开放制度辐射半径（公里）
"海丝路"	上海	1065.825	"长江带"	上海	1065.825	"丝绸带"	陕西	122.772
	广东	859.512		浙江	681.936		河南	77.312
	天津	801.032		重庆	397.491			
	浙江	681.936		湖北	91.382			
	福建	638.069		四川	35.167			
	辽宁	494.555						

第三节 自贸试验区扩容接轨国家 FTA 全国空间布局探讨

一、自贸试验区扩容的点轴渐进式复制推广机制分析

已公布的全国 21 个 PFTZ 方案，全部要求制度创新经验要可复制推广，发挥示范引领作用；通过点轴渐进式的复制推广机制，把 PFTZ 的制度创新经验向全国复制推广。

（一）点轴渐进式辐射复制推广模式

从点辐射到线辐射再到面辐射的点轴渐进式扩大开放路径，是中国 40 多年来扩大开放的成功经验总结。通过点轴渐进式复制推广机制，开展 PFTZ 制度创新的全国复制推广，可以保障 PFTZ 试点的制度创新的复制推广得以顺利开展。因为 PFTZ 是国家持续扩大开放和 FTA 战略的践行者，可以通过发挥开放制度增长极的极化效应和扩散效应，来促进区域经济发展和市场化经济体制改革和国家"一带一路"的建设。

点轴渐进式的复制推广机制，具体表现为：在有条件的地区率先建立起以 PFTZ 为基点，推进点辐射；继而以"一带一路""长江带"等国家开放战略规划的重要轴线，推进线辐射；最后以全国 PFTZ 网格型网络交会节点相互衔接，推进面辐射。这种点、线、面相结合的点轴渐进式扩大开放的复制传导机制，是一种非常有效的复制推广传导机制。可以在现有 21 个 PFTZ 的基础上，率先复制推广 PFTZ 的制度创新，实现全国扩大开放空间布局线辐射的优化；再通过全国各地的 CSSZ 与全国各地区的各类高新区与经济开发区的连线传导，最终实现全国扩大开放空间布局面辐射的优化。

（二）点轴渐进式辐射模式的复制推广路径

PFTZ 是中国通过扩大开放，实现陆海内外联动、东西双向开放的全面开放格局的新模式；点轴渐进式的复制推广路径，要对接国家 FTA 战略、"长江带""一带一路"等国家开放战略，融入国家新一轮扩大开放。PFTZ 建设接轨国家 FTA 战略"一带一路"倡议，"长江带"战略联动的点轴渐进式扩大开放全国复制推广路径分为四大步骤：

以上海自贸试验区作为首个制度创新试验基地，通过内部扩区来强化试行

91

TPP 等高标准"巨型 FTAs"自贸协定投资贸易新规则在国内非离岸区域可复制性的适应度。通过强制性和诱致性相结合的制度创新，探索高端制造业与生产性服务业相互融合、相辅相成的自增强机制，使试验区成为接轨高标准"巨型 FTAs"自贸协定投资贸易新规则，以强调公平竞争和权益保护为核心内容的开放制度增长极。

沿"海丝路"重要发展轴线，延展 PFTZ 开放制度辐射半径，初步形成沿海辐射的 PFTZ 开放制度增长轴线。在上海、广东、天津以及福建四个 PFTZ 开放制度增长极的共同作用下，发挥"海丝路"增长轴线对沿海京津唐都市圈、上海都市圈、台海地区和珠三角都市圈的开放制度辐射带动效应。

在沿海、沿江、沿中西部内陆"丝绸带"重要交通枢纽节点城市布局辽宁、浙江、河南、湖北、重庆、四川、陕西自贸试验区，通过开放制度增长轴线的交叉方式，形成 PFTZ 向内陆纵深辐射的开放制度辐射网络，增强开放制度增长极（轴线）的极化作用，增加"一带一路"沿线地区的开放制度的扩散效应。强化 PFTZ 的经济一体化功能，突破阻碍资金、人才、技术等生产要素流动的地区行政边界壁垒障碍。

在沿海、沿江、沿边欧亚大陆桥的国内和连接国外枢纽节点城市再布局海南、山东、江苏、广西、河北、云南、黑龙江七个自贸试验区，初步形成全国东西南北中全方位 PFTZ 网格型网络开放制度全方位辐射的空间优化格局。落实对接国家加快实施 FTA 战略的行动下，促进区域经济一体化的国内统一大市场形成。

（三）点轴渐进式复制推广特色：国家开放战略与地方改革使命相结合

以"长江带"发展轴线为例，涉及沪、浙、皖、鄂、湘、渝、川等地自贸试验区。它们共同的使命是贯彻国家对内扩大开放，对外加快实施 FTA 网络建设的大目标，形成与国际投资贸易最新规则相衔接的以公平竞争、权益保护为内容的基本制度框架，同时又具有自身地方特色的改革使命。上海自贸试验区强调要与上海"五大中心"建设联动，打造最高水平的对外开放格局，以及最强有力的开放制度增长极，发挥其在长江经济带的龙头辐射带动作用；浙江自贸试验区隶属上海大都市圈地理范畴，可与上海自贸试验区联动，促进上海国际离岸金融中心的建设，形成"上海—浙江"双核驱动的"长江带"次级开放制度增长轴，强化其在"长江带"发展主轴中的"龙头"辐射带动作用；湖北自贸试验区主要承接来自长江经济带东部地区的外向型产业转移，实施中部崛起战略，发挥其在"长江带"中部地区开放制度创新中的示范引领作用；重庆自贸试验区与"长江带"、西部大开发战略联动,促进"长江带"沿线地区贸易便利化改革,发挥试验区在"长江带"沿线连接"渝新欧"新欧亚大陆桥枢纽点和西部大开发区域中的开放经济合作战略支点的作用。四川自贸试验区主要与重庆自贸试验区联动,共同打造内陆开放型经济高地,形成"重庆—四川"双核驱动的"长江带"次级开放制度增长轴,强化其在"长江带"发展主轴中的"龙尾"辐射带动作用。

(四)点轴渐进式复制推广的内容:强制性与诱致性相结合的制度创新内容

在 PFTZ 试行 TPP 等国际投资贸易新规制的制度安排,探索形成制度创新经验,向全国各地复制推广。在此,我们把通过政府行政力量推行的各种行政法规归纳为强制性制度变迁举措;把企业在强制性制度变迁规划的制度框架下自行探索、试点的各项创新举措归纳为诱致性制度变迁举措。探索诱致性与强制性的制度分类以及两者的相互补充和不同作用,保障 PFTZ 点轴渐进式扩大开放的连续性、稳定性与可复制性。

二、从 CSSZ 到 PFTZ 开放制度增长级空间布局与国家 FTA 网络建设联动

(一)从 CSSZ 到 PFTZ 点辐射的空间布局与我国和周边国家 FTA 网络建设联动发展

CSSZ 是我国自贸试验区各类片区中开放度最高的"迷你版功能型现代自由贸易区",从表 4.4 的 CSSZ 开放制度辐射半径 r 求解结果可知,在 28 个已设立 CSSZ 的省(市/自治区)中,沪、粤、津、闽等地 CSSZ 开放制度辐射能力最强,比较适合优先进行自贸试验区试点,开展扩大开放的制度创新,是试验区的一级辐射点。重庆、四川的成都、陕西的西安、湖北的武汉、浙江的宁波与杭州、辽宁的沈阳、河南的郑州等城市位于"海丝路""长江带""丝绸带"国家开放战略发展轴的交通枢纽,有辐射能力强的区位优势,因此,国家优先在这七个地区设立 PFTZ,沿"一带一路"国内沿线节点、"长江带"国家开放战略重点发展轴线枢纽城市布局,形成 PFTZ 传导机制网络节点的二级辐射点,而山东、北京等 10 个省(市/自治区)皆为沿海、沿江、沿边、"沿路、沿带"地区,是 PFTZ 二级辐射点的延伸。通过 21 个一、二级辐射点分期分批的设立,连接全国各省(市/自治区)周边的 CSSZ 三级辐射点,形成"国内自贸试验区扩容+全国 CSSZ"的扩大开放网络,带动 PFTZ 制度创新的全国复制推广。对外,这种国内"迷你版功能型现代自由贸易区"与周边国家、"一带一路"沿线国家的 FTZ、境外经贸合作区、自由贸易区网络建设布局联动发展,优化以

中国为核心的泛亚洲和泛太平洋产业链、供应链、价值链三链专业化分工协作网络的空间布局。通过这种布局的优化，形成优势互补的产能与经贸合作机制，提升中国国际经贸合作产业链供应链的先进性、稳定性和竞争力，打造国际合作与竞争新优势，为加快实施国家 FTA 战略提供更高水平的开放型经济新体制现实基础和安全保障。

（二）从 CSSZ 到 PFTZ 开放制度点辐射与国家 FTA 空间布局的优化

1. 点结构布局的优化

对比实证分析中 11 个省市 CSSZ 开放制度辐射半径发现，上海市的 CSSZ 开放制度辐射半径是实证分析的 11 个省市 CSSZ 中最大的。在上海设立 PFTZ 的辐射范围最大，可能形成最强辐射能力的开放制度增长极，因此最适合建设成为全国开放水平最高的 PFTZ，引领示范服务全国各地 PFTZ。但是，上海自贸试验区制度辐射能力再强、辐射范围再大，在空间上，增长极的辐射范围都是有边界的，辐射力会随着辐射半径从中心向外延伸而趋于弱化，因此，实施点扩散的扩容是必然的选择。

2. 轴线结构布局的优化

比较三条发展轴线，其中沿"海丝路"发展轴上的 CSSZ 整体开放制度辐射能力要高于其他发展轴线上的 CSSZ。这表明"海丝路"发展轴是中国设立 PFTZ 的主轴。应在考量各地中心城市区位优势的基础上，在"海丝路"主轴上增加各 PFTZ 内部增长点的数量、规模及密度，弥补诸如浙江省省内选址仅考虑舟山一地、带动力弱的不足之处。2020 年 8 月国务院发布的浙江自贸试验区扩区，增设杭州、宁波增长点的决定正是优化轴线结构布局、强化 PFTZ 增长轴辐射带动作用的重大举措。

在"长江带"发展轴上的"龙尾"重庆、四川 CSSZ 目前开放制度辐射半径相对较小，但是潜力很大，是"渝新欧"新欧亚大陆桥沿线布局 FTA 的起点，南下可通过深圳、香港与"海丝路"相连，东向是"长江带"的"龙尾"，是"一带一路"国内发展轴与"长江带"发展轴的重要交会点。可以考虑在发展轴的"龙尾"与"龙头"地带设立 PFTZ 时，采用双核驱动的轴线强化模式，形成依附在"长江带"发展主轴上的"重庆—四川""上海—舟山"次级开放制度增长轴，强化对"龙尾"与"龙头"地带对"长江带"开放制度增长轴辐射带动作用和接轨国家与周边毗邻国家双边和多边 FTA 建设相连接，不断深化经贸关系，构建优势互补、合作共赢的周边大市场。

3. 网格型网络结构布局的优化

"海丝路"发展轴与"长江带"和"丝绸带"三条欧亚大陆桥发展轴相互衔接，构成了国内东西南北中网格型网络开放空间结构和我国与周边国家、"一带一路"自由贸易区网络联动。第一欧亚大陆桥是中国的沈阳、大连、长春、哈尔滨与俄罗斯的符拉迪沃斯托克相连接，进莫斯科、柏林通往荷兰鹿特丹港的铁路线。第二欧亚大陆桥是从中国的连云港到荷兰鹿特丹港的国际铁路干线，国内由陇海和兰新铁路组成，江苏、安徽、河南、陕西、甘肃、青海、新疆七个省区。第三欧亚大陆桥以深圳港为起点，一是以昆明为枢纽，经东南亚、南亚各国、伊朗，从土耳其进入欧洲，最终抵达荷兰鹿特丹港；二是通过铁路线连接"渝新欧"欧亚大陆桥的新起点重庆，最终抵达鹿特丹港。这表明自贸试验区扩容可通过沿海、沿江、沿线（铁路）与周边国家、"一带一路"三大欧亚大陆桥沿线自由贸易区网络建设互联互通，在更广阔的范围发挥开放制度增长极的辐射带动作用。如何突出与周边毗邻国家双边和多边自由贸易区网络建设相连接，与"一带一路"沿线自由贸易区网络建设相连接，发挥网格型枢纽型交会点的重要作用，是网格型网络开放制度辐射结构外引内联，点轴渐进式辐射扩散成功的关键。

（三）PFTZ扩容建设与国家"一带一路"沿线FTA网络建设联动发展

2015年12月国务院印发的国发〔2015〕69号文件提出要"积极同'一带一路'沿线国家商建自由贸易区"。自贸试验区扩容在全国复制推广的同时，如何突出与"一带一路"沿线FTA网络建设相连接，发挥网格型枢纽型交会点的重要作用，是网格型网络开放制度辐射结构外引内联，点轴渐进式复制推广成功的关键。为此，自贸试验区扩容要重点考虑沿"一带一路"重要节点新增试验区，延伸制度变迁辐射半径；发挥"一带一路"沿线FTA空间布局区域增长极的辐射作用。21个自贸试验区开放制度增长极，通过点开发、点强化及点扩散到面推广模式的制度变迁实践，服务加快实施国家FTA战略，推进"一带一路"沿线FTA网络建设等国家规划；通过"长江带"经济发展主轴线和南北交通大动脉连接全国各地CSSZ，形成自贸试验区开放制度辐射网络。这种扩容模式，沿袭了1978年后的"试验—推广—趋同"由点及面渐进式开放的制度变迁成功模式：先形成从南到北沿"海丝路"多点布局，带动沿海地区的扩大开放；然后由沿海扩展至陆上"丝绸带"和沿边的扩大开放，进而通过全国160个CSSZ复制推广，最终促进我国开放经济的趋同发展。在全国扩大试行范围，以成熟一项、推广一项的灵活方式，将试验区试点的强制性与诱致性相结合的开放制度创新经验向全国复制推广,推进"国内高水平、高质量的自贸试验区+全国 CSSZ"的扩大开放网络与"一带一路"沿线 FTA 网络建设联动发展,不断深化经贸关系,构建优势互补、合作共赢的"一带一路"大市场。

综合全章,自贸试验区扩容目标是要在全国布局一张自贸试验区("迷你版功能型现代自由贸易区")网,与国家立足周边、立足"一带一路"的自由贸易区网络建设互为支撑,联动发展,为国家加快实施 FTA 战略服务。自贸试验区扩容建设着眼于全国发展和新的改革开放,在自贸试验区内试行探索建立一套与国际投资贸易通行规则相衔接的制度框架,形成落实国家 FTA 战略的"制度高地",发挥制度变迁增长极的引领作用,为国家开展双边与多边自由贸易协议谈判保驾护航。

实证分析表明,开放制度辐射半径对自贸试验区发挥制度开放增长极功能很关键,每个 PFTZ 的选址、规模、辐射半径等区位条件都需考量。例如,浙江自贸试验区的选址集中在舟山群岛布局的三个试验点,而没有考虑在浙江中心城市杭州、宁波设区,无论是从投入品运输成本的区位影响,对现代服务业劳动力的吸引力,还是产业的空间集聚,其辐射能级、自增强机制都明显不足,对全省城市群的示范带动作用明显力不从心。如果在杭州、宁波各设一个试验区,与舟山群岛试验区互为犄角,优势互补,对杭州都市圈、宁波都市圈,浙中、浙南城市群在产业、交通、生态、文化、旅游等各方面的开放制度增长极的示范带动辐射效应显然是单独在舟山设试验区不可同日而语的。2020 年国家宣布浙江自贸试验区扩区,增加宁波、杭州、金义片区,弥补原有布局的不足。

每个自贸试验区增长极辐射范围有限,因此,上海自贸试验区扩容采取点轴渐进式的方式在全国布局。截至 2020 年,通过 7 年点轴渐进式 5 次扩容,全国已经有 21 个省市区设立了自贸试验区,为国家实施的 FTA 战略提供压力测试。未来试验区要继续扩容,在全国布局更多的自贸试验区,推动中国贸易投资更加自由便利化,并成为我国加快实施国家 FTA 战略的重要抓手。

第五章

扩容接轨国际投资贸易新规则的选择

本章主要探讨扩容选择什么样的国际通行投资贸易新规制接轨问题。2013年的上海自贸试验区总体方案指出，试验区的主要任务是按照先行先试的方式，把扩大开放与体制改革相结合、把培育功能与政策创新相结合，形成与国际投资、贸易通行规则相衔接的基本制度框架。从扩容为加快实施国家FTA战略服务的角度看，上海自贸试验区要试行和推广的并非传统FTA的规则，而是试行TPP等巨型FTAs倡导的、以"三零原则"为目标的、更高标准的国际通行投资贸易新规则，为我国参与新型多边和双边自贸协议谈判积累经验、提供依据。

第一节 国际投资贸易新规则探索的时代要求

跨入21世纪的全球经济、国际投资贸易出现了与20世纪不同的新趋势，特别是进入2010年后，这种新趋势已经从量变走向质变，促使全球经济新格局的形成。

一、国际贸易投资体系走向三极化

（一）新兴七国经济崛起改变了全球经济发展格局

当今世界，新兴七国（中国、俄罗斯、巴西、印度、土耳其、墨西哥和印尼）崛起，发展亮眼。2019年中国GDP总量全球第二，已经成为泛亚洲和泛太平洋产业链的中心。普华会计师事务所预测，到2050年，中国的GDP将是美国的94%。历史表明，实力对比的变化会引起地缘政治动荡，新兴国家要展示实力，而老牌国家想保持现状。美国拜登政府称中美之争是"民主"与"威权"的较量，呼吁所谓的"民主国家"站队美国，共同抗衡中国，美中关系已经从蜜月期转入了抗衡竞争的紧张期。而欧洲的一些人口中小国家为了自身利益和安全，会跟随美国对抗新兴大国，阻挠其发展。

（二）国际投资贸易格局发生巨变

从贸易微观制造层面看，大型跨国企业依据价值链、产业链、供应链纵向一体化、横向一体化专业化分工合作生产产生的贸易已成为全球贸易发展的主流，建立在水平差异、技术差异、垂直差异基础上的异质产品产业内贸易的比重不断上升。20世纪80年代，全球经济贸易与现在不同，国与国之间的经贸往来以货物贸易为主，在全球贸易的总量中，70%左右是制成品为主的产业间贸易。例如，日本把冰箱、彩电、洗衣机等卖给中国，中国把箱包、纺织品卖给日本。到了2010年左右，随着移动互联网带来的人们生活方式的改变，世界这种贸易格局发生了巨大的变化：60%是水平差异、技术差异和中间品为主的产业内贸易，40%是制成品为主的产业间贸易；货物贸易中，建立在跨国公司内纵向一体化专业化分工的中间品贸易的比重大幅提高，出现了几十个国家，几百个企业，生产的上千个零部件互相组合，形成一个产品的现象，例如苹果手机。这种生产中间品的纵向一体化专业化制造业的发展过程又带动了生产性服务贸易的飞速发展，包括国际港口与运输物流，服务生产的风险投资、融资租赁、期货保险等金融衍生品，生产性研发设计、虚拟经营、技术服务、管理服务、品牌服务等新型国际贸易运作方式层出不穷。在全球贸易中，服务贸易与货物贸易的比重也从过去的5∶95上升为30∶70。

从贸易客体来看，制造业与服务业的深度融合推动了全球诸如信息通信、人工智能等高附加值技术密集型服务贸易的快速增长，国际贸易结构开始转型升级。

从贸易交易方式看，出现投资与贸易融合发展的趋势。以投资"园区"发展零部件、深加工中间品贸易兴起；网络贸易、代购、跨境电子商务，建立在私域流量基础上的国际社交平台贸易，大型基础建设、飞机等大型交通运输工具的融资租赁贸易等新型贸易方式层出不穷，传统的贸易投资方式受到前所未有的巨大冲击。

从贸易投资规则看，出现规制一体化替代WTO消除边界贸易壁垒便利化措施的新趋势，国际贸易投资标准化、规范化在成为竞争优势的新要素。标准一致化、竞争公平化、监管一致化等规制一体化的新理念日益为越来越多的国家所接受。

二、国际投资贸易新秩序的探索

(一) 国际贸易投资新型三足鼎立格局的形成

新兴七国经济崛起和国际投资贸易格局的巨变,导致全球经济出现拥有技术和工业能力、大量劳动力和战略性自然资源的国家三足鼎立格局的出现,促使了国际贸易体系走向三极化:拥有资本优势、掌握原创高新技术(包括新的能源、新的材料、新的医学、新的农业、新的信息、新的发展空间)和新型服务理念的国家(欧美发达国家)用"原创技术+投资"与拥有大量廉价技术劳动力的国家(中国、印度等新兴国家)开展投资贸易;处于工业化初、中期阶段的国家和拥有战略性原材料(例如石油天然气、铁矿石、煤炭、粮食、水电资源)国家之间进行贸易;拥有战略性自然资源的国家与拥有技术和高生产能力的国家开展贸易。并且跨国公司出于产业链的集群、价值链的枢纽和供应链的纽带在空间经济低成本、高收益最优布局的考虑,推动了全球经济三大产业链的形成:以德国为中心的欧洲产业链,以美国为中心的北美产业链,以中国为中心的泛亚洲和泛太平洋产业链。

(二) 顺应第二、三产业融合发展的投资贸易新秩序的探索

新的世界经济秩序逐渐显现的轮廓预示着,在贸易干预政策上,传统的关税保护与关税减免的博弈已经不再是各国政府贸易政策选择所要考虑的重点议题。

在政府层面,原有的美国一统天下,在国际经济贸易领域强力推行的政府不干预贸易的一个声音的格局被打破。中国通过强政府模式带来的经济崛起,日欧自由贸易协定的签署,新兴七国经济实力的增强,在全球经济贸易领域规则制定中要求发言权,为争取有利于本国外向型经济发展的贸易协议已是不争的事实。而诺斯等的新制度经济学提出的强制性制度变迁理念,特别是关于政府层面的实施主体较私人层面的实施主体更有效率的观点为各国政府干预贸易政策提供了强有力的理论支撑,使得全世界的政策决定者,公认所有政府负有支持世界经济贸易的责任。

围绕新世界经济秩序形成和实施的活动正在顺利地开展,一种促进"市场流通"国际投资贸易新规则呼之欲出。但实施促进"市场流通"的贸易、产业政策,是各国政府为发展本国经济对企业各种辅助性政策事实上的认可。例如,中国改革开放以来实施的六类CSSZ贸易促进措施,对家用电器、汽车等"幼稚产业"的产业扶持政策。但是,这种产业扶持政策的效果日趋递减,不但没有

起到吸引外商投资递增和做大做强民族产业的作用,反而给国内带来重复建设、产业同构,保护一个行业收入的弊端日趋凸显。为此,各国政府为了顺应全球贸易新型三足鼎立的时代需要,以及第二、三产业融合发展的趋势,重构全球贸易规制框架的探索在一些理念相似、志同道合的国家之间悄然展开。

2002年全球营商环境排名前列的新加坡与新西兰、智利首先举行FTA谈判,这成为跨太平洋经济伙伴关系谈判的雏形。2009年美国宣布加入TPP谈判,全力推销本国的贸易理念,开始主导谈判,开启了巨型FTAs的谈判进程。此后,2011年日本加入TPP谈判,2013年1月21个WTO成员国启动多边服务业协议谈判,7月美欧启动双边自由贸易协定谈判,巨型FTAs谈判方式日趋演进为国际自由贸易协议谈判的主流。

第二节 新国际投资贸易制度的探索者:FTAs谈判

上述分析表明,随着全球高端制造业与高附加值服务业的融合发展,国际贸易格局的重塑,一种通过有着共同的"规制一体化"贸易理念的国家间,跨洲界的自贸谈判模式产生,力求以"零关税、零壁垒、零补贴"为目标,建立更高标准的国际贸易新秩序。

一、三大FTAs谈判(诸边贸易谈判)

(一)从TPP谈判到CPTPP协定

2005年7月,新加坡等四国签署了《跨太平洋战略经济伙伴关系协议》,这是TPP的雏形。2015年10月,太平洋沿岸的澳大利亚、文莱、加拿大、智利、日本、马来西亚、墨西哥、新西兰、秘鲁、新加坡、美国和越南等12个国家的部长们宣布初步达成谈判协定(Trans-Pacific Partnership,简称TPP),标志着TPP取得了突破性进展。

TPP协议是一份全新的、高标准自贸协定。2015年10月TPP 12国谈判达成的基本协议内容包括:货物贸易、纺织品和服装、原产地规则、海关管理与贸易便利化、卫生和植物卫生措施、技术性贸易壁垒、贸易救济、跨境服务贸易、投资、金融服务、电信、电子商务等新型贸易,政府采购、竞争政策、国有企业和指定垄断、知识产权、劳工、环境、合作和能力建设、竞争力和商务便利化、商务人员临时入境、发展、中小企业、监管一致性、透明度和反腐败、管理和机制条款、争端解决等 28 项。①

协议的贸易自由化高标准、高水平突出表现在以下两点。

一是贸易自由化领域广泛,既包括了消除贸易壁垒的传统边界措施;也凸显了规制融合的边界内措施。例如知识产权保护等的标准一致化举措,国有企业、政府采购等的公平竞争措施,协同监管、透明度、反腐败等的监管一致化文本等;还涵盖了金融服务、电信、电子商务等新型贸易。

二是标准高,其在环境保护、劳工、原产地、生物和贸易多样性、多变环境公约、海洋渔业捕捞等方面提出高标准要求。由于中国在货币自由兑换以及国企改革等方面难以达到 TPP 的标准,所以 TPP 谈判国家中不包括中国,但是 TPP 协议一旦获得谈判各国通过,将会对中国形成冲击。

首先,中国的贸易数额将会大大减少,因为加上制造成本、商务成本、关税成本等,中国的商品价格在面临 TPP 体系内的商品时将会处于极大的劣势,由此,中国的贸易顺差可能会大打折扣。随着中国贸易顺差的缩减,中国的外汇占款也将大幅减少,外汇储备也将大幅减少。其次,如果中国被排除在 TPP 之外,而我们又拿不出有效的应对措施,有可能会引起大量的外企从中国转移到诸如越南等更低成本的国家的情况,这将会对中国外向型经济发展造成重大影响。

但是,随着美国特朗普政府上台实施美国优先的政策,TPP 协议流产。2017 年 1 月 23 日,美国总统特朗普签署行政命令,美国正式退出 TPP。2018 年 3 月 8 日,除美国之外的 11 个成员国的领导人在智利举行正式签字仪式,签署《全面与进步跨太平洋伙伴关系协定》(Comprehensive and Progressive Agreement for Trans-Pacific Partnership,简称 CPTPP),CPTPP 新架构共识保留原 TPP 超过 95%的项目,仅搁置美国拥护但他国反对的 20 项条款,其中 11 项与知识产权有关,展示世界正如何在美国缺席的情况下继续前进。在美国缺席的情况下,日本是该集团最大的经济体。11 个成员国中的发达国家和发展中经济体均是太平洋沿岸国家。同年 12 月 30 日,11 个国家签署的《全面与进步跨太平洋伙伴关系协定》正式生效。根据加拿大政府的统计数据,TPP 十一国人口总数约为 5 亿人,经济总量超过 10 万亿美元,占全球 GDP 的 13%以上。对中国而言,TPP 协议是上海自贸试验区接轨国家 FTA 战略先试先行的对标范本之一,成员国中的澳大利亚、文莱、智利、马来西亚、新西兰、秘鲁、新加坡和越南等 8 个国

---

① 商务部国际司. 跨太平洋伙伴关系协定(中文译本)[EB/OL]. 商务部中国自由贸易区服务网,2015-10-13.

家与我国签署了 FTA 协议，未来若时机成熟，中国是有可能参加 CPTPP 协议的。

（二）TTIP——跨大西洋贸易与投资伙伴协议

2013 年 7 月，美国与欧盟正式开启让欧美市场融为一体的《跨大西洋贸易与投资伙伴协议》的谈判。由于美欧约占世界 GDP 总值的一半，贸易额占世界贸易总额的 30% 以上，如果美欧达成协定，将会成为全球最大的 FTAs 协定，届时美欧之间的关税将会降至零。TTIP 谈判成功，将会改变世界的贸易规则、行业产业标准，同时也会对发展中国家造成挑战。对于中国而言，要想实现既定的经济发展目标，必须积极扩大开放程度，主动对接国际规则，因此，TTIP 的影响不容小视。当然，随着美国政府大力推行美国优先的政策和英国的脱欧，TTIP 协议前景暗淡未测。

（三）国际服务贸易协议（TISA）谈判

由于 WTO 框架下多哈回合谈判陷入僵局，发达国家发起了《国际服务贸易协定》（TISA）谈判，希望以诸边协定更新《服务贸易总协定》（GATS）不合时宜的旧规则，继续推进服务贸易自由化进程。

2013 年 4 月国际服务贸易协定（TISA）第一回合谈判启动，截至 2016 年年底一共进行了 21 个回合谈判。据不完全统计，谈判成员有 23 个，包括哥斯达黎加、加拿大、智利、中国台湾、哥伦比亚、澳大利亚、欧盟、中国香港、冰岛、以色列、日本、列支敦士登、墨西哥、新西兰、挪威、巴拿马、秘鲁、韩国、瑞士、土耳其、美国、巴基斯坦和巴拉圭等国家/地区。各个国家/地区谈判代表们将在很大程度上专注于电信、金融服务、"模式 4"（管理短期服务供应商的流动问题）、专业服务、国内规制、透明度和运输等问题（包括递送服务和地面运输）。① PISA 未来的谈判内容主要包括金融、快递、传播、电信、电子商务、运输、观光、物联网、移动通信网络、互联网等所有服务业领域，其目标是在符合《服务贸易总协定》的基础上达成更高水平的协议。

二、FTAs 国际投资贸易新规则探索的行动与内容

FTAs 谈判以零关税、零壁垒、零补贴为目标，追求建立更高贸易自由度的区域经济一体化的投资贸易体系，突破了贸易传统规则边界，在国家主义、贸

---

① 郭磊. 重新审视国际服务贸易协定（TISA）谈判及中国的应对之策 [J]. 对外经贸实务，2017（02）：45-48.

易保护甚嚣尘上的大背景下，不乏借鉴启迪意义。

(一) FTAs探路行动的必然性

首先，FTAs对国际投资贸易新规则的探索是全球贸易发展趋势的反映。当今世界，贸易的区域化属性增强，远距离贸易减弱。在欧盟，欧盟28国之外的地区贸易只占欧盟贸易总额的37%；在亚太地区，超过半数的商品贸易在区域内进行。区域内贸易占全球商品贸易总量的比例自2013年以来增长了2.7个百分点，一定程度上反映出新兴市场的消费增长，其中亚洲地区和欧盟28国的增长势头尤为迅猛。该趋势在全球创新价值链中表现最明显，因为这一类价值链需要密切整合许多供应商，才能展开JIT（准时生产）排序。随着自动化技术的持续发展，企业选择生产基地之时更重视上市速度，而非劳动成本，所以其他价值链上也会加速体现这一趋势。因此，区域内意愿相投的国家，达成超出WTO边界，以及更高层次自由贸易新规则是有基础的。

其次，FTAs这种新型经济一体化的协议比全球性的协议更现实和更具有可操作性：第一，在FTAs成员国内部实施协调统一的一体化规制和贸易便利化的举措，将提升成员国之间按产业链布局、供应链联通进行纵向一体化专业化分工合作的紧密度，获取高技术含量制造业与高附加值服务业融合发展带来的更大贸易创造效应和更多的价值链内部利润的分享，有利于吸引更多的区内区外国家的垂直型直接投资，进而带动水平型的直接投资，实现投资贸易相互促进的良性循环。第二，FTAs强调规制一体化的边界内措施，它是破解技术壁垒、绿色壁垒的有力举措。通过区内实施协调统一的贸易投资新规则，将会减少成员国内部的贸易纠纷摩擦，有利于缩小区内不同经济水平经济体的经济差距。第三，要促进WTO限制的再解释和进展必须采取新的策略。按现在WTO解决纠纷的办法始终是事后诸葛亮。然而，今后不要靠这些来对付有关的困难问题，由特定的一个国家采取主导权，表明自己立场的意见书，发动其他各国赞同并签名，采取形成一致意见的办法。有关表示这种解释贸易和投资义务的意见书是极其重要的，这有助于解决很难取得国际上一致同意的难题，有利于促进一个共同标准的达成。

(二) FTAs国际贸易投资新规则探索的内容

在贸易干预政策上，FTAs倡导的国际投资贸易新规则与WTO贸易投资规则不尽相同。WTO的基本原则是通过实施关税减免措施和通关便利化举措促进市场的开放，非歧视与最惠国待遇和公平贸易等原则，来实现零关税、零壁垒、零补贴的目标。虽然WTO倡导的贸易政策涵盖了货物贸易、服务贸易以及知识产权贸易，但其所涉及的自由贸易政策范围仅包括工业产品、农业产品、海关、出口税、卫生和植物检疫、技术性贸易壁垒、国有贸易公司、倾销与反倾销、补贴与反补贴、公共补贴、政府采购、TRIMs（与贸易有关的投资措施协议）、GATS（服务贸易总协定）、TRIPs（与贸易有关的知识产权协议）等14项大类降低贸易壁垒、公平竞争的详细措施。其中，TRIMs只适用于与货物贸易有关的投资措施，知识产权和服务贸易被排除在外。

FTAs探索的国际投资贸易新规则所涉及的自由贸易相关政策措施有反腐败、竞争政策、环保法规、知识产权、投资、劳动市场管制、资本流动、消费者保护、数据保护、创新政策、中小企业、统计数据、税收等共达38大类项目之多，非常广泛，已从传统单一的贸易协定升级成为现代综合型贸易协定。

（三）FTAs投资贸易新规则对投资贸易传统规则的突破

与WTO规则相比较，FTAs探索的国际投资贸易新规则主要突破如下：

一是在贸易政策的内容上，FTAs的谈判重心放在关键准入的承诺上，包括货物贸易的零关税、海关管理和贸易便利化、外商投资负面清单管理、服务贸易负面清单管理、政府采购正面清单管理。一方面在市场准入方面比WTO走得更远，另一方面FTAs更强调的是成员国之间的规制融合。

二是WTO的基本原则是互惠与非歧视，谈判的关注点是互惠减让，国内政策空间有较大的保留，FTAs的基本原则是建立在相互主义基础上的协调与统一，谈判追求的目标是区域内各国意愿相投的规制一体化，国内政策空间保留非常小；WTO对发展中经济体有鼓励发展与改革的特殊照顾和差别待遇，不要求发展中经济体履行一碗水端平的义务，而基于相互主义的FTAs对发展中经济体则没有特殊照顾和差别待遇。

三是在贸易措施上，WTO重在边界屏蔽效应消除的边界措施，包括关税、数量限制型NTBs（配额、许可证、自愿出口限制等）、非数量限制型NTBs（TBT、SPS等）、贸易便利化（通关时间、费用等）。FTAs强调的是边界内措施，包括标准一致化（知识产权保护、环境保护、劳工权力等）、竞争一致化（竞争政策、投资、国有企业、政府采购等）、监管一致化（法治、反腐败、协同监管等）。这表明，有别于WTO只考虑经济贸易因素，FTAs成员不仅要受到贸易机制的制约，而且还被法律法规约束机制、社会团体与公众评判等社会力量的约束机制和环境的约束机制所约束。

四是WTO签订协议更多地考虑出口利益集团和进口竞争利益集团平衡机制的设置。相关焦点规则有原产地规则（纺织品与服装单独设置）、卫生和建议措施、技术性贸易壁垒（7类商品共同监管模式）、贸易救济、例外等。FTAs协议重在价值链内部利益分享机制的探索。重点条款包括：货物贸易——零关税，纺织品服装原产地规则（"从纱原则"）。技术性贸易壁垒——在7个特定行业推广共通监管模式。投资——准入前国民待遇+负面清单机制。服务贸易——服务贸易负面清单，禁止数量限制与法律实体限制。电子商务——禁止强制要求使用本地服务器存储数据和提交或开放软件源代码，禁止网络封锁。政府采购——涉及政府采购的实体和活动的正面清单，问责制。国有企业——不得向国有企业提供非商业性帮助的方式；提供国有企业名单；说明政府对有关国企的所有权、控制权和所提供的非商业性帮助的范围和程度。知识产权——在生物制药方面实施对非披露测试数据及新药或农业化学制品为获得上市许可所提交的其他数据的保护等。

FTAs国际贸易投资新规则蕴含的贸易规则理念包含了自由贸易原则，主要体现在货物、服务、投资、政府采购非歧视待遇与市场准入方面的规则；公平贸易原则，主要体现在知识产权、环境、劳工、补贴、国有企业方面的规章；价值链贸易原则，主要反映在促进区域性国际生产网络与区域内贸易和资本的自由流动方面的章程；价值贸易原则，主要反映在卫生与健康、可持续发展、人权、透明度、反腐败、发展方面的相关规章；安全贸易原则，主要体现在政治、军事、经济（产业）、金融、生态、信息、隐私权、文化方面的相关规定；包容性贸易原则，主要反映在中小企业、不发达国家、低技能劳动力、落后地区方面的规则。总之，FTAs新规制反映了意愿相投、理念相似的国家对"自由贸易"的探路行动，是协调统一，多层次包容的投资贸易新规制。但是，三大FTAs谈判，都没有中国的参与，为了避免和国际经济规则脱离，中国决定通过自贸试验区单方面试行FTAs最新投资贸易规则，为加快实施FTA战略，以及在日后条件成熟时，参与跨洲、跨区域的巨型FTAs谈判打下基础。

三、我国自贸试验区试行FTAs最新投资贸易规则：选择接轨TPP

2013年上海自贸试验区成立之初主要选择TPP倡导的国际通行投资贸易新规则进行压力测试。选择理由如下：

（一）TPP对我国扩大开放，加快实施FTA战略新构思的影响巨大

首先，国际服务贸易协定（TISA）于2013年4月才启动首轮谈判，7月，美国欧盟《跨大西洋贸易与投资伙伴协议》（TTIP）谈判才正式开启。在2013年9月启动的上海自贸试验区是无法知晓TISA和TTIP倡导的投资贸易新规的

内容的，更谈不上如何先试先行、如何借鉴进行接轨国际通行投资贸易新规的制度创新。而TPP脱胎于APEC的亚太区域经济与贸易合作，2005年5月，新加坡、智利等四国发起跨太平洋伙伴关系谈判，签订经贸协议，四国在货物与服务贸易、知识产权与投资等领域彼此互惠合作。到2013年已经过多轮谈判，参加谈判的国家陆续增加到12个，谈判议题也日趋广泛，增加了电子商务、农业、劳工、环境、政府采购、透明度、文本整合等多项议题，呈现出高标准、宽领域、网络化、高质量，全覆盖、跨区域等特点，突破传统自由贸易区（FTA）的范畴，初步构建了"高标准、高质量、高层次、面向21世纪"的国际投资贸易新规则体系，对中国如何建设开放经济新体系的走向影响巨大。

其次，虽然TPP成员既有发达国家成员，也有发展中国家的成员和中国—东盟自由贸易区成员国，各经济体的经济发展水平差异较大，但是随着2009年美国、2011年日本、2012年加拿大陆续加入TPP谈判，TPP出现了一种美国等发达国家主导的形式来构建亚太地区的新型跨太平洋经济关系，这对中国构建的10+1中国—东盟自由贸易区、10+6自由贸易区谈判的东亚区域经济合作机制产生巨大冲击。因此，先试先行TPP倡导的国际通行投资贸易新规，是我国加快实施FTA战略，破解美国欲借主导TPP，瓦解东亚区域经济合作机制，制衡中国的战略需要。

（二）选择TPP新规则议题先试先行是我国深化改革开放和加速实施国家FTA战略的现实需求

首先，TPP议题要求的很多内容与我国未来深化改革开放的基本方向一致。2010年是我国企业走出去、开展跨国经营的大发展阶段。而TPP倡导的促进资本等要素自由流动的国际通行投资新规则正是我国企业走出去对外投资所急需了解的，有利于促进我国的跨国投资接轨国际，提升中国在泛亚洲和泛太平洋产业链中的核心竞争力。TPP倡导的竞争中立政策、食品安全、政府采购和劳工保护等多项议题，从总体上看，与多年来我们国家深化改革追求的目标即建立一个公平竞争的高标准市场体系，激化竞争，以提高企业的国际竞争力的基本诉求也有共通之处。而知识产权保护、环境保护下的绿色增长等议题更是与我们多年来的改革方向相一致，是我国推动绿色发展、促进人与自然和谐共生的内在要求。

其次，TPP从一开始就采取开放的态度，欢迎任何APEC成员参与，非APEC成员也可以参与，希望更多的国家加入TPP，促进亚太地区的开放经济的繁荣。截至2013年，中国已与TPP谈判国中的东盟国家有10+1的自由贸易协定，与智利、新西兰、新加坡、秘鲁四国签有双边自由贸易协定。美国、东盟国家、日本、澳大利亚等国家是中国的重要贸易伙伴国。因此，试行 TPP 倡导的国际通行投资贸易新规则是我国深化改革开放、对外开 FTA 谈判的现实需求。

然而，TPP 谈判采取闭门磋商的方式进行，2013 年，谈判协议文本并没有最终形成。由于当时 TPP 谈判由美国主导，美国在当时正与中国开展中美 BIT 谈判，为了尽快利用自贸试验区为我国参与新型多边和双边自贸协议谈判积累经验，提供压力测试，上海自贸试验区先试先行的第一步，选择中美 BIT 谈判中所反映的 TPP 投资贸易新规则进行试点启动。

第三节　上海自贸试验区启动对接中美 BIT 谈判中 TPP 投资新规则

一、BIT 与美国 2012 年 BIT 范本

（一）BIT

Bilateral Investment Treaty（简称 BIT）是指两个国家之间的双边投资保护协定。协定的宗旨是为了保护本国的公民在东道国的投资利益，使得本国的公民在东道国享有更高的自由度和便捷性。进入 21 世纪，国际投资协定快速增加，据统计，截至 2011 年年底，全球累计签署 3164 项国际投资协定；而我国签署了 130 个 BIT，已成为全球仅次于德国的缔结投资协定的第二大国。2013 年，国际投资多边规则初现端倪，我国加快了对外投资的步伐，对"走出去"的利益需求更加关注，投资管理体制改革和投资领域开放成了上海自贸试验区先试先行的头等大事。

（二）美国 2012 年 BIT 范本[①]

2012 年 4 月，美国政府在借鉴澳大利亚等国的 BIT 协议范本的基础上，发布了《双边投资协定 2012 年范本》（以下简称"美国 2012 年 BIT"）。在保障美国利益最大化的前提下，该范本充分吸纳 TPP 倡导的国际投资贸易新规则，这一范本成为未来几年中美双边投资协定谈判的美方版本。

美国 2012 年 BIT 主要在以下内容上做了调整。一是透明度原则。相比以前

---

① 付玉婷. 中国（上海）自由贸易试验区与中美 BIT 对接问题研究［D］. 上海：华东师范大学，2014：30-33.（以下第六章第一节 二、（三）参考这篇论文的论述不再重复做脚注。）

的范本，2012年范本增加了一些新内容：一是规定在规章公布前，须公开征求美国的公众意见，依据、吸纳各方人士的反馈、评判，对范本动态调整，以这种方式引导民众参与规章制度的制定。二是缔约方的领土范围，明确指出缔约方领土范围包括领海，以及按照国际相关惯例规定的具有司法管辖权的相关区域。三是环境和劳工的标准。规定不可以以牺牲环境和劳工来换取投资的高收益。其中要求双方国家可以就具体的事宜进行相应的磋商，但是没有提及具体的争端解决方案。规定东道国在制定相关技术类的标准时必须有缔约方的投资者参与，同时可以邀请民间相关的机构协助参与。美国2012年BIT范本反映了美国投资政策的核心目标，即全面的国民待遇、公平竞争、外汇自由转移、业绩要求禁止、公司高管非国籍歧视、P2G争端解决。范本所倡导的TPP国际投资新规则，反映了目前的国际投资贸易格局趋势，我国作为一个吸引外商投资的大国和对外投资的大国，实施透明度、准入前国民待遇+负面清单管理模式、公众参与、环境和劳工保护等条款有利于促进我国接轨FTAs国际投资贸易新规则和国内法制经济体制的建设与完善。

二、先试先行中美BIT谈判中的TPP投资新规则的依据与内容

（一）上海自贸试验区先试先行中美BIT谈判中TPP投资新规则的主要依据[①]

首先，TPP谈判采取闭门磋商的方式进行，谈判结束前不对外公布技术文本。在2013年上海自贸试验区成立之初，我国因未参与谈判，对TPP实施38项规制一体化贸易投资新规则的具体细则无法深入了解。因此，为了尽早试验国际通行投资贸易新规则，上海自贸试验区试行国际投资贸易新规则的第一步是选择接轨试验中美BIT谈判涉及的TPP相关国际通行投资贸易新规则。

其次，以往中国与各国签订的自贸协议主要是贸易领域，投资领域较薄弱，我们的外商投资管理体制滞后我国对外投资发展需求。而1994年组建的NAFTA创立了"准入前国民待遇+负面清单"投资模式。美国在其主导的TPP、TTIP谈判中，极力推销这一模式，以重塑全球贸易投资格局。选择接轨试验中美BIT谈判涉及的TPP相关国际通行投资贸易新规则进行试行，是我国加快实施FTA战略新构思的现实需要。

再次，美国是三大诸边贸易谈判的主导者。一是TPP和TIIP两个超大规模

---

① 沈翔峰. 中国（上海）自由贸易试验区接TPP问题研究[D]. 上海：华东师范大学，2014：35-38.

的排他性自由贸易区谈判，美国和欧盟将联合制定全球标准，在投资、竞争、非关税壁垒、知识产权、环境与就业、国有企业和政府采购等方面提出门槛更高的贸易自由化标准。二是美国发布《双边投资协定2012年范本》，在保留投资待遇的最低标准、投资争端解决等传统内容的基础上，增加了准入前国民待遇、国有企业、劳工、环境、业绩要求等新条款，旨在设立更有利于资本等国际要素自由流动的投资便利化的范本。三是美国主导服务贸易协定（TISA）谈判，要求对外资实施全面的国民待遇，开放全部服务行业，旨在达成更高标准的服务贸易范本。中美BIT谈判中，美国的这些诉求全部体现。

（二）中美BIT谈判进程与主要议题

中美BIT谈判是国际投资领域里的"世纪谈判"。2008年6月，中美两国举行了第四次中美战略经济对话，会后正式启动中美双边投资协定谈判。从2008年9月到2013年6月，中美共进行了九轮双边投资协定的谈判。特别是随着美国2012年BIT范本的公布，中美BIT谈判进入了务实阶段。我国认为，中美投资协定谈判的意义是适应我对外开放进入新阶段的需要，有利于进一步夯实中美经贸关系基础，促进我国投资领域改革进程；有利于我国掌握国际投资规则制订的话语权，贯彻实施国家FTA战略。

在九轮谈判中，美国多次抱怨中国没有履行入世的承诺：不以技术转让作为市场准入的门槛、加入政府采购协议（GPA）、国企基于商业考虑进行采购、国企市场份额逐渐减少、外资银行享受国民待遇、向国外生产商开放通信市场、国外电影国内发行自由化、出口补贴显著减少、盗版及侵犯知识产权行为显著减少，遵守"技术性贸易壁垒协议"并不再操纵技术标准等。美国基于这种认识的谈判思路使得中美BIT谈判中的分歧巨大，主要分歧和差异可划分为投资准入、公平竞争、权益保护三大板块14项议题。

关于投资的市场准入，我国实行的是"正面列表+负面列表"管理，美国坚持国际通行的"准入前国民待遇+负面清单"管理模式。

关于公平竞争，在国有企业、环境条款、劳工权益、业绩要求四大议题上双边都有分歧。关于国有企业，美方诟病我国国有企业行使政府职权，坚持竞争中立，确保国有实体和私人商业实体的公平竞争，TPP、OECD等谈判都涉及国企竞争中立内容。关于业绩要求，美方强调东道国不得以具备某项业绩作为投资者获得投资准入许可、从事经营活动或获得优惠的条件，包括服务领域；中方强调我国BIT中一般不涉及此条款，个别协定仅按WTO义务作原则性表述，只涵盖货物贸易。关于环境条款，美方文本坚持缔约方承认多边环境条约和协定对于环境保护的重要作用,确保不以背离环境保护法的方式鼓励投资,总体上美方文本的规定较为温和;中方指出,在此前的缔约实践中未纳入专门的环境条款。关于劳工权益,美方文本强调结社自由、集体谈判权、禁止强制劳动、消除就业和职位歧视、废除童工等"国际公认"的劳工权利,缔约方不得以背离其劳工立法的方式鼓励投资;中方认为此项条款较为敏感,容易与人权问题挂钩。关于权益保护,在外汇转移、金融服务等九大议题上双边有不同意见。

关于外汇转移,美方实行与投资有关的外汇可在经常项目和资本项目下自由转移;中方是资本项目下外汇转移实行管制。关于金融服务,美方的市场准入,列入了负面清单附件三,实行适用特殊争端解决程序(投资者可援引 P2G 国际仲裁寻求救济);中方没有实施负面清单管理的实践,担心金融体系稳定和安全问题,认为如果金融监管措施适用 P2G 国际仲裁,可能会危及中国的金融体系和金融安全。关于征收补偿,关于东道主政府国有化外国私有财产,美方实施直接征收和间接征收,补偿标准按"赫尔公式"执行,强调充分、及时、有效的全部补偿;中方对"充分性"有不同理解,倾向于补偿不应包括投资的预期利益,仅按征收时的市场价值补偿。关于税收,美国范本主张东道国政府不得以具备某项业绩作为提供税收优惠待遇的条件(业绩要求);中国范本没有涉及税收适用于业绩要求的条款,需认真评估将税收与业绩要求条款挂钩的影响。关于最低待遇标准,美国范本的准则是外国投资者的待遇不低于根据"习惯国际法"应给予外国人的最低标准;而作为发展中国家,中国在对外签署投资协定时,没有承认或接受过"习惯国际法"的表述。关于透明度,美国范本的准则是事先公布立法草案、给予公众评论的机会、及时提供影响协定实施的信息等;中国认为美方的准则过高,与中国涉及立法的法律法规有一定的差异。关于投资授权,美方主张,经东道国政府审批后,外国投资者因而获得在东道国从事经营活动的授权;中国现阶段实行外资审批制,中方有外资审批行为可能构成"投资授权",一旦违反协定义务将可能被诉诸国际仲裁,对此中方表示担心。关于政治分支机构,美国主张缔约方的义务应适用于缔约方的立法、行政、司法等"政治分支机构";中国认为此前的缔约实践从未接受这种表述,需要深入研究美方的主张是否拓宽了协定的适用范围及影响。仲裁裁决执行美国执行的条款是投资者可依据《解决一国和他国国民之间投资争端国际公约》(《ICSID 公约》)或《纽约公约》执行仲裁裁决;而中国在加入《纽约公约》时是有所保留的,是将 P2G 国际投资仲裁裁决执行排除在外的。

在 2013 年 7 月第五轮中美战略与经济对话后,中方同意在"准入前国民待遇+负面清单"的基础上和美方进行 BIT 谈判，至此中美 BIT 进入实质性谈判阶段。此举显示出中国积极参与国际高标准投资协定的强烈意愿和大力发展服务贸易的国策。① 这将切实影响中国和全球的经济，并且通过中美 BIT 的尽早签订来撬动多边投资框架的建立。

此次中方承诺在准入前国民待遇和负面清单的基础上进行后续的中美 BIT 谈判，同时将中美 BIT 谈判议题积极落实在 9 月刚成立的上海自贸试验区。国务院关于建设上海自贸试验区的通知指出，上海自贸试验区要"探索建立投资准入前国民待遇和负面清单管理模式，深化行政审批制度改革，加快转变政府职能，全面提升事中事后监管水平。要扩大服务业开放、推进金融领域开放创新，建设具有国际水准的投资贸易便利、监管高效便捷、法制环境规范的自由贸易试验区，使之成为推进改革和提高开放型经济水平的'试验田'，形成可复制、可推广的经验，发挥示范带动、服务全国的积极作用，促进各地区共同发展。"通知清楚地表明，上海自贸试验区的性质不是建设高水平的 FTZ，而是接轨国家 FTA 战略，试行 TPP 等巨型 FTAs 国际投资贸易新规则，提高开放型经济水平的"试验田"。上海自贸试验区先试先行的首要任务是试行"投资准入前国民待遇和负面清单管理模式，改革行政审批制度，全面提升事中事后监管水平"，以改革我国外商投资管理体制为抓手，带动巨型 FTAs 国际投资贸易其他新规则的推进。

简言之，作为"迷你版功能型现代自由贸易区"的上海自贸试验区，2013年以来开展外商投资管理体制改革、扩大投资开放和贸易便利化为重心的改革创新与压力测试，主要选择接轨试验中美 BIT 谈判涉及的 TPP 相关国际通行投资贸易新规则，进行投资管理体制改革、金融等服务业扩大开放、贸易便利化的制度变迁探索。这些改革开放举措和基本制度创新探索将在以下章节讨论。

---

① 王碧珺. 中美 BIT 谈判突破释出改革信号 [EB/OL]. 财新网，2013-07-15.

第六章

扩容接轨国际　先试先行外商投资管理体制的制度变迁

自贸试验区扩容,在全国布局建设各具特色的"迷你版功能型现代自由贸易区",首要任务是试行外商投资管理体制的制度创新。2013年前,中国与各国签署的经贸合作协议,重心是贸易领域,投资领域相对薄弱;是时,国内外商投资管理体制已滞后国际第二、三产业融合发展趋势和我国对外投资发展需求。为此,上海自贸试验区首先试行的是"准入前国民待遇+负面清单"管理体制,通过点轴渐进式扩容方式,向全国复制推广。外商投资管理体制的改革主要是对接国际通行投资新规则,开展投资准入、公平竞争、权益保护三大领域的创新探索,形成符合中国实际的基本制度框架,以吸引有利于我国第二、三产业融合发展的高附加值、高技术含量外商投资的流入。

第一节　变迁外商投资管理体制改革的先试先行

一、外商投资管理体制制度变迁的必然性

引进外商投资是中国改革开放的重要一环。1990年后,大型跨国公司到中国投资,带来一批先进的适用技术,国际先进技术开始向中国转移,填补了我国许多产品技术的空白,促进了我国产业的升级换代,有效地弥补了我国在资本形成和技术进步上的不足,增强了我国的出口竞争力。而21世纪以来,外商投资的引进又是促进我国生产性服务发展,带动第二、三产业融合,推动我国制造业的转型升级和在全球价值链中的地位的重要抓手。2010年以来,全球前500强跨国公司中已有450多家到中国投资。FDI建立的新兴产业平台,通过"干中学",提升了全要素生产率,缩小了我国制造业生产高附加值中间品与美日等国的差距,中国正在快速成长为高附加值产品的出口基地,成为泛亚洲和泛太平洋产业链的中心环节(见图6.1)。

<<< 第六章 扩容接轨国际 先试先行外商投资管理体制的制度变迁

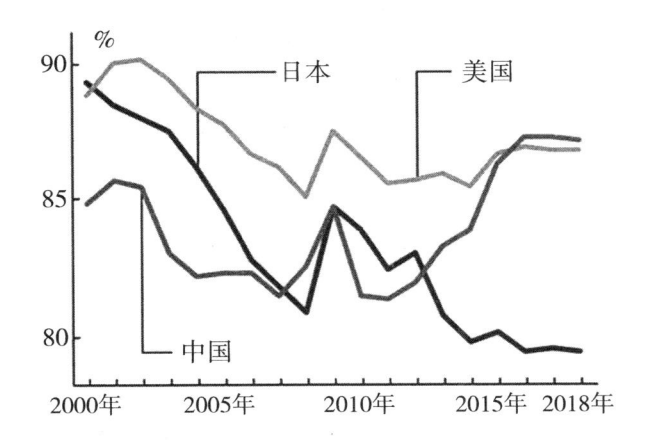

图 6.1 2000—2018 年中国高附加值产品的出口比例趋势①

从 1990 年成立第一个保税区开始，中国持续推出六类 CSSZ 等促进外商投资的优惠政策，我国外商投资规模持续增长，2000—2015 年，实际利用外商投资总额从 593.6 亿美元增长到 1262.7 亿美元，增长 2 倍多，平均年增长率为 6.1%，但年增长率总体上存在先上升后下降的趋势，2009—2015 年平均年增长率下滑至 4.3%（见图 6.2）。

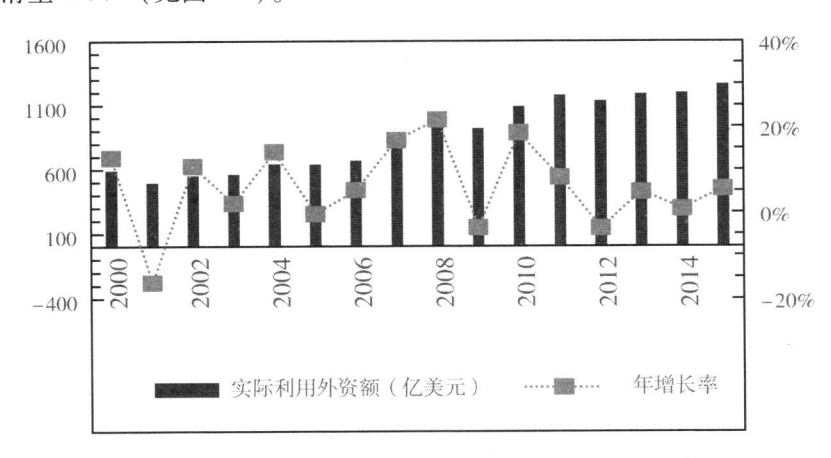

图 6.2 2000—2015 年我国实际利用外资规模变化②

---

① 日本内阁府. 2018 年度世界经济潮流报告［EB/OL］. 环球网，2019-03-23.
② 资料来源：根据 2001—2016 年中国统计年鉴相关数据整理绘制。

113

外商投资总量上涨、增长率下滑的数据表明，进入 2010 年后，随着中国步入中等收入国家，人均收入逐年递增带来人工成本上涨的发展趋势，促使投资劳动密集型制造业的部分外商投资正加速流向劳动力成本低廉的东南亚各国家，而美国特朗普政府的美国优先政策，高端资本也在回流欧美国家。中国经济正在经历着从粗放型的增长方式向高质量集约型的增长方式转型，需要大量引进高技术含量的外商投资推动《中国制造2025》的实施，而原有的外商投资管理体制已日益滞后于新型开放经济体制发展的需求，如何通过自贸试验区的先试先行调整外商投资管理政策措施，稳定外商投资，开展外商投资管理体制的改革已经提上议事日程。

二、"准入前国民待遇+负面清单"管理体制的试行[①]

扩大投资领域的开放，制度建设要先行。2013 年，上海自贸试验区首先是"探索建立负面清单管理模式。借鉴国际通行规则，对外商投资试行准入前国民待遇，研究制订试验区外商投资与国民待遇等不符的负面清单，改革外商投资管理模式。在总结试点经验的基础上，逐步形成与国际接轨的外商投资管理制度"。

2013 年 9 月、2014 年 7 月，上海市政府先后公布了《中国（上海）自由贸易试验区外商投资准入特别管理措施（负面清单）》（以下简称"负面清单"）2013 年版和 2014 年修订版，标志着中国创新外商投资管理模式、探索"准入前国民待遇+负面清单"管理模式的开始。从制度创新角度看，制度创新有三个层次：由单个人进行创新；由个人之间自愿组成的合作团体进行创新；由政府部门进行创新。在这三个层次的制度创新中，政府主导的创新具有优势。特别是在中国，中央集权的传统使得政府机构发展得比较完善，而私人市场发展不充分，政府机构主导的创新将是最适宜的形式。这是上海自贸区采取自上而下的强制性制度变迁方式推行国际通行负面清单管理模式的主要理论依据。

（一）负面清单主要模式的国际比较

1. 准入前国民待遇+负面清单内涵分析

准入前国民待遇是指在国际投资法中，在投资准入阶段给予外国投资者及投资的待遇不低于在相似情形下给予本国投资者及投资的待遇。准入前国民待遇则将国民待遇延伸至投资建立前的阶段，以区别国民待遇适用于投资建立后

[①] 郭晓合，陈雯诗. 上海自贸区负面清单与国际 BIT 谈判接轨研究［J］. 经济体制改革，2015（04）：156-160.

阶段的传统投资协定规则。"负面清单"（Negative List），又称"否定清单"，是投资协定中的"不符措施"（Non-confirming Measures）的代称。负面清单遵循"法无禁止即自由"的原则，依据"除非法律禁止，否则即允许"的思路，以"否定列表"清单方式列出的所有针对外资的最惠国待遇与国民待遇的不符管理措施。负面清单是一个国家禁止外资进入或限定外资比例的行业清单，是一种国际通行的外商投资管理办法。国家在清单上，明确开列不予外商投资准入或有限制要求的领域，清单以外领域则充分开放，并享有准入前国民待遇。清单相当于投资领域的"黑名单"，列明了企业不能投资的领域和产业。实施负面清单管理，即除了清单上规定不能干的，其他都可以干，不需要政府事前审批。

2. 国际通行负面清单主要模式的比较

学者把印尼、菲律宾、韩国、中国台湾、泰国及越南的现行负面清单制度和澳大利亚、加拿大、英国和美国的外商投资制度归纳为五类①。

第一类，最少限制，没有负面清单，也没有强制性的申报规定或门槛。代表国家是美国和英国。美国《双边投资协定2012年范本》在投资自由化与公开、透明方面代表着世界的最高水平，仅对"威胁损害"美国国家安全的外国投资，对美国国防、国家安全、美国技术领先地位、能源以及关键基础设施有影响的外国投资行为有限制。英国是世界历史上唯一一个曾经实施过自由贸易政策的国家，其BIT仅对影响公众利益即国家安全（包括公众安全）、多元化以及与报纸和其他媒体相关的其他考虑因素、英国金融体系的稳定性等，触及反垄断条款，少量的国防、航空、水务和制造等行业加以限制。

第二类，温和限制，没有在国家的主要外商投资监管相关法律中制定负面清单，而是规定凡金额超过某些门槛的投资均需强制申报和审核。代表国家有澳大利亚和加拿大。澳大利亚对于与国家利益（主要考虑的因素是国家安全、竞争、澳大利亚政府的其他政策、对经济和社区的影响以及投资者的特点）相悖的，涉及媒体、电信、运输、国防、安全技术和核工业等敏感行业领域的，或涉及与能源和食品安全有关的投资的，审查会更为严格。加拿大对异国人士进行的任何收购且该收购超过了一定的法定门槛或者相关业务活动"与加拿大文化遗产或国家地位相关"的收购进行审查。由此可见，本国人士和外国人士适用于不同标准，而且缺乏相应的指导条款。

第三类，限制较少的负面清单制度，有较简明的负面清单且仅限于几类行

---

① 郭晓合，陈雯诗. 上海自贸区负面清单与国际BIT谈判接轨研究 [J]. 经济体制改革，2015（04）：156-160.

业。代表国家有韩国。韩国的核电、无线电广播和免费广播不对外开放，另对若干行业设有25%至50%的上限范围。

第四类，限制温和的负面清单制度，有相对复杂的负面清单且没有定期被审阅或更新。代表国家有泰国和菲律宾。菲律宾的重心在服务行业（例如会计、金融和法律服务以及零售业），还涵盖国防、医疗卫生等共109个行业。泰国需要FBL牌照或者许可证，重心也在服务业（例如会计、法律服务），负面清单共有44种行业。

第五类，限制较多的负面清单制度，有繁复的负面清单，并规定有强制性外商投资审批要求。代表国家有印尼和越南。印尼每三年更新一次负面清单，从最新的一份来看，放宽了对广告、广播、保健、医药、电信、运输和创业投资行业的限制，但也首次设定了某些油气建设服务和销售、仓储及冷藏服务行业的外资持股上限，降低了海上钻探服务的外资持股上限，而电力安装服务、陆上钻探服务和某些油气支援服务等行业则完全不再对外资开放，堪称这些国家中最长的负面清单。越南的负面清单涵盖了约68个行业，包括农业、电信、国防、教育、金融服务、医疗卫生与交通，但没有对制造业领域的外商投资广泛限制，缺点是相关限制和条件过于分散，未形成系统的体系。

（二）国际通行负面清单管理模式与我国传统的正面清单管理模式的主要区别

首先，国际通行的外商投资负面清单管理模式的主要依据是国际条约，例如，美国的"准入前国民待遇+负面清单"的外商投资管理模式，来源于《北美自由贸易协定》（NAFTA），"负面清单"是重点，政府必须在"负面清单"中对不符措施进行充分的信息披露，包括政府有关投资的法律法规，还有投资限制性措施的水平、范围、性质等。而我国2011年版正面清单"外商投资目录"的主要依据是国内法律。其次，国际通行负面清单是负面列表形式，在市场准入前就列明企业不能在哪些领域投资。而我国的投资目录依据国际《服务贸易总协定》的规则，施行"正面+负面"列表的方式，即"鼓励类""限制类"为正面列表；"禁止类"，以及"鼓励类"和"限制类"中企业形式和股比的内容为负面列表，明文规定企业可以在什么领域进行投资。再次，国际通行的负面清单涵盖范围除了农业、制造业，服务业又细分出传统服务业以及文化、金融等现代服务业，具体内容包括准入前国民待遇、最惠国待遇、业绩要求、高级管理人员和董事会等方面的不符措施，而我国的投资目录只是笼统地划分为农业、制造业和服务业三大领域和准入前国民待遇。最后，从调整弹性看，国际通行的负面清单允许每三到四年调整一次；允许新增或加严限制，调整弹性大，而我国的投资目录一经颁布，即采取行政审批方式严格执行，基本不允许新增或加严限制。

上述内容表明，国际通行的负面清单管理模式追求的目标是促进要素的国际自由流通，以降低企业成本，而我国传统的正面清单管理模式显然落后于我国扩大投资开放，以开放促改革的现实。因此，实施"准入前国民待遇+负面清单"管理模式是国家适应全球投资贸易重塑全球价值链趋势和中国成为泛亚洲和泛太平洋产业链中心的必然选择。

（三）上海自贸试验区负面清单的试行与动态调整

1."负面清单"管理制度的试行

上海自贸试验区负面清单的试行，一是为国家开展中美投资协议谈判和未来参加 TISA/TPP 谈判提供现实依据。TPP 谈判是 2010 年全球投资规则重构的主要平台。谈判的目标也从关税等问题转移到国内投资准入等规则的改革。因此，自贸试验区试行外商投资管理国际通行规则，接轨 BIT 谈判国际通行范本要求的跨境投资和贸易规则体系很有必要。美国 2012 年 BIT 范本设定了一个高标准的国民待遇条款，相对于中国的 2010 年 BIT 范本，其中对于国民待遇有很多限制。在未来的谈判中，中美两国需要更加详细地进行深入的谈判，同时根据上海自贸试验区的试行结果更好地探讨双边的投资贸易规则。二是我国外商投资管理体制形成于 1980 年，依据《外资企业法》《中外合资经营企业法》《中外合作经营企业法》的审批制度运行多年。但是随着时代的进步，国际通行投资规则的动态演进，事前审批制度已经落后，对吸引外商投资不利。

2013 年 9 月，上海市政府首次推出 2013 版负面清单在上海自贸试验区试行，清单共有 190 条特别的管理措施，"相对于按国民经济行业 20 个门类细分的 1069 个产业小类而言，占产业小类的 17.8%左右"，条条框框大幅削减。实施负面清单管理后，未列入清单的外商投资项目，由核准制改为备案制，合同章程审批改为备案管理，缩短了办理流程的时间。例如，非 190 条特别的管理措施范围外商投资项目入驻试验区，最快 4 天企业可以办完相关手续。相比原来最快需要 29 天才能完成的审批，这项措施大大便利了外企投资。当然，首次试行"负面清单+备案"管理相对粗放，需要动态调整。

2."负面清单"的动态调整

为了探寻既接轨国际通行负面清单管理模式，又能适合我国国情的负面清单，上海自贸试验区对负面清单内容采取了动态调整的办法，依据中美 BIT 谈判实际需求情况，灵活修订，发布了 2014 版、2015 版负面清单，并不断完善清单。2014年试验区对负面清单进行了两次删减。第一次取消了14项特别管理措施，7条关于服务业和7条关于制造业；放宽了19条特别管理措施，其中9条涉及制造业、1条涉及基础设施、1条涉及房地产、4条涉及商贸服务、2条涉及航运业、1条涉及专业服务、1条涉及社会服务。第二次涉及32条管理措施（14条服务业、14条制造业、2条采矿业、2条建筑业）。

上海自贸试验区试行"负面清单"模式，不仅为中美BIT谈判取得突破性进展提供依据，也为中国与其他国家开展区域经济合作提供新的商机。2014年11月，李克强总理在第九届东亚峰会上表示，中方愿以准入前国民待遇加负面清单模式开展投资协定谈判与东盟国家共同推进FTA升级版谈判，上海自贸试验区负面清单功能效应初显。

3. 新型"投资准入"管理体制的风险防范

上海自贸试验区"准入前国民待遇+负面清单"，试图在试验区内创造一个和区以外不同的外商投资管理体制，如此一来，这将会产生一种"双轨制"效应。比如，自贸试验区内的外商投资试行的是准入前国民待遇，而试验区外仍然和原来一样，试行的是一种准入后的国民待遇，虽然这是经济改革的一部分，但是从历史上看，我们需要对这种"双轨制"所带来的新型体制的风险进行相应的防范。

此外，上海自贸试验区的整体运作是依托相关的法律法规来运行的，无论是"准入前国民待遇""负面清单"还是备案制的具体管理细则，都是以法律条款的形式呈现出来的。而我国在上述条款的法律设计上还没有经验，比如"负面清单"的设计措施中应该注意类似"兜底条款"的描述，通过这些词语，我们就可以在一些特定的环境下运用国际通行的一些"同种类词语的解释"，把这些属于同类但未提到的措施包括进去。如果法律条款中采取穷尽列举的形式描述"负面清单"，而非举例式的描述，在将来可能会带来一些法律上的争端。因此，我们在上述法律、条款和相关文件中需要注意防范法律风险，注意其中可能疏忽的问题。同时，由于我们是先试行相关"负面清单"的具体内容，而我们没有这方面的经验，关于具体的内容，可能我们无法很好地把控具体何种领域、何种专业需要被列入"负面清单"。如果将很多的领域都列入"负面清单"中，这对我们的改革没有太大意义，如果一下子放开过多的领域，可能会对我国本土的经济造成很大的冲击。因此，在这个过程中，我们需要控制一种新的体制可能带来的风险。①

---

① 武剑. 中国（上海）自贸区金融改革展望［J］. 新金融，2013（11）：12-15.

从制度变迁的角度分析，一种新的制度安排会对原有的相关的制度安排产生影响，会产生连锁效应，拉动相关的制度安排发生趋同变迁。上海自贸试验区最先试行负面清单管理模式，列明不符措施，管理更透明，将起到增强外商投资自贸试验区信心的作用。同时，通过投资贸易干预政策创新的制度安排，拉动新型开放经济体制相关的制度安排发生相同方向的变迁，通过这样一种创造的制度红利产生的连锁效应，激发市场活力。

（四）上海自贸试验区负面清单的不足

上海自贸试验区试运行三年，取得重大进展，但与国际高标准的负面清单管理模式仍有较大差距，这些差距突出表现在四个方面。

（1）对金融等六大服务业限制依然偏多，不利于我国服务业的改革开放

国际BIT文件中要求"缔约方给予另一缔约方投资者的待遇应不低于其在类似情形下在设立、获取、扩大、管理、经营、运营、出售或其他投资处置方面给予国内投资者的待遇"。而上海自贸试验区负面清单2014年版对服务业限制包括以下三点。

一是对外商经营年限、高管资质和国籍都有着严格限制。例如，在航空运输业明确提出投资各类航空客货运输业的经营年限不得超过30年，在公路旅客运输方面明确提出主要投资者至少一方须是中国境内从事5年以上道路旅客运输业务的企业，在人力资源服务方面明确提出外方投资者应从事3年以上人才中介服务等；金融业高级管理人员应具有相应专业资质和不少于3年的从业经验，商业服务业允许香港、澳门地区服务提供者设立独资人才中介机构并且其他国家或地区只能设立中外合资人才中介机构等。二是对外资股权比例和外国投资者投资比例的限制。例如，投资农作物种子、铁路、汽车制造业、互联网和相关服务、寿险等行业的外资比例不得超过50%等。三是过度的资本规模要求，尤其是总资产和注册资本上的要求。例如，投资农作物种子的外资企业其注册资本不低于50万美元，投资出版物印刷的注册资本不低于1000万元人民币，投资融资租赁公司的外国投资者总资产不低于500万美元且公司注册资本不低于1000万美元等。

（2）没有涉及环境保护、劳动权益、知识产权保护和政府透明度等与市场准入息息相关的社会和政府领域核心问题

环境保护方面，BIT文件要求"缔约双方认识到通过削弱或降低国内环境法律所承担的保护义务来鼓励投资是不恰当的"，并且详细列举了为了防止对人类、动物或植物生命或健康带来危险而可以采取的方式。这一点在我国未得到

充分的重视，地方政府为了促进经济发展而不惜破坏环境的事件时有发生。劳动者保护上，BIT 文件要求"缔约双方认识到通过削弱或降低国内劳动法所承担的保护义务来鼓励投资是不恰当的"，详细列数了与国际公认的劳动权利直接相关的条款。在我国，传统的企业发展优先，依法经营滞后的思维惯性，使得劳动法落实不到位。如果劳动法执行不到位，人民工资水平无法提高，这样的经济发展模式就是畸形和不可持续的。尤其在我国法制还不够健全的情况下，更应该警惕为了拉动投资而牺牲劳动者利益的行为。知识产权保护方面，BIT 文件的很多规定与保护知识产权起冲突时，都会明确指出应该如何做。比如，第六条征收与补偿中就明确指出，这一条款不适用于根据《与贸易有关的知识产权协定》颁发关于知识产权的强制许可，也不适用于撤销、限制、创造知识产权（只要这种颁发、撤销、限制或创造行为是与《与贸易有关的知识产权协定》相符合的）。虽然我国近几年对知识产权的意识有所提高，但对知识产权的保护还没有落实，负面清单中就没有涉及知识产权的条款，这可能会为以后中外争端埋下伏笔。政府透明度方面，BIT 文件中第十一节整个都是关于透明度的问题，对公布、信息提供、行政程序、审查和上诉、标准制定等方面进行了详细的规定，第二十九节则对仲裁程序的透明度进行了规定。而负面清单 2014 版却未对相关方面的透明度问题进行规定。

（3）对待不同地区、所有制企业方面的待遇明显不同，没有完全形成公平的市场秩序，对假冒伪劣或者坑蒙拐骗的惩治力度不够

BIT 文件第五节待遇的最低标准规定"各缔约方应当根据习惯国际法给予涵盖投资待遇，包括公平公正待遇和充分保护和安全"。负面清单中，在航空运输业方面除香港、澳门地区服务提供者可以独资形式提供代理服务、装卸控制和通信联络及离港控制系统服务、机坪服务、飞机服务等七项航空运输地面服务外，其他国家或地区投资者投资航空运输地面服务须合资、合作，在金融业方面投资证券投资咨询机构仅限港澳证券公司。由此可见，区别对待仍然存在，许多行业外资不能进入，同时对港澳地区的企业也有一定限制，但对内资企业的标准却没有提及。所有制方面，对于中方控股的企业可以投资，其他企业就不能投资，这主要体现在对农作物新品种、特殊和稀缺煤类、大洋锰结核和海砂的开采、专业技术服务业、船舶的设计制造与修理等行业。除此之外，民营企业早已被获准进入某些国有经济占主导的行业，但至今在那些行业中，民营经济的影响力仍然非常有限。而这个现象与隐形壁垒息息相关。BIT 文件在第 20 条金融服务中表明"本协议不得解释为阻止缔约方在金融机构中适用或执行为保证遵守与本协定没有不一致的法律或法规而采取的与另一缔约方投资者或者

涵盖投资有关的必要的措施，包括与虚假和欺诈做法或者应对违反金融服务合同造成的影响有关的措施。"但是，我国国内法律对这些方面的监管和惩治力度不够。

（4）负面清单没有涉及纠纷解决机制，对于目前不存在的领域和部门没有相关措施

同样一个词在英文中有很多个单词，政府在把负面清单翻译为英文版的时候可能会引发中外企业对同一个问题的不同理解。BIT文件第二部分列明了投资者与东道国争端解决的途径，包括国际仲裁；涉及金融投资的争端解决还有特别解决机制。如果出现不公平的争议裁决，中国政府如何应对？这些都需要事先考虑。对于目前不存在的领域和部门，我们认为应该将其纳入负面清单，以便以后有相关的经济纠纷，承受不必要的损失。例如，在中美音像制品WTO争端解决案中，中美对网上传送的音像制品分销权是否对外资开放存在分歧。美国认为，从文本解释角度看，中国入世议定书中的音像制品包括了网上音像制品，并证明中国当时已经意识到这种形态的存在，结果中国败诉。① 这个例子告诉我们在负面清单引入不存在的部门和领域的重要性。

第二节 变迁外商投资管理体制的效应②

上海自贸试验区最初是在上海四个CSSZ范围试行"准入前国民待遇+负面清单"管理制度；此后通过7年扩容，陆续在全国自贸试验区先试行相关国际通行投资新规则，CSSZ也始终是试行的核心区域。CSSZ由于在货物进出口实施有区别的免除关税、配额管理措施和货物入区退税等一系列组合优惠政策，曾经吸引了大量的外资企业进驻，并通过前向、后向和侧向产业关联效应吸引相关零部件、原材料、中间品配套生产的外资和国内企业围绕CSSZ增长极向周边腹地投资设厂，形成"中心—外围"模式的外向型产业集聚，持续带动全国外商投资增长。如何调整中国CSSZ的政策，继续发挥该政策措施对引进外商投资的示范带动作用，本节主要利用2001—2015年的相关数据，从实证分析CSSZ

---

① 龚柏华. 中国（上海）自由贸易试验区外资准入"负面清单"模式法律分析 [J]. 世界贸易组织动态与研究，2013（06）：23-33.

② 叶修群. 我国自由贸易园区（FTZ）经济效应研究 [D]. 上海：华东师范大学，2018：62-74.（论证时为准确表述，把FTZ改为CSSZ；并对实证结果的部分解释和原因分析进行不同理解的修改。）

区域引进外资对全国各地 FDI 的带动效应角度，探讨自贸试验区先试先行外商投资管理体制改革带来的效果。

一、实证研究设计

（一）实证研究的空间经济学分析框架

研究主要依据克鲁格曼 C-P 模型基本研究范式构建分析框架，克氏以规模报酬递增为前提，把空间嵌入垄断竞争厂商理论中，规范化核心—边缘模型，为我国 CSSZ 实施增加投资贸易自由度措施，引发外商投资突发性集聚，为地理空间中的经济活动的集聚、扩散、带动外向型经济发展提供了理论依据。

作为生产要素的劳动力，总会试图找到收入最大化的空间从事生产，我国沿海地区 CSSZ 的优惠政策，使得厂家有空间用较高的薪酬吸引高质量的劳动力；同样作为生产要素的资本，总是寻找资本回报率最大化的空间着手投资，沿海地区 CSSZ 的组合优惠政策对外商投资的吸引力还是很有力度的，因此作为生产要素的劳动力和资本必须遵循收益最大化原理。这是 CSSZ 能够吸引外商投资与国内劳动力的最大动力。

但在现实生活中，劳动力和资本的空间流动受到区际壁垒的影响，并不是完全流动的。即劳动力和资本的区际流动程度受到区际壁垒程度的影响，区际壁垒越低，劳动力和资本的区际流动量就越大，在规模报酬递增的情形下，劳动力和资本的空间集聚程度也越高。CSSZ 就是为降低区际贸易壁垒应运而生的，资本追逐利润最大化、交易成本最小化的本性决定了外商投资选择 CSSZ 区域进行投资的必然性。

在克氏的 C-P 模型中，关键的产业关联效应，能产生一种专业化过程，使特定产业向若干个国家集聚。如果某种外生冲击改变原有需求的空间分布，例如，通过强制性制度变迁，引入符合跨国投资中间产品生产产业链、供应链、价值链集聚要求的投资贸易自由化的国际通行规则，扩大了某一区域的需求，则大量的企业将会改变原来的区位，向该区域集中，形成贸易和空间区位融为一体的新的产业集聚。

（二）模型设定

我们的分析，借鉴 Hejazi（2005），Branstetter 和 Foley（2007）的研究，计量模型构建如下：

$$lnFDI_{it} = \alpha + \beta lnCSSZ_{it} + \eta X_{it} + \delta_i + V_t + \varepsilon_{it}$$

其中，下标 i 表示地区、t 表示年份，α 为常数项，δ_i 和 V_t 分别表示不可观测的个体固定效应和时间固定效应，ε_{it} 为随机误差项；FDI 表示外商投资规模，CSSZ 表示海关特殊监管区规模；X 为控制变量的集合，包含劳动力成本、资源禀赋、市场开放度、科技创新水平和财政分权度。

（三）数据来源

我们选择 2000—2015 年 31 个省（市、自治区）为研究样本。数据来源于 2001—2015 年中国统计年鉴、2001—2015 年各省（市、自治区）统计年鉴和《中华人民共和国六十年统计资料汇编》。

我们论证所涉及的主要变量的描述性统计如表 6.1 所示。

表 6.1 主要变量的描述性统计

变量	样本数	平均值	标准差	最小值	最大值
FDI	496	1.000	1.494	0.006	8.346
CSSZ	496	8.467	12.664	0.000	75.640
wage	496	1.346	0.569	0.625	4.049
energy	496	1.000	0.652	0.035	3.211
open	496	0.424	0.533	0.037	2.529
tech	496	1.000	1.356	0.002	7.771
gov	496	2.193	1.265	0.971	10.753

二、实证结果分析

（一）CSSZ 的 FDI 带动效应全样本分析

为了降低异方差对实证结果的影响，所有变量均采用自然对数形式。① 如表 6.2 所示，第（1）—（3）列为加入控制变量前的估计结果，F 检验结果显示，在 1% 的显著性水平上拒绝无个体效应的原假设，表明各地外商投资情况存在个体效应，Hausman 检验结果显示，选择随机效应模型来分析更有效率。CSSZ 规模（lnCSSZ）的回归系数在 1% 的显著性水平上显著为正，说明 CSSZ 规模的扩大对 FDI 的流入有明显促进作用，这代表 1990 年以来，我们不断调整升

---

① 其中，CSSZ 区规模存在部分零值，无法取对数，因此，为了最大程度上避免取对数造成样本损失和数据失真，参考 Levy（1997）的取对数做法，计算公式为 $lnCSSZ = ln(CSSZ \times 1000 + 1)$。

表 6.2　CSSZ 的 FDI 带动效应全样本估计结果

	(1) Pool-OLS	(2) RE	(3) FE	(4) Pool-OLS	(5) RE	(6) FE
lnCSSZ	0.210*** (20.94)	0.0191*** (3.57)	0.0132*** (2.63)	0.0432*** (6.85)	0.0189*** (3.51)	0.0140*** (2.81)
lnwage				-0.656*** (-6.08)	-0.636*** (-4.34)	-0.526*** (-3.61)
lnenergy				-0.194*** (-5.26)	0.0402 (0.98)	-0.0271 (-0.65)
lnopen				0.340*** (8.19)	0.252*** (4.87)	0.0676 (1.28)
lntech				0.481*** (16.49)	0.290*** (7.48)	0.100** (2.32)
lngov				-0.638*** (-6.99)	-0.295* (-1.90)	0.565*** (3.21)
C	-0.746*** (-14.74)	-0.888*** (-5.44)	-0.918*** (-16.82)	0.535*** (6.55)	0.0656 (0.42)	-0.856*** (-5.57)
个体效应	No	Yes	Yes	No	Yes	Yes
时间效应	No	Yes	Yes	No	Yes	Yes

续表

	(1)	(2)	(3)	(4)	(5)	(6)
	Pool-OLS	RE	FE	Pool-OLS	RE	FE
样本数	496	496	496	496	496	496
R^2	0.469	0.430	0.352	0.890	0.878	0.579
F检验		228.93***			44.43***	
Hausman检验		10.57			105.65***	

注：***、**和*分别代表1%、5%和10%的显著性水平，括号内为T值。下表同。

级CSSZ内自由贸易导向的优惠政策，促使有降低贸易成本需求的大量加工型外资企业源源不断进驻CSSZ，通过前向和后向关联效应带动外资企业在周边腹地由近到远圈层布局投资设厂。同时，设立CSSZ能够提升地区贸易便利化水平，降低贸易成本，有利于外资企业通过设立企业方式向该地区投资集聚。第（4）—（6）列为加入控制变量后的估计结果。在控制了时间效应和控制变量后，F检验在1%的显著性水平上拒绝混合效应模型，Hausman检验显示，应采用个体固定效应模型进行估计，因此，选择第（6）列回归结果进行分析，CSSZ规模（$\ln CSSZ$）的回归系数在1%的显著性水平上显著为正，这说明在进一步控制了其他因素后，CSSZ的FDI带动效应依然显著。

从对控制变量回归系数的考察中发现，科技创新水平（$\ln tech$）的回归系数在1%的显著性水平上显著为正，说明科技创新水平的提高有利于FDI的流入，科技创新水平越高，可利用的设备和技术人员储备越丰富。财政分权度（$\ln gov$）的回归系数在1%的显著性水平上显著为正，说明财政分权程度的提高有利于地区FDI的流入，中央将投资项目的审批权和地方经济发展策略的定制权下放到地方政府，在中央政府持续放权和经济增长的双重激励下，地方政府会大力利用优惠政策吸引外商投资来带动地方经济增长，因此，财政分权程度越高，越有利于FDI的流入。劳动力成本（$\ln wage$）的回归系数在1%的显著性水平上显著为负，说明地区劳动力成本的上升抑制了地区FDI的流入，这是由于劳动力成本的上升会增加企业的生产成本，压缩企业的利润空间，不利于FDI的进入。资源禀赋（$\ln energy$）的回归系数为负，但没有通过显著性检验，说明流入我国的FDI总体上不是资源寻求型。市场开放度（$\ln open$）的回归系数为正，但没有通过显著性检验，对地区FDI流入的促进作用不明显，说明市场开放度不高是制约FDI流入的因素之一，通过CSSZ路径降低贸易壁垒，扩大市场开放，带动FDI的流入仍有很大的空间。

（二）CSSZ的FDI带动效应稳健性分析

上述对CSSZ的FDI带动效应的分析表明，我国CSSZ的FDI带动效应显著。为检验这一实证结论是否稳健可靠，我们将从替换变量和变更样本空间两方面进行稳健性分析。

第一，替换核心解释变量，利用CSSZ个数替换面积重新构造核心解释变量，运用前文的估计方法重新估计，结果显示（具体估计数字结果略），在各个方程中，CSSZ规模系数的符号及其相对大小均与之前的估计结果一致，由此可见，替换核心解释变量不会对结果造成实质性影响，说明前文中的实证结果具有一定的稳健性。

第二，剔除直辖市样本，直辖市作为改革开放的前沿和经济中心，在政治地位、经济基础和地理区位等方面都明显优于其他地区，因此，我们的论证将北京、天津、上海和重庆4个直辖市从样本中剔除，运用前文的估计方法重新估计。结果表明（具体估计数字结果略），各个方程中，CSSZ 规模系数的符号及其相对大小均与前文中的估计结果一致，因此，前文中的实证结果是稳健的。

（三）CSSZ 的 FDI 带动效应内生性分析

考虑扩大 CSSZ 规模既可以促进地区引进外资，也可能是地区引进外资规模增长的结果，模型中可能存在被解释变量对解释变量的反向影响，说明 CSSZ 规模与外资规模在模型中存在内生性。采用双向固定效应模型估计的系数可能有偏差，为了排除这一可能性，将解释变量滞后一期，利用前文的估计方法重新估计（具体估计数字结果略）。这样做的逻辑是，前期解释变量是前定变量，因此，当期被解释变量不会对前期解释变量产生影响。从全国估计结果来看，CSSZ 规模滞后一期（L. ln$CSSZ$）的回归系数在1%的显著性水平上显著为正，这说明 CSSZ 规模的扩大有利于地区 FDI 的流入，即 CSSZ 的 FDI 带动效应显著。

从分地区估计结果来看，CSSZ 规模滞后一期的系数都显著为正，这说明 CSSZ 的 FDI 带动效应在东部和中西部都显著，进一步比较东部和中西部地区 CSSZ 规模滞后一期回归系数的大小可见，东部地区 CSSZ 的 FDI 带动效应明显高于中西部地区。从运输物流成本角度看，这表明东部沿海港口枢纽地区的区位优势明显优于中西部内河内陆港口枢纽地区。在海运是主要货物运输方式的条件下，东部沿海海运运输成本明显低于中东部地区。物流便利化是吸引外商投资的重要前提条件之一。

（四）CSSZ 的 FDI 带动效应动态性分析

为了进一步分析我国 CSSZ 的 FDI 带动效应的动态性，借鉴 Kudamatsu（2012）和 Chen 等（2016）的研究，构造如下计量模型：

$$\ln FDI_{it} = \alpha + \sum_{n=0}^{5} \beta I_{it}^n * \ln CSSZ Z_{it} + \eta X_{it} + \delta_i + V_t + \varepsilon_{it}$$

其中，I_{it}^n 的取值方式为当 $t - birthyear_i = n$ 时，I_{it}^n 取值为1，其余取值为0；$birthyear_i$ 表示 i 地区 CSSZ 的设立年份；n 的取值范围为0、1、2、3、4、5，将5年以后的样本归并到5年，设立之前的样本作为基准组。利用前文的估计方法重新进行估计，结果报告见表6.3。

表6.3 CSSZ的FDI带动效应动态性估计结果

	全国		东部		中西部	
	(1)	(2)	(3)	(4)	(5)	(6)
成立当年	0.00937	0.0103	0.0182	0.0381	0.00114	0.00620
	(1.45)	(1.64)	(0.69)	(1.61)	(0.15)	(0.86)
成立后1年	0.0149**	0.0157**	0.0187	0.0466*	0.00512	0.00985
	(2.20)	(2.37)	(0.71)	(1.96)	(0.65)	(1.30)
成立后2年	0.0190***	0.0195***	0.0155	0.0478**	0.0148*	0.0191**
	(2.68)	(2.81)	(0.59)	(2.00)	(1.83)	(2.44)
成立后3年	0.0200***	0.0210***	0.0215	0.0565**	0.0146*	0.0206**
	(2.65)	(2.84)	(0.82)	(2.32)	(1.69)	(2.43)
成立后4年	0.0187**	0.0189**	0.0264	0.0473**	0.0140	0.0201**
	(2.32)	(2.40)	(1.01)	(2.00)	(1.48)	(2.19)
成立后5年	0.0244***	0.0251***	0.0459	0.0584**	0.0200**	0.0274***
	(3.31)	(3.46)	(1.61)	(2.24)	(2.55)	(3.53)
C	−0.0439	−0.00421	1.759*	2.330***	−1.212***	−0.661*
	(−0.15)	(−0.01)	(1.85)	(2.73)	(−3.74)	(−1.73)
控制变量	No	Yes	No	Yes	No	Yes
个体效应	Yes	Yes	Yes	Yes	Yes	Yes
时间效应	Yes	Yes	Yes	Yes	Yes	Yes
样本数	496	496	176	176	320	320
R^2	0.059	0.142	0.067	0.313	0.128	0.225

从全国看，当 $n=0$ 时，交互项系数不显著；当 n 从1到5时，交互项系数显著为正且逐年增大；我国CSSZ的FDI带动效应随时间递增。分地区看，在东部地区，当 $n=0$ 时，交互项系数不显著；当 n 从1到5时，交互项系数显著为正且逐年增大；在中西部地区，当 $n=0$、1时，交互项系数不显著；当 n 从2到5时，交互项的系数显著为正且逐年增大；说明我国CSSZ的FDI带动效应的随时间递增特征在东部和中西部地区都显著，其中，东部地区CSSZ的FDI带动效应的形成要早于中西部地区。

三、实证分析引发的进一步讨论：改革外商投资管理体制

（一）CSSZ 是我国行之有效的促进 FDI 的贸易干预政策措施

实证结果表明：第一，CSSZ 的设立对吸引 FDI 的带动效应显著，在东部沿海地区更显著，这说明 CSSZ 采取持续降低区际贸易壁垒边界屏蔽效应的举措有效地促进了资本区际流入量的持续增大。第二，CSSZ 对 FDI 的带动效应具有明显的随着时间强化的特征，存在明显的规模效应。这说明，CSSZ 降低贸易壁垒的举措引致的区际壁垒越低，劳动力和资本的区际流动量就越大，在规模报酬递增的情形下，劳动力和资本围绕 CSSZ 空间集聚程度也越高，CSSZ 的政策效果就越显著。因此，继续利用 CSSZ 继续采取降低投资贸易壁垒措施，通过强制性的制度变迁带动诱致性的制度变迁的途径先试先行，开展促进资本、劳动力流动的外商投资管理体制改革势在必行。

（二）中国的科技创新的扎实基础有利于高技术 FDI 的流入

科技创新水平对吸引 FDI 的带动效应显著表明：首先，中国改革开放 40 多年奠定了世界工厂的地位，经济高速增长使中国在全球几乎所有的生产价值链中占据了一席之地。2010 年中国有 220 多种工业品产量长期雄踞世界之首。例如，钢铁等基础产业，手机等高附加值产业。而且，自 2000 年以来，在全球各价值链中，中国所占全球产出的份额明显增长。今日的中国工业，可以为全球提供几乎是全品类的产品，只要其他国家有需要的日用品，中国都能制造。从纺织服装到电子产品；从玩具到卫生洁具；从智能手机到工业机器人等，都可以利用中国完整的系统工业配套能力生产垂直分工的产业内贸易产品、加工贸易产品。中国在全球价值链体系中发端于进口中间产品，然后出口组装产品。在过去的十多年，中国发展了较完善的本地价值链和垂直整合的行业格局；同时，中国企业超强的模仿创新能力，使得本土企业有能力不断进军新的细分市场。中国在新建先进工业产能的同时，也在稳步推进工业现代化进程，淘汰旧工厂，建设具有先进技术的新工厂。这些表明，中国全品类的工业生产基础设施有助于吸引高新技术与研发型 FDI 的流入。其次，中国政府鼓励实用性的科技创新，政策环境相对宽松，促进了科技创新，在互联网、移动互联网方面的实用性科技创新成就斐然。中国对技术引进的倾斜政策，门类齐全的工业生产能力也带来了丰富的廉价技术人才储备体系，有利于跨国企业利用中国完整系统的工业配套体系和廉价技术劳动力降低成本，提高企业竞争力，促进有利于第二、三产业融合发展的高附加值、高技术含量的 FDI 的流入。

（三）劳动成本上升和市场开放度不高是 FDI 持续流入的主要制约因素

劳动力成本上升对带动 FDI 流入影响呈现负显著，说明了为什么 2010 年以后，随着中国人均收入逐年递增带来的人工成本上涨，促使投资劳动密集型制造业的低端资本加速流向越南等低成本国家，这是劳动力成本的变化对 FDI 最显著的影响。而劳动力成本的上升也意味着劳动力素质的提升，有利于高新技术和研发型外资企业的投资流入，然而现实中高端资本非但没有加快流入，反而出现已进入的高端资本向发达国家回流的情况。这说明进入 2010 年后，我们的营商环境配套措施仍然停留在维护产业间贸易、呵护劳动密集型产业的阶段，外商投资管理体制改革滞后，跟不上中国经济高质量发展的形势。因此，调整原有的外商投资管理政策措施，加大外商投资合法权益保护力度，为高端资本流入营造公平经营环境的改革迫在眉睫。

市场开放度对 FDI 有带动作用，但带动效应不显著，说明我们在市场开放上步伐不够大，市场准入上仍存在许多障碍和问题，它们制约了专业化分工更细的高新技术、研发型外商企业投资的持续流入。世界经济论坛《2016 年全球贸易促进报告》显示，国内市场准入在 136 个国家中排名第 101 位，外国市场准入排名第 124 位。

本书对上海浦东新区临港产业园区招商引资的调研显示：2016 年前的招商引资工作处于粗放式的发展状态，相关营商环境的配套措施很不完善，为了急于完成招商的指标，即不太考虑企业的性质、规模、质量，也不管入驻园区企业是否属于"十三五"国家规划中的战略性新兴产业范畴，进驻园区项目是否属于信息技术、高端装备、新能源汽车、新能源和节能环保等高新技术项目，"眉毛胡子一把抓"，来者不拒，将一些规模较小、发展潜力有限、产业较为落后的企业引入园区。例如，泥城片区开发初期引进了不少纺织类和印刷类企业，这种模式短期内完成了当地政府和上级公司布置的考核任务，但缺乏持续的发展能力。在引进企业过程中，"脚踩西瓜皮，走到哪算哪"，没有注重产业关联性和产业链的上游与下游的配套关系，缺乏与园区主导产业汽车、装备制造业相配套的上下游企业，造成了园区内企业关联度低，无法发挥关联产业的产业集聚效应。

总之，接轨巨型 FTAs 投资贸易新规，扩大市场开放，改善营商环境，将有利于跨国公司全球产业链的国际化生产体系，促进高端资本的流入。因此，深化投资便利化改革、加大外商投资合法权益保护力度的外商投资管理体制改革成为自贸试验区全国扩容复制推广的首要选择。

<<< 第六章 扩容接轨国际 先试先行外商投资管理体制的制度变迁

第三节 扩容试行负面清单管理体制与全国的复制推广

在全国复制推广投资准入、公平竞争、权益保护三大负面清单管理制度的试行中，投资准入的制度变迁效果最显著。

一、负面清单管理体制制度变迁点轴渐进式的全国复制推广

根据国家的设想，负面清单管理制度预计在自贸试验区内试运行3年；通过3年的试运行，及时地总结反馈相关的信息，对于适合国情的通行规则将向全国复制推广，不适合的则动态调整相关政策、法律、法规。

（一）点轴渐进式的复制推广

以政府主导的负面清单管理模式的强制性制度变迁，采取了"先试点、后推广"的点轴渐进式的复制推广方式，通过由点到点地复制，再由点及面地向全国复制推广。2013年9月的负面清单为190项，仅在上海自贸试验区试行。2014年，调整减少至139项。2015年减至122项，同时沿"海丝路"发展轴线，向粤、闽、津等地自贸试验区复制推广，进一步开展对比试验以及互补试验。四个自贸试验区深入试点负面清单管理制度，开展商事登记制度改革，实施企业设立"一口受理"。试点从一个试验区扩大到四个试验区。同时，事中事后监管改革也同步推进，到2015年，自贸试验区初步建立了由事前诚信承诺、事中评估分类、事后联动奖惩组成的全链条信用监管体系。

2014年3月1日，注册资本登记制度改革的措施，包括自贸试验区注册资本认缴登记制、企业年度报告公示制、统一营业执照样式等在全国全面复制推广。根据国务院于2015年10月印发的《关于实行市场准入负面清单制度的意见》的安排，从2015年年底至2017年12月31日，在部分地区试行负面清单制度，积累经验、逐步完善，探索全国统一的负面清单管理机制；从2018年起正式实行全国统一的市场准入负面清单制度。全国统一实行市场准入负面清单制度，预示着我国市场准入管理正式接轨国际通行投资规则，从以正面清单为主向以负面清单为主的全面转型，打破各种不合理限制和隐性壁垒，从而真正将"剩余决定权"赋予市场主体，体现出管理理念和管理方式的重大转变。①2016年3月，国家发展和改革委员会、商务部印发了《市场准入负面清单草案

---

① 易纲. 全面市场准入负面清单制度［N］. 经济日报，2017-11-20.

（试点版）》，自 2015 年 12 月 1 日起在津、沪、闽、粤四省市试行，2017 年 11 月，试点地区扩大至辽、吉、黑、浙、豫、鄂、湘、渝、川、黔、陕等 11 个省市。2016 年 11 月国务院印发了《关于做好自由贸易试验区新一批改革试点经验复制推广工作的通知》①，在全国范围内复制推广 19 项改革事项。其中涉及外商投资管理领域改革事项有"负面清单以外领域外商投资企业设立及变更审批改革""税控发票领用网上申请""企业简易注销"等三项；事中事后监管措施有"引入中介机构开展保税核查、核销和企业稽查""海关企业进出口信用信息公示制度"等两项。

2017 年 6 月国务院办公厅印发了《自由贸易试验区外商投资准入特别管理措施（负面清单）（2017 年版）》②，这是我国第四版自贸试验区外商投资负面清单。2017 年版负面清单划为 15 个门类、40 个条目、95 项特别管理措施，自 7 月 10 日起实施，试点范围扩大到 11 个省市的自贸试验区。2017 年 7 月 28 在全国实施的《外商投资产业指导目录（2017 年修订）》则进一步减少了外资限制性措施，保留 63 条（包括限制类条目 35 条、禁止类条目 28 条），比 2015 年版《目录》的 93 条限制性措施（包括鼓励类有股比要求条目 19 条、限制类条目 38 条、禁止类条目 36 条）减少了 30 条。该《目录》并将 2015 年版《目录》中部分鼓励类有股比要求的条目以及限制类条目、禁止类条目进行了整合，提出了在全国范围内实施的外商投资准入特别管理措施（外商投资准入负面清单），统一列出股权要求、高管要求等外商投资准入方面的限制性措施。③

（二）2017 年版负面清单三大特点

一是开放度提升。2017 年版压力测试力度大于 2015 年版负面清单，进一步开放采矿业、制造业、交通运输业、信息和商务服务业、金融业、科学研究和文化等领域。例如，在制造业，将城市轨道交通项目设备制造限于合资合作的条款删除；在交通运输业，将公路旅客运输属于限制类的条款删除；在金融业，将外资银行获准经营人民币业务提出申请前应在中国境内开业一年以上等条款删除等。

---

① 国务院. 关于做好自由贸易试验区新一批改革试点经验复制推广工作的通知［J］. 中华人民共和国国务院公报，2016（33）：26-28.
② 国务院. 办公厅关于印发自由贸易试验区外商投资准入特别管理措施（负面清单）（2017 年版）的通知［J］. 中华人民共和国国务院公报，2017（18）：15-23.（以下章节引用这篇通知的引文不再重复做脚注。）
③ 夏旭田，李祺祺，王晓梅. 外资新政调整结构 引入负面清单模式［J］. 中国外资，2017（15）：16-18.

二是限制性措施缩减，负面清单改革中政府审批边界逐步缩小，市场配置资源的作用不断扩大。自贸试验区的负面清单已由2013年的190项减少至2017年的95项，总量减少了50%。2017年版负面清单减少的条目包括轨道交通设备制造、医药制造、道路运输、保险业务、会计审计、其他商务服务等6条，同时整合减少了4条。减少最多的是制造业，从2013年的63项减少至14项。我国吸引外资的能力不断增强，四大自贸试验区在2016年全年实际吸收外资达879.6亿元，同比增长81.3%。

三是透明度有所提高。与2013年版负面清单相比，2017年版负面清单对具体限制性要求的描述更详细。以银行为例，2013年版负面清单对银行只有"限制投资银行、财务公司、信托公司、货币经纪公司"一条特别管理措施。而2017年版的负面清单，对银行服务的描述一共有4条特别管理措施，并对银行投资的股东、资质、投资范围、金额等各方面进行了详细描述，利于投资者进行自我判断和甄别。

2018年5月在全国复制推广自贸试验区改革试点的经验中，投资管理领域6项："船舶证书'三合一'并联办理""国际船舶登记制度创新""对外贸易经营者备案和原产地企业备案'两证合一'""低风险生物医药特殊物品行政许可审批改革""一般纳税人登记网上办理""工业产品生产许可证'一企一证'改革"等。[①]

（三）全国复制推广制度变迁扩容试行实践的不足

1. 管理主体多，管理体系较复杂

实施市场准入负面清单制度无先例可循，全国复制推广试行只能采取"边试点、边总结、边推广"即"干中学"的方式。上海自贸试验区成立后，自贸试验区试行的制度创新主要有以下三种复制推广路径：

一是由国务院发布通知，集中推广；二是由中央政府各部门把一些效果好的制度创新自行在全国或部分地区复制推广；三是地方推广，由沪、闽、粤、津4省市积极宣传、主动发布自贸试验区成功经验。这就造成了全国复制管理上的政出多门，复制推广"菜单选择"混乱的局面，出现多种类、多层级、多区域的负面清单。政出多门的管理，不仅提高了制度变迁复制推广的成本，降低了复制推广的效率，也不利于发挥市场机制，以及建设全国一盘棋、竞争有

---

① 国务院. 关于做好自由贸易试验区第四批改革试点经验复制推广工作的通知[J]. 中华人民共和国国务院公报，2018（16）：28-31.（以下章节引用这篇文件的引文不再重复做脚注。）

序的现代市场体系。

2. 透明度较低，各类负面清单过多过乱①

负面清单是当前制度创新的热点，各类称为"某某负面清单"的文件、提法很多，涉及各省、各行业、各特殊区域等。多种类、多层级、多区域的负面清单现象的出现，源于相关部门的理念没有转变。这些"单子"大多是全国统一负面清单上加条目。对一些部门来说，加条目等于加权利，很多地方政府、"园区"、行业的主管部门更关注负面清单内要怎么禁止、怎么限制，而忽视了如何提供更好服务、提高准入效率、释放市场主体活力。这表明，当负面清单的出台导致利益结构的变动，触动了一些部门、地方的利益，一些部门非但不积极转变观念，反而企图借负面清单固化其权利。说明制度上新的发明是一个困难的过程，转变观念需要一定的时间来消化改革的艰巨性。

3. 准入门槛偏高，存在内外资负面清单认识的误区

对于内外资负面清单的关系，国内很多研究者、相关人员的认识模糊。他们认为有两份清单，一个管内资，一个管外资；不少文章呼吁"要尽快统一内外资负面清单，实现内外资准入公平对待"。实际上，负面清单是对外资准入中不适用国民待遇原则的特别管理措施的汇总，即东道国是通过国民待遇加负面清单的方式，对外资准入进行管理。其中，国民待遇是指内外资一致的准入管理。

对这些误区，从制度经济角度分析，一是由于从事这项经济管理改革活动的当事人认知有局限，二是由于环境的复杂，使当事人的决策存在很多变数，所以认知容易出现误区。解决这一问题的关键是转变观念，要转变监管部门的监管理念应有事前准入监管向事中事后的日常监管转变，要向服务型监管和功能型监管转变，为此，应建立统一的负面清单管理主体，提高透明度，逐渐降低市场准入门槛，简化管理程序等举措。

4. 法律文本上的"双轨制"带来的目标选择困难症

2017年6月28日国家发展改革委、商务部印发的《外商投资产业指导目录（2017年修订）》提出了在全国范围内实施的外商投资准入特别管理措施，与前文所述国务院办公厅发布的负面清单2017年版是一份负面清单，是不同职能部门对不同法律版本的各自表述。这种政出多门，反映了现存法律限定活动范围制约制度创新的时滞现象。法律层级的模糊导致了负面清单制度的全国复制推广出现了认知和组织的时滞、菜单选择的时滞等所带来的问题。例如，各省、

---

① 郭冠男. 重视市场准入负面清单制度的认识和实践问题 [N]. 经济日报，2018-02-22.

各行业、各特殊区域的负面清单,很多地方的新增条目,多有调整产业结构的指向。甚至出现一些行业和地方的负面清单,将本行业或本地区落后的、不想发展的产业列入禁止类或限制类,来实现行业内和区域内的产业结构调整。我国实行市场准入负面清单制度,不是用来调整产业结构的,而是外商投资管理体制的制度创新,引进国际通行投资新规则,用来调整政府和市场关系的,其目的是建立公平公正、公开透明的市场准入制度,激发市场活力、促进市场公平竞争;它对治的问题也不是我国产业结构不合理的问题,而是在政府干预过多下的市场准入开放性、公平性、透明度不足,以及准入管理程序复杂等问题。

负面清单不是《产业结构调整指导目录》的另一个版本,而是新型外商投资管理制度。在法律层面上,负面清单的法律层级如果不高于产业结构调整目录、政府核准目录、行政审批目录等,就很难发挥其应有的作用。因此,需要在法律层面上清晰市场准入负面清单制度的功能定位,做好实行市场准入负面清单制度与法律、法规的衔接,清理废除妨碍统一市场和公平竞争的各种规定和做法,在总结前期试点经验的基础上,尽快实行全国统一的市场准入负面清单制度。

二、全国统一实行负面清单制度,市场准入取得突破性进展

从2018年7月开始,负面清单明确分为全国版和自贸试验区版两种版本。这表明负面清单制度在全国范围复制推广后,自贸试验区仍然继续承担先试先行国际投资贸易最新规则的职责。

(一) 2018全国统一的市场准入负面清单如期公布①

1. 两份新版负面清单如期公布

2018年6月28日、30日,国家发改委和商务部官网分别印发了《外商投资准入特别管理措施(负面清单)(2018年版)》、《自由贸易试验区外商投资准入特别管理措施(负面清单)(2018年版)》[以下简称"清单(2018年版)"]。"清单(2018年版)"自2018年7月28日起施行。同年12月,国家发改委、商务部正式印发"清单(2018年版)",标志着我国市场准入负面清单制度进入了全面实施的新阶段。其中,全国版负面清单保留了48条特别管

---

① 国家发展改革委,商务部. 国家发展改革委 商务部令2018年第18号,外商投资准入特别管理措施[Z]. 中国对外经济贸易文告,2018 (42):8-11;国家发改委,商务部. 国家发展改革委 商务部门第19号,自由贸易试验区外商投资准入特别管理措施(负面清单)(2018年版)[Z]. 中国对外经济贸易文告,2018 (42):12-16。

理措施，自贸区版负面清单保留了45条特别管理措施。上海自贸试验区负面清单，五年从190条"瘦身"到45条。

参照国际标准，"清单（2018年版）"以统一、透明的方式列明了股权要求、高管要求等特别管理措施。作为对外商投资实行"准入前国民待遇+负面清单"管理制度的基本依据，负面清单之外的领域，按照内外资一致原则实施管理，不得专门针对外商投资准入进行限制。"清单（2018年版）"实施后，2017年6月28日发展改革委、商务部印发的《外商投资产业指导目录（2017年修订）》中的外商投资准入负面清单同时废止，鼓励外商投资产业目录继续执行。

负面清单制度全面实施一方面预示着清单之外的所有行业、领域、业务等真正实现了"非禁即入"，预示着全国实施了30多年的传统审批制度逐步退出历史舞台。负面清单制度从局部试点走向全国统一实施，有利于打破各种形式的不合理限制和隐性壁垒，让市场这只"看不见的手"发挥决定性作用。另一方面真正体现了对市场公平竞争的促进，无论是国企、民企还是混合所有制企业，无论是内资、外资，大企业还是中小企业，都享有同等的市场准入条件待遇；真正实现"海阔凭鱼跃，天高任鸟飞"。

2. 市场准入大幅度放宽①

2018年版的两份负面清单与以往试点的负面清单相比较，最突出的进展就是大幅度放宽外商投资的市场准入。

一是大幅放宽服务业准入。我国服务业快速发展，新业态、新模式竞相涌现，但发展水平、市场机制、服务供给有待提升。本次修订外商投资准入负面清单，服务业开放是重点。金融领域，取消银行业外资股比限制，将证券公司、基金管理公司、期货公司、寿险公司的外资股比放宽至51%，2021年取消金融领域所有外资股比限制。基础设施领域，取消铁路干线路网、电网外资限制。交通运输领域，取消铁路旅客运输公司、国际海上运输、国际船舶代理外资限制。商贸流通领域，取消加油站、粮食收购批发外资限制。文化领域，取消禁止投资互联网上网服务营业场所的规定。二是基本放开制造业投资准入。制造业是我国开放最早、市场竞争最充分的领域，为进一步开放奠定了基础。2018年版负面清单，基本放开了制造业。汽车行业取消专用车、新能源汽车外资股

---

① 国家发展改革委有关负责人. 以更大力度推进对外开放——国家发展改革委有关负责人就2018年版外商投资准入特别管理措施（负面清单）答记者问[EB/OL]. 中国国家发展和改革委员会网，2018-06-29.（以下章节引用这篇文章的引文不再重复做脚注）。

比限制，2020 年取消商用车外资股比限制，2022 年取消乘用车外资股比限制以及合资企业不超过两家的限制。船舶行业取消外资限制，包括设计、制造、修理各环节。飞机行业取消外资限制，包括干线飞机、支线飞机、通用飞机、直升机、无人机、浮空器等各类型。三是放宽农业和能源资源领域准入。农业领域，取消小麦、玉米之外农作物种子生产外资限制。能源领域，取消特殊稀缺煤类开采外资限制。资源领域，取消石墨开采、稀土冶炼分离、钨冶炼外资限制。

3. 与全国版相比较，自贸区版清单多取消了 3 条特别管理措施

在石油和天然气开采领域，取消了"石油、天然气（含煤层气，油页岩、油砂、页岩气等除外）的勘探、开发限于合资、合作"；在核燃料及核辐射加工业领域，取消了"禁止投资放射性矿产冶炼、加工，核燃料生产"；在文化娱乐领域，取消了"演出经纪机构须由中方控股"。

（二）2018 年版负面清单的主要特点

一是全方位推进开放市场准入。三次产业全面放宽市场准入，清单在金融、基础设施、交通运输、商贸流通、专业服务、文化、汽车、船舶、飞机、农业、能源、资源等多个领域推出了 22 项开放措施，限制措施缩减近 1/4。

二是大幅精简负面清单。2018 年全国版负面清单特别管理措施由 2017 年版的 63 条减至 48 条；2018 年自贸区版清单由 2017 年的 95 条措施减至 45 条措施。清单条目少了，意味着外商投资审批范围的缩小。

三是对部分领域开放做出整体安排。2018 年版负面清单，列出了汽车、金融领域对外开放路线图时间表，逐步加大开放力度，给予相关行业一定过渡期，增强开放市场准入的可预期性。

四是透明度和规范度提高。参照国际标准，2018 年版负面清单以统一、透明的方式列明了股权要求、高管要求等特别管理措施，负面清单之外的领域，各地区各部门不得专门针对外商投资准入进行限制，一律按照内外资一致的原则进行管理。

五是国际化水平进一步提高。全国版负面清单从《外商投资产业指导目录》中独立出来，与自贸试验区负面清单的表述和体例一致，使境外投资者更容易理解和对比。2018 年全国版负面清单的实施要经过汇总、审查，形成统一的市场准入负面清单，由国务院统一制定发布，实现一个清单全覆盖。未经国务院授权，各地区各部门不得自行发布市场准入负面清单，不得擅自增减市场准入负面清单条目。改变了 5 年试行期政出多门"分割市场"的混乱局面；实现了

对外商投资从"区别对待"转变为"平等对待"。

对于一般性行业采用"无罪假定",避免了事前对行为主体的预判和严苛的行政审批,给予市场主体充足的自主权和准入机会,采用开放度更高、包容性更强的管理模式,体现了从"有罪假定"向"无罪假定"的转变。实行市场准入负面清单制度,意味着将监管关口后移,由事前审批逐步转为事中事后监管,通过动态的、全流程的风险监测与管理,把该管的事管好,使市场既充满活力又规范有序。2018年全国版负面清单,再次大幅放宽外资市场准入,对构建开放型经济新体制具有重大意义。

(三)2019年、2020年负面清单继续动态调整①

实行负面清单管理制度是一项系统工程,需要持续完善、动态调整。2019年11月22日,国家发改委和商务部正式印发并实施《市场准入负面清单(2019年版)》[以下简称"清单(2019年版)"]。全国外资准入负面清单条目由48条措施减至40条,自贸试验区外资准入负面清单条目由45条减至37条。清单(2019年版)共列入事项131项,相比清单(2018年版)减少了20项。"全国一张清单"体系更加完善。

与2018年负面清单相比较,2019年的全国版和自贸试验区版负面清单的扩大开放新措施有:取消石油天然气勘探开发限于合资、合作的限制;取消钼、锡、锑、萤石的勘查、开采限制;取消禁止外商投资宣纸、墨锭生产的限制;取消国家保护的原产于中国的野生动植物资源开发的限制等5项第一、第二产业的限制措施,取消服务业5项限制措施。自贸试验区版措施还有取消出版物印刷须由中方控股的要求;取消中国管辖海域及内陆水域水产品捕捞投资限制两项,这两项措施区外仍禁止。

国家发改委体制改革综合司的评论认为,清单(2019年版)在保证稳定性和连续性的基础上,进一步缩减和优化了管理措施,丰富了信息公开内容,整个清单更加成熟,以清单为主要形式的负面清单管理体系不断健全。

一是纳入"地方国家重点生态功能区和农产品主产区产业准入负面清单(或禁止限制目录)",取消各地区自行编制发布的市场准入类负面清单23个。二是及时纳入新设立的措施,增列部分符合清单定位的措施,进一步丰富地方性措施,确保合法有效准入措施全部纳入。三是放开一批有含金量的措施,移

---

① 国家发展改革委,商务部. 国家发展改革委 商务部令2019年第26号,自由贸易试验区外商投资准入特别管理措施(负面清单)(2019年版)[J].中华人民共和国国务院公报,2019(25):41-44.(以下章节引用这篇文件的引文不再重复做脚注。)

出部分不符合清单定位的措施，持续推动缩短负面清单长度。四是公布清单措施主管部门，完成清单事项统一编码，为实现"一目了然、一网通办"奠定基础。五是广泛吸收有关部门、各地区、相关行业协会和市场主体的意见建议，清单更加全面、准确地反映市场主体的诉求和期盼。

2019年4月，国务院印发国函〔2019〕38号文件，在全国复制推广自贸试验区第五批改革试点经验。其中，在全国范围复制推广投资管理领域的改革事项5项："公证'最多跑一次'""自然人'一人式'税收档案""网上办理跨区域涉税事项""优化涉税事项办理程序，压缩办理时限""企业名称自主申报制度"等。在自贸试验区复制推广投资管理领域的改革事项一项："推进合作制公证机构试点。"[1]

2020年6月23日，国家发改委和商务部再次印发外商投资准入2020年全国版和自贸试验区版负面清单。其中全国版负面清单由40条减至33条，自贸试验区版负面清单由37条减至30条。新版负面清单主要举措有以下几点。一是加快服务业重点领域开放进程（相关措施见下一章）。二是放宽制造业、农业准入。制造业方面，放开商用车制造外资股比限制，取消禁止外商投资放射性矿产冶炼、加工和核燃料生产的规定。农业方面，将小麦新品种选育和种子生产须由中方控股放宽为中方股比不低于34%。三是继续在自贸试验区进行试点，相关服务业开放措施两项。[2]

2020年6月28日，国务院印发国函〔2020〕96号文件，在全国复制推广自贸试验区第六批改革试点经验。其中，在全国范围复制推广投资管理领域的改革事项9项。

"出版物发行业务许可与网络发行备案联办制度""绿色船舶修理企业规范管理""电力工程审批绿色通道""以三维地籍为核心的土地立体化管理模式""不动产登记业务便民模式""增值税小规模纳税人智能辅助申报服务""证照'一口受理、并联办理'审批服务模式""企业'套餐式'注销服务模式""医疗器械注册人委托生产模式"等。[3]

---

[1] 国务院. 关于做好自由贸易试验区第五批改革试点经验复制推广工作的通知［J］. 中华人民共和国国务院公报，2019（13）：34-37.（以下章节引用这篇文件的引文不再重复做脚注。）

[2] 国家发展改革委. 国家发展改革委有关负责人就2020年版外商投资准入负面清单答记者问［EB/OL］. 中国国家发展和改革委员会网，2020-06-24.

[3] 国务院. 关于做好自由贸易试验区第六批改革试点经验复制推广工作的通知［J］. 中华人民共和国国务院公报，2020（20）：16-22.（以下各章节引用这篇文件的引文不再重复做脚注。）

2019 年、2020 年版负面清单在保持鼓励外商投资政策连续稳定性的基础上，外商投资范围进一步放宽，预期会进一步促进高端行业外商投资的流入，凸显了以接轨国际巨型 FTAs 投资新规则为契机，进一步扩大投资准入开放，加快发展高水平、高质量开放型经济体系的中国国家战略。

（四）渐进式投资准入制度变迁分析

我国通过六年的时间将市场准入负面清单管理体制在国内复制推广，实现全国统一的市场准入负面清单制度。这种渐进式强制性制度变迁的方式已经呈现出良好成效。

1. 投资领域里的扩大开放，促进了我国营商环境的改善

交通运输、金融等重大领域强制性制度变迁的举措，表明高水平的投资准入，促进了高质量营商环境的持续改善。根据 2019 年 10 月 24 日，世界银行在美国华盛顿发布的《2020 年营商环境报告》数据（以下简称"报告"），大力推进负面清单管理制度等一系列扩大开放的改革，使得中国连续两年跻身全球营商环境改善最大的经济体排名前十，并且在总排名中继续获得大幅提升——由 2018 年的 46 位上升至 31 位，位列东亚太平洋地区第 7 位，仅次于日本（见图 6.3）。

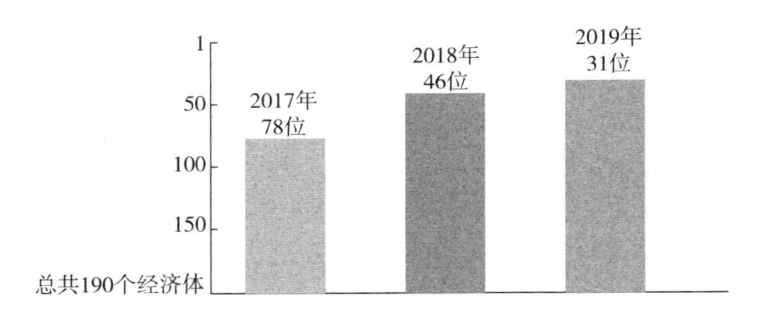

图 6.3 中国营商环境排名变化

报告中，世界银行认为，中国为改善中小企业的国内营商环境做出了巨大努力；近期的改革让中国成为执行合同效率最高的经济体之一；中国是参与测评的 190 个经济体中改善项目第二多的经济体之一；世界银行正在把上海的相关改革经验分享给其他经济体。

在世界银行此次报告的测评时间内（2018 年 5 月 1 日—2019 年 5 月 1 日），中国创纪录地对 10 项营商环境一级指标——开办企业、办理施工许可、获得电力、登记财产、获得信贷、保护少数投资者、纳税、跨境贸易、执行合同和办理破产中的 8 项进行了改革，是参与测评的 190 个经济体中改善项目第二多的经济体之一，在满分 100 分中得到 77.9 分（见图 6.4）。例如，报告显示，目前

在中国办理施工许可证耗时111天，在该指标的质量指数上得到15分的满分，高于东亚地区的132天和9.4分的平均水平。

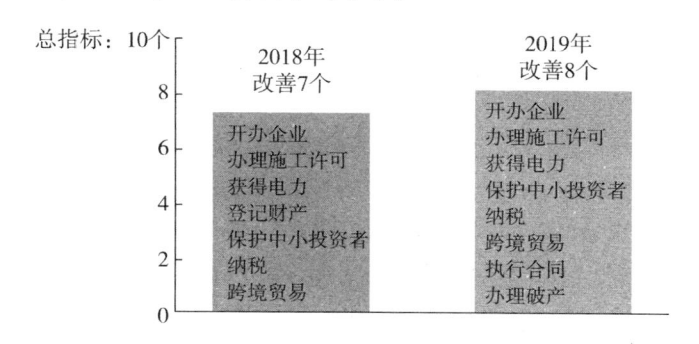

图6.4　中国改善指标数量

注：数据来源于世界银行《2020年营商环境报告》，2019年10月24日。

营商环境的持续改善，说明市场准入负面清单制度这一有效的强制性制度变迁，促进了国际国内要素有序自由流动，更好地利用了两个市场两种资源，促进资源高效配置，境内境外市场深度融合，持续提升了我国经济的国际竞争力；是中国国家执政者较高的理性化水平、开放的有弹性的意识形态、强有力的管理机器、符合社会前进方向的社会利益集团、充分的社会科学知识等多种力量共同作用的结果。

2. 提高了市场主体信心

市场准入负面清单制度变迁通过渐进式地探索，确定经济行为主体的权利范围，对整个社会的经济活动起协调作用。这一强制性制度变迁，不仅激发了各类市场主体、非公有制经济的活力，为发挥市场在资源配置中的决定性作用，助力提升行业竞争，吸引高质量外资，从而提升行业供给质量及经济发展质量；而且为市场主体的创业创新提供了更大空间，为培育华为、阿里、腾讯等具有世界竞争力的一流企业提供了良好的制度环境。

3. 规范了政府的监管行为，有效推动政府"定好位，防越位，不缺位"

市场准入负面清单制度渐进式地变迁，是通过市场"看不见的手"与政府"看得见的手"的合理分工和协调来实现的。通过实行负面清单制度，有利于明确政府发挥作用的职责边界，提高行政管理的效率和效能，推进市场监管制度化、规范化、程序化。同时，实行市场负面清单制度，也有利于强化政府在战略、规划、政策、标准等制定和实施方面的功能，发挥政府在维护市场秩序、提供公共服务、促进就业、稳定经济增长方面的作用，让改革成果惠及人民。

事实表明，负面清单制度的引导，使得外商投资呈现出涌向高技术服务业、新能源、机器人、半导体高端制造业等高端产业的新趋势，顺应新趋势加快市场准入改革和优化营商环境，是中国政府按照自身发展逻辑和基于历史经验的主动选择。积极引进高质量外资不仅能直接扩大消费选择，也将产生"鲶鱼效应"，激励本土企业生产更高品质的产品，更好地满足人民日益增长的美好生活的需要。

第四节　变迁外商投资管理体制的配套改革

外商投资管理体制改革还包括外商投资管理备案制和事中事后监管等一系列配套改革，建立起与国际接轨的新型外商投资管理机制。

一、外商投资管理备案制的制度创新探索

（一）上海自贸试验区先试先行备案制的探索

上海自贸试验区外资准入实行由"审批制"到"备案制"的制度变迁，是我国吸引外资投资，努力融入经济全球价值链进程的一项具体措施。试验区作为制度变迁的试验田，目的是形成可复制推广的方案。外商投资企业的审批规定，主要体现在1979年颁布的《中外合资经营企业法》、1986年颁布的《外资企业法》和1988年颁布的《中外合作经营企业法》（简称"外资企业三法"）中。2013年8月30日，国务院对"外资企业三法"在自贸试验区内做了暂时调整，改外资"审批制"为"备案制"。9月29日，上海市政府出台《上海自贸试验区外商投资企业备案管理办法》，将负面清单以外的外商投资项目由核准制改为备案制，为外资企业备案管理的实施奠定了法律依据，这是与国际接轨的扩大开放的重要举措，标志着重构政府与市场关系探索的开始。

首先，此前外资企业的设立、合并等需要报审批机关批准，而自贸区暂时调整对"外资企业三法"规定的有关行政审批，暂停了多项行政审批，改为备案管理。负面清单的小类管理，只国民经济的18个门类的1069个小类中的190个小类有管理措施，超过80%的外商投资项目由核准制改为备案制。备案制流程如下：通过备案系统在线填报和提交备案申请；备案机构甄别申报事项是否属于备案范围，并核对填报信息形式上的完整性和准确性；备案人自行选择是否领取备案回执。对申报事项属于备案范围的，备案机构应在3个工作日内完

成备案，并且备案不作为办理工商、外汇登记等手续的前置条件。

其次，注册资本由"实缴"变"认缴"。这一转变意味着理论上一元钱都能办公司，说明自贸试验区内"门槛很低，大门很宽"，节约了公司注册的时间和成本，改善了营商环境，最终实现创业"零门槛"。外商投资备案制是最具标志性意义的强制性制度变迁措施之一，这项制度创新的目的在于接轨国际通行规则，放开对外商投资的准入管制，提高市场效率。一大批金融、航运、商贸、专业、文化以及社会等服务领域的外商投资项目成为这项改革最直接的受益者。例如，2014年5月，首个外资独资游戏机、游艺机企业——微软游戏游艺设备（上海）有限公司在上海自贸试验区成立，独资公司3个工作日就完成了备案和登记手续，获得了营业执照。按照工商"先照后证"的登记制度改革，微软可在取得营业执照后，再向主管部门申请生产经营活动许可，新公司的设立和筹备时间大幅缩减。

（二）备案制向四个自贸试验区复制推广

为进一步扩大对外开放，在自贸试验区营造国际化、法治化、市场化营商环境，2015年4月，商务部印发了《自由贸易试验区外商投资备案管理办法（试行）》，在粤、津、闽、沪自贸试验区扩区后的非保税区域复制推广，这项改革受益范围不断扩大。例如，在上海金桥片区，美安康质量检测技术（上海）有限公司就成为首家设立的外资认证机构。

以前，外资认证机构要进入中国市场，需要一些"硬条件"：有10名以上相应领域的专职认证人员，取得其所在国家或地区认可机构的认可，具有3年以上从事认证活动的业务经历等。美安康由美国ACC独家授权，美国ACC虽然具有多个行业内领袖级专家，但它是一家非营利性的专家委员会机构。按照之前的外资认证准入条件，不具备进入中国的资格。上海自贸区扩区后，外商投资进出口商品认证公司的设立在负面清单管理以外，外资认证机构的设立由审批制改为备案制，使得美安康得以顺利进驻金桥片区。配套改革中将认证机构许可改为后置，企业可直接在投资直通车网上申请成立认证公司，再办理认证机构许可，认证机构的设立时间大幅缩短。美安康仅用半个月时间就拿到了营业执照。美安康的进驻，不仅能降低中国企业的出口认证成本，而且引入了先进的食品安全检测手段，有利于提高中国认证行业的方式和水平。[1]

据商务部数据，2016年1—5月，沪、粤、津、闽四个自贸试验区共设立企业69177家。其中，内资企业65117家，注册资本19520亿元；外商投资企业

---

[1] 任蕙兰. 受惠"负面清单"政策"食蟹者"说[N]. 新民周刊，2016-10-09.

4060 家，合同外资 3086 亿元。通过备案新设的外商投资企业 4030 家，占比 99.3%①，自贸试验区新设立的外商投资企业几乎均采用了备案的方式。与"逐案审批制"相比，纸质材料减少 90%，办理时限由 20 个工作日缩减至 3 个工作日内，受到外商投资企业的广泛认可。

2016 年 7 月 19 日，国务院印发了《关于在自由贸易试验区暂时调整有关行政法规、国务院文件和经国务院批准的部门规章规定的决定》，调整事项共 51 项。调整后，我国针对试验区内外资的多项变更事项管理由审批制改为备案制。其中包括粤、津、闽自贸试验区和上海自贸试验区扩展区域，暂停对外资企业设立的审批，改为备案管理；暂停实施外资企业分立、合并或者其他原因导致资本发生重大变动审批，改为备案管理；暂停实施外国投资者出资方式审批，改为备案管理等。调整体现出国家将自贸试验区与国际通行做法接轨的意图，为进一步在全国推广复制自贸试验区的经验铺平了道路。

（三）备案制向全国复制推广与动态调整

备案制度意味着政府职能的转变，不仅体现出从事前审批为主转向事中事后监管为主，而且与负面清单尝试相匹配，使其在全国复制推广成为可行。2015 年 1 月，外商投资广告企业项目备案制、涉税事项网上审批备案、税务登记号码网上自动赋码、网上自主办税、纳税信用管理的网上信用评级、组织机构代码实时赋码、企业标准备案管理制度创新、取消生产许可证委托加工备案、企业设立实行"单一窗口"等备案制管理改革事项在全国范围复制推广。

2016 年 9 月 3 日，全国人大常委会通过了《关于修改〈中华人民共和国外资企业法〉等四部法律的决定》（以下简称《外资企业法》）。在《外资企业法》中新增第二十三条规定："举办外资企业不涉及国家规定实施准入特别管理措施的，对本法第六条、第十条、第二十条规定的审批事项，适用备案管理。国家规定的准入特别管理措施由国务院发布或者批准发布。"② 该规定将非负面清单范围的外商投资企业设立及变更事项，由审批变为备案管理。这项规定使外商投资备案的全国复制推广有了法律依据。外商投资备案制在上海自贸试验区试点三周年后，商务部于 2016 年 10 月 8 日印发了《外商投资企业设立及变

---

① 张可. 我国自由贸易区运行形势 [J]. 商业文化，2016（23）：81.
② 全国人民代表大会常务委员会关于修改《中华人民共和国外资企业法》等四部法律的决定 [Z]. 中华人民共和国全国人民代表大会常务委员会公报，2016（05）：776-783.

更备案管理暂行办法》（简称《备案办法》）。① 将不涉及国家规定实施准入特别管理措施的外商投资企业设立及变更，由审批改为备案管理。备案流程与在上海自贸试验区试行的方式一致；全国版与上海版备案制唯一的不同在于，自贸区备案制所依托的是负面清单，但由于全国版负面清单尚未出台，因此依据的是《外商投资产业指导目录（2015年修订）》。这一改革措施将使外商在中国设立及变更企业的审批缩减95%以上。投资管理领域备案制的复制推广包括前文所述（2015年1月）的九项举措。

2017年7月30日，商务部正式印发《关于修改〈外商投资企业设立及变更备案管理暂行办法〉的决定》②，对《备案办法》的部分规定进行修订：

明确了《备案办法》没有纳入的外资并购、外资对上市公司战略投资适用外资的备案管理制度，适用范围不涉及关联并购和特殊行业并购。在涉及外商投资准入特别管理措施范围之内，属于审批范围，在不涉及外商投资准入特别管理措施的范围之内，则属于备案范围。对外商投资准入负面清单之外的领域，按照内外资一致原则，外商投资项目实行备案制（国务院规定对国内投资项目保留核准的除外）。根据全国人民代表大会常务委员会授权，将外商投资企业设立、变更及合同章程审批改为备案管理，备案后按国家有关规定办理相关手续。对境外投资项目和境外投资开办企业实行以备案制为主的管理方式，建立完善境外投资服务促进平台。

为了在全国全面推行外商投资备案制，优化备案管理程序，促进投资便利化，2018年6月，商务部再次对2017年《备案办法》进行修改③。修改内容如下：

一是将第五条第一款、第二款修改为："设立外商投资企业，属于本办法规定的备案范围的，全体投资者（或外商投资股份有限公司董事会）指定的代表或共同委托的代理人在向工商和市场监督管理部门办理设立登记时，应一并在线报送外商投资企业设立备案信息。由于并购、吸收合并等方式，非外商投资企业转变为外商投资企业，属于本办法规定的备案范围的，在向工商和市场监督管理部门办理变更登记时，应一并在线报送外商投资企业设立备案信息。"增

---

① 中华人民共和国商务部令2016年第3号《外商投资企业设立及变更备案管理暂行办法》[J]. 中华人民共和国国务院公报，2017（15）：49-54.
② 商务部. 关于修改外商投资企业设立及变更备案管理暂行办法的决定[J]. 中华人民共和国国务院公报，2017（33）：73-79.
③ 商务部. 商务部令2018年第6号 关于修改外商投资企业设立及变更备案管理暂行办法的决定[J]. 中华人民共和国国务院公报，2018（25）：34-40.

加一款，作为第五条第三款："备案机构自取得工商和市场监督管理部门推送的备案信息时，开始办理备案手续，并应同时告知投资者。"

二是删除第七条第一款、第三款，删除第二款中的"登记前或"。

三是删除第八条第一款中的"通过综合管理系统"，并将该款第（三）项中的"或全体发起人"修改为"或外商投资股份有限公司董事会"。

四是删除第九条。

五是将第十二条第一款中的"外商投资企业或其投资者在线提交《设立申报表》或《变更申报表》及相关文件后，备案机构对填报信息形式上的完整性和准确性进行核对"修改为"备案机构取得外商投资企业设立或变更备案信息后，对填报信息形式上的完整性和准确性进行核对"；将第二款最后一句修改为"外商投资企业或其投资者应于5个工作日内就同一设立或变更事项向备案机构另行申请补充备案信息。"

六是删除第十三条中的"外商投资企业名称预核准材料（复印件）"。

外商投资备案制由自贸试验区向全国推广和动态调整，是对上海经验的认可，将会促进在全国范围内营造优良的外商投资环境，促进外商投资。备案制的实施，对政府的管理方式提出了更高的要求，要求政府从审批型改为服务型，注重事中事后监管。这就要求政府今后出台事中事后监管体系建设总体方案，对事中事后监管进行顶层设计，提升外资监管的科学性、规范性和透明度，营造法治化、国际化、便利化的营商环境。

二、事中事后监管制度创新的探索

2013年上海自贸试验区总体方案明确提出试行探索事中事后监管制度的任务："要推进政府管理由注重事先审批转为注重事中事后监管。建立行业信息跟踪、监管和归集的综合性评估机制。建立集中统一的市场监管综合执法体系，在质量技术监督、食品药品监管、知识产权、工商、税务等管理领域，实现高效监管，积极鼓励社会力量参与市场监督。提高行政透明度，完善体现投资者参与、符合国际规则的信息公开机制。"

（一）事中事后监管制度建设的探索

从2013年自贸试验区成立到2015年年底，上海积极探索构建事中事后监管的基本制度，初步形成包括企业年报公示与经营异常名录制度、综合执法制度、社会信用体系、社会力量参与市场监督制度、国家安全审查制度、监管信息共享制度、反垄断审查制度等事中事后监管制度，提高政府服务管理的透明度。

1. 建立企业年度报告公示和经营异常名录制度

停止企业年检制度，实行企业年报公示制是国家工商总局在上海自贸试验区最早试行的事中事后监管制度之一。2014年2月，国家工商总局通知："决定自2014年3月1日起停止对来华从事经营活动的外国企业，及其他经营单位的企业年检工作。"① 通知开启了全国企业年报公示制改革的序幕。

2014年3月，上海自贸试验区在年报公示制度上先行先试。为此，上海制定了两个规范性文件：《中国（上海）自由贸易试验区企业年度报告公示办法（试行）》以及《中国（上海）自由贸易试验区企业经营异常名录管理办法（试行）》②。办法指出企业年度报告公示，是指试验区内企业应当在每年3月1日至6月30日，通过电子身份认证登录上海市工商行政管理局门户网站的企业信用信息公示系统向工商行政管理机关报送上一年度报告后，向社会公示。在上海自贸区试行基础上，2014年8月国务院印发了《企业信息公示暂行条例》（以下简称"条例"），从10月1日起正式施行，从法律上规范和固定了这一重要的事后监管制度创新，并作为自贸区可复制推广的经验向全国复制推广。

企业年度报告制度不是单纯地对企业年度检验制度的调整，而是全新的制度创新。

首先，公示信息增加了实时申报的内容，企业应该在股权变更、受到行政处罚、知识产权出资登记信息等信息形成之日起20个工作日内及时申报信息，否则需要承担法律后果；从公司责任来说，以往企业提交信息是对政府负责，年报公示则转变为对社会负责，企业将对公示信息的真实性、准确性负责。其次，虽然条例不再依靠传统的行政处罚手段，但对不按照规定公示信息的市场主体，更加注重运用信息公示、社会监督等手段强化对企业的信用约束。这些约束措施包括设立经营异常名录制度以及严重违法企业名单制度。被列入"黑名单"的企业将遭遇"一处违法、处处受限"的信用约束，在政府采购、工程招投标、国有土地出让等方面被限制或禁入。

---

① 工商总局. 关于停止企业年度检验工作的通知-工商企字〔2014〕28号-工商总局-部委文件［EB/OL］. 中国政府网，2014-02-14.
② 上海市工商行政管理局. 关于印发《中国（上海）自由贸易试验区企业年度报告公示办法（试行）》《中国（上海）自由贸易试验区企业经营异常名录管理办法（试行）》的通知［EB/OL］. 上海市人民政府网，2014-03-12.

2. 其他事中事后监管制度建设的探索①

2014—2015年期间，上海自贸试验区就信息共享和综合执法制度、社会信用体系、信息共享和综合执法制度、社会力量参与市场监督制度、安全审查制度、反垄断审查制度进行探索，并初见成效。例如，在已实施的城管综合执法基础上，初步理顺试验区综合执法体系。形成包括市场监督综合执法、文化综合执法、城市建设管理综合执法以及覆盖版权、商标、专利的知识产权综合执法等在内的试验区执法体系。这些制度以成熟一项、复制推广一项的方式先后向其他自贸试验区复制推广，然后再向全国复制推广。

例如，2015年4月8日国务院办公厅印发的《自由贸易试验区外商投资国家安全审查试行办法》，开始将此前仅适用外资并购领域的国家安全审查制度，适用于沪、粤、津、闽自贸区的外商投资领域。又如，2014—2015年，信息共享和综合执法制度、社会力量参与市场监督制度，以及各部门的专业监管制度等先后向全国复制推广。

事中事后监管制度机制的先试先行，明确了内外资一致原则，培育公开透明的政府管理理念，推动了政府职能部门的改革。建立第三方检验、评估和结果采信制度，培育从权力管理企业向服务企业转型的市场型政府管理理念。这些理念日渐被各地政府广泛接受，为进一步开展"放管服"改革，深化事中事后监管体系探索奠定了基础。

（二）围绕"放管服"深化事中事后监管体系探索

2016年8月12日，上海市政府正式印发关于《进一步深化中国（上海）自由贸易试验区和浦东新区事中事后监管体系建设总体方案》的通知，开始新一轮深化事中事后监管体系探索，总思路是"放管服"，也就是简政放权、放管结合、优化服务。

1."放管服"改革

"放"，就是要对标国际通行规则，加大改革力度，进行"压力测试"，让市场在资源配置中起决定性作用。2015年，上海自贸试验区和浦东新区全面承接市级职能部门下放的151项行政审批事项，全面取消按传统行政区域划界、人为地分割市场和清理红顶中介，降低了市场准入门槛。2016年，上海自贸试验区和浦东新区将积极推进"证照分离"改革试点，对116项行政审批事项按照完全取消审批、审批改备案、实行告知承诺制、提高审批透明度和可预期性、

---

① 陈奇星. 强化事中事后监管：上海自贸试验区的探索与思考 [J]. 中国行政管理, 2015 (06): 25-28.

加强市场准入管理5种方式进行改革。未来，按照"证照分离"改革试点的要求，上海自贸试验区和浦东新区还将对区级441项行政审批事项进行改革。

"管"就是开展政府管理由注重事先审批转为注重事中事后监管的改革，将监管关口后移，把更多监管资源投向加强对市场主体投资经营行为的事中事后监管。主要任务有八项：创新市场评价机制、建立新型业界自治平台、发挥第三方专业机构监督作用、完善市场退出机制、"证照分离"、改革116项许可证事项的监管方式、深化浦东新区大部门制改革、完善浦东新区网上政务大厅等多个事项。

"服"就是减少政府对市场的干预，用更优的服务营造良好的营商环境，优化办事流程，提高行政服务效率。为此，上海自贸试验区自2015年以来积极开展完善企业准入"单一窗口"制度等便利化改革。[1] 先后推出准入便利化"双十条"新措施；加快企业准入"单一窗口"从企业设立向企业工商变更、统计登记、报关报检单位备案登记等环节拓展，逐步扩大"单一窗口"受理事项范围；探索开展电子营业执照和企业登记全程电子化试点工作；探索实行工商营业执照、组织机构代码证和税务登记证"多证联办"或"三证合一"登记制度；推行服务窗口无否决权、一线受理人员"只说Yes不说No"等一系列便利化措施，努力为企业营造良好的营商环境。

改革的目标是打造服务型行政管理体系，营造法治化、国际化、便利化的营商环境，公平、统一、高效的市场环境，最终建立以综合监管为基础、以专业监管为支撑的监管体系，构建市场主体自律、业界自治、社会监督、政府监管互为支撑的监管格局，全面提升开放条件下的公共治理能力，使市场既充满活力又规范有序。

2. 创新监管方式

创新监管方式主要探索完善精准监管、协同监管、分类监管、动态监管等四种创新监管方式。精准监管是针对量大面广的经济活动，通过运用大数据等方式实施精准"靶向治疗"；协同监管解决的是对大量的跨界、跨市场、跨行业的新业态、新模式、新技术的监管问题，提高部门间信息共享和监管协同的效率；分类监管解决的是市场主体的诚信分类问题，对列入白名单和黑名单的予以区别对待，同时建立白黑名单的转化机制，增强企业的自我约束意识；动态监管解决的是针对千变万化的企业经营活动，提高风险预警、过程纠偏等问题。

总之，深化"放管服"改革，加快构建权责明确、公平公正、公开透明、简约

---

[1] 姜浩峰，王鹏. 放和管的艺术[N]. 新民周刊，2016-10-09.

高效的事中事后监管体系,有利于促进市场自律、政府监管、社会监督互为支撑的协同监管格局的形成。

(三)事中事后监管举措的全国复制推广

根据国务院于2018年5月通知(国发〔2018〕12号)在全国复制推广的事中事后监管措施有7项:"企业送达信息共享机制""边检服务掌上直通车""简化外锚地保税燃料油加注船舶入出境手续""国内航行内河船舶进出港管理新模式""外锚地保税燃料油受油船舶便利化海事监管模式""保税燃料油供油企业信用监管新模式""海关企业注册及电子口岸入网全程无纸化"。根据国务院2019年4月的通知(国函〔2019〕38号),在全国复制推广的事中事后监管措施有:"审批告知承诺制、市场主体自我信用承诺及第三方信用评价三项信用信息公示""公共信用信息'三清单'(数据清单、行为清单、应用清单)编制""实施船舶安全检查智能选船机制""进境粮食检疫全流程监管""优化进口粮食江海联运检疫监管措施""优化进境保税油检验监管制度"等6项。根据国务院2020年6月28日通知(国函〔2020〕96号文件),在全国复制推广的事中事后监管措施有6项:"'委托公证+政府询价+异地处置'财产执行云处置模式""多领域实施包容免罚清单模式""海关公证电子送达系统""商事主体信用修复制度""融资租赁公司风险防控大数据平台""大型机场运行协调新机制"。

2019年9月国务院印发关于加强和规范事中事后监管的指导意见,提出夯实监管责任、健全监管规则和标准、创新和完善监管方式、构建协同监管格局、提升监管规范性和透明度等五个方面政策措施,强调要持续深化"放管服"改革,坚持放管结合、并重,把更多行政资源从事前审批转到加强事中事后监管上来,加快构建权责明确、公平公正、公开透明、简约高效的事中事后监管体系,形成市场自律、政府监管、社会监督互为支撑的协同监管格局,切实管出公平、管出效率、管出活力,促进提高市场主体竞争力和市场效率,推动经济社会持续健康发展。

归纳上述,在变迁外商投资管理体制改革的先试先行和全国扩容方面,9年来,我国初步建立了全国统一的负面清单管理模式和外商投资备案管理体制。建立了相应的风险防范与安全保障机制:简化审批的事中事后监管机制;外商投资准入的国家安全审查制度;外商投资准入与经营的反垄断调查机制。初步形成"负面清单+备案制+事中事后监管"的、接轨国际通行投资贸易新规的基本制度框架,为"新时期"国家开展FTA谈判、签署RCEP协定持续提供压力测试和现实依据。全章分析表明,自贸试验区是FTA、CSSZ、FTZ三者功能兼容的制度创新试验区,而非FTZ。

第七章

扩容接轨国际　服务业扩大开放的制度变迁

上海自贸试验区扩容,在全国布局建设各具特色的"迷你版功能型现代自由贸易区"的第二项任务是金融、航运、商贸、专业、文化、社会服务六大服务业扩大开放的试行,试行重点是投资准入扩大开放,通过服务业扩大开放促进现代服务业与高附加值、高技术含量的高端制造业的融合发展。本章有关试验区六大服务业开放举措的分析,以国家和上海市发布的负面清单、外商投资产业指导目录、中央主管部委和上海市政府的相关说明为基准,以准确体现强制性制度变迁的制度创新举措。

第一节　先试先行服务业投资准入扩大开放制度创新的探索

"2013 年方案"的六大服务业投资准入扩大开放,涉及 18 个行业。通过 9 年先试先行的渐进式强制性制度变迁方式将自贸试验区扩容试行的制度创新复制推广到全国。

一、先试先行扩大服务业开放制度变迁必要性分析

（一）扩大服务业开放是中国融入全球产业链、价值链的不二选择

21 世纪的全球产业链体系发展出现了与 20 世纪不同的特点,即在更专业化的基础上,第二、第三产业相互融合,形成价值链、供应链、产业链三链协同生产的趋势。生产性服务业发展出现了三大重塑全球价值链的走向。

一是 2007 年以来跨境服务增速比货物贸易增速高 60%。诸如电信和 IT 服务、商业服务和知识产权使用费等增速甚至是货物贸易增速的 2—3 倍,例如,在中国,移动互联网服务在消费领域的异军突起,仅仅十年,从小到大,弯道超车,成为仅次于美国的移动互联网服务的全球第二大国。根据各国官方统计

数据计算，服务业在所有类别的贸易总量中占比仅为23%，但如果纳入出口商品的附加值（研发、工程、销售和营销、金融和人力资源等服务业）、企业输送给境外子公司的无形资产（软件、品牌、设计、运营流程，以及总部开发的各种知识产权等5类）、面向全球用户的免费数字服务（电子邮件、实时导航、视频会议和社交媒体等）这3个渠道的经济价值，该数字就会升高到50%以上。所以，各国都非常重视促进服务业的发展，因为一个企业乃至一个国家未来能否在全球价值链和贸易往来中占得一席，其服务业水平将是一个重要指标。

二是全球价值链的知识密集度不断提高。在全球创新价值链中这点尤为凸显。例如，医药和医疗设备企业营收的八成都用于研发和无形资产，机械和设备制造企业也有36%。这一趋势使得创新研发能力强大、高技能劳动力众多、知识产权保护水平高的国家获益。价值创造正在向上下游转移（上游活动包括研发和设计等，下游活动包括分销、营销和售后服务等）。货物商品活动产生的价值占比持续降低（部分原因在于离岸外包拉低了价格）。这一趋势在制药和消费电子行业尤为明显，行业中出现一批"虚拟制造"企业，生产外包给代工厂，自己则集中精力在研发产品的技术服务与市场开发的营销服务上。

三是新技术正在改变全球价值链的成本。全球化就是数字化，2005年以来，跨境数据流动增长148倍。根据世界银行的数据，全世界目前有45.8%的数据存储在线上，而10年前这一比例只有20%。全球手机用户的总数已超过人口总数。2005—2017年的跨境宽带使用量增长了148倍。海量的通信信息和内容沿着这些数字通道往来传输——其中一些流量代表着境内企业与境外业务、供应商和客户之间的互动。基于数字技术的低成本即时沟通，降低了交易成本，促成贸易流动。未来，数字平台、区块链、物联网等技术将进一步降低交易和物流成本。而且，在某些情境下，下一轮技术发展浪潮很可能进一步削弱全球商品贸易，增强服务流动。

总之，当今世界的产业链不仅仅涉及按加工工序、按技术含量、按产业部门的纵向一体化和按区域、按品牌型号的横向一体化专业化分工合作；还涉及生产供应链体系的空运、海运、陆运等物流集成企业的相互衔接的专业化分工合作和跨境业务中保税、仓储和配送中心服务；产业链金融中的生产性融资租赁、期货期权、国际汇兑、高频交易等各种金融衍生服务。在许多国家，这些生产性服务业领域是开放的。但是在中国，这些服务业领域中的开放滞后于制造业领域的开放，对产业链布局起到拖后腿的影响；中国要确保泛亚洲和泛太平洋产业链中心的地位，融入正在重塑的全球价值链，扩大服务业的开放，补链、强链势在必行。

（二）扩大服务业开放是中国服务业转型升级的需要①

2010年以来，中国经济正逐渐从投资出口双轮拉动，向消费投资出口协同带动转型，内需驱动作用日趋凸显。2019年中国的GDP99万亿元，其中最终消费支出贡献率为57.8%，资本形成总额的贡献率为31.2%，货物和服务净出口的贡献率为11.0%。这说明中国对世界依存度在降低，经济增长的主要动力已是内需。那么，为什么中国坚定不移地加快实施FTA战略，全方位扩大开放，打造新型开放经济体系呢？

1. 中国服务业全球竞争力有待提升

中国外汇管理局数据显示，2019年，中国服务贸易总额为7433.92亿美元，同比下降2.1%，服务贸易规模相当于美国的51.47%，比上年降低了2.99个百分点。其中中国服务出口总额达2430.48亿美元，同比增长4.1%，服务出口规模相当于美国的28.70%；中国服务进口总额为5019.33亿美元，同比减少4.5%，服务进口规模相当于美国的84.01%；中国服务贸易逆差达到2588.85亿美元。数据表明，中国服务业仍有很大空间增进与世界的融合，目前在以下方面还存在距离。

中国货物贸易额占全球总额的11%，但服务贸易额仅占全球总额的6%左右。根据CNNIC在京发布第44次《中国互联网络发展状况统计报告》②，截至2019年6月，我国网民规模达8.54亿，但跨境数据流动的规模仅为美国的20%。中国在可再生能源上的投资占到全球的45%，但碳排放量占全球总量的28%，这意味着中国生产占全球16%左右的GDP，却付出了占全球碳排放量28%的代价。中国的研发支出全球第二，但知识产权进口额是出口额的6倍。经合组织"服务业外商直接投资监管限制指数"对中国的评分为0.39，而经合组织平均值为0.08。中国服务业全球竞争力还有很大的提升空间。③

---

① 本部分的中国数据分析主要根据国家统计局于2010年、2018年、2019年的国家国民经济和社会发展统计公报整理。
② 中国互联网络信息中心. 第44次《中国互联网络发展状况统计报告》[R/OL]. 中国互联网络信息中心网，2019-08-30.
③ 麦肯锡研究院. 变革中的全球化：贸易与价值链的未来图景，麦肯锡公司版权所有，2019年4月，www.mckinsey.com/featured–insights/innovation–and–growth/globalization–in–transition–the–future–of–trade–and–value–chains。

服务业在中国经济中的占比逐年增大，2010年第三产业增加值占GDP的比重为44%，2018年比重为52%，2019年比重达到53.91%。中国加入WTO以后，扩大了出口货物贸易与制造业的开放，促进了商品的自由流通；但服务业与进口开放相对滞后，这种滞后形成的相对保护，不利于生产要素的自由流通，特别是涉及金融等生产性服务业开放制度建设严重滞后，金融、电信、交通运输产业商品和服务价格居高不下，行业资本要素的真实回报率丰厚，致使行业垄断带来的高成本、低效率和国内企业融资成本高、商品流通成本高的局面迟迟得不到改善。特别是服务品质、服务能力和准入问题制约了很多服务行业的发展。数据显示，中国服务业的劳动生产率仅为经合组织平均水平的20%～50%。因此，服务业扩大开放的滞后会限制服务业竞争力的提升和迟滞中国现代化进程的步伐，如果不扩大服务业开放、放开服务行业的限制，中国与发达经济体之间的服务业的生产率差距将继续存在，不利于中国服务业竞争力的提升。如果继续扩大开放，全球企业都可以从中国服务业的扩大开放中获益。

2. 扩大服务业开放将会引发的制度变迁环境变化

（1）扩大服务业开放，将会打破传统服务业固有格局，特别是垄断利益集团势力较大的交通运输、金融业相对封闭的格局，从而打破垄断，激化竞争，有利于服务业创新创业业务的发展。服务领域创新创业企业具有双重身份：它既是制度创新主体也是市场竞争主体。例如，新媒体社交平台的崛起，不仅改变了行业的格局，还改变了原有的竞争规则。随着创新创业企业进入服务业市场，将产生两大影响。一是由于市场准入限制减少而促进市场扩大开放，激化竞争和差异化服务产品增多，例如，近几年，移动互联网进入金融服务业，不仅带来了共享经济理念，还带来了移动支付等差异化服务产品，从而改变了金融服务市场的竞争格局；二是规则的改变将促进公平竞争秩序的形成，从而有利于制度变迁成本的降低。

（2）服务业扩大开放，会引起服务行业制度创新的参照标杆的变化。服务业扩大开放，增加了学习和借鉴国际贸易投资最新通行规则制度安排的机会，例如，通过吸收型国际技术转移，进口创新，将促进中国经济整体向价值链上游挺进。若要加快技术引进的步伐，中国更需要借鉴国际最新通行知识产权保护制度，构建一套公平公正、诚信透明的知识产权保护制度，减少知识产权侵权。用以弥补服务行业原有知识产权保护制度供给的不足；降低服务行业制度创新设计与研发成本、试错成本和新制度安排的失败风险。

（3）服务业的扩大开放，会引起行业制度创新的收益变化，从而获取潜在利益：一是开放促进技术和知识在国际间交流，对中国来说，有助于扩大技术引进的种类，促进与国外投资者、机构和人才之间的合作，共同开发全球领先的解决方案，降低制度安排的交易费用；二是开放促进要素与产品在国际间的自由流动，降低要素或产品的相对价格，获取制度创新的潜在收益。但是如果维持服务行业领域对外资企业的种种限制，例如，对银行、铁路、航空等交通运输业的垄断，不仅阻碍了竞争，国际技术向中国转移也将受到限制，还阻碍了国内企业的创新和全要素生产率的提升。

二、六大服务业投资准入扩大开放主要制度创新举措

（一）金融服务业投资准入扩大开放措施的探索

金融领域投资准入扩大开放的措施，主要体现在负面清单 2013 版、2017 修订版减少的各项特别管理措施上。

1. 2013 年金融扩大开放主要举措

"2013 年方案"附件《中国（上海）自由贸易试验区服务业扩大开放措施》提出的先试先行金融服务领域开放措施共 3 类 5 项。

（1）银行服务开放措施 2 项：第一项，允许符合条件的外资金融机构设立外资银行，符合条件的民营资本与外资金融机构共同设立中外合资银行；在条件具备时，适时在试验区内试点设立有限牌照银行。这项措施为国内首次提出，目的是通过引入民营、外资资本力量及小额贷款等新型银行业务，激化行业竞争，打破我国银行业中国有银行一家独大、竞争不足和企业融资渠道单一，融资成本居高不下的格局，为实体中小企业提供更多的资金筹措渠道，降低实体经济的经营成本，提升我国银行业的竞争力。第二项，在完善相关管理办法，加强有效监管的前提下，允许试验区内符合条件的中资银行开办离岸业务。这项措施为银行开展自由贸易账户本外币业务的改革试点，发展更多的离岸业务，特别是发展大宗商品期货离岸业务提供依据。措施出台后，多家银行在试验区争先设立分行，分享新业务商机；上海自贸试验区的黄金国际板、上海国际能源交易中心的原油期货、上海证券交易所的国际金融资产交易平台纷纷出台和筹建。

（2）专业健康保险开放措施 1 项。保险试点设立外资专业健康医疗保险机构。开设目的是开辟新型健康保险业务市场。随着我国国民收入的提高和老龄

人口的递增,健康保险市场商机巨大,专业健康保险业务市场的开放有助于我国高端保险服务业的健康发展。

(3)融资租赁业开放措施2项:取消融资租赁公司设立单机单船子公司的最低注册资本限制;允许融资租赁公司兼营与主营业务有关的商业保理业务。由于游轮、大飞机、港口大型现代装卸设备等现代交通工具和装备制造业的重型机械设备技术含量高,价格昂贵,买不如租,融资租赁、商业保理已经成为当下国际商业最流行的业务模式。因此,这2项体现了自贸试验区建设对未来30年使用权代替所有权商业模式发展趋势的预判,促进高端制造业与现代金融服务业相互渗透,融合发展。

2014版负面清单没有涉及金融扩大开放的举措。

2. 2017年自贸试验区投资准入金融扩大开放措施

经历了2015—2016年美国进入加息周期的冲击和国内金融改革带来的阵痛后,2017年自贸试验区再次出台放宽金融服务业市场准入的扩大开放举措。

根据2017年6月16日国务院办公厅印发的2017版负面清单及附件,2017年修订的负面清单比上一版减少的特别管理措施中,金融业减少4项,其中银行业减少3项:"外国银行分行不可从事《中华人民共和国商业银行法》允许经营的'代理发行、代理兑付、承销政府债券';外资银行获准经营人民币业务须满足最低开业时间要求;境外投资者投资金融资产管理公司须符合一定数额的总资产要求。"保险业减少1项:"非经中国保险监管部门批准,外资保险公司不得与其关联企业从事再保险的分出或者分入业务"。这些举措为2018年在全国铺开市场利率化改革和金融进一步扩大开放提供了预热。

(二)航运服务业投资准入扩大开放制度创新的探索

2013年,上海自贸试验区航运服务投资准入开放措施共3项,"远洋货物运输开放措施2项:放宽中外合资、中外合作国际船舶运输企业的外资股比限制,由国务院交通运输主管部门制定相关管理试行办法;允许中资公司拥有或控股拥有的非五星旗船,先行先试外贸进出口集装箱在国内沿海港口和上海港之间的沿海捎带业务。国际船舶管理开放措施1项:允许设立外商独资国际船舶管理企业。"

依据2014年上海市政府关于上海自贸试验区2014版负面清单情况说明会的官方权威解读,2014版负面清单在航运领域的扩大开放试行制度创新举措6项。主要措施包括取消类和放宽类两大类。取消投资国际海运货物装卸、国际海运集装箱站和堆场业务的股比限制等；取消投资国际海运货物装卸、国际海运集装箱站和堆场业务的股比限制，取消投资航空运输销售代理业务的股比限制等。航运服务领域放宽类 2 条，国际海上集装箱站和堆场业务，公共国际船舶代理业务外方持股比例放宽至 51%。[①]

国际船舶运输、国际船舶管理外资股比放宽，加快高端航运服务在自贸试验区的集聚。2014 年，新加坡上市公司扬子江船业设立的上海润元船舶管理公司成为首家落户自贸区的外资船管企业。随后包括英国威仕集团、哥伦比亚等国际船管企业相继落户。[②] 2014 版负面清单航运扩大开放突出了对自贸试验区的主导产业国际运输和港口国际物流产业发展的支持，截至 2015 年 12 月，已有 12 家外商独资船舶管理企业落户自贸试验区，提高了上海国际航运中心吸引力和辐射服务能力。

（三）商贸服务业投资准入扩大开放制度创新的探索

2013 年上海自贸试验区试行商贸服务领域的开放措施有："一是增值电信类，主要开放措施有，在保障网络信息安全前提下，允许外资企业经营特定形式的部分增值电信业务，如涉及突破行政法规，须国务院批准同意。二是游戏机、游艺机销售及服务类，开放措施有，允许外资企业从事游戏、游艺设备的生产和销售，通过文化主管部门内容审查的游戏、游艺设备可面向国内市场销售。"通过这两大开放举措，一方面有助于破解我国电信行业长期垄断带来的竞争力不高的困局，创新制度，激化竞争，探索经验，提高行业国际竞争力。另一方面推动软件信息等新兴服务和技术贸易发展。按照公平竞争原则，开展跨境电子商务业务，促进上海跨境电子商务公共服务平台与境内外各类企业直接对接。

2014 年试验区先试先行商贸服务领域的扩大开放措施三条，例如，在商贸领域取消了对外商投资邮购和一般商品网上销售的限制等；明确了投资基础电信业务的条件，即外资比例不得超过 49% 等。

（四）专业服务业投资准入扩大开放制度创新的探索

专业服务涉及在国民经济行业分类 L、M、E 三大类中的 10 个小分类行业：L 租赁和商务服务业中的律师服务、资信调查、旅行社、人才中介服务、投资

[①] 上海市政府新闻办. 中国（上海）自由贸易试验区 2014 版负面清单情况说明会举行 [EB/OL]. 上海市人民政府网，2014-07-01.（以下各章节引用这篇文章的引文不再重复做脚注。）

[②] 何欣荣. 上海自贸区深化航运服务业开放 [N]. 中国水运报，2015-12-07.

管理；M 科学研究与技术服务业中的工程设计；E 建筑业中的建筑服务。

2013 年上海自贸试验区先试先行专业服务领域的开放措施包括探索密切中国律师事务所与外国及港澳台地区律师事务所业务合作的方式和机制；允许设立外商投资资信调查公司；允许在试验区内注册的符合条件的中外合资旅行社，从事除台湾地区以外的出境旅游业务；允许设立中外合资人才中介机构，外方合资者可以拥有不超过 70% 的股权；允许港澳服务提供者设立独资人才中介机构；外资人才中介机构最低注册资金要求由 30 万美元降低至 12.5 万美元；允许设立股份制外资投资性公司；对试验区内为上海市提供服务的外资工程设计（不包括工程勘察）企业，取消首次申请资质时对投资者的工程设计业绩要求；对试验区内的外商独资建筑企业承揽上海市的中外联合建设项目时，不受建设项目的中外方投资比例限制。2014 年增加"允许外商以独资形式从事地方铁路及其桥梁、隧道、轮渡和站场设施的建设、经营"的开放措施，体现基础设施建设对外资的开放；"允许取得中国会计师资格的香港、澳门专业人士担任会计师事务所合伙人"等。

（五）文化服务业投资准入扩大开放制度创新的探索

2013 年上海自贸试验区先试先行文化服务领域开放措施有两项，取消外资演出经纪机构的股比限制，允许设立外商独资演出经纪机构，为上海市提供服务；允许设立外商独资的娱乐场所，在试验区内提供服务。文化领域的扩大开放，为上海探索构建"文化管理服务平台"提供了舞台。上海自贸试验区的成立使政府的行政管理得到了优化。政府不断改进并更新行政服务方式，提高文化管理能力，同时优化行政审批、搭建服务平台并完善监管体系，努力构建出完善的文化管理服务平台，并依法合规开展文化版权交易、艺术品交易、印刷品对外加工等贸易，大力发展知识产权专业服务业。

（六）社会服务业投资准入扩大开放制度创新的探索

2013 年社会服务方面试行开放领域为教育培训和职业技能培训，医疗服务两个行业。开放措施有三项：允许举办中外合作经营性教育培训机构；允许举办中外合作经营性职业技能培训机构；允许设立外商独资医疗机构。但是，在自贸试验区日后公布的负面清单中，减少有关社会服务领域的限制管理条款不多，这里我们列举了 2013/2014 年版负面清单对教育服务设立的特别管理措施，具体见表 7.1。

表 7.1　负面清单 2013 年版与 2014 年版本中的教育服务特别管理措施比较①

版本 (年份)	门类 (代码及 名称)	大类 (代码及 名称)	中类 (代码及名称)	特别管理措施
2013 年 负面清单	P 教育	P82 教育	P821 学前教育 P822 初等教育 P823 中等教育 P824 高等教育 P825 特殊教育 P826 技能培训教育辅助及其他教育	1. 投资经营性教育培训机构、职业技能培训机构限合作 2. 投资非经营性学前教育、中等职业教育、普通高中教育、高等教育等教育机构，以及非经营性教育培训机构、职业技能培训机构限合作，不允许设置分支机构 3. 禁止投资义务教育以及军事、警察、政治、宗教和党校等特殊领域教育机构，禁止投资经营性学前教育、中等职业教育、普通高中教育、高等教育等教育机构
2014 年 负面清单	P 教育	P82 教育	代码及名称与 2013 年版相同	128. 投资经营性教育培训机构、职业技能培训机构须合作 129.（特别管理措施与 2013 年版相同） 130.（特别管理措施与 2013 年版相同）

从表中可知，2013 年和 2014 年国家对教育投资的负面清单监管得比较严格，留给教育投资的空间狭窄，以致我国高等教育缺乏市场竞争和国际竞争力。企业若想成立中外合资的教育培训机构，先要商委的批准，并且按照合资公司程序，在得到教育部或人社部批准后，才能在工商注册企业，因此，国外机构很难进入中国的"教培"市场。自贸试验区出台试行文件，国家允许举办中外合作经营性教育机构培训和中外合作经营性职业技能培训机构，会带来更多的优质国外大学资源进入中国。具体有两类：一是已经与中国内地机构采取"代理""版权引进"和品牌授权等合作方式的国外机构，二是尚未进入中国市场的国外大型教育机构。当国际巨头进入中国之后，他们所残存的优势主要就是英语的相关

---

① 2013 年特别管理措施来源同本书第 48 页注①附件；2014 年特别管理措施来源同本书第 157 页注①附件。

培训和学前教育培训等少数领域，将来这些领域内的竞争会进一步加剧。

允许境外资本举办医疗机构，并且将由境外资本设立的医疗机构调整为允许类外商投资项目，外资医疗服务业务将进一步扩大。首先，政府允许在自贸试验区设立外商独资医疗机构，这表明在试验区中外资医疗机构的成立因政府的行政干预相对比较少，而发展脚步会比其他区域要快得多。同时政府还提出要在试点设立外资专业健康医疗保险机构，所以对于已经购买了国际商业医疗保险的外籍人士，他们在大陆的医疗机构就诊的费用可由保险公司支付。其次，扩大医疗机构的对外开放会产生两大影响，一是引入外资机构可以给眼下处于亏损状态的健康医疗保险行业提供一些值得借鉴和学习的经验，有助于改变他们现有的局面；二是外资的专业健康医疗保险机构不光针对外籍人士，而且面向了所有的消费者，这对本国国内的医疗保险产品服务也会产生积极的作用。

上海自贸试验区通过对医疗服务领域扩大对外开放，将促进我国民营医疗机构的快速发展，加快形成多元办医格局，打破公立医院的垄断地位，同时，外商独资医院的高薪和灵活的用人制度都使其在医疗人才市场上更具有竞争优势。从政府的角度来看，医疗领域开放度的提高也有助于推进政府职能在公共医疗卫生领域的转变。

第二节　先试先行扩大服务业开放制度变迁的产业连锁效应①

一、实证研究设计

（一）分析思路框架

中国加入WTO推动了我国制造业的扩大开放，但服务业开放相对滞后。本节运用2002—2015年上海经济数据和2002年、2007年上海市投入产出表实证分析从中国入世的货物贸易开放到上海自贸试验区扩容服务业开放的产业连锁效应。与以往文献的研究角度不同，本节把上海自贸试验区建设与生产性服务业与制造业的产业关联效应等因素综合考虑并开展研究。基于此，考虑上海是中国最大的先进制造业、重化工业产业、服务业集聚中心和中国扩大开放最前

---

① 郭晓合，叶修群. 从中国入世到上海自贸区扩区的产业连锁效应［J］. 经济与管理研究，2016（08）：43-51.

沿城市，我们拟运用投入产出模型和灰色关联分析法和上海社会经济发展结构相关数据实证分析这一变化过程。

（二）数据来源

基于数据的可得性，本文所用数据包括2002—2015年上海市各产业产值；2002年和2007年上海市投入产出表，包括第一产业1个部门，第二产业25个部门（制造业16个部门）和第三产业16个部门（共42个部门）。数据均来源于2003—2012年上海市统计年鉴和2002、2007年中国地区投入产出表。

（三）研究方法的运用

1. 投入产出分析法

我们运用投入产出法对2002、2007年上海市投入产出表进行分析，其中先进制造业包括化学工业，通用、专用设备制造业（简称设备制造业），交通运输设备制造业，电气机械器材制造业（简称机电制造业），通信设备、计算机及其他电子设备制造业（简称电子设备制造业）和仪器仪表及文化办公用机械制造业（简称公用机械制造业）。生产性服务业包括交通运输及仓储业（简称交通运输业），邮政业，信息传输、计算机服务业及软件业（简称信息服务业），批发和零售业（简称批零业），金融业，租赁及商务服务业（简称商务服务业），研究与实验发展业（简称研发业），综合技术服务业。主要涉及以下四个指标。

中间需求率，中间需求率越大，说明该产业产品被其他行业的需求越多；中间投入率，中间投入率越大，该行业生产过程中使用的中间投入越多；影响力系数，某产业的影响力系数越大，说明该产业对其他行业的拉动作用越大；感应度系数，某产业的感应度系数越高，说明其他产业对该产业的拉动作用越大。相关指标的公式及说明参见作者发表的论文"从中国入世到上海自贸区扩区的产业连锁效应"。

2. 灰色关联分析法

灰色关联分析法是通过计算灰色关联度来分析和确定系统内各因素间的影响程度或各因素对系统主行为的影响程度。灰色关联度是系统内各因素之间或各因素与系统主行为之间关联性大小的度量，以此来分析系统内各因素之间或各因素与系统主行为之间的动态关系。灰色关联分析法的原理是依据系统内各因素或主行为的时间序列曲线之间的相似度来判断其关联度的大小。如果两个因素在其变化过程中相对变化态势一致性高，则两者之间灰色关联度大；反之，灰色关联度小。

二、实证结果分析

（一）投入产出分析

1. 三次产业增加值比重的变化分析

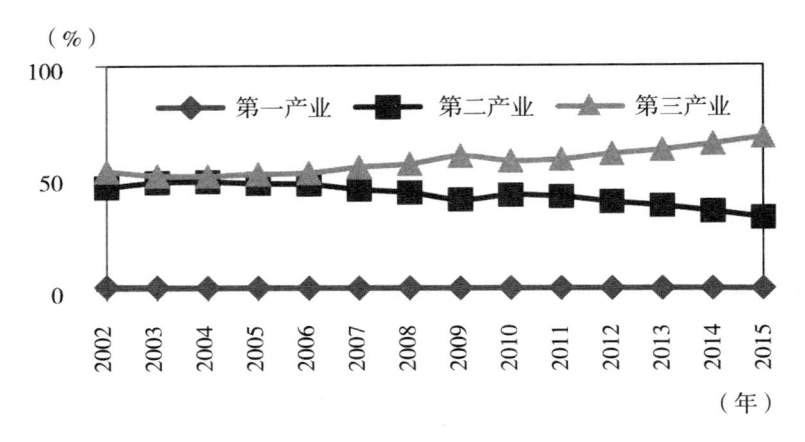

图 7.1　2002—2015 年上海市产业结构变迁

从 2002—2015 年上海市三次产业增加值比重的变化来看，第二产业增加值比重呈现先升后降的凸型走势（见图 7.1），总体保持不变（47%），其中制造业与先进制造业比重均上升了 2%，第三产业增加值比重出现先降后升走势，总体比重上升 1%。

2. 表 7.2 是从 2002、2007 年上海市三次产业结构比重变化角度来分析的。

表 7.2　2002、2007 年上海市三次产业和主要部门增加值总量和比重

部门	增加值总量/亿元			增加值比重/%		
	2002	2007	2007/2002	2002	2007	2007—2002
第一产业	92.44	110.62	1.20	0.02	0.01	−0.01
第二产业	2564.69	5728.10	2.23	0.47	0.47	0.00
制造业	2105.66	5041.86	2.39	0.39	0.41	0.02
先进制造业	1266.17	3072.13	2.43	0.23	0.25	0.02
石油加工、炼焦及核燃料加工业	55.80	55.01	0.99	0.22	0.06	−0.16

续表

部门	增加值总量/亿元			增加值比重/%		
	2002	2007	2007/2002	2002	2007	2007—2002
金属冶炼及压延加工业	181.35	49.59	0.27	0.23	0.21	-0.02
第三产业	2751.63	6350.12	2.31	0.51	0.52	0.01
消费性服务业	1031.12	2019.06	1.96	0.19	0.17	-0.02
生产性服务业	1720.51	4331.06	2.52	0.32	0.36	0.04

从上海市三次产业结构比重变化角度看（见表7.2），2002—2007年，上海产业结构由51∶47∶2变为52∶47∶1。从增加值总量看，第二产业总体增加2.23亿元，制造业增加2.39亿元，先进制造业增加2.43亿元，先进制造业增加值占制造业增加值总额的61%。这种走势反映了中国入世带来的货物贸易开放，对上海制造业与先进制造业的发展促进作用最大，并因此形成巨大产能，支撑商品货物的强劲出口。对服务业和第三产业发展的促进作用略逊，且存在开放经济体制建设重生产轻消费的结构性偏差。为了促进与WTO接轨的货物贸易开放体制的建设，2002—2007年，国家还在上海等口岸建立促进出口和生产性服务贸易发展的保税港区配套体制，但进口和消费性服务业开放相对滞后，结果在这一时期与制造业关联度更大的生产性服务业增加2.52亿元，消费性服务业增加1.96亿元，生产性服务业增加值占服务业增加值总额的69%之多；生产性服务业增加值比重上升4%，而消费性服务业则下降2%。

3. 投入产出的效果分析

从投入产出的效果看（见表7.3），用增加值总量来衡量，发展速度快慢的排序，在先进制造业中依次是设备制造业、机电制造业、电子设备制造业、化学工业、公用机械制造业、交通运输设备制造业；在生产性服务业中，依次是商务服务业、研发业、综合技术服务业、信息服务业、交通运输业、批零业、金融业、邮政业。这与入世后，先进制造业排序前三的行业、生产性服务业排序靠前的行业开放程度相对高。而先进制造业与生产性服务业中排序靠后的行业，多是大型国有垄断企业扎堆，开放程度相对低的行业。

用反映发展质量和效益水平的增加值率衡量，则需要具体问题具体分析。大多数先进制造业、生产性服务业增加值率基本维持在20%~25%之间和40%~

60%之间,这与其在产业分工价值链中的地位相匹配。表7.3中增加值率提高的先进制造业的两行业与增加值率大幅提高的批发零售业、研究与试验发展业,反映了入世扩大开放对行业产业组织结构的优化、资源配置效率提升的促进作用;邮政业增加值率高与政府管制相对较强,进入门槛较高有关。而交通运输设备制造业、金融业、商业服务业的增加值率出现6%、7%、10%的明显下降,投入大,生产效率低,与入世带来的扩大开放对行业长期垄断形成的高成本、低效率的冲击有关;电子设备制造业、综合技术服务业增加值率出现10%、13%的明显下降,与我国在这些高新技术产业的发展,多数处于高新技术产业链低附加值环节息息相关,与这些产业的核心技术与核心部件的技术专利绝大数掌握在发达国家高技术企业手中有关。

表7.3 先进制造业与生产性服务业增加值总量与增加值率

行业	增加值总量/亿元			增加值率		
	2002	2007	2007/2002	2002	2007	2007—2002
化学工业	333.2	782.72	2.35	0.25	0.23	-0.02
设备制造业	197.56	635.49	3.22	0.23	0.22	0.00
交通运输设备制造业	341.62	563.36	1.65	0.27	0.21	-0.06
机电制造业	123.82	392.68	3.17	0.18	0.22	0.03
电子设备制造业	231.74	608.58	2.63	0.20	0.10	-0.10
公用机械制造业	38.23	89.3	2.34	0.23	0.25	0.02
交通运输业	276.08	672.65	2.44	0.27	0.25	-0.01
邮政业	17.97	29.48	1.64	0.53	0.55	0.03
信息服务业	187.52	513.45	2.74	0.52	0.50	-0.02
批零业	529.04	1108.7	2.1	0.54	0.68	0.13
金融业	584.67	1134.22	1.94	0.60	0.53	-0.07
商务服务业	76.78	609.63	7.94	0.38	0.28	-0.10
研发业	11.08	65.11	5.88	0.17	0.40	0.24
综合技术服务业	37.37	197.83	5.29	0.47	0.35	-0.13

3. 产业关联度分析

各产业间关联的深化会促使第三产业的中间需求率上升。表7.4显示，2002—2007年先进制造业对高新技术服务业的中间需求不断升级。先进制造业对生产性服务业的中间需求，2002年前三位分别是批零业、商务服务业和综合技术服务业；2007年前三位变为信息服务业、批零业、研发业。其中，对信息服务业、研发业的中间需求率分别提高55%和26%，这表明入世后，先进制造业与高新技术型服务业的关联度不断提高，入世带来的货物贸易扩大开放对这些产业之间关联度深化的促进作用明显。但是，服务贸易、第三产业开放的相对滞后，致使第二产业中以资本、技术密集性产业为主的先进制造业对金融、交通运输等其他生产性服务业的中间需求率无明显变动，说明金融等生产性服务业对先进制造业支持不足，这也是导致上海产业升级换代缓慢的原因之一。

表7.4 先进制造业对生产性服务业各部门的中间需求率

生产性服务业	2002	2007	2007—2002
交通运输业	0.15	0.1322	-0.0178
邮政业	0.1119	0.0855	-0.0264
信息服务业	0.0781	0.6234	0.5453
批零业	0.3978	0.3572	-0.0406
金融业	0.1469	0.1727	0.0258
商务服务业	0.365	0.2475	-0.1175
研发业	0.0107	0.2739	0.2632
综合技术服务业	0.3183	0.227	-0.0913

4. 生产性服务业与先进制造业依存关系分析

分析表7.5，2002—2007年，上海生产性服务业对绝大多数先进制造业的中间投入率明显提高，这表明随着扩大开放的深化，上海生产性服务业与先进制造业之间相互依存的关系日趋密切。其中，对交通运输设备制造业和机电制造业的中间投入率增幅最大，2002年生产性服务业对这两个行业的中间投入分别为11.38%、12.14%，到2007年分别达到21.41%、19.29%。这意味着入世带来的货物贸易扩大开放，一方面促进了上海市生产性服务业投入逐步转向高端装备制造业，生产性服务业对发展高端制造业起到重大推动作用；另一方面也推动了与基础设施建设关联产业的巨大产能的形成，生产性服务业、第三产业开放滞后成为制约产业结构升级的瓶颈。

表 7.5 生产性服务业对先进制造业的中间投入率

先进制造业	2002	2007	2007—2002
化学工业	0.1372	0.1606	0.0234
设备制造业	0.0995	0.1434	0.0439
交通运输设备制造业	0.1138	0.2141	0.1003
机电制造业	0.1214	0.1929	0.0715
电子设备制造业	0.0996	0.1259	0.0263
公用机械制造业	0.1258	0.1256	-0.0002

5. 生产性服务业对先进制造业的影响力与感应度分析

分析表7.6的数据，计算出的生产性服务业对先进制造业影响力系数显示，研发业、综合技术服务业和商务服务业对先进制造业的波及效应大幅提高，交通运输业、批零业、金融业对先进制造业的波及效应趋弱。这种结果一则说明入世带来的货物贸易和出口的扩大开放，吸引国外优质资本和先进技术进入先进制造业，推动上海先进制造业逐步转向高新技术型；二则反映了服务业与进口开放滞后的短板，致使金融、交通运输等行业对先进制造业的影响力还暂时没有显现出来。从生产性服务业对先进制造业的感应度来看，交通运输业、信息服务业和商务服务业对先进制造业的感应度大幅提高，而金融等五大生产性服务业对先进制造业的感应度呈现不同程度的趋降。先进制造业的发展对排序前三位的生产性服务业拉动效应显著，对排序后五位的生产性服务业拉动效应不显著。

表 7.6 生产性服务业对先进制造业的影响力与感应度系数

生产性服务业	影响力系数			感应度系数		
	2002	2007	2007—2002	2002	2007	2007—2002
交通运输业	1.7937	1.4979	-0.2958	1.7228	1.8575	0.1347
邮政业	1.1437	1.2433	0.0996	1.1433	0.7673	-0.3760
信息服务业	1.2878	1.4305	0.1427	1.3004	2.0665	0.7661
批零业	1.4222	1.1407	-0.2815	1.6914	1.4901	-0.2013
金融业	1.3924	1.2701	-0.1223	1.7536	1.6802	-0.0733

续表

生产性服务业	影响力系数			感应度系数		
	2002	2007	2007—2002	2002	2007	2007—2002
商务服务业	1.1870	1.4958	0.3088	1.3534	2.0057	0.6524
研发业	1.1795	1.5727	0.3932	1.1400	0.8404	-0.2996
综合技术服务业	1.1542	1.7195	0.5653	1.1688	1.1339	-0.0349

从总体角度对比感应度和影响力系数，生产性服务对先进制造业的感应度平均水平高于其对先进制造业影响力的平均水平，表明先进制造业对生产性服务业的拉动作用大于后者对前者的促进作用，这意味着入世带来的货物贸易、先进制造业为重心的制造业的扩大开放，促进了生产性服务业的发展，而服务贸易开放相对滞后，使生产性服务业支持先进制造业不足，生产性服务业与先进制造业相互影响、相互促进、相辅相成的联动效应没有得到充分发挥。信息服务业、商务服务业的感应度和影响力均明显增大，说明入世后，先进制造业的开放提升了信息服务业、商务服务业与先进制造业的关联度。而交通运输业、信息服务业、批零业、商务服务业、金融业、综合技术服务业的感应度和影响力系数均大于1，表明这些行业不仅对先进制造业具有很强的拉动能力，同时还对先进制造业具有很强的制约作用，即WTO体制的短板——服务贸易开放相对滞后于货物贸易开放导致的我国第三产业开放相对滞后于第二产业开放，金融等生产性服务业开放制度建设严重滞后，使得生产性服务业资本报酬和企业投融资成本居高不下，并成为制约制造业与服务业相融合变革、产业结构调整优化的最大障碍。

（二）生产性服务业与先进制造业的灰色关联度分析

考虑前述分析的仅是2002年和2007年的投入产出表，为此我们利用灰色关联分析法分析2002—2011年上海生产性服务业与先进制造业之间的相互联系、相互影响的关系机制，佐证表7.2至表7.6的实证结果分析。

表7.7分析表明，总体上，生产性服务业各部门与先进制造业各部门的灰色关联系数绝大部分大于0.6，这说明中国入世带来货物贸易、制造业为主的扩大开放，带动生产性服务业各部门不同程度地对先进制造业各部门的发展产生了影响。从生产性服务业的不同具体行业角度分析，与先进制造业关联度最大

的是信息服务业以及科学研究和技术服务业,说明入世后,先进制造业的开放促进了高新技术型服务业的发展迅速。而开放度相对低的金融、交通运输、邮政、批零、商务服务等产业的发展与跟不上开放度高的先进制造业的发展步伐,它们之间的关联度也相对较低,从而制约了生产性服务业对先进制造业应有的支持和开展第二产业与第三产业融合发展的变革。这一分析结果与表 7.2 至表 7.6 的实证分析结论是一致的。

表 7.7　生产性服务业与先进制造业的灰色关联度（括号内为排序）

先进制造业＼生产性服务业	化学工业	通用、专用设备制造业	交通运输设备制造业	电气机械及器材制造业	通信设备、计算机及其他电子设备制造业	仪器仪表及文化办公用机械制造业
交通运输业和邮政业	0.7980（3）	0.6670（4）	0.8524（4）	0.8488（2）	0.6593（4）	0.9346（1）
信息服务业	0.8553（1）	0.7080（3）	0.8964（2）	0.9161（1）	0.7035（5）	0.9012（2）
批零业	0.8546（2）	0.7697（2）	0.8585（3）	0.8339（4）	0.7606（2）	0.7952（4）
金融业	0.7896（5）	0.6596（5）	0.9293（1）	0.8466（3）	0.6598（3）	0.8496（3）
商务服务业	0.5718（6）	0.6017（6）	0.512（6）	0.5829（6）	0.6210（6）	0.5965（6）
科学研究和技术服务业	0.7927（4）	0.8957（1）	0.6913（5）	0.7740（5）	0.8933（1）	0.7536（5）

（三）主要结论归纳

我们运用 2002—2015 年上海社会经济发展结构数据和 2002 年、2007 年上海市投入产出表（42 部门）的相关数据,实证研究从中国入世的货物贸易开放到上海自贸试验区扩区的服务业扩大开放的必要性,以及金融等服务业扩大开放与先进制造业等各个产业部门之间相互联系、相互影响的连锁效应,归纳结论如下。

一是货物贸易扩大开放,对上海的制造业,特别是先进制造业的带动作用最强劲,形成巨大出口产能。对服务业,特别是消费性服务业的带动相对滞后于制造业，存在重生产、轻消费的结构性偏差。从投入产出效果看，开放度较高的行业部门，有效供给程度高，效果显著。开放程度低、准入门槛和垄断程度高的行业，投入大，有效供给程度低，产出效果也相对低下，这将成为日后第二、三产业融合发展的妨碍因素。

二是从中间需求率和中间投入率看，货物贸易开放，一方面促进先进制造业与高新技术型服务业的融合，关联度不断提高；先进制造业对生产性服务业的中间需求结构升级，后者对前者的中间投入结构升级。另一方面先进制造业对金融、交通运输等生产性服务业的中间需求率变动不大，垄断较高行业的中间投入率增幅偏大，又引致了对基础设施建设相关产业的投资冲动，重复建设和国内有效供给与有效需求错位，妨碍了第二、三产业的相互促进和产业结构的优化，随着世界经济的持续低迷，产能过剩矛盾凸显。

三是分析生产性服务业与先进制造业的相互影响与感应度结果表明，先进制造业对生产性服务业的拉动作用大于后者对前者的促进作用。虽然入世后高新技术型服务业与先进制造业的感应度和相互影响力明显增大，但金融等服务领域开放相对滞后，进入门槛过高的短板，又带来了融资成本高、准入成本高、信息成本高等问题，使得流通环节成本长期居高不下，对产业结构优化，提升经济发展质量不利。

四是灰色关联分析法的分析结果与投入产出分析结果一致。货物贸易开放使先进制造业与高新技术型服务业间出现相互依存、相互促进的关联效应；开放度相对滞后的金融和交通运输业、邮政和批零业、商务服务业的发展与开放度高的先进制造业之间的关联度相对较低，服务业开放相对滞后成为制约制造业与服务业相互融合促进、产生良性循环连锁效应的最大桎梏。2013年上海自贸试验区成立后，上海产业结构调整明显加速，2015年第三产业增加值比上年提高3个百分点，自贸试验区连锁带动效应初显。

三、实证分析引发的进一步讨论：服务业扩大开放的产业连锁效应

入世带来的货物贸易与制造业扩大开放是一种不平衡开放，开放推动了我国先进制造业为导向的制造业大发展，形成了供应全球的巨大产能，带动我国经济10年走强。但随着世界经济的持续低迷，服务业扩大开放滞后，制造业产能过剩的负面影响也日益凸显，试行扩大服务业开放，并通过扩容的渐进式强制性制度变迁方式向全国复制推广，以服务业开放为抓手，带动其他行业开放，打造全面开放新格局势在必行。

通过上海自贸试验区扩区、扩容强制性制度变迁方式扩大开放路径，结合外商投资管理体制改革，试行选择金融等六大领域服务业的扩大开放，意味着我国生产性服务业领域的金融、电信、交通运输业等国有垄断企业被进一步打破，竞争进一步激化，相关产品价格也将会下降，从而缩小资本等生产要素在生产要素报酬方面的差距，促使国内企业融资成本和商品流通成本下降，影响与其有联系的技术服务业和先进制造业商品、服务价格的向下变动，产生产业间的关联效应和制度创新、产品和服务价格变动的连锁效应。

第三节 服务业投资准入扩大开放全国复制推广的主要举措

从2015年自贸试验区扩容开始，服务业的市场准入扩大开放先在四个自贸试验区试行两年，2017年扩大到11个自贸试验区。在经过三年试行的压力测试阶段，2018年开始在全国范围复制推广。其中金融服务业投资准入扩大开放的力度最大。

一、金融服务业投资准入举措的全国复制推广

关于2018年金融扩大开放举措的表述，我们以对比2017、2018版负面清单形式和发布清单的国家部委权威解读为准，以准确反映国家金融扩大开放的真实意图。

（一）2018年全国负面清单金融扩大开放主要举措

关于银行业外资股别问题，在国家2017版外商投资产业指导目录中归为限制类，国务院办公厅印发的2017版负面清单的银行服务特别管理措施表述为："单个境外金融机构及被其控制或共同控制的关联方作为发起人或战略投资者向单个中资商业银行、农村商业银行、农村合作银行、农村信用（合作）联社、金融资产管理公司等银行业金融机构投资入股比例不得超过20%，多个境外金融机构及被其控制或共同控制的关联方作为发起人或战略投资者向单个中资商业银行、农村商业银行、农村合作银行、农村信用（合作）联社、金融资产管理公司等银行业金融机构投资入股比例合计不得超过25%。"2018版负面清单取消了这一限制。关于资本市场服务，2017版负面清单表述为："期货公司外资比例不超过49%；证券公司外资比例不超过49%；全部境外投资者持有（包括直接持有和间接控制）上市内资证券公司股份的比例不超过25%；证券投资基

金管理公司外资比例不超过49%。"2018版负面清单表述为:"证券公司的外资股比不超过51%,证券投资基金管理公司的外资股比不超过51%。(2021年取消外资股比限制);期货公司的外资股比不超过51%(2021年取消外资股比限制)。"① 取消了2017版负面清单特别管理措施第52项。

关于保险业,2017版负面清单表述为:"寿险公司外资比例不超过50%;境内保险公司合计持有保险资产管理公司的股份不低于75%。"2018版负面清单表述为:"寿险公司的外资股比不超过51%(2021年取消外资股比限制)。"其他限制取消。

对2018年负面清单的解读,发展改革委、商务部官方发言人的口径是一致的。"金融领域,取消银行业外资股比限制,将证券公司、基金管理公司、期货公司、寿险公司的外资股比放宽至51%,2021年取消金融领域所有外资股比限制。"2018年全国版负面清单大幅扩大金融服务业开放领域,并对时间表做出明确安排,这表明国家解决金融市场畸形发展的决心,金融服务业扩大开放就是要激化金融市场竞争、缩小国内外市场的利率差,降低利率,让金融服务回归服务实体经济的本源。

(二)上海扩大开放100条金融扩大开放措施②

2018年7月上海市出台"扩大开放100条"的配套措施,配合国家的扩大开放行动。上海市扩大开放100条,金融是重头,金融扩大开放行动方案共6项任务、32条举措,展现出提升上海国际金融中心能级的政策导向。

1. 大幅放宽金融市场准入举措8项

其中银行开放举措5项,资本市场开放举措3项。2018年4月银保监会全面取消了外资银行申请人民币业务需满足开业1年的等待期要求,6月全国负面清单公布,2018年7月上海已全面落实,取消外资银行股比限制,内外资一视同仁。上海扩大开放100条积极鼓励商业银行将其债转股实施机构和为应对资管新规设立的具有独立法人地位的资管子公司落户在上海。在资本市场开放限制上,上海扩大开放行动方案积极响应,认真落实。多家外资机构纷纷行动,截至2018年9月,已经有瑞士银行有限公司、日本野村控股株式会社、美国摩根大通三家机构提出了控股证券公司的申请,近10个金融业对外开放项目落地

---

① 国家发展改革委,商务部. 发展改革委 商务部令2018年第19号,自由贸易试验区外商投资准入特别管理措施(负面清单)(2018年版)[J]. 中华人民共和国国务院公报,2018(25):27-31.
② 上海扩大开放100条政策要点[N]. 解放日报,2018-07-11(1).(以下章节引用这篇文章的引文不再重复做脚注。)

上海自贸试验区，展现了良性循环的势头。

2. 扩大保险业对外开放，贯彻国家 FTA 战略举措 8 条

例如，关于放开外资保险经纪公司经营范围的举措，2018 年 4 月 27 日韦莱保险经纪有限公司成为全国首家获准扩展经营范围的外资保险经纪机构。而外资保险公司持股比例放宽到 51% 的举措，50% 到 51% 的转变，虽然仅仅相差 1%，但意味着外资公司有了占据主导权的可能性，可以按照其经营理念进行经营运作，从而减少内耗，增强公司发展的积极性。而且上海争取 3 年内，取消人身险公司外资持股比例限制。由 5 年后不设限到争取 3 年内不设限体现了上海的积极行动，勇于先行先试。

关于加快上海国际保险中心建设、以"一带一路"再保险业务为重点，支持上海保险交易所加快发展、发展离岸保险业务三条举措是提升国际金融中心能级的重头戏。2018 年 6 月 21 日，上海自贸试验区管委会出台文件，探索建立保险业"一带一路"国际再保险共同体。这对服务国家 FTA 战略意义重大。

（三）2019 年上海市和 2020 年全国金融服务业市场准入扩大开放措施

2019 年上海市政府出台了新一轮服务业扩大开放若干措施，其中金融开放措施有 5 项："一是支持符合条件的机构申请合格境内机构投资者、人民币合格境内机构投资者业务资格。将合格境内机构投资者主体资格范围扩大至境内外机构在我市发起设立的投资管理机构。二是大力发展绿色信贷，开展银行业存款类金融机构绿色信贷业绩评价，引导银行业存款类金融机构加强对绿色环保产业的信贷支持。三是支持设立人民币跨境贸易融资和再融资服务体系，为跨境贸易提供人民币融资服务。四是促进知识产权价值转化，激励企业进行知识产权开发、登记和利用，支持扩大知识产权质押融资，探索推动著作权、专利权、商标权等无形资产融资租赁业务，扶持科技企业尤其是广大中小微企业发展壮大。五是加快大宗商品现货市场建设，在自贸试验区内允许现货市场开展保税与非保税大宗商品业务，扩大现货离岸交易和保税交割业务规模；支持金融机构按照国际通行规则为大宗商品现货离岸交易和保税交割提供基于自由贸易账户的跨境金融服务；推动现货市场与期货市场联动发展，允许商业银行在风险可控前提下，自主开展大宗商品质押融资业务、大宗商品现货和衍生品交易项下结售汇业务。"①

2020 年全国版负面清单，金融领域开放措施 1 项：取消证券公司、证券投

---

① 市政府新闻发布会介绍最新出台的《上海市新一轮服务业扩大开放若干措施》[EB/OL]. 上海市人民政府网，2019-08-13.

资基金管理公司、期货公司、寿险公司外资股比限制。同年7月国务院发函通知，在全国开展新的自贸试验区改革试点经验的复制推广。其中，金融开放创新领域有四项措施在全国复制推广："保理公司接入央行企业征信系统""分布式共享模式实现'银政互通'""绿色债务融资工具创新""知识产权证券化"等。在自贸试验区复制推广的改革事项有1项："股权转让登记远程确认服务"。

二、航运交通等服务业重点领域投资准入举措的全国复制推广

（一）航运等交通运输领域扩大开放的全国复制推广与纵深探索

2015年随着上海自贸试验区扩容，航运服务领域制度创新举措开始向广东、天津、福建自贸试验区复制推广，2017年再向全国11个自贸试验区复制推广。经过数年的试行探索后，2018年自贸试验区航运服务业扩大开放的制度创新再次取得突破性进展，不仅"国际船舶运输领域扩大开放""国际船舶管理领域扩大开放""国际船舶代理领域扩大开放""国际海运货物装卸、国际海运集装箱场站和堆场业务扩大开放"等5项扩大开放举措面向全国复制推广，而且向交通运输领域扩展：取消国际海上运输、国际船舶代理、铁路旅客运输公司外资限制。

同年7月上海出台"扩大开放100条"，再次强调放开国际船舶运输、船舶管理企业外资股比限制和支持外商独资企业从事国际海运货物装卸、集装箱站场和堆场业务。放开控股比例，甚至是大股东也可以让外资机构来参与，发挥这些机构在本国发展过程当中积累的宝贵经验和丰富的应对风险的管理能力；股比的增加，可让外资更能够安心地掌控自己的业务。而放开国际海运业务，给予一些宽松的业务环境，可以吸引外资管理高手来到内地开展服务贸易、海运航运、仓库等的服务业态，提升内地在海运、港口服务中的竞争力。

2019年的上海再次出台扩大航运服务开放政策，本节将其归纳整理如下："取消国内船舶代理须由中方控股的限制。推进符合条件的外国船级社对自贸试验区内登记的国际航行船舶实施法定检验和单一船级检验，促进外国船级社与中国船级社实施有条件的法定船用产品检验互认，形成船舶检验领域的良性竞争。推进经认可的外国船级社（或者接受的保险公司）对在上海港起拖的国际航行的大型船舶、海上设施或者其他大型设施开展拖航检验业务，促进符合条件的外国验箱公司开展对自贸试验区内企业拥有的船运集装箱的检验业务。"

2019年全国版和自贸试验区版负面清单取消了国内船舶代理公司须由中方控股的要求的限制；2020年的两份负面清单中的交通运输领域，取消了禁止外商投资空中交通管制的规定，同时调整了民用机场条目的规定。

这些航运和交通运输服务领域里的强制性制度变迁举措，促进了试验区的投资便利化，吸引了国际高端航运服务企业集聚试验区，提升了试验区贸易增长极的全球港口国际物流运输资源配置能力，提升了上海国际航运中心建设的能级。

（二）商贸服务领域扩大开放的全国复制推广与纵深探索

2017年的扩大开放措施有信息技术服务领域一项，取消了"外商禁止投资互联网上网服务营业场所"的限制。是年，商贸服务领域扩大开放措施复制推广到全国11个自贸试验区，2018年全国复制推广。在2017年6月国家发展改革委、商务部公开印发的《外商投资产业指导目录（2017年修订）》中，有鼓励、限制、禁止外商投资产业目录3项。其中，限制项中涉及商贸服务的有2项："稻谷、小麦、玉米收购、批发；加油站（同一外国投资者设立超过30家分店、销售来自多个供应商的不同种类和品牌成品油的连锁加油站，由中方控股）建设、经营。"在2018年的全国版负面清单中，这2项被取消；这一取消，是打破中石油、中石化垄断加油站经营的重大突破举措。

首先，加油站对外资开放将会逐步提高国内成品油零售环节竞争水平。其次，加油站零售允许外资经营意义重大。一方面，目前成品油市场正在不断规范，调和油正在退出市场；另一方面，税收政策的优惠也将进一步增加加油站利润。再次，英国石油公司（BP）等国际原油巨头在成品油零售、加油站运营等方面有着非常丰富的经验，对外资进一步开放加油站领域将会打破价格垄断，促进市场形成良性竞争，促进油价走低，让消费者有更多选择和实惠。日趋开放且需求潜力巨大的成品油市场，正越来越吸引外资的关注。目前，BP和壳牌两大巨头已经成立在华独资公司，预计未来可能会有越来越多的外资进入成品油零售市场成立独资公司。

2019年全国版和自贸试验区版负面清单，信息技术服务领域，取消国内多方通信、存储转发、呼叫中心业务对外资的限制。同年上海自贸试验区配合国家这项开放措施，出台以下三项配套措施：一是围绕数字化转型升级，着力构筑数字贸易先发优势，试点建设数字贸易交易促进平台，拓展与国际标准相接轨的数字版权确权、估价和交易流程服务功能，建设数字内容和产品资源库。二是加快数字服务贸易发展，研究设立数字贸易跨境服务功能区，允许符合条件的境外数字贸易企业提供数字贸易增值服务，探索形成高水平的跨境数据流动开放体系。三是优化提升国际通信服务能力，加强通信业对外向型企业尤其是中小规模企业和民营企业的服务支撑作用,加快推进服务标准、市场规范等制度规范与国际接轨。

(三) 专业服务领域扩大开放的全国复制推广与纵深探索

2015年后,上海自贸试验区继续探索相关配套措施,统一内外资融资租赁企业准入标准、审批流程和事中事后监管制度;探索融资租赁物登记制度,在符合国家规定前提下开展租赁资产交易;探索适合保理业务发展的境外融资管理新模式;稳妥推进外商投资典当行试点。

2018年上海扩大开放100条新增取消外商投资建设工程设计企业外籍技术人员的比例要求;对没有执业资格准入要求的业务,允许符合条件的外籍人员在本市执业提供工程咨询服务。这项措施,对于外商在中国的投资环境,尤其是有关技术领域的环境,给予了更高的开放度,顺应了整个世界发展的潮流。

2019年出台的《上海市新一轮服务业扩大开放若干措施》,进一步放宽专业服务领域的投资限制。探索允许具有港澳执业资格的规划等领域专业人才,经相关部门或机构备案后,为自贸试验区内企业提供专业服务;加快培育服务业领域专业技术人才;探索允许境外专业人才在试验区参与我国房地产估价师、注册城乡规划师、拍卖师等相关职业资格考试,并在试验区范围内执业;在国内律师事务所聘请外籍律师担任外国法律顾问的试点中,适当降低外籍律师相关资质要求。

(四) 文化服务领域扩大开放的全国复制推广与纵深探索

2017年涉及文化、体育和娱乐业的扩大开放措施共三项。虽然在文化、体育和娱乐业中,演出经纪机构虽然属于限制类,须由中方控股,但是"为设有自贸试验区的省份提供服务的除外",比2015版负面清单提出的"为本省市提供服务的除外"范围更广。同时,"大型主题公园的建设、经营属于限制类"也被去掉。2018年全国版和自贸试验区版负面清单在文化娱乐领域,取消了"演出经纪机构须由中方控股"的限制。2019年版的两份负面清单取消了电影院、演出经纪机构须由中方控股的限制。2019年自贸试验区版负面清单取消了出版物印刷等领域对外资的限制;自贸试验区内文艺表演团体须由中方控股,区外仍禁止。

2018年上海扩大开放100条相关配套措施有四项。进一步丰富文化演出行业市场主体,选择文化娱乐业聚集的特定区域,探索允许在沪设立外商独资演出经纪机构,并在全国范围内提供服务;推进旅游服务业对外开放,探索允许在沪设立的外商独资经营旅行社试点经营中国公民出境旅游业务(赴台湾地区除外）；推动出版业对外开放，探索在上海国家音乐产业基地、张江国家数字出版基地、金山国家绿色创意印刷示范园区及自贸试验区保税区内允许外商投资音像制品制作业务（限中外合作，中方掌握经营主导权和内容终审权）；推动艺术品拍卖市场健康规范发展，探索允许在自贸试验区内设立中外合资、中外合作和外商独资文物拍卖企业，拍卖范围限定为在境外征集到的、1949年以后去世的非中国籍艺术家创作的艺术品，继续进行扩大开放先试先行。

（五）社会服务领域扩大开放的全国复制推广与纵深探索

2018年上海扩大开放100条新增探索建立来华就医签证制度的举措，以降低签证门槛，吸引更多外国人来华就医。而全面推进药品医疗器械进口枢纽口岸建设措施有三个。一是内外贸一体的国际医药供应链平台建设。这一措施促进国际医药物流的引入，包括供应商管理库存、协同分销、核心商品集成等。二是将医疗器械注册人制度改革试点推广到全市，并逐步推广至长三角地区实施。三是取消社会办医疗机构乙类大型医疗设备设置审批，试行备案制，这一措施将利于社会办医。这些举措有助于加快开放进口药的步伐，加快药品和医疗器械的审批速度，提高药品医疗器械通关效率。

2019年全国版和自贸试验区版负面清单中，社会服务领域开放措施一项：取消50万人口以上城市燃气、热力管网须由中方控股的限制。上海开放举措三条：促进中外医学技术交流和发展，完善外国医师来华短期行医管理，探索缩短审批流程，精简审批材料，鼓励优秀外国医师来沪提供医疗服务；推进医疗科技领域的项目合作和取消外资准入限制，争取允许外商投资人体干细胞、基因诊断与治疗技术开发和应用；支持试点设立招收长三角外籍人士子女的外籍人员子女学校。

2020年自贸试验区版负面清单，社会服务领域先行先试开放措施2项。医药领域，取消禁止外商投资中药饮片的规定。教育领域，允许外商独资设立学制类职业教育机构。根据国务院于2020年6月印发的《关于做好自由贸易试验区第六批改革试点经验复制推广工作的通知》（国函〔2020〕96号），在全国复制推广的社会服务领域的改革事项有："领事业务'一网通办'""直接承认台湾地区部分技能人员职业资格""航空维修产业职称评审""船员远程计算机终端考试""出入境人员综合服务'一站式'平台"等5项。在自贸试验区复制推广1项："建设项目水、电、气、暖现场一次联办模式"。

第四节　服务业扩大开放制度变迁的金融保障配套改革探索

国际投资可分为直接投资和间接投资。我国服务业扩大投资开放，间接投资开放是重点，无论是取消金融领域所有外资股比限制，还是投融资体制改革也都绕不开外汇转移便利化、提升人民币自由流通水平的配套改革。因此，上海自贸试验区的服务业扩大开放制度变迁的重头戏就是围绕如何提高货币自由流通水平开展金融服务投资便利化制度创新，这是开展外商投资体制改革、扩大服务业开放、贸易便利化改革的基本保障。

2015 年 10 月 30 日人民银行公布的银发〔2015〕339 号文件①（简称金改 40 条），是上海自贸试验区扩大金融开放先试先行的纲领性文件。金改 40 条围绕着人民币国际化、外汇转移、投融资体制改革三大领域进一步探索加快货币自由流通改革的制度创新。这三大改革工程浩大，涉及领域广泛，非我们的研究所能涵盖。本节主要探讨上海自贸试验区服务业扩大开放先试先行投资便利化制度创新的金融配套改革措施问题，为国家更好地参与 FTA 谈判积累经验。

一、促进人民自由流通金融保障配套改革措施

从实现人民币资本项目可兑换改革看，上海自贸试验区的金融制度创新，主要探索 FT 账户设立、人民币跨境支付系统和人民币债券业务市场扩大开放三大创新举措。

（一）自由贸易账户政策和制度设计的持续探索与完善

自由贸易账户（简称 FT 账户）是上海自贸试验区金融改革的一大创新。设立并持续完善 FT 账户，通过离岸人民币市场建设，实现人民币资本项目可兑换是上海自贸试验区先试先行制度创新的主要举措之一。

1. FT 账户功能拓展的制度创新

（1）启动了 FT 账户成为本外币一体化账户的改革业务。2015 年 4 月上海自贸试验区启动了 FT 账户成为本外币一体化账户的改革业务。FT 账户一启动

---

① 人民银行，等. 人民银行 商务部 银监会 证监会 保监会 外汇局 上海市人民政府关于印发《进一步推进中国（上海）自由贸易试验区金融开放创新试点 加快上海国际金融中心建设方案》的通知 [J]. 中华人民共和国国务院公报，2016（06）：95-98.

就严格落实银行账户实名制，实行分账核算制，规范FT账户开立和使用条件，用以防范风险。在与境内传统账户区分上，依托本外币一体的FT账户，金融机构为区内及境外企业提供各项跨境商务贸易活动中高效的、经济的结算和账户服务。为防范金融业务风险，FT账户设计一套单独核算、分开管理的体系，独立于金融机构现有的账户体系。账户"按照标识分设、分账核算、独立出表、专项报告、自求平衡"的要求开展相关金融服务。[①]

（2）建设FT账户管理信息系统和预警系统"电子围网"。建设FT账户管理信息系统和预警系统"电子围网"是防范境外融资风险的配套制度设计。2015年10月建成FT账户管理信息系统和预警系统"电子围网"。FT账户管理信息系统使用"映像原则"，对企业投融资活动进行全天24小时逐笔监测。这个信息系统让管理机构能够放松管理的同时，可以监测企业按照规定实施金融活动。"电子围网"预警系统，把信息监测和宏观审慎管理的各项细节和管理规定，把管理和信息系统全部连接在一起，把所有上海自贸区的企业、个人金融活动与区外形成"围网式"隔离，监控资金的区内外流动。

2. 企业运用自由贸易账户功能开展新业务的探索

2016年课题组到浦东机场综保区对工行、交行、中行自贸区分行进行实地调研。调研归纳了企业运用FT账户功能开展业务创新举措4项：首单FT账户间参代理业务合作、FT账户项下首笔利率互换交易、大宗商品交易市场跨境电子商业汇票和资产管理公司FT账户项下应收账款收购业务。数据显示，截至2018年6月底，FT账户已开立7.2万个，通过FT账户获得本外币境外融资量高达1.25万亿余元人民币。

3. FT账户持续完善的探索

2015年是我国金融体制改革扩大开放力度较大的一年，但是2015年国家外汇储备大幅下降（见图7.2），国家外汇储备从2015年7月至2016年1月的半年时间里，大幅下降超过4000亿美元。FT账户制度创新建设一度进入审慎探索阶段，探索仅限于自贸试验区区内主体和境外机构才能设立和使用的FT账户。

2018年在中美贸易战的大背景下，上海自贸试验区金融改革以大幅扩大开放表明我国坚持以开放促改革的应对态度。在2018年上海出台的扩大开放100条中，推出拓展FT账户功能和使用范围举措4条。

---

① 张继翊，石倩，谢莉莉. 透视上海自贸区金融业务创新［J］. 中国外汇，2016（13）：74-77.

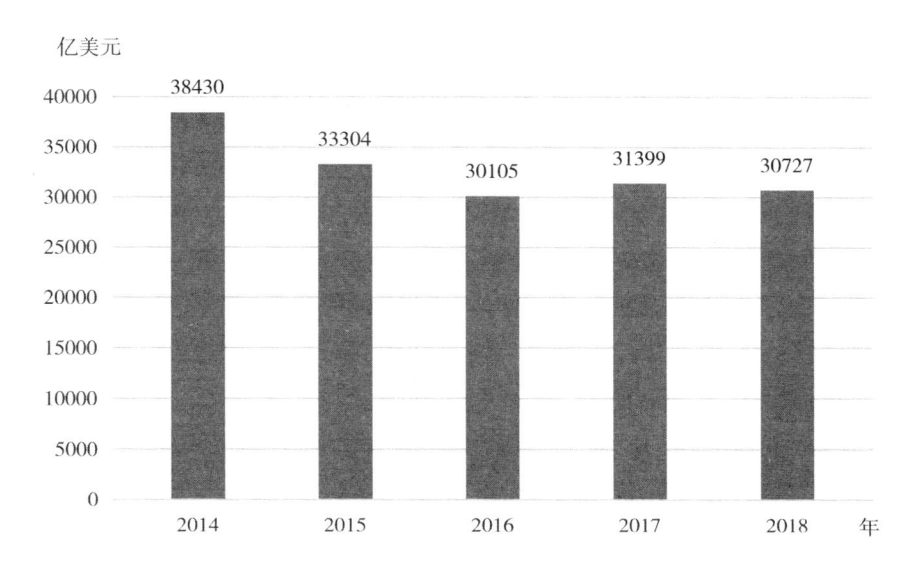

图 7.2　2014—2018 年国家外汇储备①

首先，提出将 FT 账户复制推广至上海市有条件和需求的企业及长三角和长江经济带的自贸试验区。2017 年 FT 账户扩大到上海全市，符合条件的科创企业也可以设立 FT 账户。对境内企业来说，拥有 FT 账户，基本就是拥有了一个可以和境外资金自由汇兑的账户。而对境外企业来说，开设 FT 账户，意味着它们可以按准入前国民待遇原则，获得相关金融服务。其次，在风险可控的前提下，为保险机构利用 FT 账户开展跨境再保险等业务提供服务。早在 2014 年，太平人寿自贸区分公司就成为首家开通 FT 账户的保险机构，并成功开展跨境人民币再保险业务。随着国际金融环境的变化，银保监会也在积极调整相关规定中不适应跨境人民币结算再保险业务发展要求的内容。上海扩大开放 100 条提出扩大保险公司利用 FT 账户开展跨境再保险与资金运用等业务，可以充分发挥自贸区分账核算和投融资汇兑便利的优势，提升保险业的国际化水平。再次，关于对通过 FT 账户向境外贷款先行先试，试点采用接轨国际市场贷款通行规则的措施，表明上海欲通过 FT 账户以境外贷款这项业务作为突破口，尝试与国际金融市场规则接轨。而关于支持境外投资者通过 FT 账户等从事金融市场交易活动的举措，使境外投资者可以通过 FT 账户在黄金国际板参与黄金交易，此外，已开

---

① 资料来源：国家统计局于 2019 年 2 月 28 日印发的《2018 年国民经济和社会发展统计公报》。

立 FT 账户的境内外机构也可参与自贸区债券业务。

2019 年 9 月，中国外汇交易中心推出了 FT 机构的线上外币对即期和衍生品业务。交易中心对 FT 入市机构采用自律机制（入市机构根据监管规定自觉设定交易对手范围）而非划分子市场的方式，为后续开放其他业务品种接力政策开放留足空间；同时，考虑机构内部授权和管理模式的不同，交易中心同时接受独立的自贸区分账核算单元机构和总行 FT 分组两种模式申请，优化管理流程，打破原有同一交易员只能在代理模式下操作多个机构的限制，极大地便利了成员内部管理与操作。截至 2019 年 12 月底，上海自贸试验区累计开立 FT 账户 13.1 万个，全年跨境人民币结算总额 38112 亿元，比上年增长 49.4%，占全市 39.0%；跨境人民币境外借款总额 42.63 亿元，增长 6.9 倍。[①]

4. FT 账户探索的困境

根据课题成员到浦东机场综保区业务银行的调研发现，FT 账户体系存在几点不足。一是流动性不佳。区内境外市场业务与境内业务联动示范宣传展示作用大，实际业务市场做市与盈利效果不佳。分账核算体系下金融机构 FT 账户项下业务与境内业务隔离，国内银行开展分账核算单元业务所产生的外币敞口必须通过区内或国际市场来平盘，相比较境外机构可选择进入境内银行间市场来说，自贸试验区金融机构显得"势单力薄"。交易对手和市场的局限，限制了试验区金融机构活跃度的提升。二是场外交易为主、监管难度大。试验区金融机构开展拆借、外汇衍生品交易长期采用场外交易形式，缺乏集中、公开、透明的标准化市场。分散的交易使得体系内成员间"自体循环"式的流动性及外汇敞口平补占比不大，给监管和市场运行的监测统计带来了难度，不利于金融风险的防范。三是交易同向性严重，缺乏流动性提供者。FT 账户以机构业务为主，缺乏来自零售业务的低成本资金和结算性负债，账户资金沉淀有限。区内大行普遍通过境外联行来平补敞口，交易以平衡流动性为主，做市与盈利目的融出交易较少，市场缺乏自体的流动性提供者，机构交易同向性较为严重。

（二）金融业务创新方面政策和制度设计——建设人民币跨境支付系统

人民币跨境支付系统是上海自贸试验区支付结算的创新。银联电子支付等第三方支付机构，根据人民银行有关支付机构开展跨境人民币支付业务政策，与商业银行合作开展了跨境电子商务人民币支付结算业务；花旗和汇丰银行等

---

① 上海市统计局. 2019 年上海市国民经济和社会发展统计公报［R/OL］. 上海统计网，2020-03-09.

根据有关扩大上海自贸试验区内人民币跨境使用的政策,为区内跨国公司办理经常项下跨境人民币集中收付业务。①

1. CIPS 的功用

2012 年,中国人民银行开启开发人民币跨境支付系统(简称 CIPS)的一期、二期的开发工作。2015 年 10 月 8 日人民币跨境支付系统(一期)正式上线,该系统大大提高了跨境清算效率,标志着人民币国内国际支付统筹兼顾的现代化支付体系取得重要进展。该系统上线运行意味着中国正谋求让更多的人民币国际支付交易,不再依赖环球银行金融电信协会(SWIFT)的结算系统。

2. CIPS 的试运行与扩大适用范围

首批使用者共 19 家境内中外资银行,间接境内外用户 176 家,遍布亚、欧、非、大洋洲四大洲。2016 年 5 月 17 日,三菱东京 UFJ 银行获得接入 CIPS 结算系统的许可,三菱东京 UFJ 将自 6 月起,启动适用日本地方银行等面向客户企业的国际汇款的服务。2016 年 5 月 31 日,中银香港获准以直接参与者身份接入 CIPS 系统,是境外人民币清算行中的首家,这意味着增加人民币国际支付交易,是推动人民币国际化的重要一步。

3. CIPS 二期投产运行

为提高业务效率,CIPS 二期采用更为节约流动性的混合结算方式,2018 年 5 月 2 日人民币跨境支付系统(二期)全面启用,系统运行时间将实现对全球各时区金融市场的全覆盖,满足全球用户业务需求。数据显示,截至 2018 年 3 月底,CIPS 境内外直接用户增至 31 家,695 家境内外间接用户,实际业务范围已延伸到 148 个国家和地区。2020 年 1 月和 2 月,人民币跨境支付系统(CIPS)新增 5 家境外间接参与者。截至 2020 年 2 月末,CIPS 系统共有参与者 941 家,其中直接参与者增加到 33 家,间接参与者增加到 908 家。间接参与者中,亚洲 698 家(境内 392 家),欧洲 112 家,非洲 38 家,北美洲 26 家,大洋洲 18 家,南美洲 16 家,覆盖全球 95 个国家和地区。

(三)人民币债券业务市场扩大开放的探索

2015 年 2 月,跨境融资宏观审慎管理在上海自贸试验区试点。

1. 人民币债券业务市场扩大开放制度创新设计思路

这方面的改革创新思路主要是探索、完善相关制度规则,通过加快离岸债券市场建设,扩大债券市场开放,拓宽企业,特别是中小企业的融资渠道,降低实体经济资金的使用成本,促进人民币资金的跨境双向流动。

---

① 彭静辉. 上海自贸区与金融改革创新[J]. 现代经济信息,2014(14):308-309.

2. 强制性制度变迁开放的主要举措

（1）2016年年初央行发布了中国人民银行公告〔2016〕3号，引入更多符合条件的境外机构投资者，取消投资额度限制，简化管理流程。同年5月9日，经中国人民银行批准，银行间市场清算所股份有限公司对外发布《银行间市场清算所股份有限公司自贸区跨境债券业务登记托管、清算结算实施细则》《银行间市场清算所股份有限公司上海自贸区跨境债券业务登记托管、清算结算业务指南》，标志着上海清算所即日起可正式为上海自贸试验区跨境人民币债券业务提供登记托管、清算结算服务。2016年5月底，国家外汇管理局印发了《境外机构投资者投资银行间债券市场有关外汇管理问题》的通知，人民银行上海总部也出台了备案管理实施细则。

（2）为积极推进银行间市场全面对外开放，在人民银行的指导和上海市政府的支持下，上海清算所充分利用自贸试验区"先行先试"的政策优势，围绕人民币国际化、上海自贸试验区"金改40条"中"建设面向国际的金融市场"的总体安排，积极开展跨境人民币债券业务准备。经过两年多的准备，在主要市场成员的支持下，上海清算所完成了业务方案等各项准备工作，并获得人民银行批准同意开办业务。

（3）上海自贸试验区跨境人民币债券业务市场主要功能包括以下四点。一是以跨境人民币计价，面向自贸区内或境外的国际机构投资者；二是债券发行人多样化，既可以是境内或区内的金融机构或企业，也可以是境外机构；三是建立上海清算所与国际托管机构互联的安排，国际投资人可"一点接入"参与全球多个市场，而无须单独在各市场开户、结算；四是债券投资方式多样化，既可以在集中电子平台进行，也可以通过自贸区商业银行柜台销售。通过上述机制的探索，有助于逐步实现中国债券市场与国际债券市场在管理体制、业务模式等方面的东西方互鉴，推动中国这一新兴经济体融入全球金融市场。

（三）人民币债券业务市场的持续扩大

上述措施使得中国人民币债券市场迎来了更多的境外发行人和投资人。例如，2016年7月底，远东国际租赁有限公司2016年公司债券（第三期）在上证所上市，发行规模为20亿元，票面利率为3.15%。金融数据提供商Dealogi的数据显示，截至2016年8月1日，熊猫债发行18支，规模达497亿元人民币。到2018年5月末，银行间债券市场一共发行1600多亿元的熊猫债。同时央行通过发文为境外发行人提供了一个更加清晰的、明确的发行指引，进一步完善了熊猫债发行的配套制度。

二、促进外汇转移便利化配套改革措施

(一) 外币利率市场化的探索

2014年3月份开始,人民银行放开了上海自贸试验区内300万美元以下的小额外币存款利率上限,上海自贸试验区率先实现了外币存款利率完全市场化。3月1日,中国银行为在上海自贸试验区内就业的人员办理了首笔个人小额外币存款业务,客户获得了一张"议息"存单。是年6月26日中国人民银行上海总部宣布,自6月27日起,将放开小额外币存款利率上限的改革试点由试验区扩大到上海市,成为自贸试验区首单向区外推广的金融改革政策。

(二) 外汇资金集中运营管理配套改革措施[①]

2014年4月,国家外汇管理局印发汇发〔2014〕23号文告,拉开了外汇资金集中运营管理配套改革的序幕,主要改革有二。

1. 外汇资金集中运营管理主要措施5项

一是创新跨国公司账户体系。允许跨国公司同时或单独开立国内、国际外汇资金主账户,集中管理境内外成员企业外汇资金,开展资金集中收付汇、轧差净额结算,账户内可以全部或部分共享外债和对外放款额度。二是进一步简化单证审核。银行按照"了解客户""了解业务""尽职审查"等原则办理经常项目收结汇、购付汇手续,服务贸易等项目对外支付需按规定提交税务备案表。三是便利跨国公司融通资金。国际外汇资金主账户与境外划转自由,没有额度控制;在规定的外债和对外放款额度内,国内、国际账户内互联互通,便利企业内部调剂资金余缺。四是资本金、外债结汇采取负面清单管理。资本金和外债资金意愿结汇,审核真实性后对外支付。五是加强统计监测防控风险。全面采集跨国公司外汇收支信息,集中收付或轧差净额结算进行数据还原申报,留存相关单证备查,落实额度控制监管"阀门"。

2. 外汇管理方式的转变

主要变革如下:一是进一步简政放权,最大限度减少审批干预。为企业在华设立"资金中心"提供良好的政策环境,创造产业结构转型升级条件。二是探索投融资汇兑便利。利用同一账户实现不同性质资金的归集管理,提升企业和银行业务创新和资金管理能力。三是完善宏观审慎监管框架,综合监管防范

[①] 国家外汇管理局. 关于印发《跨国公司外汇资金集中运营管理规定(试行)》的通知[Z]. 国家外汇管理局文告,2014(05):44-57.

风险。以实体经济需求为导向，加强非现场监测和现场核查检查，牢牢守住不发生系统性、区域性金融风险的底线。

2015年9月，国家外汇管理局印发《跨国公司外汇资金集中运营管理规定》的通知。① 通知称，跨国公司成员企业借用外债实行比例自律，主办企业可全部或部分集中成员企业外债额度；外债结汇资金可依法用于偿还人民币贷款、股权投资等；企业办理外债登记后可根据商业原则自主选择偿债币种。

（三）企业外债资金结汇管理方式改革配套措施②

2016年6月15日，国家外汇管理局下发汇发〔2016〕16号文告，提出在全国范围内实施企业外债资金结汇管理方式改革，改革内容包括以下6项举措。一是境内企业（包括中资企业和外商投资企业，不含金融机构）的外债资金均可按照意愿结汇方式办理结汇手续。二是统一境内机构资本项目外汇收入意愿结汇政策，确定境内机构资本项目外汇收入意愿结汇比例暂定为100%。三是境内机构资本项目外汇收入意愿结汇所得人民币资金纳入结汇待支付账户管理。四是境内机构资本项目外汇收入的使用应在经营范围内遵循真实、自用原则。五是规范资本项目收入及其结汇资金的支付管理。六是进一步强化外汇局事后监管与违规查处。

2019年国家外汇管理局对2015年《跨国公司外汇资金集中运营管理规定》进行了修订。相关举措将在下文展开论述，此处略。

（四）放开银行卡清算机构和非银行支付机构市场准入限制举措

1. 放宽外资金融服务公司开展信用评级服务的限制举措

维萨（VISA）、万事达（MasterCard）以及美国运通等国际卡组织都已经做好参与中国市场的准备，央行已收到外商World First公司关于申请支付业务许可的来函，这是2018年3月底央行放开外商投资支付机构准入限制以来，首家外商尝鲜。此外，标普、穆迪、惠誉全球三大信用评级机构已开始筹划在华独资经营事宜。

2. 加快扩大证券、基金、期货业务市场开放的步伐

2019年7月，"中国金融业对外开放11条"宣布，提前于2020年取消证券、期货和基金管理公司外资股比限制。2019年监管层出台多项政策，对外资

---

① 国家外汇管理局. 关于印发《跨国公司外汇资金集中运营管理规定》的通知［Z］. 国家外汇管理局文告，2015（06）：7-25.
② 国家外汇管理局. 关于改革和规范资本项目结汇管理政策的通知［Z］. 国家外汇管理局文告，2016（04）：19-24.

机构进一步放开，包括放开外资私募产品参与"港股通"交易的限制、明确外资私募基金投资参与银行间债券市场的标准等，为外资私募管理人进入中国市场创造了公平竞争的商事环境。政策的日益放宽，带来外资私募加快中国市场布局的节奏。从2019年1月到2020年1月，有联博汇智等7家机构完成外商独资私募证券投资基金管理人登记（WFOE PFM），加上此前备案的富达利泰、贝莱德、桥水等16家，2019年外资私募的总数量已达到23家。同时，2019年外资私募发行产品也非常积极。2019年以来，外资私募已发行了39只新基金产品，远超2018年的总数。截至2020年1月，外资私募备案的中国私募基金数量达到65只，其中瑞银、惠理产品数量较多。除了传统的股票、债券基金，外资私募在2019年还推出了FOF、多元资产等策略产品，比如瑞银资管备案的"瑞银中国A&Q多元策略FOF私募基金一号"是首只外资资管境内FOF。另外，2019年外资私募在中国市场的业务范围进一步拓展，已有瑞银等8家机构在基金业协会完成在中国提供投资顾问服务的登记备案，外资私募中国布局明显加快。在23户布局中国的私募基金中，有22家落户上海。上海自贸试验区金融制度变迁的政策效应初显。

三、促进投融资便利化配套改革措施

（一）投融资汇兑便利化措施

以上海扩大开放100条行动方案外汇投融资便利化措施为例：

一是上海提出要进一步丰富银行间外汇市场的境外参与主体，是时，境外央行（货币当局）和其他官方储备管理机构、国际金融组织、主权财富基金可申请成为银行间外汇市场会员，通过人民银行代理、通过中国银行间外汇市场会员代理以及直接成为中国银行间外汇市场境外会员三种途径参与包括即期、远期、掉期、货币掉期及期权交易在内的中国银行间外汇市场交易。

二是扩大合格境内有限合伙人（QDLP）试点，支持外资机构参与的举措，国家外汇管理局自2013年起在上海推出合格境内有限合伙试点，是指设在境内的基金管理者以私募方式在境内募集人民币，投向海外二级市场。截至2018年，共有3批15家企业获得QDLP试点资格。2018年4月，国家外汇局把试点额度提高到50亿美元。

三是扩大沪港通每日额度，开通"沪伦通"举措。沪港通于2014年11月17日开通。2018年4月11日，监管层宣布了沪港通每日额度。沪伦通是上海证券交易所与伦敦证券交易所互联互通的机制。符合条件的两地上市公司，可以

发行存托凭证（DR）并在对方市场上市交易。2015年12月，上海市会同中国证监会研究推出"沪伦通"。2019年6月17日，沪伦通正式启动。中英监管当局当日发布了沪伦通联合公告，原则上批准了上交所和伦交所开展沪伦通，双方监管机构将就沪伦通跨境证券监管执法开展合作。

（二）融资租赁创新举措

1997年银行系统被要求撤出金融租赁领域，2007年年底国务院批准首批5家银行试点设立金融租赁公司。上海自贸试验区成立后，支持融资租赁业务举措有三点。

1. 通过FT账户支持融资租赁业务发展

上海自贸试验区下的FT账户对融资租赁的支持有四点。第一结算，收取境内外租金；支付租赁标的物购买款；企业运营的日常收入与支付。第二融资，参考国际市场价格；支持流动资金贷款、贸易融资；支持飞机船舶融资、项目融资；支持票据融资（电子票据）。第三投资，支持境内外直接投资；支持试验区专属资管产品投资；支持专属本外币结构性存款；大额可转让定期存单。第四交易，支持本外币兑换；支持区内及国际市场衍生品交易；支持资产交易（见表7.8）。

表7.8　自贸试验区内外融资租赁方面比较分析①

		自贸区内	自贸区外
境外借款便利	内资	普通租赁公司：实缴资本×1倍×宏观审慎政策参数 金融租赁公司：实缴资本×1.5倍×宏观审慎政策参数	一般情况下无外债额度，即便批准了外债额度多为发生额管理
	外资	借款期限：1年（含）以上 借用境外人民币资金规模按余额计 在试验区设立前已经设立在区内的外资租赁公司在借用境外人民币资金时，可自行决定是按"投注差"模式还是按上述规则办理，并通过其账户向人民银行上海总部备案。一经决定，不再变更	境外本外币借款额度按投注差管理；外币中长期外债额度按发生额管理；人民币外债也按发生额管理
对外债权管理便利	内资	融资租赁公司对外租赁业务做登记管理	融资租赁公司对外租赁业务做审批制管理
	外资		

① 资料来源：2016年8月，根据课题组2016年自贸试验区实地调研整理。

续表

		自贸区内	自贸区外
租金币种可选择	内资	允许融资租赁公司在境内收取外币租金，解决货币错配问题	融资租赁公司在境内需收取人民币租金
	外资		

2. 制定独具上海特色的融资租赁发展政策

3. 地方政府给予财政扶持措施[①]

（三）金融监管制度设计与金融风险防范制度创新探索

1. 金融监管制度创新思路

上海自贸试验区金融监管制度设计主要思路如下：

第一，在资本可兑换不搞全面的、自由的可兑换，而是搞分类别、有管理的可兑换；第二，在对境外融资规模、币种的错配、短期资本流入等风险管理框架上建立一套以资本约束机制为核心的境外融资的宏观审慎管理制度；第三，建立影响国家的币值稳定和金融市场的稳定的宏观规模上的总量调控和相应的应急管理的启动机制；第四，建立"反洗钱、反恐怖融资、反逃税"监测管理体系；第五，建立本外币合一、全口径的国际收支的统计和监测框架；第六，建立本外币一体化的监管体系；第七，建立"长臂"管理制度，对自贸区企业和个人的境外投融资活动、资金流向、目的地、投资用处进行监测和提供服务；第八，建立跨部门的"一行三局"步调一致的风险管理应急机制。

2. 加强金融监控和风险防范制度创新

2016年7月，上海市政府办公厅印发《发挥上海自贸试验区制度创新优势开展综合监管试点探索功能监管实施细则》（以下简称细则）。细则坚持行业监管和部门联动相结合，推进金融综合监管试点，力图从三个方面有所突破。一是实施全面覆盖，探索功能监管。二是加强跨界协作，提高综合监管能力。三是完善监测分析，提升预警能力。通过探索推进金融管理部门和地方政府部门之间相关信息的按需共享，形成常态化的信息共享共建工作机制。探索建立上海金融综合监测预警平台，全面掌握金融业态发展情况，有效防范区域性、系统性风险的发生。当前，从互联网金融专项整治工作起步，研究完善类金融机构监测分析平台，提升监测预警能力。[②]

---

① 相关政策细则参见2016年8月30日的《中国（上海）自由贸易试验区金融创新措施复制推广研究报告》。

② 相关政策细则参见2016年8月30日的《中国（上海）自由贸易试验区金融创新措施复制推广研究报告》。

(四) 融资租赁创新业务大发展

1. 融资租赁行业呈爆发式增长

随着上海自贸试验区金融改革开放的深入和相关支持配套措施的一一落实，融资租赁行业呈爆发式增长，各路资金纷纷入驻试验区，开展融资租赁业务。2011年，上海融资租赁公司仅有82家，资产规模1200亿元人民币。到2015年年底，上海自贸试验区保税区域设立融资租赁企业1771家，累计注册资本4511亿元人民币。截至2015年第三季度，保税区域内累计运营235架飞机、48艘远洋船舶、大型设备包括发电机组、减压挖掘机、医疗设备、煤矿设备等，租赁资产总额达2110亿元人民币。

2. 融资租赁业发展特点

随着融资租赁的社会认知度和影响力大幅提升，内资试点、外商投资、金融租赁等由不同部门监管的融资租赁企业齐头并进，快速发展，势头良好，发展特点如下：

（1）服务对象更加广泛。截至2016年，融资租赁已渗透到农业、工业和服务业等领域，并从航空、船舶、工程机械等逐步向节能环保、医疗设备，甚至文化传媒、高端消费等领域扩张，承租对象也开始向中小企业扩展。例如，远东租赁公司目前已在医疗、教育、建设、交通、包装、工业装备、电子信息、纺织、城市公用等多个领域为产业客户开展融资租赁相关服务，2016年营业收入整体呈增长趋势。

（2）多领域实现创新突破。自贸试验区各类融资租赁企业在业务模式、融资方式等方面不断创新突破，主要业务创新模式有直接融资租赁、委托租赁、转租赁、结构化共享式租赁、捆绑式融资租赁、项目融资租赁、销售式租赁等各种融资租赁、商业保理等业务创新模式。例如，交银租赁是首家成功签约跨境人民币境外借款的非银行金融机构，并于2014年成为首家成功发行金融债券及租赁资产证券化的金融租赁公司。

（3）各路资本争相涌入。融资租赁行业持续高速增长的发展势头，吸引各路资本争相涌入，不少上市公司、大型企业集团、券商、PE等都积极布局融资租赁产业。中船、中建投、中电投、中国远洋海运等央企，海通证券、光大证券、国泰君安等券商，贝恩资本、TPG（德太投资）等国际著名私募都纷纷进入融资租赁行业。

（4）企业竞争力不断增强。企业数量从2012年至2016年，增长超过7.5倍，服务模式不断创新，融资租赁渗透率和专业化程度显著提高。截至2016年年底，已涌现了交银租赁、招银租赁、远东租赁等资产超过千亿规模的国内龙头企业，中航租赁、平安租赁、电气租赁、海通恒信租赁、聚信租赁等一大批专业化品牌企业。

（5）自贸试验区集聚效应明显。上海自贸试验区自成立以来，快速形成了融资租赁企业集聚。截至2016年年底，上海融资租赁企业数量增至2089家，资产规模增至1.2万亿元，两项指数均占全国总量的三成左右。外高桥保税区域凭借政策优势，形成了融资租赁企业集聚高地和创新发展高地，截至2016年年底，共有融资租赁母体公司1524家，租赁资产总额近5015亿元；其中，外商投资融资租赁企业2064家，金融租赁企业7家。外资占比高度集中，显示出中国融资租赁市场正成为新的外商投资"高地"，市场前景看好。截至2017年7月，融资租赁业务范围已涵盖航空、船舶、工程机械、医疗设备、新能源、节能环保、半导体和集成电路、基础设施及个人消费等领域。

3. 融资租赁发展新动向

作为三大金融工具之一的融资租赁，是国家降低利率水平，改变企业融资成本居高不下弊端的重要组合拳之一。进入2019年，政府政策的倾斜，上海自贸试验区融资租赁业务出现向高端制造业集聚的趋势。在试验区花较少的钱就能租到各类高端装备，降低企业融资成本，展现了融资租赁服务实体经济，推动产业转型升级的政策效果。

四、服务业投资便利化金融配套改革措施全国复制推广的讨论

（一）自贸试验区投资便利化金融配套措施全国复制推广总体思路

2020年新冠肺炎疫情持续肆虐全球，国际金融市场动荡加剧，世界经济前景充满不确定性；中国经济进入L型发展阶段，移动互联网金融大发展的背景下，我们认为上海自贸区投资便利化金融配套改革措施全国复制推广应在风险防范第一的前提下，有所为，有所不为，跳出条条框框的限制，克服部门利益掣肘，以金融扩大开放谋求更大的发展空间。

1. 试验区投资便利化金融配套措施复制推广要服务于国家人民币自由流通战略

人民币自由流通的改革创新是关系国计民生长远利益的巨大工程，目标是让人民币在境外自由流通，成为国际上普遍认可的计价、结算及储备货币，提高我国金融服务业全球市场竞争力，相关改革不能太急，上海自贸试验区投资便利化金融创新措施全国复制推广的任务之一就是为实现人民币自由流通长远目标提供源源不断的，包括试错经验教训在内的制度创新；提升人民币自由流通水平，以利吸引外资到中国投资，帮中国迅速完成补链、扩链、强链的目标，确保中国泛亚洲和泛太平洋产业链中心的地位。

2. 试验区投资便利化金融配套措施复制推广是贯彻国家 FTA 战略的重要一环

上海自贸试验区的各项投资便利化金融配套改革措施，是通过上海国际金融中心建设来贯彻国家 FTA 战略，使国家立足周边的自由贸易区网络投融资体制建设，建立在接轨以 TPP 等新一轮以投资、金融服务贸易自由化、强调公平竞争和权益保护为主要内容的全球资本要素自由流动新动向的基础上。为此，试验区投资便利化金融配套措施复制推广必然是一种兼容离岸金融业务发展与接轨 TPP 等自贸协议谈判国际投资新规的试验成果的推广。成果推广以管理国际化、制度创新法治化，投资、金融服务贸易便利化等一体化成果为主，离岸业务发展成果为辅，目的是让全国享受金融制度创新的"红利"。

3. 试验区投资便利化金融配套措施复制推广是一种渐进式制度变迁的传导机制

投资便利化金融配套措施要强调强制性与诱致性制度变迁相结合的复制推广传导机制，保障上海自贸试验区投资便利化金融配套措施的连续性、稳定性与可复制性。

强制性制度变迁包括 FT 账户分账核算业务风险审慎管理，建立 FT 账户管理信息监测系统和分类别、有序管理的资本项目可兑换制度；建立人民币跨境支付系统（一期）。开展金融服务业负面清单管理制度的改革，用以推进不同层级、功能和类型金融机构的市场准入。自贸试验区金融和外汇管理市场准入负面清单制度的举措有：外商投资管理制度改革，深化金融商事登记制度改革，开展"证照分离"改革试点，健全社会信用体系和金融信息共享服务平台，鼓励社会力量参与金融市场监管，完善金融公平竞争制度，机构资本项目外汇收入意愿结汇，各种金融市场监管，建设金融保险等安全管理制度等。

诱致性制度变迁涉及金融产品（工具）的创新，例如，利率互换、远期利率协议、双重货币债券等价格风险转移创新；票据发行便利、可转让贷款合同等信用风险转移创新；保单质押贷款资产证券化等流动性增强创新；资本和货币市场工具、衍生工具和其他工具、信贷业务等资本项目可兑换业务创新；直接融资租赁、结构化共享式租赁、捆绑式融资租赁、销售式租赁等各种融资租赁、商业保理业务创新；人民币离岸债券市场业务、黄金国际板、上海国际能源交易中心、上海国际金融资产交易中心、大宗商品国际交易平台、跨境清算平台、外汇保证金交易平台等离岸保税市场业务创新等。

4. 试验区投资便利化金融配套措施复制推广发展范畴

自贸试验区投资便利化金融配套措施的发展范畴应始终围绕两个主题：提升金融资源配置效率；控制金融风险，降低各类金融风险发生的概率。具体包括如下：

（1）复制推广应优先考虑绿色可持续。建设绿色债券市场，发行 SDR 债券，发展 SDR 市场；加快开放债券市场，缩小国内外市场利率差，快步进入全球低利率时代。本着普惠共享原则，要为农民、为中小企业提供绿色的金融，绿色的贷款，让他们能在灾难突发时更具韧性，从内容上创新试验区投资便利化金融配套措施的发展范畴。

（2）复制推广应简政放权。开展给金融机构和市场监管者有更大自主权的改革，而非用传统行政干预方式"命令"金融企业去支持实体经济，陷入"一管就死，一放就乱"的恶性循环。让金融做金融的事，而非让金融代替财政来实施财政政策。因此，试验区金融配套改革措施的复制推广，要简政放权，用市场经济的方式实现审慎监管、高效监管、社会监管、综合监管的良性循环，激发企业的活力，增强金融市场的弹性。

（3）复制推广应充分考虑在支持实体经济发展的基础上，促进劳动生产率的提高。要提升经济增长在供给侧的发力，就要促进技术进步，提高劳动全要素生产率。金融创新和技术进步相关联的创新才是真正有意义、有价值的。倘若金融创新只是实现自我的循环，必然会导致很多问题的产生甚至出现金融危机。

（4）复制推广应考虑通过约束市场行为等金融创新降低风险发生的概率。例如通过金融基础设施的创新，登记、清算、支付等领域的创新，帮助降低金融创新的风险。进一步推动金融创新的量化，通过综合评级，统一监管，分类管理等监管手段的综合运用，提高监管的科学性和监管的效率。同时，将过去一些很少用的工具实现常态化，如信息披露，在"偿二代"下信息披露是很重要的工具。

（5）复制推广应考虑支持包容移动支付为典型的互联网、移动互联网金融。移动互联网金融创新是一种建立在"先给予，后获取"的低成本运作的新型金融服务，最大特点是便利化加共享思维、迭代思维、大数据思维的新型发展模式。这种模式发展快，问题就多，为此，我们要用包容性和耐心，扶持其发展，而不是怀疑、打压。

（6）复制推广应考虑放开国企债券市场融资限制。债市资源主要在向央企包括地方政府融资平台倾斜。但大型央企在债券市场有按企业净资产的比例融资的规模限制，应该从法律和法规角度放开这种限制，把一些大企业放到债券市场去进行融资，这样，金融机构就会把更多的资源、精力投到中小企业还有弱势机构的群体服务方面。

（7）复制推广应考虑风险可控。金融创新的标准化风险模式就是要实现合规且没有违规，不同的金融创新阶段需要不同的监管结构，有一些还需要特别的解决方案。试验区金融创新的发展阶段是不一样的，监管准则也是不一样的，所以需要灵活的监管方式。

（8）复制推广应考虑发展离岸金融市场。金融交易开放始终是一个难题，这一难题的解决有赖于离岸市场的发展。离岸人民币市场是人民币资本项目开放的另类形式，它与人民币全球自由流通的目标完全对接。建设离岸人民币债券市场现阶段的重点是依托上海自贸试验区，在建设向境外发行人民币债券的"点心债"市场和国外机构在境内发行人民币债券的"熊猫债"市场的基础上，简化发行流程，降低发债门槛；提高直接融资比重，扩大债券市场规模；统一内外两个市场，实现互联互通，并实现真正的普惠共享。

从中期角度看，离岸人民币市场建设不能有小富即安的心态，仅满足清算、发债的角色，应该不断挖掘它的功能，开发离岸存放、融资、外汇交易和人民币计价金融产品创设与投资等。从长期规划角度看，上海是仅次于香港，且最有条件开展外汇、大宗商品、期货、国际保险业务等面向国际的金融市场交易平台建设的城市，并以此提升上海国际金融市场资产定价能力。

（二）自贸试验区投资便利化金融配套措施全国复制推广路径探讨

1. 复制推广路径思路探索

据商务部的公开信息可知，截至2019年，向全国复制推广的金融开放创新措施有23项[1]。但在2014—2019年期间国务院公布的五批在全国范围复制推广的改革事项，仅看到2014年12月上海自贸试验区推向全国复制推广的举措中有投资便利化金融配套改革措施[2]。在外汇转移方面，个人其他经常项下人民币结算业务、外商投资企业外汇资本金意愿结汇、银行办理大宗商品衍生品柜台交易涉及的结售汇业务、直接投资项下外汇登记及变更登记下放银行办理等

---

[1] 商务部召开自由贸易试验区制度创新成果复制推广工作情况及第三批最佳实践案例专题新闻发布会[EB/OL].商务微新闻，2019-07-23.

[2] 国务院.关于推广中国上海自由贸易试验区可复制改革试点经验的通知[J].中华人民共和国国务院公报，2015（04）：8-11.（以下章节引用这篇通知的引文不再重复做脚注。）

事项向全国复制推广。在投融资开放方面,允许融资租赁公司兼营与主营业务有关的商业保理业务、允许设立外商投资资信调查公司、允许设立股份制外资投资性公司、融资租赁公司设立子公司不设最低注册资本限制等事项向全国复制推广。

2014年12月以后的四批在全国范围复制推广的改革事项都没有金融领域的事项(2020年第六批有4项)。可见,在国家层面,对金融开放配套改革措施在全国复制推广非常慎重。我们认为在国际金融衍生品层出不穷,市场动荡多变,诸如新冠肺炎疫情等不可预知因素频频发生的时代背景下,上海自贸区金融开放配套改革措施复制推广应选择渐进式复制推广的道路。在风险可控的前提下,创造条件,创新金融制度,复制推广。在坚持重制度,奠基础;宽开放,促创新;依法管理,严格监管;精准复制,防范风险;审慎复制,有序推广的基础上,摸索出一条低风险、高效率的金融开放配套改革措施复制推广的有效路径。

(1) 重制度,奠基础。复制推广的重点是各项金融制度创新的复制推广,为企业开展金融产品创新,交易机制和方式创新奠定基础。为此,我们把通过政府行政力量推行的各种正式规则,借鉴国际通行规则归纳为强制性制度变迁;把企业方面的金融产品、交易方式等创新归纳为诱致性制度变迁。当前,中国金融服务开放相对滞后,金融开放制度建设更是严重滞后,金融逐利的本性致使其迟迟不愿流向实体经济,热衷于在金融市场到处寻找机会的自我循环。自贸试验区FT账户改革也有所偏离,成为大型金融企业另辟蹊径、培育企业新的利润增长点的工具,国内企业,特别是中小企业融资成本居高不下的格局依然如故。而上海自贸区的金融开放配套改革措施复制推广的一个核心问题就是如何支持实体经济发展,通过从传统带有行政色彩的金融体制向以法治为基础,反映中国国情的市场型金融体制过渡的制度变迁,激化竞争,破除垄断,建立起促进资本市场的自由流通,促使金融服务价格下降,催化金融服务业与先进制造业之间连锁效应的产生,支持实体经济的发展。

(2) 宽开放,促创新。从金融制度建设创新内容看,是指在自贸试验区保税管理离岸试验区域内百花齐放,鼓励以投融资管理体制、外汇转移、公平竞争为主体的各种国际金融市场规则、国际惯例,交易机制、金融业务、市场、机构创新。通过强制性制度变迁、诱致性制度变迁相辅相成,融合发展的制度变迁试点,去粗取精,去伪存真,找出真正适合中国金融市场实际的金融创新举措进行复制推广。为国家的人民币国际化、外汇管理体制、利率市场化和投融资管理体制等金融改革战略的推进提供现实依据。

（3）依法管理，严格监管。从建立有效市场监管体系角度看，是指金融开放配套改革措施的复制推广，监管创新先行复制推广。上海有176年的工业文明的底蕴，是中国法治基础最雄厚的城市，有基础在监管体制上先破后立，主动适应国际通行金融混业模式，增强上海自贸试验区金融吸引力和释放国内金融机构业务创新活力，为全国范围内探索混业监管框架先行试验，助力以法律为准绳，弹性灵活的事中事后市场监督机制向全国的复制推广。我国的自贸试验区通过借鉴国际金融监管的先进做法，为建立一套审慎监管、行为监管、统一监管的全方位监管体系并向全国复制推广积累经验，贡献力量。

为此，首先，推行穿透式的监管。穿透式的监管目的是服务于国家实施低利率改革、降低实体经济经营贷款融资成本的大政策，针对跨界业务实施穿透核查和全流程监管，不留推高市场利率的缝隙，不给金融企业借机投机套利的空间，缩短风险链。

其次，紧跟市场发展步伐，填补监管空白，充分发动社会各界的力量，群策群力，全方位监管，提高监管的有效性，动态完善综合监管体系，促进各类市场主体的归位尽责。例如，银保监会完善包括修订偿付能力的管理规定，风险综合评价体系，风险管理的评估项目，充分的市场约束和信息披露为主要内容的"偿二代"监管体系。

最后，从复制推广效率角度看，要防范风险，精准复制。防范金融风险是指金融开放配套措施复制推广范围要考虑的首要因素是如何控制风险，防止金融开放配套措施复制推广出现井喷式或断崖式变化。要明确分类，有所为，有所不为，精准复制。

精准复制是指把金融开放配套措施分为高、中、低风险三大类，分清哪些是仅在上海离岸金融中心建设范围展开的高风险类的金融市场创新；哪些是可以在全国各地自贸试验区、CSSZ范围内复制推广的中风险类的金融产品创新，哪些是可以在全国范围复制推广的低风险类的金融机制和制度创新。

我们认为FT账户管理信息系统和预警系统"电子围网"等事中事后市场监督机制、人民币跨境支付系统、小额外币存款利率上限全面放开等利率市场化举措、机构资本项目外汇收入意愿结汇、国际保险、再保险服务业务等低风险金融开放配套改革新举措可先在上海范围复制，为国家在全国复制推广提供可行方案；进而复制推广到全国各地自贸试验区；哪一条开放措施时机、条件成熟，哪一条就在全国复制推广。围绕FT账户分账核算业务等中风险外汇转移金融创新举措可视各地的法制基础上的市场经济体制健全程度，采取渐进式的方式在条件成熟的各地 CSSZ 区域复制推广。而涉及各种面向国际的市场交易平台建设、国际期货期权等高杠杆金融衍生产品和高风险金融交易机制创新举措只适合在国际离岸金融中心中通过实体经济企业参与方式复制推广。

2. 复制推广的传导机制

基于上述复制推广思路，我们把审慎复制，有序推广，走渐进式复制推广道路作为自贸试验区金融开放配套改革措施复制推广传导机制，具体如下：

首先，审慎复制，有序推广，是指本着风险防范第一的原则，把上海作为一个迷你型复制推广试验区，探讨在上海全市范围金融开放配套改革措施的复制推广的有效路径，为国家在全国复制推广提供可行方案；运用点、线、面辐射结合的渐进式推广方式，作为贯彻上海自贸试验区金融开放配套改革措施最有效的复制推广传导机制。

其次，在坚持审慎监管创新先行先试和防范风险优先考虑的大前提下，从金融产品、创新方式和创新手段的视角把金融开放配套改革措施分成低风险、中风险、高风险三大类，在时间上分清近期可复制、中期可复制、长期可复制。在复制推广的空间布局上，实施上海区域内点线面布局；在复制推广推进上，探讨由跨国企业为试点向民营企业推广、各自贸区双向复制推广、全国区域内点线面复制推广的边界条件。

3. 差异化有序分类复制推广模式

（1）上海范围内迷你版复制推广。上海区域内点线面模式是点辐射式复制推广。限于原有四个 CSSZ 内复制推广，复制推广高风险金融创新措施，以控制风险；线辐射式复制推广是以金桥出口加工区、张江高新区为示范点，各类金融机构为载体，连线上海各类出口加工区、科技园区复制推广中低风险，促进高端制造业与金融服务业融合的金融创新措施；面辐射式复制推广是以陆家嘴金融区和世博园区为示范点，以区内各类金融机构为载体，将低风险可复制性内容向全市复制推广。

（2）跨国企业向民营企业复制推广。上海自贸试验区内集聚了各类跨国企业总部等，并借鉴了国外先进的金融创新服务，以金融产品、金融服务方式、金融服务手段等为载体，进行比对试验，突破试验区内民营企业业务融合，实现跨国企业向民营企业复制目标，再经点线面传导机制复制推广。

（3）反向复制推广模式。其他自贸试验区金融开放配套改革措施是以上海自贸区试点内容为主体、结合地方特色的金融创新，开展互补和对比试验。从2013—2020 年，自贸试验区在全国各地采取渐进式分五批从东部地区到中部地区、再到全国各地区有序地扩展到21个自贸试验区，形成"1+3+7+1+6+3"覆盖东西南北中的改革开放创新格局。依据全国这种分批逐步扩展自贸试验区的状况，反向复制推广可分近期（2016—2020年）、中期（2021—2025年）、远期（2025—2050年）三个步骤动态开展。

例如，近期反向复制推广在"1+3"个自贸试验区之间展开：4个自贸试验区存在金融创新的双向复制推广的学习效应，开展互补式金融创新，可增加金融创新制度供给。其次，采取强制性与诱致性相结合的金融创新复制推广路径。借鉴其他自贸试验区金融创新经验。广东自贸试验区重点借鉴发展国际债券市场业务和各种金融创新市场运作的经验。天津自贸试验区重点借鉴金融服务业扩大开放服务先进制造业、降低企业投融资和交易成本、融资租赁创新的经验。福建自贸试验区重点借鉴开展与台"一国两制"的金融合作机制金融创新的经验。中期在21个试验区范围开展复制推广。远期在全国动态演进、布局更多的自贸试验区范围展开。

反向复制推广思路采取强制性与诱致性相结合的金融开放配套改革措施复制推广路径。一是借鉴其他自贸试验区市场运作创新经验，提高上海自贸试验区金融创新效率。二是对其他自贸试验区强制性金融制度创新，采取立法形式在上海自贸试验区复制推广。三是对其他自贸试验区以企业自发形成的诱致性金融制度创新，采取政府事后追认等形式向上海自贸试验区复制推广。

（4）全国区域内渐进式复制推广路径。全国区域内点线面模式是点辐射式复制推广，即以自贸试验区为基点，实施上海自贸试验区与其他自贸试验区的网络联动，将人民币资本项目可兑换和外汇转移中的难点问题，在各地自贸试验区先行复制推广，探索最佳开放模式。线辐射式复制推广是以全国160个综合保税区、保税港区、出口加工区为传导中转基地，将上海自贸试验区审慎监管的离岸金融创新、涉及外汇转移的中风险的金融创新，慎重有序地在全国CSSZ区域复制推广。面辐射式复制推广是将自贸试验区试行成功的扩大金融服务业内外开放的负面清单管理模式等促进服务实体经济发展有序竞争机制和提高金融服务业与先进制造业关联度的金融创新制度供给等，以全国各地高新技术与经济开发区为基地，向全国复制推广。最终把我国自贸试验区建设、东西双向开放与国家加快实施立足自身、立足周边的国家FTA战略新构思三位一体的结合在高水平的金融开放平台上，为全国深化金融改革和扩大金融开放服务。

（三）自贸试验区投资便利化金融配套措施全国复制推广的障碍及破解措施

1. 金融配套措施复制推广中的障碍

一是金融政策取向存在问题。自贸试验区金融创新一度追求"凡是西方交易市场有的，我们都要有"的政策取向，各种金融衍生品交易方式和各种交易平台等一窝蜂上马。没有考虑中国金融市场的消化、承受力，致使投资便利化金融配套措施推广出现"肠梗阻"。二是存在旧瓶装新酒，市场化运作偏弱的障碍。政府存在以传统行政机制推行金融创新现象，导致"一管就死，一放就乱"；企业方面，以垄断思维开展金融创新，无法摆脱传统国有垄断低效经营模式的束缚，导致一些"金融交易平台"建设出现了"起个大早，赶个晚集"的现象，建设效果不佳，企业融资成本高，复制推广效率低下。三是监管环节，对金融开放风险和资本逐利本质估计不足，缺少有效引导金融资本流向实体经济的措施，资本热衷于交易环节的超额收益追逐。监管上存在监管分割，缺乏协同，细则操作不到位，不知如何开展事中事后监管的障碍，以至出现有规则，无人落实，监管滞后的尴尬局面，从而影响了区内金融机构业务的拓展与创新，增加了自贸区金融体系未来在上海乃至全国范围内复制与推广的难度。四是中央、地方、区内企业存在扩大开放与获取优惠政策的利益错位，投资便利化金融配套措施复制推广存在利益不协调的障碍，特别是对复制推广的认识存在偏差。在海外，FTZ金融活动由于可以自由流动，带有跨境套利的性质，其监管要求与在岸金融市场差别大，离岸与在岸金融业务的边界有清晰的划分。但是，在上海自贸试验区FT账户业务运行的几年来，离岸与在岸金融业务界限模糊，例如，据我们对上海自贸试验区租赁产业服务中心的实地调研发现，贸易账户设置有漏洞，容易被钻空子，成为洗钱、转移灰色收入的工具；FT账户便利化的宗旨不明确，大多FT账户有业务发展指标任务，被众多银行用作开发新利润增长点来使用，与降低企业换汇成本的初衷背道而驰；金融业"营改增"不分离岸保税业务与在岸业务的扩围，对融资租赁企业冲击极大，从而迟滞了FT账户金融业务开展的步伐。五是经营性租赁只能收取人民币，无法收取外币资金，阻碍了融资租赁业务的开展。截至2016年年底，国内仅允许在天津东疆保税港区开展的经营性租赁业务可收取外币资金，故已出现上海市经营性租赁业务移往天津的趋势。

2. 复制推广中的障碍破解措施

在梳理自贸试验区防范金融创新风险的高、中、低等级内容的基础上，探讨破解自贸试验区投资便利化金融配套措施复制推广中的障碍。依据金融创新产品、创新方式、创新手段运用杠杆的高低细分金融创新内容风险等级。

表 7.9　金融创新内容风险等级细分①

风险等级	金融创新运用杠杆的高低
高风险	离岸期货市场、期权市场、大宗商品交易市场等
中风险	证券市场等
低风险	债券市场、商业保理、融资租赁等

因此，针对上述等级分类，提出如下几点复制推广中的障碍破解措施。

（1）改变"该有的都要有"的政策取向。以适用、稳健为前提，有取舍，有先有后，有重点，做好风险控制。现阶段重点是各类分级债券市场的建设完善，债券市场金融创新和复制推广，为"一带一路"债务的处理、消费及金融市场建设服务。

（2）以开展缩小人民币国内外利率差为目标进行扩大金融服务业市场开放的制度创新。自由账户、大宗商品交易平台建设等要有利于降低企业换汇成本；金融创新要放得更活，管得更好，服务更优，提高国企混合所有制改革效率；通过激化金融行业竞争，破除垄断，降低国内企业融资成本，促进第二、三产业融合。

（3）加强事中事后监管体系的构建。监管部门要围绕"公开"和"透明"两点，以克服金融内生的多变不稳定性为重点，先行复制推广监管创新，用以加强金融机构的治理建设和监管，保障金融的稳定。

首先，更加完善、科学建造金融服务监管体系内容，包括修订偿付能力的管理规定；其次，健全金融创新服务风险综合评价体系；再次，开展金融服务风险管理的评估项目；第四，充分的市场约束和信息披露；最后，借鉴国外先进模式，尤其是英国模式。因为中国银行体系非常庞大、资金量也很大，其资本市场发展扩容非常快，已是全球第二大市场，而且未来资金的需求市场非常广阔。在最近几年的自贸试验区的金融创新发展的过程中，资本市场、资金市场、新兴科技金融、生态，都需要有一个与之相适应的监管体制。我们认为，伦敦在人民币国际化中扮演不可替代的角色，英国数百年形成金融创新服务体系中的审慎监管和行为监管并存的方式有许多可借鉴的亮点。

具体理由包括以下几点。一是英国政府是第一个作为外国政府发行了人民

---

① 资料来源：课题组于 2016 年 8 月根据相关公开资料归纳整理。

币主权债券,并且作为储备货币。二是英国金融国际化,市场的开放程度高,金融创新产品体系非常丰富,具有丰富的监管经验。三是英国有一个非常成熟的审慎监管和行为监管并存的监管体制。在借鉴英国模式的基础上,通过统一监管规则、分类管理、细化监管的复制推广,促进在法制基础上的事中事后市场监督机制的建立健全,逐步取代传统行政监管机制;建立公平竞争机制,遏制无序竞争带来的过度投机,促进金融服务业有序竞争秩序的形成。四是运用点轴辐射理念,从获取比较利益、先行利益角度分析中央、地方、企业利益协调的可能性。一方面借鉴国外先进做法,在金融政策制定和资金双向流动管制宽松度上采取双轨运行模式,优化FT账户管控机制。FT账户是上海自贸试验区特有的制度优势,要充分重视运用FT账户,为非本国居民提供境外货币银行业存贷和拆借、跨境贸易结算、外汇黄金和大宗商品期货、保险服务及证券交易等各种国际金融衍生品离岸金融业务服务。加强以人民币离岸债券市场、亚洲黄金交易市场、亚洲美元交易市场为重点的上海离岸金融中心建设。另一方面增强"一线""二线"资金互动机制,提升金融机构开展分账核算业务的自主性,用好用活FT账户业务。通过发挥上海离岸金融中心的集聚和辐射效应,把国家扩大开放与上海世界级金融中心建设有机结合起来,相辅相成,解决复制推广利益冲突。

总之,从上海自贸试验区成立后,上海金融服务业通过深化运用试验区投资便利化金融创新政策和强制性制度变迁与诱致性制度变迁相结合的方式,在FT账户功能拓展、金融业务和市场创新、金融机构和金融监管创新、外汇资金集中运营管理和企业外债资金结汇管理方式改革和融资租赁等方面开展了一系列促进服务业投资便利化的金融配套改革探索。虽然力度大,但离预期目标还有很长的路要走。

综合全章,实证分析表明,市场开放度不高制约了我国开放型经济的发展。市场开放度不高主要反映在金融、电信、交通运输等行业的开放严重滞后与制造业的开放竞争不足,造成效率低下、企业借贷、融资成本居高不下,成为制约我国经济发展的主要因素。这些服务业在外资总量中占比仍很低,这并不是外资不愿意投资,而是市场准入限制进不来,例如对股权比例、高管等领域还有进一步开放的巨大空间。

归纳整理六大服务业扩大开放制度变迁举措和促进人民币自由流通等扩大开放金融保障措施,强制性制度变迁开放措施表现在暂停或取消投资者资质要求、股比限制、经营范围限制等准入限制措施等方面。其中金融领域开放力度最大,力图通过放宽投资准入,激化竞争,打破行业垄断的坚冰。而与上海国际经济中心建设息息相关的航运和技术服务业，开放措施较多，并取得了一定效果。2019年全国外商直接投资的亮点是信息传输、软件和信息技术服务业、租赁和商务服务业，实际使用金额分别比上一年增长29.4%和20.6%。而其他服务业的开放措施主要在投资准入领域开展。

表7.10　2019年外商直接投资（不含银行、证券、保险领域）及其增长速度[①]

行业	企业数（家）	比上年增长（%）	实际使用金额（亿元）	比上年增长（%）
总计	40888	-32.5	9415	5.8
农、林、牧、渔业	495	-33.2	38	-27.9
制造业	5396	-12.3	2416	-11.0
电力、热力、燃气及水生产和供应业	295	3.9	239	-17.6
交通运输、仓储和邮政业	591	-21.6	309	-1.6
信息传输、软件和信息技术服务业	4295	-40.5	999	29.4
批发和零售业	13837	-39.5	614	-4.5
房地产业	1050	-0.3	1608	8.0
租赁和商务服务业	5777	-36.5	1499	20.6
居民服务、修理和其他服务业	361	-25.6	37	-0.4

① 资料来源于国家统计局在2020年2月28日的2019年国民经济和社会发展统计公报。

第八章

扩容接轨国际　贸易便利化的制度变迁

上海自贸试验区扩容，在全国布局建设各具特色的"迷你版功能型现代自由贸易区"的第三项任务是试行贸易便利化制度创新的探索。贸易便利化是上海自贸试验区扩容接轨国家 FTA 战略现阶段的主要任务之一。本章主要围绕通过贸易便利化举措提高贸易竞争力，带动中间品贸易向发展高附加值、高技术含量外向型中间品产业转型，促进第二、三产业融合发展的核心观点展开论述。

第一节　先试先行贸易便利化制度创新的探索

贸易便利化是我国改革开放以来的一项持续性、常态性的改革。根据课题组 2014 年对上海自贸试验区实地调研了解的情况，试验区当时贸易便利化的改革主要围绕通关一体化、CSSZ 区港一体化和跨境电商等开展改革创新的探索。

一、先试先行贸易便利化探索的目标[①]

（一）2013 年上海自贸试验区贸易便利化的目标任务

依据 2013 年上海自贸区总体方案，试验区贸易便利化的总体目标是"大力发展新型贸易业态，探索建立货物状态分类监管模式"。试行的主要任务是对标巨型 FTAs 谈判的全球高水平自由贸易议题，"推进贸易发展方式转变"。主要措施有 2 条："推动贸易转型升级和提升国际航运服务能级"。内容包括："试点建立与之相适应的海关监管、检验检疫、退税、跨境支付、物流等支撑系统；积极培育总部经济业务，国际大宗商品交易和资源配置平台业务，离岸业务，生物医药、软件信息、数据服务等外包业务，跨境电子商务服务等贸易新型业态

[①] 陆露. 贸易便利化对中国跨境电商出口的影响效应研究——基于引力模型的视角[D]. 上海：华东师范大学，2018：32-34.

和功能，形成以技术、品牌、质量、服务为核心的外贸竞争新优势，提升我国在全球贸易价值链中的地位。"是年，试验区贸易便利化的改革措施是对标WTO贸易便利化协议，开展发展新型贸易业态，建立货物状态分类监管等通关体制制度创新的探索。

(二) WTO贸易便利化协定

1. 贸易便利化的界定

贸易便利化是WTO贸易谈判的主要内容和WTO优化边境程序的边界措施之一。依据WTO的定义，贸易便利化是指国际贸易程序的简化和协调，其中贸易程序不仅包括国际货物贸易流动相关的制度、程序和手续，还包括开展国际贸易所需要的数据和信息的收集、提供、交流和处理的行为、惯例和手续。

2. 贸易便利化协议——《部长宣言草案》

2013年12月7日，WTO第九届部长级会议在印度尼西亚巴厘岛闭幕，会议发表了《巴厘部长宣言》，达成《巴厘一揽子协定》。其中突破性进展是《贸易便利化协议——部长宣言草案》，这是WTO成立以来首次谈判的议题，涉及简化海关及口岸通关程序等，贸易便利化谈判旨在简化通关条例，优化货物通关效率，以适应全球供应链的整合，提高供应链效率。因此，贸易便利化也是巨型FTAs谈判边界内措施的重要议题之一。

3. WTO《贸易便利化协定》(以下简称协定) 正式生效

2014年11月，世贸组织总理事会通过了《修正〈马拉喀什建立世界贸易组织协定〉议定书》，将2013年12月世贸组织第9届部长级会议通过的协定作为附件纳入《马拉喀什建立世界贸易组织协定》，开放供成员接受。协定将在2/3世贸组织成员（108个成员）接受议定书后生效。截至2014年11月，已有中国等49个成员接受该协定，2017年2月协定正式生效。协定的公布为中国积极开展通关一体化等贸易便利化的制度创新提供了规范的对标蓝本。

(三) WTO协定的新增内容①

在《1994年关税与贸易总协定》(GATT1994) 基础上，WTO协定增加了几项条款。其中，与我们研究主题相关的重要条款如下：

第8条：边境机构合作。(1) 每一成员应保证其负责边境管制和货物进口、出口及过境程序的主管机关和机构相互合作并协调行动，以便利贸易。(2) 每一

---

① 商务部世界贸易组织司译. 世界贸易组织：修正《马拉喀什建立世界贸易组织协定》议定书2014年11月27日的决定（中译本）[EB/OL]. 中国商务部网，2015-10-16.

成员应在可能和可行的范围内,与拥有共同边界的其他成员根据共同议定的条款进行合作,以期协调跨境程序,从而便利跨境贸易的此类合作和协调。第12条:海关合作。鼓励各成员通过委员会等方式分享保证海关规定得以遵守方面最佳做法的信息。鼓励各成员在能力建设的技术指导或援助和支持方面开展合作,以管理守法措施并提高此类措施的有效性。第23条:特此设立贸易便利化委员会;每一成员应建立并/或设立一国家贸易便利化委员会或指定一现有机制以促进国内协调和本协定条款的实施;委员会应自本协定生效起4年内并在此后定期审议本协定的运用和实施情况。同时,协定对GATT1994中的部分条款做出了修改,见表8.1。

表 8.1 WTO 协定对 GATT1994 条款的主要修改①

原 GATT1994 条款	《贸易便利化协定》中对应修改条款	主要内容
第 5 条——过境自由	第 11 条	过境自由
第 8 条——进出口规费和手续	第 7 条:货物放行与结关	1. 抵达前业务办理:1.1 每一成员都应采用或设立程序,允许提交包括舱单在内的进口单证和其他必要信息,在货物抵达前开办业务,以期在货物抵达后加快放行 2. 电子支付:每一成员应在可行的限度内,采用或设立程序,允许选择以电子方式支付海关对进口和出口收取的关税、国内税、规费等费用 3. 每一成员应将海关监管及在可能的限度内将其他相关边境监管集中在高风险货物上,对低风险货物加快放行 4. 确定和公布平均放行时间:鼓励各成员定期并以一致的方式测算和公布其货物平均放行时间 5. 满足特定标准的经营者,提供与进口、出口或过境手续相关的额外的贸易便利化措施
	第 10 条:与进口、出口和过境相关的手续	1.1 为使进口、出口和过境手续的发生率和复杂度降到最低,减少和简化进口、出口和过境的单证要求,简化进出口贸易所需文件要求,尽可能标准化文件。鼓励使用相关或部分国际标准作为进出口和转口贸易的手续和程序 3.1 鼓励各成员使用或部分使用相关国际标准作为其进口、出口或过境手续和程序的依据 4.1 各成员应努力建立或设立单一窗口,使贸易商能够通过一单一接入向参与的主管机关或机构提交货物进口、出口或过境的单证和数据要求 以上规定是简化通关流程,降低通关成本的改动

---

① 资料来源:依据商务部世界贸易组织司译.世界贸易组织:修正《马拉喀什建立世界贸易组织协定》议定书(中译本)内容整理,2020年3月。

续表

原 GATT1994 条款	《贸易便利化协定》中对应修改条款	主要内容
第10条——贸易法规的公布和实施	第1条：信息的公布与可获性	每一成员应以非歧视和易获取的方式迅速公布相关信息，每一成员应在其可获资源内，建立或设立一个或多个咨询点，建立统一咨询点，降低信息不对称
	第3条	为进口货物的税收归类及货物的原产地向申请人提供预裁定

2014年WTO协定关于贸易便利化的规则和2018年公布的CPTPP关于服务贸易便利化的新规则是上海自贸试验区贸易便利化改革探索的主要对标范本。

二、贸易便利化制度创新的主要举措

WTO贸易便利化协议一项重要改革是要求成员国努力建立"单一窗口"，简化通关流程、降低通关成本。

（一）上海自贸试验区成立前后全国贸易便利化的改革举措

早在2012年8月，我国政府就出台了探索贸易便利化的措施：对出口报关流程进行调整，优化升级出口收汇以及出口退税信息共享机制。2013年7月26日，国务院办公厅印发《关于促进进出口稳增长、调结构的若干意见》[1]，宣布免收出口商品的法检费用，增加出口退税支持力度等相关政策。同年8月，我国政府宣布代理报检企业不再进行注册登记，报检员也无须再进行从业注册，其办理原产地证明的申请人也不必再进行注册登记。同年9月，国家外汇管理局宣布在全国范围内实施服务贸易外汇管理改革，推行简政放权，简化单证审核，对小额交易不再进行审单。

2013年11月1日起，我国开始施行"属地申报、属地放行"模式。以往企业多采取"属地申报、口岸验放"的通关模式，企业在生产地进行申报纳税，还需在货物实际进出口地的海关办理货物验放手续，来回需要数月时间。实行"属地申报、属地放行"模式后，优化了海关作业流程，提高了海关通关效率，促进了区域通关的一体化。

---

[1] 国务院办公厅.关于促进进出口稳增长、调结构的若干意见[Z].辽宁省人民政府公报，2013（17）：36-37.

（二）2013—2016年上海自贸试验区贸易便利化创新举措试行

2013年上海自贸试验区成立后，9月底试验区率先启动货物"一次申报、一次查验、一次放行"试点。10月9日，允许企业"先入区、再申报""批次进出、集中申报"，货物能够直接进入试验区，进出区货物无纸放行、区内货物便捷流转。此后，海关先后推出了两批共14项贸易便利化措施。此外还包括：区内自行运输制度、加工贸易工单式核销制度、保税展示交易制度、境内外维修制度、期货保税交割制度、融资租赁制度、简化通关作业随附单证、统一备案清单、内销选择性征税制度、集中汇总纳税制度、保税物流联网监管制度、智能化卡口验放管理制度等。2014年6月18日，上海自贸试验区国际贸易"单一窗口"上线运行，首期试点项目有2个：一般贸易进口货物的申报与结果反馈、船舶出口岸联网核放。这是遵循国际通行规则、降低企业成本费用、提高贸易便利化的主要举措之一。[①] 以上创新改革措施在2014年年底开始逐渐推广至全国各地。例如，2016年4月，广东自贸试验区国际贸易"单一窗口"2.0版上线运行，涵盖海关、检验检疫、边检、外汇、税务等21个部门的相关业务，货物申报上线率达99%。[②]

2016年年初，经国务院批复，上海自贸试验区在全国率先启动"证照分离"改革试点，对116项审批事项按照取消、改备案、告知承诺、提高透明度和可预期性、强化准入监管5种方式实行改革。"证照分离"改革，让企业"办证难"问题得到缓解。第三方评估机构调查显示，认为改革后办证便利化程度高的企业占87%。[③]

（三）2017年上海自贸试验区贸易便利化主要措施

2017年8月，上海自贸试验区新推20项贸易便利化改革举措。其中海关方面举措10项：开展海关诚信管理体系建设，形成信息共享、执法互助、结果互认、协同治理监管格局；开展试验区海关改革；扩大仓储货物按状态分类监管的改革试点范围；扩大"自主申报、自助通关、自动审放、重点稽核"模式试点范围；扩大仓储货物按状态分类监管试点范围；推进张江跨境科创监管服务中心"一站式"服务建设；推行生物医药跨境研发便利，跨境研发设计的海

---

① 刘笑迪. 上海国际贸易"单一窗口"上线运行［EB/OL］. 中国政府网，2014-06-18.
② 吴哲，王佳欣，侯琳琳. 广东自贸区形成385项制度创新成果 累计新设企业19.6万家［N］. 南方日报，2017-12-30.
③ 孙小静. 上海自贸区深化实施证照分离改革548项准入审批全部纳入改革范围［N］. 人民日报，2017-12-14.

关特殊监管模式；创新价格管理模式，积极开展税政研究，降低企业科创成本；完善集成电路全产业链保税监管流程，探索开展高技术含量、高附加值项目的境内外检测维修和再制造业务。①

检验检疫贸易便利化措施10项：加快通关无纸化、全程无纸化进程；试行进出境生物材料检验检疫正面清单制度及事中事后监管新模式；聚焦总部经济，加大检验检疫支持力度；支持首个国家级金桥先进制造业出口工业产品质量安全示范区建设，全国首个"检验检测公共认证服务平台示范区"建设及进口食品农产品质量安全试验区建设；深化"证照分离"改革，协同推进浦东新区进口非特殊用途化妆品从许可到备案管理的改革试点；支持高技术含量、高附加值、低环境污染行业拓展维修再制造业务和完善第三方采信制度。打造企业内外销"同线同标同质"工程品牌；启动原产地签证精准服务计划；研究技术贸易壁垒，助力企业破除贸易障碍。②

2017年上海还出台了营造法治化、国际化营商环境，深化总部经济的一系列支持举措：扩大CSSZ区域内企业一般纳税人资格试点。探索对大型装备制造业实施"量体裁衣"式监管模式。开展企业单耗自核试点。多措施并举优化浦东地区重大赛事和展会海关监管工作。做好服务，开展"走进重点企业"系列服务活动。形成《解决问题任务清单》，提出对策建议，追踪落实成效。

（四）2017年全国的贸易便利化主要措施

2017年全国开展通关一体化，提升通关效率的举措有：设立风险防控中心和税收征管中心；落实统一执法口径和监管标准，统一通关便利待遇；全国海关关键业务集中统一、智能处置，建设"一次申报、分步处置""改进税收征管方式""推进协同监管"制度。③ 2017年12月7日，上海市食品药品监督管理局印发方案，在上海自贸试验区内先行先试"医疗器械注册人制度"。这项试点一改医疗器械产品注册和生产许可"捆绑"模式，符合条件的申请人可以单独申请医疗器械注册证，然后委托给有资质和生产能力的企业生产。这是上海自贸区"证照分离"改革2.0版的一项新举措。到2017年年底，"证照分离"已陆续复制推广到津、辽、浙、闽等10个自贸试验区。

据初步统计，截至2017年，全球高水平自贸协定中60余条贸易便利化的核

---

① 唐玮婕.上海自贸区推进贸易便利化［N］.文汇报，2017-08-04:（3）.
② 杨联民，李刚.20项举措推进上海自贸区贸易便利化［N］.中华工商时报，2017-08-07.
③ 海关总署公告2017年第25号（关于推进全国海关通关一体化改革的公告）［EB/OL］.中国汽车工业协会网，2017-06-28.

心措施,已有50余条在上海自贸试验区实施。①

第二节 从 CSSZ 到 PTFZ 贸易便利化制度变迁的带动效应

由于自贸试验区实践时间短,数据不能满足实证分析需要,我们主要从六类 CSSZ 到自贸试验区扩容开放措施的动态演进角度开展实证研究。从 CSSZ 到 PTFZ,"通关一体化"等贸易便利化政策,是一个从货物贸易便利化到服务贸易便利化的动态调整的过程。本节运用引力模型,从中间品贸易和提升金融服务贸易竞争力角度探讨从 CSSZ 到 PTFZ 贸易便利化的带动效应。

一、从 CSSZ 到 PTFZ 贸易便利化对中间品贸易的带动效应②

我们的分析引入中间品贸易概念替代加工贸易概念。因为,加工贸易一词反映的是 20 世纪 80—90 年代中国以"三来一补"形式加工中低附加值产品和劳动密集产品的贸易模式。而进入 21 世纪,在全球经济贸易发展中,基于全球价值链专业化分工基础上的高附加值中间品贸易和为之配套服务的生产性物流、生产性服务业,产业链金融融合发展是全球贸易发展的主流。特别是 2010 年后,我国沿海"三大都市圈"围绕 CSSZ 的产业集聚,已经成为智能制造和数字服务相融合,能源技术与网络技术相融合的跨国企业生产零部件、原材料中间品产业链集群专业化分工的一环,开展诸如半导体、手机零部件等高技术含量中间品贸易,已非传统加工贸易模式所涵盖。顺应跨国企业全球价值链这一发展趋势,在我国经济发展的不同阶段,依据价值链不同时期的发展需求,先后设立六类 CSSZ,用以吸引新兴产业领域的跨国企业集聚 CSSZ,持续开拓国家贸易的新增长点,促进贸易可持续发展。

(一)从 CSSZ 到 PTFZ 贸易便利化动态演进升级与我国中间品贸易的发展

从 1990 年我国首个 CSSZ——上海外高桥保税区建立起,截至 2014 年,我

---

① 陈果,等. 上海自贸区 扩大开放领头雁再展翅 [EB/OL]. 新财富投研圈, 2019-05-04.
② 叶修群, 郭晓合. 我国沿海自由贸易园区的贸易效应——基于面板数据的引力模型分析 [J]. 经济经纬, 2016 (04): 74-79. (此部分对原论文实证结果的部分解释和原因进行了新的理解论述,补充 2016 年后的新论据。)

国先后建立了六类 CSSZ 共 131 个。主要集中在沪、津、京、闽、粤、苏、浙、冀、鲁、辽、桂沿海 11 个省市。截至 2020 年，自贸试验区（区内包括 CSSZ）已从最初的上海一个扩容到全国东西南北中 21 个。进入 21 世纪，CSSZ 和 PTFZ 的功能之一是带动基于专业化分工高附加值中间品贸易与贸易的发展。而优势的区位使我国沿海省市成为发展高附加值中间品贸易的主要地区。2014 年沿海 11 省市贸易量占全国贸易总量的 86%，沿海 11 省市各类"园区"带动的高附加值中间品贸易占全国中间品贸易量的 86%。2001—2014 年，沿海 11 省市对外贸易量总体呈先升后降趋势，2001—2004 年沿海 11 省市中间品贸易增长率稳步上升，2004 年达到最高，此后增长呈缓慢下滑趋势；受 2008 年全球金融危机外需萎缩、我国产业转型升级等诸多因素影响，2009—2014 年，国家和沿海 11 省市对外贸易和中间品贸易增长在经历短暂巨幅波动后又呈现缓慢下滑趋势，呈现明显的阶段性特征。

我们的研究利用引力模型实证分析我国沿海 11 省市从 CSSZ 到 PFTZ 的高附加值中间品贸易带动效应和对腹地进出口中间品贸易影响的差异，为自贸试验区通过扩容方式扩大对外开放，服务国家加快实施 FTA 战略提供现实依据的佐证。

（二）模型设定与数据说明

1. 模型设定

这部分内容参见叶修群、郭晓合发表的论文《我国沿海自由贸易园区的贸易效应——基于面板数据的引力模型分析》，此处略谈。

2. 数据说明

鉴于数据的可得性，我们以 2000—2014 年沪、津、京、闽、粤、苏、浙、冀、鲁、辽、桂沿海 11 个省市中间品贸易数据为基础建立引力模型。

被解释变量 X_i 为 i 省市历年中间品贸易量，包括中间品贸易总量（T_i）、出口中间品（EX_i）和进口中间品（IM_i）贸易量，该数据来源于各省市 2000—2013 年统计年鉴与 2014 年统计公报。解释变量 GDP_i 表示 i 省市 GDP，数据来源于各省市 2000—2013 年统计年鉴与 2014 年统计公报。

D_i 表示 i 省市经济中心到沿海港口的距离，考虑各省市交通便利的差异性，我们采用骆许蓓[2]的方法，将调整距离作为"排斥力"因素变量引入模型，其

---

[1] 资料来源：根据 2000—2014 年中国统计年鉴、沿海 11 省市统计年鉴与统计公报数据整理。

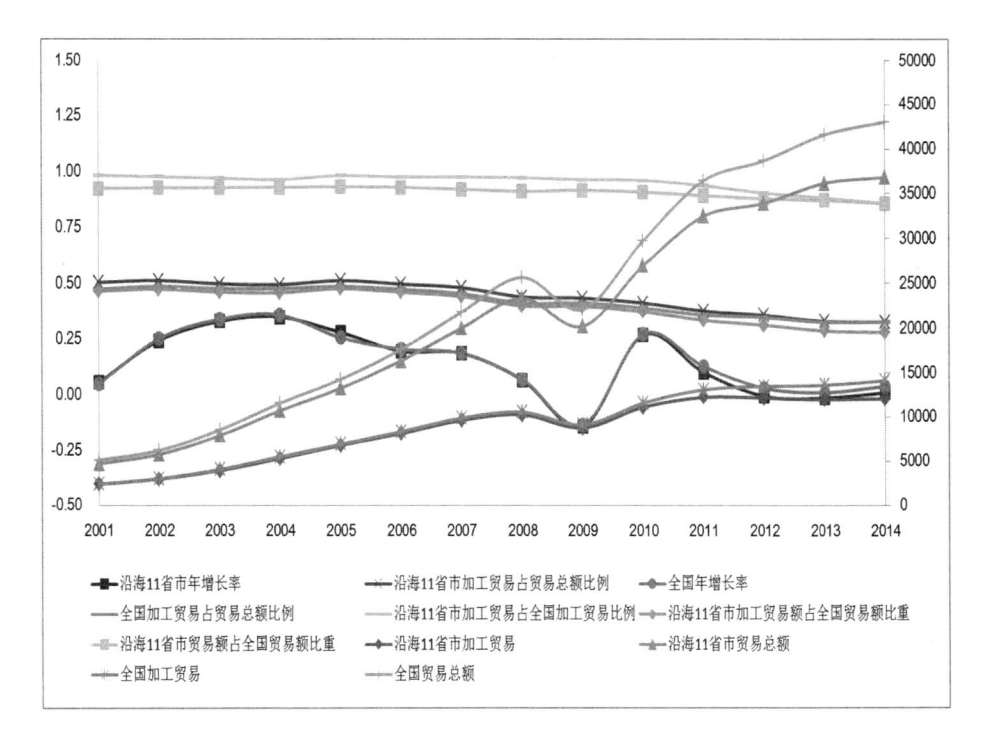

图 8.1 沿海 11 省市与全国贸易对比（单位：亿美元）[1]

具体计算公式如下：

$$D_i = (n+1) \times \frac{\sum_{i=1}^{30} I_j / 30}{I_i \times 2 + \sum_{j=0}^{n} I_j} \times Dis \qquad (8-1)$$

其中 I_i 为 i 省市公路与铁路密度算术平均值，n 为 i 省市经济中心到最近沿海港口经过的省份数，Dis 为 i 省市经济中心到最近沿海港口的直线距离（数据来源于 Google earth）。

---

[1] 骆许蓓. 论双边贸易研究中重力模型的距离因素 [J]. 世界经济文汇, 2003 (02): 45-60.

表 8.2　不同类型"CSSZ"产业功能①

类型	产业功能
保税区	进出口加工、国际贸易、物流仓储、商品展示
出口加工区	进出口加工
保税港区	进出口加工、国际贸易、物流仓储、商品展示
保税物流园区	国际物流、国际贸易
综合保税区	国际贸易、现代物流、商品展示
跨境加工区	进出口加工

FTZ 表示各省市 CSSZ 规模，我国的各类 CSSZ 在部分功能上具有 FTZ 特征，也是自贸试验区的建设基础。由于不同类型 CSSZ 区内产业功能的差异性（见表 8.2），所以采用面积作为代理变量存在诸多不合理之处。CSSZ 规模的扩大包括地理面积和产业功能的扩大，为此，我们通过综合地理面积和区内产业功能来构建"CSSZ 和 PFTZ"规模变量，CSSZ 和 PFTZ 的规模变量表示如下：

$$FTZ = \sum_m \sum_n Area_m \times Industry_n \qquad (8-2)$$

其中，$Area_m$ 为各类"CSSZ 和 PFTZ"面积，$Industry_n$ 为不同类型"CSSZ 和 PFTZ"区内各产业权重。基于数据的可得性，本书采用各省市各产业占地区 GDP 的比重来近似代替。控制变量 lnS_i 为 i 省市人均 GDP 的对数，表示地区经济发展水平；fdi_i 表示 i 省市外商投资水平，采用实际利用外商投资额与地区 GDP 的比值来表示，其中实际利用外商投资额采用年中平均汇率转换成人民币计价；Ind_i 表示地区工业化水平，采用地区工业总产值占 GDP 的比重表示；以上各项变量数据均来源于沿海 11 省市 2000—2013 年统计年鉴与 2014 年统计公报（所有数据的描述性统计如表 8.3 所示）。

---

① 刘辉群. 中国保税区向自由贸易区转型的研究 [J]. 中国软科学，2005（05）：114-119.

表8.3 数据统计性描述

变量名称	lnT	$lnEX$	$lnIM$	$lnGDP$	lnD	$lnFTZ$	lnS	Ind	fdi
均值	7.523897	7.062142	6.517893	9.171368	4.407683	1.206085	0.823805	0.418747	0.034458
最大值	10.41783	9.928567	9.468298	10.5799	5.770927	3.459849	1.794171	0.519576	0.142701
最小值	2.443647	1.985193	1.443268	7.439489	2.382073	-6.527449	-0.825968	0.175652	0.001754
标准差	1.645218	1.652856	1.63909	0.701399	1.086426	2.426054	0.57861	0.080564	0.024268
观察值	165	165	165	165	165	165	165	165	165

(三) 实证结果分析

采用固定效应模型和随机效应模型对面板数据进行分析,在面板数据模型的选择上,Hausman 检验显示在 1% 的显著性水平上拒绝原假设,表明沿海 11 省市中间品贸易存在个体效应。因此,我们选择固定效应模型来分析地区中间品贸易的影响,另外考虑截面异方差和时期自相关,选择截面似不相关回归 (SUR) 进行分析,结果报告见表 8.4。估计 1、4 是中间品贸易总效应的回归结果,估计 2、5 是针对进口中间品的回归结果,估计 3、6 是对出口中间品的回归结果,分别考查 "园区" 规模对中间品贸易总量、出口中间品以及进口中间品产生的影响。各方程其回归系数基本都在有效的显著性水平上显著,且各系数符号均符合引力模型理论,方程的整体拟合优度都达到了 0.99,说明回归的拟合效果也比较理想。对于不同的解释变量在各方程中的系数符号都相同,而加入了两个交叉项之后对于三个被解释变量的估计方程各个系数的相对大小与显著性并没有明显变化,说明模型具有一定的稳健性。

地区经济规模 ($lnGDP$) 回归系数为正,且在 1% 的显著性水平上显著,说明地区经济规模对中间品贸易具有显著的正影响。对比三种解释变量方程中系数大小发现,地区经济规模对中间品贸易的影响程度从大到小依次为进口、总贸易量和出口,说明我国沿海 11 省市加工进口贸易对地区经济规模的依赖性最高,地区经济规模可以在估计 2 和估计 3 中分别从供给和需求角度解释。从供给角度来看,实际 GDP 可以代表生产规模,实际 GDP 越多,代表生产出来的产品也越多,此时才有能力出口更多的产品;从需求角度来看,实际 GDP 越多意味着本国从事进出口中间品企业对进口高附加值原材料与零部件的需求越多,因此对外国进口高附加值原材料与零部件的需求也越高。

距离变量 (lnD) 回归系数显著为负,且在 1% 的显著性水平上显著,说明贸易的发展对运输成本的敏感度较高,降低运输成本对高附加值中间品贸易的促进作用明显。估计 2 和估计 3 中距离变量回归系数相当,说明运输成本对出口中间品和进口中间品贸易量的影响没有明显差异。

人均 GDP 变量 (lnS) 回归系数在 1% 的显著性水平上显著为负,说明地区经济水平越高,传统低附加值的加工贸易规模越小,这表明随着沿海地区经济水平的提升,土地、劳动力成本不断上升,导致对地区传统低附加值的加工贸易形成反向作用。沿海 11 省市传统低附加值的加工贸易占全国加工贸易比重出现的逐步下降的趋势,反映了我国传统低附加值加工贸易产业不断向国内外低成本地区转移的走向。

第八章 扩容接轨国际 贸易便利化的制度变迁

表 8.4 中间品贸易引力模型回归结果

	估计 1 总贸易量	估计 2 出口	估计 3 进口	估计 4 总贸易量	估计 5 出口	估计 6 进口
lnGDP	2.012*** (22.452)	1.959*** (33.126)	2.288*** (30.913)	2.085*** (19.596)	2.000*** (34.647)	2.178*** (15.216)
lnD	-0.506*** (-11.454)	-0.506*** (-10.346)	-0.51*** (-16.959)	-0.542*** (-15.973)	-0.532*** (-19.72)	-0.541*** (-12.037)
lnFTZ	0.032*** (7.983)	0.023*** (6.163)	0.047*** (9.116)	0.019*** (5.923)	0.007** (2.381)	0.037*** (6.716)
lnS	-0.895*** (-7.987)	-0.758*** (-10.436)	-1.322*** (-14.361)	-0.586*** (-5.346)	-0.453*** (-8.999)	-0.813*** (-5.402)
Ind	3.435*** (17.882)	3.163*** (15.885)	4.43*** (32.539)	2.071*** (14.231)	1.897*** (21.397)	2.527*** (9.748)
fdi	2.365*** (6.58)	2.238*** (7.377)	3.623*** (13.411)	2.079*** (9.855)	2.008*** (13.629)	2.124*** (4.544)
P*lnFTZ				0.009** (2.427)	0.019*** (4.879)	-0.006 (-0.902)
Q*lnFTZ				-0.135*** (-11.744)	-0.126*** (-16.403)	-0.14*** (-8.295)

213

续表

	估计1	估计2	估计3	估计4	估计5	估计6
	总贸易量	出口	进口	总贸易量	出口	进口
C	-9.525***	-9.482***	-13.164***	-9.567***	-9.323***	-11.446***
	(-13.614)	(-17.397)	(-23.977)	(-12.645)	(-23.404)	(-10.362)
Adj-R^2	0.99	0.99	0.99	0.99	0.99	0.99
F 统计量	16944.36***	13572.49***	9077.63***	26918.66***	38216.76***	16944.36***
Hausman 统计量	113.26***	115.68***	101.65***	153.90***	167.49***	128.28***
截面固定效应	是	是	是	是	是	是
时间固定效应	否	否	否	否	否	否
样本数	156	156	156	156	156	156

注：括号内系数为 T 统计值，***，**，* 号分别表示 1%，5% 和 10% 的显著性水平。

工业化程度（Ind）回归系数在1%的显著性水平上显著为正，说明我国沿海地区工业化水平的提高对基于全球价值链的高附加值中间品贸易的促进作用明显，这是由于中间品贸易主要以高附加值的原材料和零部件进口，诸如手提电脑、手机等新兴产业制成品出口为主，"CSSZ和PFTZ"周边腹地工业化水平越高，对高附加值中间品贸易的正影响越明显。进口方程中的回归系数明显大于出口方程的，说明"CSSZ和PFTZ"腹地工业化水平的提升对地区高附加值中间品贸易进口的推动作用强于出口的，因为沿海地区工业化水平的提升引致对国外进口高附加值原材料与零部件的需求更高。

外商投资水平（fdi）回归系数显著为正，且在1%的显著性水平上显著，说明外商投资水平的提高推动地区高附加值中间品贸易的发展。进入21世纪，以跨国公司垂直型投资为主导的外商投资，依托我国各类"CSSZ和PFTZ"建设，利用我国沿海"CSSZ和PFTZ"的贸易便利化特殊政策，投资发展集成电路、封装测试等以电子信息产业为主的机电产品高附加值中间品贸易，这种投资水平的提升对我国发展高附加值中间品贸易的正影响显著。进口方程中的回归系数明显大于出口方程，说明这种基于跨国公司产业链环节的外商投资引致了我国高附加值中间品贸易进口的促进带动作用更显著，这是按价值链、产业链生产的外商投资的高附加值原材料、零部件企业专业化分工生产所致。

"CSSZ和PFTZ"规模（$lnFTZ$）变量回归系数在1%的显著性水平上显著为正，说明"CSSZ和PFTZ"规模的扩大对地区中间品贸易的提升作用显著。进口方程中的回归系数明显大于出口方程，说明"CSSZ和PFTZ"规模的扩大对高附加值中间品贸易进口的促进带动作用大于出口。

估计4中交互项$P*lnFTZ$的回归系数在1%的显著性水平上显著，说明2005—2008年我国CSSZ建设从重点发展出口加工区向重点推进保税港区和物流园区建设带来的CSSZ建设功能和规模的扩大对沿海地区从电子信息产业为主的中间品贸易和组装的机电产品推动作用强化，导致其贸易带动效应较2000—2004年阶段具有明显的强化趋势。例如，当时江苏苏州笔记本电脑出口量占全球笔记本电脑贸易的25%。

$Q*lnFTZ$回归系数显著为负，表明2009—2014年在总体趋势从CSSZ到PFTZ功能的调整和规模的扩大对沿海地区中间品贸易的促进带动作用弱化，特别是低附加值的传统中间品贸易。估计5中交互项$P*lnFTZ$的回归系数在1%的显著性水平上显著，说明"CSSZ和PFTZ"规模的扩大，特别持续加强优惠政策力度，吸引生产高附加值中间品产品的外资企业入区的倾斜政策，对周边腹地高附加值中间品贸易出口的推动作用明显加强，体现了"CSSZ和PFTZ"

对所在区域的推行诸如加强货物入区退税力度和各类直接补贴等一系列促进出口组合优惠政策带来的出口绩效。

日本内阁府的《2018年度世界经济潮流报告》对中美日三国于2000—2016年出口贸易走势的分析也从另一个角度佐证了这种趋势（见图8.2、8.3①）。

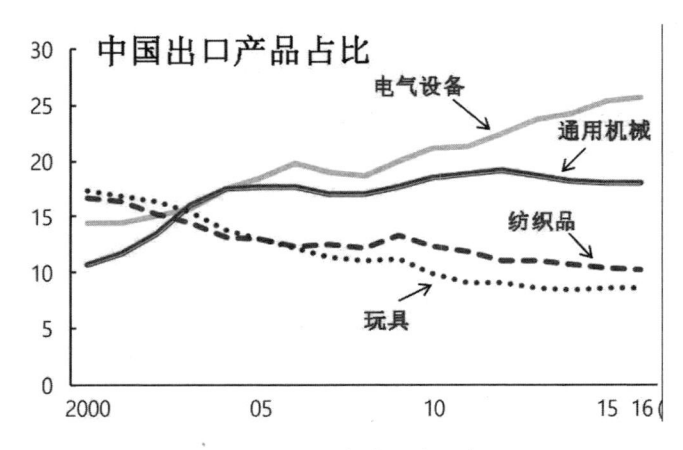

图8.2　2000—2016年中国出口产品比重

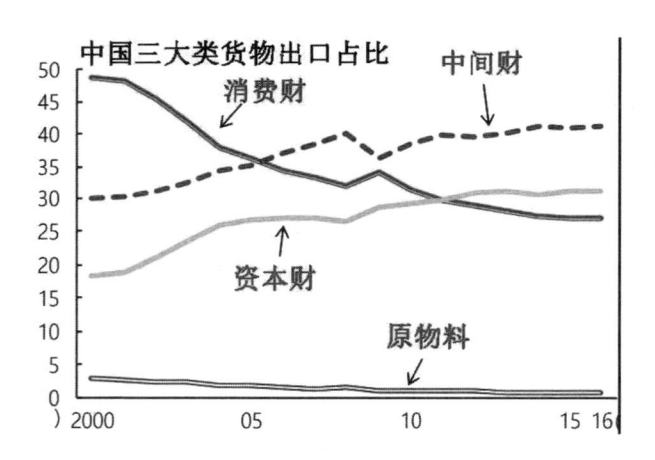

图8.3　2000—2016年中国三大货物出口比重

图8.2显示，2003年以前，中国出口最多的是玩具和纺织品，2003年以后，电气设备和通用机械快速成长，尤其是电气设备，2000年占比仅15%，2016年占比达25%。图8.3显示，从2000年到2016年，中国"中间品"的出口比例

---

① 图8.3中，"中间财"指还需要加工成商品售卖的东西（芯片、半导体产品）；资本财—高附加值商品（如手机）；消费财—低附加值商品（鞋、衣物等）。

达 41.1%，"高附加值商品"的出口比例也提升到历史新高的 31.2%，低附加值商品出口则从 50% 降到 27%。

估计 6 中 $P*lnFTZ$ 的回归系数不显著，说明"CSSZ 和 PFTZ"规模的扩大主要起到推动周边腹地出口中间品贸易的作用，而不是进口。估计 5 和估计 6 中 $Q*lnFTZ$ 的回归系数显著为负，说明 2009—2014 年从 CSSZ 到 PFTZ 的建设发展对腹地中间品贸易出口和进口的带动作用都存在明显的弱化趋势。反映了我国在全球价值链体系中发端于进口中间产品，然后通过合资企业总装、国内企业组装出口产品，带动一般贸易发展干预政策的效果。2008 年至 2014 年，在上海关区进出口总额中，一般贸易占比从 47.79% 上升到 56.63%，中间品贸易占比从 41% 下降到 28.5% 就是明证①究其原因，主要有以下几点。

一是 2008 年全球性金融危机后，一方面全球范围内的商品货物贸易发展放缓，全球商品货物贸易占总产出的份额减少，服务贸易增速大大高于商品贸易的增速的贸易格局变化所致。以占全球产出的比例衡量，2007—2017 年，全球中间品贸易下降了 5.1 个百分点，全球跨国直接投资重点转向服务业，致使以制造业为主的我国中间品贸易增速下滑明显。另一方面由于 2008 年以来，我国对发达国家的贸易环境日趋恶化，出口目的地日益转向——以周边国家为先的国家 FTA 战略和"一带一路"倡议带来的南南贸易的扩大。中国与东盟十国的贸易日趋扩大就是最好的说明。

二是从我国世界工厂地位角度分析，在过去的十多年，我国发展出了较完善的本地价值链和垂直整合的行业格局，本土企业有能力不断进军新的细分市场。国家在新建先进工业产能的同时，也在稳步推进工业现代化进程，淘汰老旧工厂，建设具有先进技术的新工厂，生产非零部件高附加值的电气设备、通用机械最终商品产能、出口的能力都大幅增强，第六章图 6.1 表明，中美日三国都属于高附加值出口国，但从这 18 年来的趋势来看，日本的高附加值出口，从 2000 年的 90%一路下滑到 2018 年的 79%，中国则是中间品，尤其是高附加值中间品大幅上升。这种出口格局的变化，代表了中国在全球供应链体系中，产业地位越来越高，中国正在快速地成为高附加值产品的出口基地。

三是从我国加大国内消费力度政策导向角度看，高附加值的最终商品生产能力的增强也为国内消费提供了前提。随着我国中等收入阶层的持续扩大，高附加值商品的消费需求日益增长，国家努力通过扩大国内消费替代出口带动经济发展的政策导向，促使中国实现了更大程度的"国产化"，中国国产的产品越

---

① 根据上海统计公报 2008 年、2009 年和上海统计年鉴 2014 年的相关数据整理计算。

来越多，总出口占总生产的份额在减少，削弱了贸易强度。例如，2009—2019年，随着我国工业的垂直整合度提高，以及所生产的电脑、手机和其他设备更多供国内消费而非出口，该行业的总体贸易强度（中间产品和最终产品的出口占总产出的比例）大幅下降，致使我国中间品贸易的减少。

四是这种趋势一方面反映"CSSZ 和 PFTZ"急需突破性的开放措施，这就有了当时建立国际通行 FTZ 的大讨论；另一方面也反映了我国"园区"建设的重点向综合保税区、自贸试验区转型，CSSZ 和 PFTZ 功能和贸易便利化的重点从促进带动新型中间品贸易发展，向促进带动服务贸易为重点的价值链贸易发展方向转型的政策导向，以适应跨国公司服务外包大发展的趋势。例如，从2008 年到 2014 年，在上海落户的跨国公司地区总部从 224 家增加到 490 家，投资性公司从 178 家增加到 297 家，外资研发中心从 274 家增加到 381 家，从 CSSZ 到 PFTZ 贸易便利化和功能转型贸易带动效应初显。

基于上述实证分析，从接轨加快实施国家 FTA 战略出发，我们对自贸试验区扩容提出一些政策建议，具体建议将在本章第三节部分展开论证。

二、贸易便利化对金融服务贸易竞争力提升的影响[①]

我们认为在上海自贸试验区试行扩大六大领域服务业开放的制度变迁中，金融服务贸易便利化制度变迁是首要任务。在全球服务贸易快速发展的各类服务贸易中，金融服务贸易占主导地位，对货物贸易和经济发展起支撑作用。特别是在具有高贸易壁垒的发展中国家和新兴国家在经济自由化过程中，可以从更多的服务贸易中获得巨大收益。然而，在中国入世后，货物贸易获得巨大发展，金融服务贸易发展严重滞后。2005—2012 年中国金融服务出口额从 1.45 亿美元上升到 18.86 亿美元，年均增长率 33%，但是，2012 年中国金融服务出口额仅占当年世界出口总额（3769 亿美元）的 0.5%，排世界第 20 位；金融服务出口额在中国服务贸易出口中所占比重仅为 0.94%，相对于世界平均比重 8.44% 相差巨大；且 2005—2012 年金融服务贸易长期处于逆差状态，其中 2006 年最大逆差达到 7.46 亿美元[②]。数据表明，我国金融服务贸易国际竞争力较弱，与中国的世界第一贸易大国、第二经济体地位极不相称。但换个视角看，也预示着中国金融服务贸易发展的潜力巨大。为此，研究运用引力模型验证上海自

[①] 郭晓合，戴萍萍. 基于引力模型的中国金融服务贸易便利化研究——以中国自贸试验区为视角［J］. 国际商务：对外经济贸易大学学报，2017（06）：55-64. （本部分在作者于 2017 年发表的论文基础上改写，并补充 2017 年以后的新论据。）

[②] 数据来源：WTO Statistics 数据库。

贸试验区开展金融服务贸易便利化改革的必然性，通过扩容方式向全国自贸试验区复制推广进而在全国复制推广，以金融开放倒逼改革的成效与未来方向。

（一）研究思路

金融服务贸易自由化与经济增长之间存在正向相关关系，中国金融服务贸易出口潜力大，但贸易壁垒过高、竞争力较弱。这一点也可从表8.5中数据可得。表8.5为2012年世界银行服务贸易限制数据库（STRD）发布的当年金融服务出口前30位中部分国家的金融服务贸易限制指数STRI。从表中可以明显看出，金融服务贸易繁荣的欧美发达国家的金融服务贸易限制水平普遍较低，而我国的STRI指数高居前列，尤其是模式1（跨境提供）下的限制水平，无论是在广义的金融服务部门（含保险）上（71.77）还是狭义的金融服务部门（银行）上（75）都远远高于其他国家。因此放松金融服务贸易限制，扩大金融开放势在必行。

表8.5 主要国家的金融服务贸易限制指数[1]

国家	Financial Overall	Financial Mode 1	Banking Overall	Banking Mode 1
中国	34.8	71.77	32.5	75
美国	21.4	19.39	21.3	0
英国	0.6	6.46	0	0
德国	1.3	12.93	0	0
法国	1.3	12.93	0	0
爱尔兰	1.3	12.93	0	0
加拿大	20.8	12.93	21.3	0
比利时	1	9.69	0	0
日本	1.9	19.39	0	0
荷兰	0.6	6.46	0	0
印度	48.1	53.23	50	50
意大利	8.4	12.93	0	0
瑞典	3.6	12.93	0	0
西班牙	1.3	12.93	0	0

[1] 数据来源：根据世界银行STRD数据库相关数据整理，2017年5月。

续表

国家	Financial Overall	Financial Mode 1	Banking Overall	Banking Mode 1
奥地利	1.3	12.93	0	0
澳大利亚	36.4	9.69	42.5	0
俄罗斯	46.7	32.31	42.5	0
韩国	2.3	22.62	0	0
巴西	36.1	41.16	46.3	25
南非	19.5	0	21.3	0

但是，在自贸试验区全国扩容带动投资贸易领域新一轮扩大开放的大背景下，国内已有的研究成果中，运用引力模型研究金融服务贸易的文献有限，少有学者从金融服务部门的服务贸易限制的视角来深入考察金融服务贸易限制对发展金融服务的影响。为此，我们选择世界银行的金融部门的服务贸易限制指数，从金融服务部门的贸易限制的视角切入，选取2010—2012年的数据（选取的原因：一是中国于2013年开始建立上海自贸试验区；二是OECD数据库，在2010年前的统计标准为EBOPS 2002）来描述中国首建上海自贸试验区前的实际情况，通过建立引力模型验证金融服务贸易限制对金融服务贸易的阻碍作用，并分析中国双边金融服务出口的潜力，为我国以自贸试验区形式开展金融服务贸易便利化改革、建立新型金融开放机制提供科学依据。

（二）模型设定与数据说明

（1）模型的构建。基本的引力模型认为两国之间的贸易流量与贸易双方的经济规模成正比，与双方的距离成反比。引力模型的标准公式为：

$$X_{ij} = \alpha_0 \frac{Y_i Y_j}{D_{ij}} \tag{8-3}$$

在贸易领域的经验研究中，一般采用对数形式：

$$\ln X_{ij} = \alpha + \beta_1 \ln Y_i + \beta_2 \ln Y_j + \beta_3 \ln D_{ij} + \varepsilon_{ij} \tag{8-4}$$

其中，$\alpha = \ln \alpha_0$，X_{ij}指两个国家（地区）间的贸易流量（本文指i国向j国"出口"的金融服务贸易），Y_i和Y_j分别表示两个国家（地区）的经济规模（GDP），D_{ij}表示两个国家（地区）间的物理距离，ε_{ij}表示误差项。在综合考虑前人研究的基础上，研究在引力模型中加入一些控制变量：是否相邻（Contiguous）；是否有共同语言（Language）；是否有殖民联系（Colony）三个虚拟变量。

三个虚拟变量,如果有,则该虚拟变量取值为 1,没有则取值为 0。我们采用 2010—2012 年 OECD 双边贸易流量的面板数据,需考虑贸易组合固定效应和时间固定效应,扩展的引力模型为:

$$\ln X_{ijt} = \alpha + \beta_1 \ln Y_{it} + \beta_2 \ln Y_{jt} + \beta_3 \ln D_{ij} + \beta_4 CONTI_{ij} + \beta_5 LANG_{ij} + \beta_6 COLO_{ij} + \delta_{ij} + \lambda_t + \varepsilon_{ij} \tag{8-5}$$

另外,根据我们的研究目的引入解释变量 STRI,即服务贸易限制指标,我们采用 2012 年世界银行服务贸易限制数据库(STRD)发布的服务贸易限制指数 STRI。世界银行通过对 103 个国家的服务贸易限制政策进行赋值和加权汇总,计算出服务贸易限制指数(STRI)。一国的服务贸易限制越多,开放程度越低,则 STRI 指数数值越大。同时,STRD 是第一个基于服务贸易各部门的不同提供模式收集的反映各国不同部门、不同贸易模式下的服务贸易限制水平的数据库,因此可以相对比较确切地反映金融服务部门(不包括保险服务)实际的贸易限制水平。STRI 是基于政策信息而获得的,虽然具有一定主观性的缺点,但与利用经济计量方法得出的评价结果在很大程度上是一致的,同时它还具有简单性、透明性和稳健性①。

STRD 的数据搜集和发布区间是 2008—2012 年,能较好反映报告分析的上海自贸试验区建立前的金融服务贸易限制情况。由于 STRI 是非时变解释变量,此外模型中还有一些解释变量也是不随时间变化的,因此,在模型中只保留时间固定效应,贸易组合固定效应归入常数项(Kimura&Lee,2006),得到引力模型为:

$$\ln X_{ijt} = \alpha + \beta_1 \ln Y_{it} + \beta_2 \ln Y_{jt} + \beta_3 \ln D_{ij} + \beta_4 CONTI_{ij} + \beta_5 LANG_{ij} + \beta_6 COLO_{ij} + \beta_7 \ln STRI_i + \beta_8 \ln STRI_j + \lambda_t + \varepsilon_{ij} \tag{8-6}$$

此外,STRD 提供的 STRI 是基于最惠国待遇(MFN)的贸易限制水平,但是,对欧盟国家,STRI 指数是指欧盟范围内的限制水平,同时用"EU20"国家来表示欧盟国家对非欧盟国家采用的限制水平。为此,在式(8-6)中增加虚拟变量 EU,得出式(8-7)。式中,当双方国家均为欧盟国家,该虚拟变量取值为 1,否则为 0。

$$\ln X_{ijt} = \alpha + \beta_1 \ln Y_{it} + \beta_2 \ln Y_{jt} + \beta_3 \ln D_{ij} + \beta_4 CONTI_{ij} + \beta_5 LANG_{ij} + \beta_6 COLO_{ij} + \beta_7 \ln STRI_i + \beta_8 \ln STRI_j + \beta_9 EU_{ij} + \beta_{10} RTA_{ijt} + \lambda_t + \varepsilon_{ij} \tag{8-7}$$

---

① BORCHERT, GOOTIIZ, MATTOO. Policy Barriers to International Trade in Services: Evidence from a New Database [J]. World Bank Economic Review, 2012, 28 (01): 162-188. (STRI 指数的具体计算过程详见世界银行服务贸易限制数据库 STRD。)

对式（8-7）采用不同方法重新估计，便于对估计结果进行稳健性分析。考虑不可观测遗漏变量可能带来的偏差，在模型中加入出口国固定效应；为避免出口国固定效应与其他的国家特征变量产生多重共线性，对方程进行变换（Grunfeld & Moxnes，2003）：

$$\ln X_{ijt} = \alpha + \beta_1 t\ln Y_{ijt} + \beta_2 \ln D_{ij} + \beta_3 CONTI_{ij} + \beta_4 LANG_{ij} + \beta_5 COLO_{ij} + \beta_6 t\ln STRI_{ij} +$$
$$\beta_7 RTA_{ijt} + \lambda_t + \delta_i + \varepsilon_{ij} \qquad (8-8)$$

其中，RTA 包含 EU，$t\ln Y_{ijt} = \ln Y_{it} + \ln Y_{jt}$，$t\ln STRI_{ij} = \ln STRI_i + \ln STRI_j$。

（2）样本及数据说明。模型选择 2012 年世界金融服务贸易出口额前 30 名国家（和地区）中 21 个经济体在 2010—2012 年的双边贸易流量数据。现行服务贸易流量主要是基于 BPM6 统计的，不包含商业存在的数据，故我们仅讨论以跨境提供方式为主的贸易，总样本量为 702 个，观测值为 2106 个。

在样本的甄选上，基于 WTO Statistics 数据库，我们从 2012 年世界金融服务贸易出口额前 30 名国家和地区中，选取美国、英国、卢森堡、德国、瑞士、新加坡、中国香港、法国、日本、加拿大、比利时、丹麦、瑞典、意大利、西班牙、澳大利亚、中国、挪威、韩国、俄罗斯、波兰等 21 个国家（或地区），这 21 个国家（或地区）涉及的金融服务贸易出口总额占世界出口总额的 87.6%，把这个样本应用于引力回归模型来分析一个"典型"的经济体金融服务出口的影响因素，具有很强的代表性。其中英国、瑞士、新加坡、加拿大、中国、韩国的金融服务出口数据主要根据其贸易伙伴国（或地区）的进口数据计算得出。本文涉及的贸易伙伴国共有 74 个国家（或地区），每个经济体对应的贸易伙伴国（地区）数量不等，最多的有 57 个，最少的有 14 个，总样本数量为 702 个。

关于数据，我们所使用的双边金融服务贸易进出口的数据来自 OECD 数据库（OECD Statistics on International Trade in Service By Partner Country）。此数据是基于 EBOP2010 统计的，即数据范围只对应于 GATS 统计下跨境交付（模式1）、境外消费（模式2）、自然人流动（模式4），不涵盖商业存在（模式3）下的金融服务数据（不含保险部门）。此外，在样本中，存在零贸易现象，此时无法取对数，处理方法是用 0.025 代替 0 值（Kalbasi，2001）。

世界银行 STRD 数据库提供 103 个国家，包含金融、零售、通信、交通和专业服务五大服务部门和 19 个分部门，并考虑不同提供方式的服务贸易数据。由于 OECD 的金融服务贸易双边数据不包含保险服务部门，且在进出口数据中以跨境交付方式提供的比重最大。所以本书选择金融服务部门下的银行部门的总体水平（Overall）的 STRI 指数（STRIO）和 M1 模式的 STRI 指数（STRIM1），来进行比较分析。

GDP 数据来源于世界银行的世界发展指标（WDI）数据库。双边货物贸易的出口数据来自联合国贸易数据库（UNcomtrade）。双方是否签订区域经济合作协定（RTA）是根据世界贸易组织的 RTA 数据库①整理而得。其他距离等控制变量数据均来源于法国国际经济研究中心（CEPII）数据库。关于物理距离，报告采用 CEPII 数据库的加权距离。各变量的主要统计特征见表 8.6。

表 8.6 变量的统计性描述

变量	观测值	均值	标准差	最小值	最大值
lnx	2106	2.995	2.297	0	9.526
lnd	2106	8.125	1.099	5.081	9.879
lnyi	2106	13.84	1.321	10.87	16.60
lnyj	2106	12.99	1.589	8.052	16.60
contig	2106	0.0840	0.278	0	1
lang	2106	0.127	0.333	0	1
colony	2106	0.0598	0.237	0	1
eu	2106	0.321	0.467	0	1
rta	2106	0.105	0.307	0	1
lnstrioi	2106	1.200	1.394	0	3.773
lnstrioj	2106	1.493	1.523	0	4.578
lnstrim1i	2106	1.021	1.550	0	4.331
lnstrim1j	2106	1.245	1.695	0	4.615

（三）实证结果分析

1. 分析步骤

我们的分析步骤分两步完成。第一步，运用计量软件 Stata12 对式（8-6）（8-7）（8-8）进行回归分析后，时间固定效应模型显示估计结果符合预期并且整体显著，出口国固定效应模型显示估计结果通过稳健性检验，具体估计结果见表 8.7。

第二步，运用表 8.7 的第 3 列的回归方程式，在 Stata 中算出中国在 2010—2012 年各年度对其主要金融服务贸易伙伴出口的拟合值，即模拟其在"理论"

---

① 世贸组织的 RTA 数据库中提供三类 RTA：货物、货物与服务、服务。本文仅考虑后两种，截至 2012 年年底。

或"自然"状态下的潜在出口值,并把此拟合值(用 P 来表示)与对应年度双边金融服务出口的实际值(用 R 来表示)进行比较,算出两者比率(R/P)。若实际值低于拟合值(R/P<1),则称该年度中国对该进口方的双边金融服务出口为"贸易不足",否则(R/P>1)为"贸易过度",结果见表 8.8。

2. 实证结果分析

(1)表 8.8 的结果表明双方的经济规模(和)都对双边金融服务的出口产生显著的正向影响,但出口国的影响显然小于进口国的影响。双边距离(d)的系数符号为负,表明其对双边金融服务出口的负向影响。是否有共同语言(Lang)、是否有殖民联系(Colony)两个虚拟变量的系数符号均显著为正,表明共同语言、殖民联系都对双边金融服务出口具有显著的促进作用。是否相邻(Config)的系数为正,但不显著,表明相邻关系在金融服务贸易中的促进作用不明显,这是因为在现代信息通信技术发展下,金融服务贸易具有可以跨越空间提供的特性,并不受限于地理位置的限制。

(2)解释变量(STRI)金融服务贸易限制指标表明,金融服务贸易限制对双边金融服务出口的阻碍作用明显。对此,我们主要从总体水平(strio)和 M1 模式(strim1)两方面的比较得出。

首先,从式(8-6)来看,不论是总体水平(表 8.7 第一列)还是 M1 模式(表 8.7 第二列)下,lnstrioi、lnstrioj 与 lnstrim1i、lnstrim1j 的系数符号均显著为负,即出口国内和进口国内的金融服务贸易限制对双边金融服务出口的阻碍作用明显,虽然进口国的变量系数比出口国的变量系数要大,但从出口国的角度来看,与距离、相邻等变量一样,进口国贸易管制属于外部因素,即只有出口国国内自身的贸易政策选择是内部可控的影响因素。这意味着一国国内的金融服务贸易限制越多,那么它对自身金融服务出口的阻碍作用也就越大。对此,国内外的众多研究结论均是一致的。

其次,从式(8-7)来看,lnstrioi、lnstrioj(表 8.7 第三列)与 lnstrim1i、lnstrim1j(表 8.7 第四列)的系数符号仍显著为负,其绝对值相对式(8-10)稍有下降,但仍可见贸易限制对双边金融服务出口显著的负向影响。

再次,从 M1 模式来看,lnstrim1i、lnstrim1j 的系数绝对值普遍要比总体水平 lnstrioi、lnstrioj 的系数绝对值小,即总体水平上的贸易限制对双边金融服务出口的负向影响比 M1 模式上的贸易限制对双边金融服务出口的负向影响更大。可见,金融服务部门(不含保险部门)的贸易限制不仅表现在跨境提供模式上,还表现在其他模式上,尤其是商业存在的投资准入限制上。

(3)表 8.7 中式(8-7)主要反映区域贸易协定对金融服务贸易出口的影

响。表8.7中的式（8-7）第三列的估计结果显示：

首先，代表区域合作的虚拟变量RTA的符号为负，表明区域贸易协定不一定必然促进金融服务贸易出口。说明区域贸易协定是一把双刃剑，大量服务贸易的区域贸易协定都具有锁定贸易自由化方向的特征，即促进区域内服务贸易发展，对区域外的服务贸易是更大的贸易壁垒。所以，一国若仅通过区域贸易安排来促进金融服务贸易的出口并不一定有效果，更好的方式仍是放松国内金融服务贸易限制，通过促进金融服务贸易便利化发展来增强金融服务的国际竞争力，从而促进金融服务出口。其次，第四列中虚拟变量EU的系数符号显著为正。这是因为样本出口国多数为欧盟内国家使然，说明加入欧盟对成员国间的贸易促进效果显著，欧盟内部的贸易自由化相对其他RTA要有成效得多，但欧盟成员国对非欧盟成员国的贸易壁垒反而上升。

（4）表8.8的结果主要检验中国双边金融服务出口是否存在潜力

首先，从表8.8第三列可见，在18个经济体中，R/P>1的只有6个，R/P<1的有12个，但在"贸易过度"的国家中多数为经济小国，而在"贸易不足"的国家中却不乏有俄、法、德、日、意等经济规模相对较大的国家。

其次，日本、美国、欧盟是中国金融服务出口的主要市场，但从R/P值来看美国都处于"贸易过度"的状态，中国美国的金融服务出口比较平稳。而欧盟国家之间的R/P值相差较大。2010—2012年中国对丹麦的R/P值达到5.70，处于"贸易过度"状态，但中国对德国、法国、意大利却属于"贸易不足"的状态，其中对意大利的R/P值仅为0.03，说明欧盟内部市场还有很大的潜力可挖。此外，中国对日本的金融服务出口也处于严重的"贸易不足"状态，2010—2012年中国对日本的R/P值仅为0.14，中国对日本的金融服务出口也存在很大的潜力。

实证结果表明，第一，出口国的金融服务贸易限制政策对金融服务出口具有显著的负向抑制作用，且制定区域贸易协定对金融服务贸易也不一定产生促进作用。第二，我国对主要的金融服务出口市场，如日本和欧盟内多数国家，贸易的潜力依然巨大。要释放贸易潜力，通过放松金融服务贸易限制的贸易便利化改革势在必行。

表 8.7　引力模型总体估计

	时间固定效应				出口国固定效应	
	(2) overall	(2) m1	(3) overall-rta	(3) m1-rta	(4) overall-exc	(4) m1-exc
lnyi	0.107** (0.0431)	0.0735* (0.0401)	0.0949** (0.0432)	0.0683* (0.0400)		
lnyj	0.632*** (0.0295)	0.607*** (0.0285)	0.633*** (0.0295)	0.611*** (0.0286)		
lnd	-0.481*** (0.0568)	-0.571*** (0.0547)	-0.418*** (0.0669)	-0.480*** (0.0672)	-0.599*** (0.0459)	-0.658*** (0.0424)
lnstrioi	-0.152*** (0.0359)		-0.128*** (0.0394)			
lnstrioj	-0.216*** (0.0328)		-0.203*** (0.0345)			
contig	0.246 (0.178)	0.201 (0.182)	0.303* (0.180)	0.268 (0.183)	0.438*** (0.127)	0.407*** (0.126)
lang	1.433*** (0.138)	1.232*** (0.142)	1.502*** (0.142)	1.338*** (0.147)	0.524*** (0.101)	0.406*** (0.102)
colony	0.825*** (0.193)	0.719*** (0.194)	0.787*** (0.194)	0.713*** (0.193)	0.749*** (0.138)	0.761*** (0.134)

续表

	时间固定效应				出口国固定效应	
	(2) overall	(2) m1	(3) overall-rta	(3) m1-rta	(4) overall-exc	(4) m1-exc
eu			0.249 (0.160)	0.344** (0.148)		
rta			-0.296** (0.139)	-0.194 (0.131)		
lnstrim1i	-0.108*** (0.0302)	-0.107*** (0.0312)				
lnstrim1j	-0.189*** (0.0250)	-0.167*** (0.0262)				
tlny					0.601*** (0.0235)	0.572*** (0.0228)
tlnstrio					-0.192*** (0.0193)	
tlnstrim1						-0.140*** (0.0145)
RTA					-0.187** (0.0867)	-0.184** (0.0834)

续表

	时间固定效应				出口国固定效应	
	(2) overall	(2) m1	(3) overall-rta	(3) m1-rta	(4) overall-exc	(4) m1-exc
_cons	-2.635*** (0.761)	-1.250* (0.733)	-3.099*** (0.830)	-2.119** (0.829)	-5.282*** (0.833)	-4.591*** (0.806)
2010.year	0 (.)	0 (.)	0 (.)	0 (.)	0 (.)	0 (.)
2011.year	0.108** (0.102)	0.115** (0.102)	0.118** (0.102)	0.120** (0.102)	0.0581** (0.0708)	0.0644** (0.0709)
2012.year	0.190*** (0.101)	0.196*** (0.101)	0.200*** (0.101)	0.202*** (0.101)	0.149*** (0.0708)	0.154*** (0.0709)
N	2106	2106	2106	2106	2106	2106
R^2	0.321	0.320	0.325	0.323	0.671	0.670
F ($Prob>F$)	117.55 (0.000)	114.72 (0.000)	110.4 (0.000)	107.33 (0.000)	106.90 (0.000)	104.52 (0.000)

注：括号内系数为稳健的标准误差。符号 ***、**、* 分别表示 1%、5%、10% 的显著性水平。由于篇幅限制，本表未罗列式(8-8)中各个出口国虚拟变量的值。

第八章 扩容接轨国际 贸易便利化的制度变迁

表8.8 中国对主要贸易伙伴国（或地区）的金融服务出口潜力（单位：百万美元）

排名	R/P	2010—2012平均值	2010 R	2010 P	2010 R/P	2011 R	2011 P	2011 R/P	2012 R	2012 P	2012 R/P
1	丹麦	5.70	16	5.64	2.84	19	6.95	2.74	86	7.46	11.53
2	美国	5.66	213	46.3	4.60	342	54.58	6.27	377	61.64	6.12
3	新西兰	3.44	11	2.67	4.11	13	3.61	3.60	11	4.21	2.61
4	中国香港	1.83	253	139.74	1.81	405	169.35	2.39	246	192.83	1.28
5	比利时	1.64	7	7.32	0.96	19	9.08	2.09	18	9.68	1.86
6	波兰	1.58	13	7.68	1.69	17	9.6	1.77	13	10.25	1.27
7	俄罗斯	0.85	25	16.73	1.49	12	23.41	0.51	15	26.97	0.56
8	卢森堡	0.74	1	1.04	0.96	1	1.52	0.66	1	1.68	0.59
9	法国	0.66	10	22.94	0.44	15	27.88	0.54	30	30.44	0.99
10	德国	0.58	21	28.15	0.75	14	34.54	0.41	22	36.6	0.60
11	瑞典	0.23	1	7.87	0.13	3	10.15	0.30	3	10.98	0.27
12	澳大利亚	0.22	2	8.17	0.24	2	10.92	0.18	3	12.96	0.23
13	希腊	0.17	1	5.28	0.19	1	6.03	0.17	1	5.99	0.17
14	日本	0.14	14	96.37	0.15	15	116.01	0.13	18	128.22	0.14
15	意大利	0.03	1	20.11	0.05	1	24.32	0.04	0	25.22	0.00
16	奥地利	0.00	0	6.43	0.00	0	8.05	0.00	0	8.63	0.00
17	匈牙利	0.00	0	2.75	0.00	0	3.51	0.00	0	3.66	0.00
18	斯洛文尼亚	0.00	0	0.96	0.00	0	1.35	0.00	0	1.41	0.00

注：R—实际值；P—拟合值。

(四) 开展金融服务贸易便利化改革的路径选择

针对中国金融服务发展囿于贸易政策限制的情况，考虑金融服务业对现代经济社会的重要性和金融开放的高风险性，我国金融服务贸易便利化改革，选择了逐步建立自贸试验区，由点及面的渐进式开放路径，相关分析见第四章，此处不展开；金融服务贸易便利化制度创新和全国复制推广的详细内容在第七章已有论述，此处不赘述。

第三节 贸易便利化制度创新的全国复制推广与政策动态调整

一、贸易便利化制度创新的全国复制推广

(一) 贸易便利化制度创新全国复制推广的主要举措

与负面清单先在自贸试验区运行三年，然后实行全国统一负面清单管理制度不同，贸易便利化措施的全国复制推广，采取成熟一项，全国复制推广一项的方式。从2014年到2019年，由国务院印发的上海自贸试验区贸易便利化制度创新全国复制推广可分两种情况，在全国复制推广和在全国PFTZ和CSSZ复制推广。

1. 2015年贸易便利化复制推广举措

2015年1月，据国发〔2014〕65号文件，是年在全国复制推广贸易便利化的举措有：全球维修产业检验检疫监管、中转货物产地来源证管理、检验检疫通关无纸化、第三方检验结果采信、出入境生物材料制品风险管理等。在全国其他海关特殊监管区域复制推广的改革事项包括：海关监管制度创新三项，即期货保税交割海关监管制度、境内外维修海关监管制度、融资租赁海关监管制度等措施；检验检疫制度创新三项，即进口货物预检验、分线监督管理制度、动植物及其产品检疫审批负面清单管理等措施。

2. 2016年贸易便利化复制推广举措

2016年11月10日，据国发〔2016〕63号文件，是年在全国推广贸易便利化的举措有："依托电子口岸公共平台建设国际贸易单一窗口，推进单一窗口免费申报机制""国际海关经认证的经营者（AEO）互认制度""出境加工监管""企业协调员制度""原产地签证管理改革创新""国际航行船舶检疫监管新模式""免除低风险动植物检疫证书清单制度"等7项。在全国CSSZ区域推广的改革事项有："入境维修产品监管新模式""一次备案，多次使用""委内加工监管""仓储货物按状态分类监管""大宗商品现货保税交易""保税展示交易货物分线监管、预检验和登记核销管理模式""CSSZ区域间保税货物流转监管模式"等7项。

3. 2018年贸易便利化复制推广举措

据2018年7月4日国务院国发〔2018〕12号有关全国复制推广的文件，2018年在全国复制推广贸易便利化的举措有："跨部门一次性联合检查""保税燃料油供应服务船舶准入管理新模式""先放行、后改单作业模式""铁路运输方式舱单归并新模式""海运进境集装箱空箱检验检疫便利化措施""入境大宗工业品联动检验检疫新模式""国际航行船舶供水'开放式申报+验证式监管'""进境保税金属矿产品检验监管制度""外锚地保税燃料油受油船舶'申报无疫放行'制度"等9项。在全国其他海关特殊监管区域复制推广的改革事项包括："海关特殊监管区域'四自一简'监管创新""'保税混矿'监管创新"等两项和在海关特殊监管区域及保税物流中心（B型）复制推广："先出区、后报关"。

2018年4月20日起，原中国出入境检验检疫部门正式并入中国海关。合并后将以一个"窗口"开展工作，入境由原来9个环节合并为5个环节；且旅客通道合并，监管监察设备统一使用，旅客只接受一次检查，这使得通关流程更加简化与高效。

4. 2019年、2020年贸易便利化复制推广举措

据2019年11月10日国函〔2019〕38号文件，2019年在全国复制推广贸易便利化的举措有："海运危险货物查验信息化，船舶载运危险货物及污染危害性货物合并申报""国际航行船舶进出境通关全流程'一单多报'""保税燃料油跨港区供应模式""海关业务预约平台""生产型出口企业出口退税服务前置""中欧班列集拼集运模式"等6项。

根据2020年6月28日国务院国函〔2020〕96号文件，2020年在全国复制推广贸易便利化的举措有："'融资租赁+汽车出口'业务创新""飞机行业内加工贸易保税货物便捷调拨监管模式""跨境电商零售进口退货中心仓模式""进出口商品智慧申报导航服务""冰鲜水产品两段准入监管模式""货物贸易'一保多用'管理模式""边检行政许可网上办理"等7项。

在特定区域复制推广的改革事项有：在自贸试验区复制推广"野生动植物进出口行政许可审批事项改革"1项；在二手车出口业务试点地区复制推广"二手车出口业务新模式"1项；在保税监管场所复制推广"保税航煤出口质量流量计计量新模式"1项。

(二) 贸易便利化全国复制推广成效①

1. 通关便利化改革归纳与成效检验

(1) 提升通关效率,主要举措如下:

——通过深化海关业务改革,完善容错机制,不断推广进出口货物"提前申报"。从 2020 年 1 月 1 日开始,海关又在全国推广实施了进口货物"两步申报"试点改革。截至 6 月 30 日,采用"两步申报"的企业已经达到 4321 家,报关单平均通关时间 28 小时,比平均整体通关时间要少。在天津、深圳等一些沿海港口符合条件的监管区域内,试点进口货物"船边直提"和出口货物"抵港直装"。

——积极开展关税保证保险改革。2018 年 11 月,这项改革开始试点共有 3185 家企业参与。跟试点初期相比,2020 年关税保证保险占担保放行报关单的比例已经提高了 28 个百分点,在保证税收安全的同时降低了企业的担保费用,提升了通关效率。

——不断优化大宗商品通关流程。对进口铁矿石等低风险矿产品实施"先验放、后检测"的检验监管模式改革,将进口棉花和铁矿石品质检验由逐批实验室检测调整为依企业申请实施。以棉花为例,新措施实施之后,平均通关时间缩短到半天。

——加强跟境外海关开展经认证的经营者(AEO)互认合作。截至 2020 年上半年,中国海关已与 15 个经济体的 42 个国家和地区签署了 AEO 互认合作协定,其中包括 18 个"一带一路"沿线国家,互认国家和地区的数量居全球第一。

(2) 着力提升口岸通关的信息化、智能化水平。推广新一代税费电子支付系统,实现税费秒级缴纳、税单流转全程无纸化。支持开展原产地证书、《海关专用缴款书》企业自助打印功能线上应用并全面推广。截至 2020 年上半年,自贸协定电子联网数量已经达到 12 个,自助打印原产地证书扩围到 16 种,自助打印率从 2019 年的 36%提升到 2020 年的 55.7%。扩大与国外官方机构检验检疫电子证书的联网核查,与荷兰等具备条件的国家实施证书无纸化。推动海运提单或提货单无纸化,企业在报关环节不再提交纸质海运提单或提货单,减少单证流转环节和时间。

(3) 大力精简进出口环节监管证件和随附单据。会同国家有关部门,将进

---

① 国务院新闻办公室.国务院政策例行吹风会文字实录[EB/OL].中国政府网,2020-07-22;国务院新闻办公室.海关总署:"进一步提高进出口通关效率""拓展国际贸易'单一窗口'功能"[EB/OL].搜狐网,2020-07-23.

出口环节原有的86种监管证件精简到目前的44种，除4种因安全保密需要不能联网之外，其他40种监管证件全部实现了联网核查。全面推广电子报关委托，免予企业在进出口申报环节提交发票、装箱单等随附单据。对于办理业务需验核纸质材料的，允许先提交电子文档后再补充提交纸质材料。同时，取消了118项机电产品进口许可证，对涉及3C认证的进口汽车零配件，直接采信认证机构出具的认证证书，原则上不再实施抽样检测。在中欧班列发展特别快的情况下，对符合条件的中欧班列仓单允许企业归并报关。以满洲里海关为例，截至2020年6月30日，该关办理进境仓单归并2695票，出境仓单归并2175票。据初步估算，可以减少企业报关次数近40%。

  通关便利化的改革促进了货物贸易整体通关时间的持续缩减。2015年进口海关通关时间为28.9小时，比2011年缩短了40.4%，对进口货物整体通关效率提升的贡献率为87.7%。2015的出口海关通关时间为2.5小时，比2011年缩短了61.5%。[①] 2017年全国进口货物海关通关时间为15.9小时，比上年减少9.2小时，缩短36.7%；出口货物海关通关时间为1.1小时，比上年减少0.7小时，缩短38.9%。海关总署于2020年1月的数据显示，2019年12月，全国进口整体通关时间为36.7小时，较2017年压缩62.3%；出口整体通关时间为2.6小时，较2017年压缩78.6%，口岸营商环境进一步优化。[②]

  2. 国际贸易"单一窗口"建设成果

  （1）基本实现了口岸执法服务功能全覆盖。截至2020年上半年，"单一窗口"已经实现了与25个口岸管理部门总对总的系统对接和信息共享，建成上线了16大基本服务功能，可以提供600多项服务事项，服务覆盖全国所有口岸和各类特殊区域，惠及进出口各类企业，基本上满足了企业通过一个平台"一站式"办理进出口外贸相关业务的需求。企业使用"单一窗口"进行申报是免费的，普惠服务程度也在不断提高。

  （2）向贸易服务拓展延伸功能，逐步打造"一站式"贸易服务平台。其中主要是跟金融机构进行对接合作，依托"单一窗口"创新了"外贸+金融"模式，推出在线国际结算、融资贷款关税保证保险和出口信用保险等服务，有效解决了中小微企业融资难、融资贵问题，支持实体经济发展。自这项业务试点以来，累计服务企业13万余家，处理国际结算67亿美元，融资贷款合同金额

---

① 姚建莉，吴佳宝. 上海自贸区贸易便利化出新招：进口通关时间再减1/3 [N]. 21世纪经济报道，2017-08-10.
② 张培. 我国整体通关时间压缩幅度提前两年"达标" [N]. 中国国门时报，2020-01-14.

达到163.2亿元人民币，出口信用保险单是5.98万张。另外，大力推进了跟港口、机场、场站、码头等物流节点的对接和信息双向交互试点，促进相关物流单证能够电子化流转以及线上办理。截至2020年6月30日，国际贸易"单一窗口"累计注册用户已经达到了330万余家，日申报业务量达到1000万票，货物、舱单和运输工具这三项主要业务应用率都达到了百分之百。

二、贸易便利化政策重心的动态演进

（一）开展"三互"推进全国大通关建设的改革①

2013—2014年上半年，贸易便利化政策重心主要放在通关一体化的建设。2013年11月，党的十八届三中全会提出"推动内陆同沿海沿边通关协作，实现口岸管理相关部门信息互换、监管互认、执法互助"（以下简称"三互"）的重要改革举措。2014年11月，中国宣布接受WTO贸易便利化协定，开始在全国开展贸易便利化的改革与制度创新。2014年12月26日国务院印发国发〔2014〕68号文件（以下简称"68号文件"），从2015年开始，全国开始开展落实"三互"推进全国大通关建设的改革。

1. 全国大通关建设改革的目标

改革开放以来，我国的通关管理机制依然存在许多不足：口岸执法体制和协调机制不健全，政出多门、通关环节多、效率低、成本高等。因此，大通关改革的目标是②：到2020年，力争实现跨部门、跨区域的内陆沿海沿边大通关协作机制，建立海关、口岸管理部门信息共享共用，同一部门内部统一监管标准、不同部门之间配合监管执法，互认监管结果，优化通关流程，形成既符合中国国情又具有国际竞争力的管理体制机制。"68号文件"提出要落实WTO的《贸易便利化协定》，建立完善与推进国际物流大通道建设相适应的通关管理机制，改进监管方式；加快自贸试验区和CSSZ区域监管制度创新，建立"自贸试验区—CSSZ区域—区外"的分级复制推广机制，推动全方位扩大开放。

2. 推进大通关建设的主要内容③

（1）推动互联互通。"68号文件"从跨部门、跨区域和跨境三个维度，从

---

① 国务院. 关于印发落实"三互"推进大通关建设改革方案的通知[J]. 中华人民共和国国务院公报，2015（05）：14-18.
② 王希. 破除体制障碍 实现"关通天下"[EB/OL]. 中国政府网，2015-02-03.
③ 海关总署. 推进大通关畅通大通道——海关总署解读《落实"三互"推进大通关建设改革方案》[J]. 中国海关，2015（04）：18-21.（以下章节引用这篇文章的引文不再重复做脚注。）

机制化合作、信息联通和设施共用三个层面推动互联互通，打造了一批促进互联互通的合作项目典范，最大限度地消除阻碍、压缩成本、增加便利、提高效率。

机制化合作建设措施。从国际层面看，"68号文件"提出加强与"一带一路"沿线国家口岸执法机构的机制化合作，推进国际海关"3M"合作，和检验检疫、认证认可、标准计量、统计信息等方面的多双边合作，建立互联互通的国际协调机制。从国内层面看，"68号文件"提出以"单一窗口"为框架的口岸管理机制化合作。将电子口岸建设成为共同的口岸管理共享平台，推进口岸管理相关部门的横向联系，降低企业贸易操作成本。在前期试点的基础上，2015年"单一窗口"将在全国沿海各口岸建成，2017年覆盖全国所有口岸。

信息联通建设措施。"68号文件"提出依托电子口岸平台，以共享共用为原则，推动口岸管理相关部门各作业系统的横向互联，实现口岸管理相关部门对进出境运输工具、货物、物品、人员等申报信息、物流监控信息、查验信息、放行信息、企业资信信息等全面共享。2015年制定出台数据共享和使用管理办法。同时，我国还加强了与其他国家（地区）口岸管理相关机构、企业更加快捷和可靠的联系，跨越数字鸿沟。

设施共用建设措施。"68号文件"提出对外推动签订口岸基础设施互联互通协议，推广旅客在同一地点办理出入境手续的查验模式等。同时，对国内现有口岸监管设施统筹使用；对新设口岸的查验场地进行统一规划建设、共享共用；共同研发查验设备，以口岸为单元统一配备、共同使用；加大口岸基础设施改造力度，在人员通关为主的口岸，为出境入境人员提供充足的候检场地。

（2）推进大通关。"68号文件"提出通过推动一体化通关管理、推进协同执法、建立口岸安全联合防控机制等改革举措，强化跨部门协同治理以及内陆沿海沿边通关协作，实现改革综合效应最大化。主要举措有：

一体化通关。"68号文件"提出一体化通关，就是要破除部门间、区域间的各种藩篱，强化跨部门、跨地区的通关协作，实现在货物进出口岸或申报人所在地海关和检验检疫机构均可以办理全部报关报检手续，申报人可以自主选择通关口岸。"68号文件"提出加快推进区域通关一体化改革和检验检疫一体化改革，2015年覆盖全国，到2020年有效建立跨部门、跨区域的内陆沿海沿边大通关协作机制。

协同执法。"68号文件"提出推进通关诚信体系建设，实现守信综合激励、失信联合惩戒；全面推进"一站式作业"，推行"联合查验、一次放行"的通关新模式，将口岸通关现场非必要的执法作业前推后移，把制约口岸通关效率的因素减到最低。

联防联控。"68号文件"提出建立常态化的口岸安全联合工作机制，完善口岸监管执法互助机制，推进立体化、系统性防控等举措。

（3）畅通大通道。主要措施有打通关键点、畅通主干线、拓展辐射面三大举措（相关措施将在下一章展开论述，此处略）。

3. 改进口岸工作的配套措施①

为了强化推进全国大通关建设，2015年4月7日国务院进一步印发《关于改进口岸工作支持外贸发展的若干意见》（以下简称若干意见）的配套政策，开展优化口岸管理机制的改革。若干意见提出了改进口岸工作的8项配套措施：

一是加大口岸执法领域简政放权力度。通过简政放权，转变查验部门的监管职能和方式，把口岸管理的重点转到创造良好口岸环境、提供优质服务、促进通关便利化上来。二是减少口岸通关和进出口环节的涉企收费。通过属地管理、前置服务、后续核查等方式将口岸通关现场非必要的执法作业前推后移，避免口岸拥堵和不畅，减少企业在口岸上的仓储费用和滞留成本。三是提高口岸信息化、智能化建设水平，推进国际贸易"单一窗口"建设。加快复制推广上海自贸试验区"单一窗口"建设试点经验，条件成熟的地区可探索建立与区域发展战略相适应的"单一窗口"。四是支持新型贸易业态和平台发展。支持跨境电子商务综合试验区建设，支持扩大外贸出口。五是推进CSSZ区域制度创新。加强口岸与CSSZ区域联动发展，加快复制推广自贸试验区及CSSZ试点成熟的创新制度措施；规范、完善CSSZ区域税收政策，为区内企业参与国内市场创造公平竞争的政策环境；在自贸试验区的CSSZ区内，积极推进内销选择性征收关税政策先行先试，积极探索在上海、福建自贸试验区内CSSZ推进货物状态分类监管试点；充分发挥CSSZ辐射带动作用，推动区域产业升级，引导加工贸易向中西部地区转移，鼓励加工贸易企业向CSSZ集中；促进与加工贸易相关联的销售、结算、物流、检测、维修和研发等生产性服务业的有序发展。六是创新大通关协作机制和模式。破除区域藩篱，统筹推进全国一体化通关改革，实现全国海关报关、征税、查验、放行通关全流程的一体化作业。七是扩大口岸开放，提升对外开放水平。从完善内陆地区口岸支点布局、设立可以直接办理货物进出境手续的查验场所、增开国际航线航班、发展多式联运等方面，为内陆地区打开通往国际市场的门户。着力打造沿边地区多种形式的经济合作平台，

---

① 国务院. 关于改进口岸工作支持外贸发展的若干意见 [J]. 中华人民共和国国务院公报，2015（12）：21-25.

为沿边地区经济发展注入新的动力。八是创新口岸开放管理机制。加强口岸运量统计、通关效率和发展状况监测分析，科学预测中远期客货运量；制定口岸准入退出管理办法，开放有条件、退出有标准，实现口岸有开有关的动态管理；探索实施国际枢纽口岸、国家重要口岸和地区普通口岸三级分级管理方式，在扩大开放、建设投入、功能扩展、通关模式和人力资源配置等方面实行差别化措施。

（二）积极推进贸易监管制度创新

2015年4月起，自贸试验区扩容贸易便利化政策重点转向积极推进贸易监管制度创新的探索。2015年4月8日国务院印发《进一步深化中国（上海）自由贸易试验区改革开放方案》（以下简称方案）。贸易便利化支持政策重点转向了贸易监管制度的创新改革。方案中贸易监管制度创新措施增至5条。除了继续强调"统筹研究推进货物状态分类监管试点""推动贸易转型升级""完善具有国际竞争力的航运发展制度和运作模式"3项外。方案重点强调2项制度创新：一是"在自贸试验区内的CSSZ区域深化'一线放开、二线安全高效管住'贸易便利化改革。推进CSSZ整合优化，完善功能。加快形成贸易便利化创新举措的制度规范，覆盖到所有符合条件的企业。加强口岸监管部门联动，规范并公布通关作业时限。鼓励企业参与'自主报税、自助通关、自动审放、重点稽核'等监管制度创新试点"。二是"推进国际贸易'单一窗口'建设。探索长三角区域国际贸易'单一窗口'建设，推动长江经济带通关一体化"[①]。

（三）加强改革系统集成的基本制度建设

2017年4月国务院印发了《全面深化中国（上海）自由贸易试验区改革开放方案》，贸易便利化政策重心转向了促进贸易转型升级和通关便利的贸易监管服务体系。该方案贸易便利化措施主要体现在四大改革上：

"（1）全面实现'证照分离'。深化'先照后证'改革，加大探索力度。加强许可管理与企业设立登记管理的衔接，实现统一社会信用代码在各许可管理环节的'一码贯通'。实施生产许可'一企一证'，探索取消生产许可证产品检验。

（2）建成国际先进水平的国际贸易'单一窗口'。借鉴联合国国际贸易'单一窗口'标准，实施贸易数据协同、简化和标准化。纳入海港、空港和海关

---

① 国务院. 关于印发进一步深化中国（上海）自由贸易试验区改革开放方案的通知[J]. 中华人民共和国国务院公报，2015（13）：33-38.

特殊监管区域的物流作业功能，通过银行机构或非银行支付机构建立收费账单功能，便利企业办理支付和查询。实现物流和监管等信息的交换共享，为进出口货物质量安全追溯信息的管理和查询提供便利。推动将国际贸易'单一窗口'覆盖领域拓展至服务贸易，逐步纳入技术贸易、服务外包、维修服务等，待条件成熟后逐步将服务贸易出口退（免）税申报纳入'单一窗口'管理。与国家层面'单一窗口'标准规范融合对接，推进长江经济带跨区域通关业务办理，加强数据衔接和协同监管。

（3）建立安全高效便捷的海关综合监管新模式。深化实施全国海关通关一体化'双随机、一公开'监管以及'互联网+海关'等举措，进一步改革海关业务管理方式，对接国际贸易"'单一窗口'，建立权责统一、集成集约、智慧智能、高效便利的海关综合监管新模式。综合应用大数据、云计算、互联网和物联网技术，扩大'自主报税、自助通关、自动审放、重点稽核'试点范围。深化'一线放开、二线安全高效管住'改革，强化综合执法，推进协同治理，探索设立与'区港一体'发展需求相适应的配套管理制度。深入实施货物状态分类监管，研究将试点从物流仓储企业扩大到贸易、生产加工企业，具备条件时，在上海市其他符合条件的 CSSZ 区域推广实施。

（4）建立检验检疫风险分类监管综合评定机制。完善进口商品风险预警快速反应机制，加强进口货物不合格风险监测，实施消费品等商品召回制度。建立综合应用合格评定新机制，设立国家质量基础检验检疫综合应用示范园区。在制定发布不适用于第三方检验结果采信目录清单基础上，积极推进扩大商品和项目的第三方检验结果采信。探索扩大检验鉴定结果国际互认的范围。"[1]

（四）探索投资贸易自由化便利化制度体系，打造全球高端资源要素配置核心功能

2019 年后，贸易便利化政策重心开始转向建设投资贸易便利化制度体系的探索。2019 年 8 月 6 日国务院下发了《中国（上海）自由贸易试验区临港新片区总体方案》（简称临港方案）。临港方案依据 2018 年以来中美贸易战暴露出来的我国产业链的弱项，提出建立以投资贸易自由化为核心的制度体系，打造全球高端资源要素配置的核心功能，"补链、强链"，提升我国产业链在全球的竞争力的建设目标。在贸易便利化方面，提出"在新片区内设立物理围网区域，建立洋山特殊综合保税区，作为对标国际公认、竞争力最强自由贸易园区的重

---

[1] 国务院. 关于印发全面深化中国（上海）自由贸易试验区改革开放方案的通知 [J]. 中华人民共和国国务院公报，2017（11）：77-82.

要载体，在全面实施综合保税区政策的基础上，取消不必要的贸易监管、许可和程序要求，实施更高水平的贸易自由化便利化政策和制度。"在金融服务贸易便利化上，重点是试行"资金便利收付的跨境金融管理制度。在风险可控的前提下，按照法律法规规定，借鉴国际通行的金融监管规则，进一步简化优质企业跨境人民币业务办理流程，推动跨境金融服务便利化。研究开展自由贸易账户本外币一体化功能试点，探索新片区内资本自由流入流出和自由兑换。"同年3月，国家外汇管理局对《跨国公司外汇资金集中运营管理规定》（汇发〔2015〕36号）进行了修订，提出自贸试验区试点资本项目外汇收入支付便利化的5项举措[1]：

"实施外债和境外放款宏观审慎管理、大幅简化外债和境外放款登记、实行资本项目外汇收入结汇支付便利化、完善准入退出机制、调整优化账户功能。"

其中，"资本项目外汇收入结汇支付便利化主要措施有：跨国公司主办企业在办理国内资金主账户内资本项目外汇收入支付使用时，无需事前向合作银行逐笔提供真实性证明材料；合作银行应按照展业原则进行真实合规性审核等；调整优化账户功能主要措施有：跨国公司以主办企业国内资金主账户为主办理跨境资金集中运营各项业务；确有需要的，可以选择一家境外成员企业开立NRA账户集中运营管理境外成员企业资金。国内资金主账户币种不设限制，为多币种（含人民币）账户，开户数量不予限制"。

2020年7月，国务院办公厅下发了《进一步优化营商环境的国办发〔2020〕24号文件》，优化外贸外资企业经营环境的贸易便利化措施有2项[2]。一项是"进一步提高进出口通关效率。推行进出口货物'提前申报'，企业提前办理申报手续，海关在货物运抵海关监管作业场所后即办理货物查验、放行手续。优化进口'两步申报'通关模式，企业进行'概要申报'且海关完成风险排查处置后，即允许企业将货物提离。在符合条件的监管作业场所开展进口货物'船边直提'和出口货物'抵港直装'试点。推行查验作业全程监控和留痕，允许有条件的地方实行企业自主选择是否陪同查验，减轻企业负担。严禁口岸为压缩通关时间简单采取单日限流、控制报关等不合理措施"。另一项是"拓展国际贸易'单一窗口'功能。加快'单一窗口'功能由口岸通关执法向口岸物流、贸易服务等全链条拓展，实现港口、船代、理货等收费标准线上公

---

[1] 外汇局. 关于印发《跨国公司跨境资金集中运营管理规定》的通知[J]. 中华人民共和国国务院公报，2019（18）：68-76.

[2] 国务院办公厅. 关于进一步优化营商环境更好服务市场主体的实施意见[J]. 中华人民共和国国务院公报，2020（22）：15-19.

开、在线查询"。

三、贸易便利化政策动态调整的进一步讨论

（一）贸易便利化政策措施的不足

1. 通关效率和降低通关成本方面仍有提升空间

从纵向比较，我国整体通关时间大幅缩减，但从横向与发达国家相比仍明显偏长。自贸试验区以及全国贸易监管措施与国际经贸新规则高标准仍有差距。例如，在单证合规、边境合规 2 项审查上，中国出口用时分别为 21.2 和 25.9 小时，费用分别是 84.6 和 484.1 美元；进口用时分别为 65.7 和 92.3 小时，费用分别是 170.9 和 745 美元，与跨境贸易得分最高的荷兰等 16 国差距较大。这些国家在单证合规方面，无论进出口都只需用时 1 小时审核，其他审核全免，没有任何通关费用。[①]

2. 金融服务贸易便利化改革存在一些机制上的漏洞

2013 年以来的头两年，中国金融服务贸易出现快速增长的势头，2013 年出口比上年增长 68.88%，2014 年同比增长 42.26%，改革成效初显。但是，扩容后的 2015 年中国的金融服务出口额骤然萎缩到 23.34 亿美元，较 2014 年大幅下降 48.48%。对于这种改革后金融服务贸易的大幅波动现象，我们认为，这与上海自贸试验区扩容金融服务贸易便利化改革步伐过大，对美元进入升值期带来的风险估计不足有关。2015 年下半年，人民币急速贬值，外汇储备、外汇占款出现历史性暴跌，对此，我国在外汇政策执行应对上暂缓了一些金融扩大开放举措，对资本的跨境流动，强化了管理和执行，FT 账户一度暂停运作。

（二）贸易便利化政策动态调整的讨论

从总体上说，贸易便利化政策的动态调整要对标国际最高水平，朝着实施更高水平的贸易自由化便利化政策和制度方向演进，为推进贸易高质量发展，提升我国贸易竞争力服务。"加快推动由商品要素流动型开放向规则等制度型开放转变，建设更高水平开放型经济新体制……以共建'一带一路'为重点，优化贸易结构，推动进口与出口、货物贸易与服务贸易、贸易与双向投资、贸易与产业协调发展，实现贸易高质量发展，开创开放合作、包容普惠、共享共赢

[①] 竺彩华，李光辉，白光裕. 中国建设自由贸易港的目标定位及相关建议 [J]. 国际贸易，2018（03）：9-15.

的国际贸易新局面。"①

从贸易便利化政策动态调整的重点难点、金融服务贸易便利化政策的动态调整角度分析，我们的观点如下：

一是重视便利化改革的稳健性、有效性，有所为，有所不为。二是完善金融事中事后监管体系，提升金融服务贸易国际信用度。相关探索观点的具体内容在上一章已有论述，此处不再赘述。总之，未来的金融服务贸易便利化政策动态调整的改革方向是加强市场化运作的制度创新。一方面重点建设在法制基础上的公平竞争机制，在遏制无序竞争带来的过度投机的同时，通过激化金融服务贸易同业间的有序竞争，破除垄断，降低实体企业融资成本；另一方面在上海临港片区"自由贸易港区"的建设中，专门设立离岸金融交易中心，通过一线放开、二线坚决管住的地理上隔离的方式开展外汇、大宗商品期货等一些高杠杆、高风险的国际金融衍生品离岸金融业务定向试点。通过离岸与在岸业务界限的区分，防范金融风险，培育出多元化的、具有活力的新型金融主体，以增强我国金融服务贸易的国际竞争力。

（三）贸易便利化政策动态调整服务国家加快实施FTA战略讨论

1. 针对不同经济发展水平的国家实施差异化的贸易便利化

中国与世界各国贸易结合度、贸易效率存在显著差异，这就要求我们在进行多边或双边贸易便利化的谈判中，采取差异化的贸易便利化谈判策略。

对于贸易依存度较低的发展中国家，例如，阿富汗、尼泊尔、土库曼斯坦、蒙古、约旦、阿曼、巴勒斯坦、波黑、亚美尼亚、阿尔巴尼亚等国家，需要采取包容贸易和投资开发策略，发展贸易，交通先行，以投资开发港口、道路设施培育双边贸易发展的潜在商机。对于低收入、中低收入发展中国家，例如，缅甸、孟加拉国、斯里兰卡、埃及、埃塞俄比亚、刚果等国家，应针对这些国家的经济发展阶段，对标《WTO贸易便利化协定》展开谈判；宜采取自由贸易、价值链贸易策略，以经济技术合作援助方式激发双边贸易发展的潜能。对于高收入国家，例如，科威特、卡塔尔、沙特阿拉伯、哈萨克斯坦等油气国家，经济发展水平较高的国家，例如，马来西亚、泰国、西亚的土耳其、中东欧23国中的大多数国家，以及新西兰等，应视与我国贸易结合度的高低，灵活参照《WTO贸易便利化协定》和巨型FTAs高标准通行投资贸易新规则，采取自由贸易、公平贸易、价值链贸易三者灵活运用策略，探索更多的边界内措施，促进

---

① 中共中央、国务院关于推进贸易高质量发展的指导意见［J］. 中华人民共和国国务院公报，2019（35）：6-10.

价值链专业化分工环节利益的分享。

2. 开展差异化互联互通建设，提升贸易便利化水平

（1）聚焦基建投资，发展投资型贸易的政策措施。投资是一种将来贸易，在世界经济受新冠肺炎疫情冲击的当下，投资是一种卖出将来的商品，拉动消费，克服萧条，为未来的贸易打基础的行为。例如，据国际能源组织预测，未来20年，东盟地区需要2.5万亿美元投入能源领域的基础设施建设，"东盟国家企业在融资方面十分缺乏，迫切需要中资支持"。又如，"一带一路"沿线各国的物流与基础设施建设与我国尚有距离，我国是基础设施建设大国，无论是传统交通物流基础设施建设，还是高铁、通信设备、特高压设备等高技术含量的"新基建"都有很强的竞争力，特别是在港口物流自动化建设方面具有全球领先的优势。

我国应注重通过差异化的方式帮助不同经济发展阶段的国家解决基础设施瓶颈问题，以重大项目为龙头，带动对各国基础设施建设相关配套设备的投资，这一策略不仅符合各国现阶段经济的发展需求，也发挥了中国钢铁等重化工产业的优势，使企业赢来新的市场机遇。例如，"一带一路"沿线阿联酋哈利法港、中老铁路、中泰铁路、巴基斯坦喀喇昆仑公路二期、卡拉奇高速公路；中俄、中哈、中缅等油气管道的重大项目的建设；又如，中国一冶于2016年5月中标的马来西亚马中关丹产业园350万吨钢铁项目就是双边互利共赢的项目，不仅填补了该地区国家H型钢生产的空白，中国也获得了介入东盟钢铁市场的机会。未来中方应继续推动本国企业到"一带一路"沿线国家去投资，实施一批影响大、带动强的项目；产能合作选择条件好的行业入手，进一步加强双方在高铁建设、电力工程基建、建材、通信、纺织、港口物流建设、造船、化工、新能源汽车、5G为代表的"新基建"等领域产能合作。

（2）立足周边，辐射"一带一路"，实施加强推广"园区"性质的、聚集国内企业投资的境外经贸合作区模式的贸易便利化政策。通过差异化方式积极推广境外经贸合作区的产能合作方式，鼓励国内优势产能以市场经济方式转移到周边和"一带一路"沿线国家，并向后者提供性价比高的优质装备。这种投资型境外经贸合作区方式，既不违背各成员国民族经济主权要求，也可根据不同国家的不同工业化发展阶段要求建立不同国家需要的产业经贸合作区；在促进中国对"一带一路"沿线国家直接投资、转移过剩产能、降低生产成本、规避贸易壁垒等方面起到积极作用。实际上，许多"一带一路"沿线国家还处于工业化进程的初期，传统劳动密集型产业正是他们亟须扶持和大力发展的产业，这为我国在传统劳动密集型产品生产上具有优势的企业提供了巨大商机。

（3）在与不同国家进行贸易产能合作方面，则应具体问题具体分析，对于

经济结构相对单一、油气贸易是国家经济命脉的国家，我国应发展建立在比较优势基础上的双边互补性产业间的贸易。而对于大多数工业化、后工业化国家，应加强建立在产业链、价值链专业化分工中间品贸易市场的开发，形成价值链基础上的中间品贸易分工格局，并从全球产业链布局角度出发，以移动互联网加贸易的新型货物贸易与服务贸易相融合带来的新动力推动贸易发展，不断通过各种外包形式提升合作的质量，实现你中有我、我中有你、相互依存的贸易联动融合发展格局。

综合全章，"新时期"自贸试验区扩容贸易便利化政策的动态调整和各项制度创新措施全国复制推广的改革努力收到了较大的成效（参见图8.4）。图8.4显示了2009—2019年期间，我国净出口对GDP增长的贡献率由前五年的"四负一正"，变成后五年的"三正二负"，总体走高，且2019年度净出口对GDP增长的贡献率超过10%。

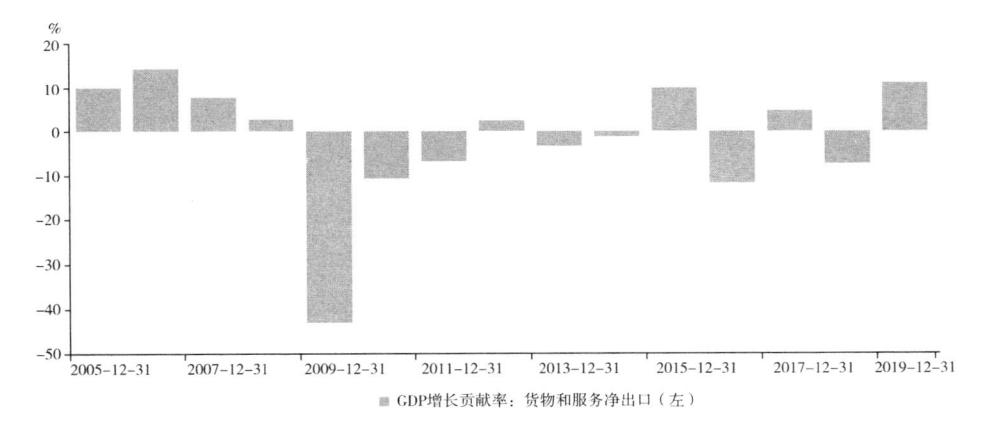

图 8.4 我国 2005—2019 年货物与服务贸易净出口对 GDP 增长的贡献率

第九章

扩容接轨新时期国家加快实施 FTA 战略的探索

自贸试验区扩容，在全国布局建设各具特色的"迷你版功能型现代自由贸易区"的主要任务是服务国家加快实施 FTA 战略建设目标。FTA 战略是中国对外开放战略的重要组成部分，是中国经济融入全球产业链、供应链、价值链，适应国际国内最新形势，以开放促改革、促发展、促创新、促共赢的主要政策。在 2013 年以来我国利用自贸试验区，优化对外开放区域布局与加快实施 FTA 战略联动发展的"新时期"期间，我国共新签署双边自贸协定合计 7 个，多边自贸协定 1 个，协定升级 4 个，正在谈判的自贸区 8 个，协定升级 3 个，效果凸显，中国自贸伙伴的"朋友圈"日益扩大。本章主要探讨"新时期"自贸试验区扩容如何服务国家加快实施 FTA 战略的议题。

第一节　扩容服务国家加快实施 FTA 战略

一、新时期国家加快实施 FTA 战略的内涵和主要措施

（一）"新时期"国家加快实施 FTA 战略的内涵和主要任务

2014 年 12 月，在中共中央政治局第十九次集体学习会上习近平总书记对"新时期"加快实施国家 FTA 战略的内涵从大国战略合作与竞争的高度给予了诠释。他认为加快实施 FTA 战略，发挥 FTA 对贸易投资的促进作用，可更好地帮助我国企业开拓国际市场，为我国经济发展注入新动力、增添新活力、拓展新空间，是我国新一轮对外开放的重要内容。加快实施 FTA 战略，是适应经济全球化新趋势的客观要求，是构建开放型经济新体制的必然选择，也是我国积极运筹对外关系、实现对外战略目标的重要手段。"加快实施 FTA 战略，是我国积极参与国际经贸规则制定、争取全球经济治理制度性权力的重要平台，我们

要善于通过自由贸易区建设增强我国国际竞争力，在国际规则制定中发出更多中国声音、注入更多中国元素，维护和拓展我国发展利益。"这一诠释超越了经济范畴，赋予我国的FTA战略在外交、政治方面同大国竞争与合作的战略意义。学者李光辉（2015）[1] 认为"加快推进高标准自由贸易区网络建设，已成为我国实现'两个百年战略目标'的重要战略举措"。这一诠释也为加快实施国家FTA战略提出了三大任务：一是发挥FTA对贸易投资的促进作用，帮助我国企业开拓国际市场；二是FTA是我国构建开放型经济新体制、实现对外战略目标的重要手段；三是FTA是我国争取全球经济治理制度性权力，巩固中国在泛亚洲和泛太平洋产业链的中心地位，增强我国国际竞争力的重要平台。

（二）新时期国家加快实施FTA战略的主要政策措施

2015年12月国务院印发了《关于加快实施自由贸易区战略的若干意见》（以下简称意见）。意见提出要"全方位参与自由贸易区等各种区域贸易安排合作，重点加快与周边、'一带一路'沿线以及产能合作重点国家、地区和区域经济集团商建自由贸易区。"意见对如何落实新时期加快实施国家FTA战略，从"进一步优化自由贸易区建设布局，加快建设高水平自由贸易区，健全保障体系，完善支持机制"四方面制定了19项具体措施。

意见对我国FTA建设的布局在周边、"一带一路"和全球三个层次做出了规划。一是加快构建周边FTA。力争和所有与我国毗邻的国家和地区建立FTA，不断深化经贸关系，构建合作共赢的周边大市场。二是积极推进"一带一路"FTA。结合周边FTA建设和推进国际产能合作，积极同"一带一路"沿线国家商建FTA，形成"一带一路"大市场，将"一带一路"打造成畅通之路、商贸之路、开放之路。三是逐步形成全球自由贸易区网络。争取同大部分新兴经济体、发展中大国、主要区域经济集团和部分发达国家建立FTA，构建金砖国家大市场、新兴经济体大市场和发展中国家大市场等。[2]

意见对如何加快建设高水平FTA提出了要"提高货物贸易开放水平，扩大服务业对外开放，放宽投资准入，推进规则谈判，提升贸易便利化水平，推进规制合作，推动自然人移动便利化，加强经济技术合作"等8项措施。意见对如何健全保障体系提出了"深化自由贸易试验区试点，完善外商投资法律法规，完善事中事后监管的基础性制度，做好贸易救济工作，研究建立贸易调整援助

---

[1] 李光辉. 加快实施自由贸易区战略 [J]. 紫光阁，2015（01）：14-15.
[2] 商务部新闻办公室. 商务部国际司负责人解读《国务院关于加快实施自由贸易区战略的若干意见》[J]. 中国外资，2016（01）：12-13.

机制"等5大举措。意见在完善支持机制方面提出了"完善自由贸易区谈判第三方评估制度,加强对已生效自由贸易协定的实施工作,加强对自由贸易区建设的人才支持"等3项措施。"通过"加强顶层设计,逐步构筑起立足周边、辐射'一带一路'、面向全球的高标准自由贸易区网络"。

(三)意见要求自贸试验区扩容先试先行加快实施国家FTA战略的主要内容

21世纪以来,FTA的方式、内容、主体等都在快速变化。出现TPP等巨型FTAs的谈判模式,该模式顺应全球第二、三产业融合,服务贸易大发展的趋势,以规制一体化的边界内措施为主,倡导的国际贸易新规则理念包含了自由贸易(货物、服务、投资、政府采购、非歧视待遇、市场准入负面清单),价值链贸易(促进区域性国际生产网络以及区域内贸易与资金的自由流通),价值贸易(可持续发展、人权、透明度、反腐败、卫生与健康),安全贸易(政治、经济、产业、军事、文化、金融、生态、信息、隐私权),公平贸易(知识产权、补贴、国有企业、劳工、环境),包容性贸易(中小企业、不发达国家、低技能劳动力)等内容。

意见要求自贸试验区扩容先试先行接轨国际通行投资贸易规制一体化的措施主要有:知识产权、环境保护等体现公平贸易的标准一致化措施;竞争政策、非歧视待遇、市场准入负面清单、政府采购等竞争一致化措施;外商投资法律法规、事中事后监管等法治、监管协同方面的监管一致化措施。在自由贸易、价值链贸易等方面先试先行的措施主要有:扩大投资、服务贸易、货物贸易的开放,跨境电商合作、通关一体化、FT账户等贸易投资便利化措施。这些措施都是"新时期"加快实施FTA战略,开展"对外自由贸易区谈判中具有共性的难点、焦点、重点问题,在上海等自贸试验区内先行先试,通过在局部地区进行压力测试,积累防控和化解风险的经验,探索最佳开放模式,为对外谈判提供实践依据"。

二、新时期扩容服务国家加快实施FTA战略的实践

2013年上海自贸试验区成立后的"新时期",我国通过自贸试验区先试先行国际通行投资贸易新规则获取可行经验,用于服务国家双边与多边FTA谈判。同时,加快了实施升级版FTA战略的步伐,扫清了不少理念差异带来的障碍,带动了与各国升级版的FTA谈判。在签署的双边、多边自由贸易协定中,逐步采纳了若干TPP等巨型FTAs探索的国际投资贸易新规则中的自由贸易、价值链贸易、公平贸易与安全贸易等方面的内容。推行FTA的方式灵活多样,弹性动

态，不同时期、不同阶段有不同的重点和内容；方向朝着更加公开透明，逐步与国际通行规则、发展趋势接轨推进。

（一）自贸试验区先试先行国际投资贸易新规开放措施服务国家双边FTA谈判

2013年9月—2020年11月，我国新签署的自贸协定包括2014年中国与瑞士签署FTA协定，2015年6月中韩、中澳（澳大利亚）签署FTA协定，2017年中国与格鲁吉亚、马尔代夫，2019年与毛里求斯，2020年与柬埔寨先后签署FTA协定。正在谈判的双边自贸区有中国与挪威、以色列、斯里兰卡、摩尔多瓦、巴拿马、巴勒斯坦等6个国家。其中，最能突显我国自贸试验区先试先行的开放措施服务、加快实施国家FTA战略的重大协定的有中瑞、中韩、中澳FTA协定等。

1. 中国—瑞士FTA协议分析[①]

2014年7月1日，《中国—瑞士自由贸易协定》（以下简称协定）正式生效。协定是我国与欧洲大陆国家签署的第一个一揽子自贸协定，也是2013年上海自贸试验区成立后，第一份生效的重要双边自由贸易协定。协定的若干内容与上海自贸试验区先试先行的国际通行投资贸易新规则谈判议题是一致的。首先，在贸易便利化方面，协定指出货物贸易的零关税比例高。瑞方将对中方99.7%的出口立即实施零关税，中方将对瑞方84.2%的出口最终实施零关税，这体现了货物贸易的自由贸易高水平和高质量。同时，双方还同意进一步简化海关通关环节手续，确保双方有关法律法规公开透明，运用风险管理、信息技术等手段，为双方企业提供高效快捷的通关服务，以便利合法贸易。2013年上海自贸试验区成立后，首先开展的就是通关一体化的改革。

其次，协定涉及许多新规则。中瑞双方在协定中，就政府采购、环境、劳工与就业合作、知识产权、竞争等中方以往自贸谈判中很少碰到的规则问题达成一致。例如，协定就"环境问题"规定了双方在环境方面合作的目标、方式、资金安排等内容，重申了双方对以可持续方式促进经济发展和不断提高环境保护水平的意愿；双方同意加强合作，以促进有利于环境的货物、服务和技术的传播。又如，协定首次明确规定了知识产权保护的具体权利和义务，突破了之前我国自贸协定知识产权章节只包含原则性条款和合作等宣示性条款的做法，增强了权利人保护的透明度和便利性。这些都是是时上海自贸试验区开展先试

---

① 商务部新闻办公室. 商务部国际经贸关系司负责人解读《中国—瑞士自由贸易协定》，[EB/OL]. 商务部中国自由贸易区服务网，2016-04-11.

先行的主要制度创新。

2. 中国—韩国 FTA 协定分析①

2015年6月1日，《中华人民共和国政府和大韩民国政府自由贸易协定》（以下简称中韩协定）正式签署，同年12月20日协定正式实施。韩国是我国第三大贸易伙伴国，中韩自贸区是截至2015年我国对外商谈的涉及国别贸易额最大的自贸区。

在服务贸易领域，中韩协定首次设立了金融服务和电信两个独立章节。中韩自贸区谈判的目标是打造高标准、高质量的自贸协定，因此参照国际先进做法，开创性地设立了金融服务和电信两个单独章节，专门处理这两个与服务贸易密切相关，关系国计民生，同时又相对复杂的议题。具体条款内容在我国加入世贸组织承诺和其他协定承诺水平的基础上，根据自贸试验区先试先行扩大开放的经验，做出了进一步开放承诺，体现了我国扩大开放态度。例如，在透明度方面，依照各自的国内法律法规要求，双方承诺将提高金融服务领域的监管透明度，为两国的金融服务提供者进入彼此市场并开展运营提供了政策确定性。又如在投资者与国家的投资争端解决方面，专门设置了事前磋商机制，可以通过两国金融主管部门就争议开展磋商，有助于以协商的方式解决分歧。同时，我们也结合我国的现行法律法规要求，与韩方达成了较高标准的条款内容。这为我国未来与其他发达国家商谈高标准的自贸协定奠定了扎实的基础，向"形成面向全球的高标准自贸区网络"目标迈出了重要的一步。

中国在服务贸易市场准入上对韩国重点关注的承诺，主要解决了韩国在法律、建筑和相关工程、环境、娱乐、体育和其他娱乐、证券6部门的重要利益关注。韩国主要解决了中国在速递和建筑服务的重要利益关注，作出超过其所有现有自贸协定的承诺水平。

在中韩协定中，海关程序和贸易便利化章节主要包括法律法规公开透明、简化通关手续、加强海关合作、运用风险管理和信息技术等手段加快货物放行、为双方企业提供高效快捷通关服务、共同维护双边货物秩序等内容。协定中，双方明确了共同遵循的竞争执法原则，有利于外界进一步了解上海自贸试验区试行的国家安全审查制度、反垄断审查制度等事中事后监管制度机制的相关情况；规定的多种合作形式对于双方合作制止损害双边贸易和投资的垄断行为、促进双边贸易自由化和投资便利化具有重要意义。

---

① 商务部国际司.中华人民共和国政府和大韩民国政府自由贸易协定50问［EB/OL］.商务部中国自由贸易区服务网，2016-12-30.

截至 2015 年，我国已正式签定的自贸协定中均未涉及电子商务方面的内容。在中韩协定中首次纳入电子商务等"21 世纪经贸议题"，设立电子商务专章，是运用上海自贸试验区先试先行加快培育跨境电商服务功能措施的具体体现。

在中韩协定中，我国第一次在对外签署的自贸协定中承诺未来第二阶段谈判将采用准入前国民待遇和负面清单模式开展服务贸易和投资谈判。2017 年 12 月 14 日，中韩两国签署了《关于启动中韩自贸协定第二阶段谈判的谅解备忘录》，中韩自贸协定第二阶段谈判正式启动。2018 年 3 月 22 日，中韩自贸协定第二阶段首轮谈判在韩国首尔举行。按照协定规定，在中韩自贸协定第二阶段谈判中，我国首次使用了负面清单方式进行服务贸易和投资谈判。这表明我国通过自贸试验区试行的"准入前国民待遇+负面清单管理体制"改革措施已经开始落实到我国对外自贸协议谈判的实际中，为落实国家加快实施 FTA 战略各项任务服务。

3. 中国—澳大利亚 FTA 协定分析①

2015 年 6 月 17 日，中澳两国签署《中华人民共和国政府和澳大利亚政府自由贸易协定》（以下简称中澳协定），同年 12 月 20 日正式生效。中澳协定是我国首次与经济总量较大的主要发达经济体谈判达成自贸协定，也是我国与其他国家截至 2015 年已商签的贸易投资自由化整体水平最高的自贸协定之一。是年正是我国自贸试验区扩大试点省（市/自治区），开始第一次向全国扩容，上海自贸试验先试先行负面清单管理制度，扩大六大服务业开放制度创新探索两周年。2013 年 9 月上海自贸试验区成立后，中澳自贸协定谈判进行了解决难点问题的 20、21 轮攻坚谈判。谈判中，中方将上海自贸试验区试行开放措施和积累的经验运用到谈判中，并取得了突破性进展。这不仅为协定的最终达成做出了应有的贡献，而且在中澳协定服务贸易领域，还首次纳入电信、法律、建筑和海运等部门在上海自贸试验区的一些开放措施。这是上海自贸试验区先试先行制度创新措施可复制可推广的初步体现，为通过自贸试验区扩容方式扩大改革试验范围提供了宝贵经验，彰显了我国加快实施 FTA 战略，扩大对外开放的信心和决心。

在贸易便利化上，中澳协定货物贸易自由化水平高，中国承诺 96.8% 的税目将实现自由化，其中 5 年内完成降税的税目比例为 95%。澳大利亚承诺所有产品均对中国完全降税，自由化水平达到 100%，其中 91.6% 的税目关税在协定

---

① 商务部国际司. 中华人民共和国政府和澳大利亚政府自由贸易协定解读 [EB/OL]. 商务部中国自由贸易区服务网，2017-04-24.

生效时即降为零。同时，中澳协定的海关程序与贸易便利化章节首次纳入世贸组织《贸易便利化协定》（以下简称协定）中的有关规定，协定规定中澳双方应及时在互联网上公布与中澳双边贸易相关的法律法规；双方应实施预裁定制度，就税则归类、原产地规则等事项作出预裁定；双方应简化海关程序，允许提前申报、担保放行，对易腐货物和暂准进口货物根据国内法加快处理放行。这些规定与当时我国开展的"落实三互推进通关一体化改革"相向而行。

服务贸易和投资便利化方面，一是澳方同意对中方以负面清单方式开放服务部门，成为全球首个对我国以负面清单方式作出服务贸易承诺的国家。二是双方就金融、教育、法律和中医等重点服务领域的合作达成了一系列重要共识。三是双方同意在中澳协定实施后，在双方未来商定的时间，以负面清单方式开展服务贸易谈判，未来中方将按照准入前国民待遇加负面清单的模式与澳方进行谈判，进一步提升投资自由化和便利化水平；四是纳入投资者—东道国争端解决机制，为中澳双方投资者提供充分的权利保障和救济途径，推动实现更高的相互开放水平。

总之，中澳协定是贯彻中共中央十八届三中全会部署，落实国家加快实施FTA战略进程中迈出的重要和坚实的一步，是自贸试验区扩容与国家打造立足周边、面向全球的高标准自由贸易区网络联动发展初见成效的最有力的佐证。

（二）自贸试验区扩容服务国家升级FTA协议谈判

2013年9月—2020年11月，我国签署的自贸协定升级议定书包括：2015年11月的中国—东盟升级议定书、2017年11月的中国—智利升级议定书、2018年11月的中国—新加坡升级议定书和中国—巴基斯坦第二阶段议定书；正在谈判的有中国与新西兰、秘鲁自贸协定升级谈判和中国—韩国自贸协定第二阶段谈判。其中，更能集中反映自贸试验区扩容与国家打造立足周边、面向全球的高标准自由贸易区网络联动发展的自贸协定升级的是中国与东盟（"10+1"）、智利、新加坡的自贸协定升级。

1. 中国—东盟自贸协定（"10+1"）升级分析[①]

2015年11月22日，中国与东盟十国签署了《中华人民共和国与东南亚国家联盟关于修订〈中国—东盟全面经济合作框架协议〉及项下部分协议的议定书》（以下简称议定书）。2016年7月1日升级议定书率先对中国、越南生效，

[①] 商务部：中国东盟自贸区升级议定书将为双方经济发展提供新的助力［J］. 中国对外贸易，2015（12）：44；商务部部长解读中国—东盟自贸区升级《议定书》［EB/OL］. 中国政府网，2015-11-23.

<<< 第九章　扩容接轨新时期国家加快实施FTA战略的探索

此后，生效范围不断扩大。2019年10月22日，升级议定书对所有协定成员全面生效。议定书是我国加快实施FTA战略"新时期"完成的第一个自贸区升级协定，涵盖货物贸易、服务贸易、投资、经济技术合作等领域，是对原有协定的丰富、完善和补充。

议定书在货物贸易领域主要通过升级原产地规则和贸易便利化措施，进一步提高贸易自由化便利化的质量。在原产地规则领域，双方优化了原产地规则，并完善了相关实施程序，提升中国—东盟自贸区货物贸易自由化的实施效果。在海关程序与贸易便利化领域，双方同意进一步简化海关通关手续，确保双方相关法律法规公开透明，运用自动化系统、风险管理等手段，为双方企业提供高效快捷的通关服务，解决通关阻碍，以便利合法贸易，并就预裁定、复议与诉讼制度以及对本章程序定期审议等达成共识，保障货物流动畅通，共同提高便利化水平。

在服务贸易自由化水平提升方面，各国均作出了更高水平的承诺，进一步提升了中国—东盟自贸区服务贸易自由化水平。议定书中，中国在集中工程、建筑工程、证券、旅行社和旅游经营者等服务部门做出改进承诺。东盟各国在商业、通信、建筑、教育、环境、金融、旅游、运输等8个服务业的约70个部门向中国做出更高水平的开放承诺。同时，双方的具体改进措施还包括扩大服务开放领域，允许对方设立独资或合资企业，放宽设立公司的股比限制，扩大经营范围，减少地域限制等。在投资领域，议定书关于投资内容集中于投资促进和投资便利化合作，为投资者和其投资创造稳定、有利和透明的商业环境。同时，双方还同意将跨境电子商务合作这一新议题纳入议定书，通过加强信息交流以促进双方的投资和贸易。

议定书在货物与服务贸易、投资方面的开放措施和承诺与中国国内自贸试验区扩容开展的接轨国际通行投资贸易新规则的改革与制度创新相向而行，体现两者联动探索提高投资贸易自由化水平的意愿。为推进东盟国家在努力推动的区域全面经济伙伴关系（以下简称RCEP）谈判取得突破性进展奠定了基础。

2. 中国—智利自贸协定升级分析①

2017年11月22日，中国与智利签署了《中华人民共和国政府与智利共和国政府关于修订〈自由贸易协定〉及〈自由贸易协定关于服务贸易的补充协定〉的议定书》（以下简称议定书），2019年年3月1日正式生效。议定书是我

---

① 中国商务部. 中国—智利自贸协定升级《议定书》解读 [EB/OL]. 商务部中国自由贸易区服务网，2017-11-27.

国加快实施FTA战略"新时期"完成的第二个自贸区升级协定。议定书对原有协定的货物贸易市场准入、服务贸易、原产地规则和经济技术合作4个领域进行升级，还新增了海关程序和贸易便利化、电子商务、竞争、环境与贸易4个章节的内容。这些升级和新增内容与"新时期"我国自贸试验区布局进入"1+3+6"扩容时期改革和制度创新积累的成果息息相关。

在货物贸易市场准入升级上，双方在原有自贸协定97%以上的产品零关税的基础上，再次升级到总体零关税产品比例98%。在海关程序和贸易便利化方面，双方在原有的自贸协定基础上新增海关程序和贸易便利化章节，主要包括法律法规公开透明，进一步简化通关手续，运用风险管理、信息技术等手段为双方企业提供高效快捷的通关服务、共同维护双边贸易秩序等内容。以降低通关成本，提高通关效率。在服务贸易方面，双方对服务贸易承诺部门数量和质量进一步扩大开放。我国在商业法律服务、娱乐服务、分销等20多个部门对智利作出进一步承诺，智利在快递、运输、建筑等40多个部门对我国作出更高水平的开放承诺。

在新增议题规则上，双方重点打造现代化、高标准的自贸协定，共同决定在议定书中纳入电子商务、竞争、环境与贸易等自贸协定新议题章节。这些章节的内容多涉及边界内规制一体化措施，降低双方商业活动和经贸往来的成本。在竞争政策上，双方承诺在实施国内竞争法律法规时，禁止反竞争商业行为，促进和保护市场公平竞争环境；在竞争执法过程中，遵循透明、非歧视和程序公正原则；加强在竞争执法领域的交流与技术合作，不断增强各自竞争执法能力等。这些规定有利于提高双方在竞争和反垄断执法领域的透明度，有助于双方企业更好地遵守各自竞争的法律法规。双方加强竞争领域合作，共同营造维护公平竞争的市场环境，对制止损害双边贸易和投资的垄断行为、促进双边贸易自由化和投资便利化具有重要意义。在环境与贸易领域，在议定书中设立独立的环境与贸易章节，双方承诺确保各自环境法律法规应鼓励高水平的环境保护，加强环境法律法规的有效执行。双方承诺不通过降低环保水平鼓励贸易和投资，不得将环境法律法规用于贸易保护目的，充分体现了双方打造高标准自贸协定的意愿。

3. 中国—新加坡自贸协定升级分析①

2018年11月12日，中新两国签署了《中华人民共和国政府与新加坡共和

---

① 商务部国际司. 商务部国际司负责人解读中国—新加坡自由贸易协定升级议定书［EB/OL］. 商务部中国自由贸易区服务网，2018-11-12；中国—新加坡自由贸易协定升级版附录10：对协定附件5（服务贸易具体承诺减让表）的修改［EB/OL］. 商务部中国自由贸易区服务网，2018-11-12.

国政府关于升级〈自由贸易协定〉的议定书》（以下简称中新升级议定书）。2019年10月16日正式生效。中新升级议定书是落实党的十九大提出的"赋予自由贸易试验区更大改革自主权"，"促进自由贸易区建设，推动建设开放型世界经济"的最新成果。

中新升级议定书是截至2018年，把我国自贸试验区扩容先试先行制度创新开放措施纳入升级议定协议最多的议定书。2018年，我国加快实施FTA战略"新时期"进入了全国统一实行负面清单制度的改革创新新阶段，五年的先试先行，"上海自贸试验区紧抓制度创新核心，探索建立与国际通行规则相衔接的制度体系，聚焦投资、贸易、金融创新和事中事后监管等领域，形成了一批基础性制度和核心制度创新，累计有127个创新事项以及'证照分离'改革试点制度创新成果在全国复制推广"①。全国各省自贸试验区形成的各项制度创新成果也陆续在全国复制推广。例如，广东自贸试验区"自2015年4月21日挂牌以来，已形成385项制度创新成果，其中向全国复制推广了21项、全省复制推广了86项制度创新经验"②。这些自贸试验区扩容通过"自由贸易试验区—海关特殊监管区域—区外"的分级复制推广机制向全国复制推广的许多制度创新都在中新升级议定书中得以体现。

中新升级议定书对原中新自由贸易协定的原产地规则、海关程序与贸易便利化、贸易救济、服务贸易、投资、经济合作等6个领域进行升级，还新增电子商务、竞争政策和环境等3个领域。

在海关程序与原产地规则领域，中新升级议定书增加了海关程序与贸易便利化章节，主要包括法律法规公开透明，进一步简化通关手续，运用风险管理、信息技术等手段为双方企业提供高效快捷的通关服务、共同维护双边贸易秩序等内容。同时，双方还简化了部分化工产品的特定原产地规则标准，呈现出更高水平的贸易便利化，体现了中方通过自贸试验区扩容方式在贸易自由化、便利化方面制度创新的开放举措。例如，一是单一窗口，双方承诺建立并共同加强双方单一窗口建设，这是我国首次在自贸协定中就该问题进行约束性承诺。二是预裁定，我国首次对外承诺就商品价格的估价方法及标准作出约束性预裁定决定等，较我国以往的鼓励性承诺有很大突破。三是关于货物放行，按照我国国务院对口岸整体放行时限的要求，我国承诺在满足相应条件下对货物快速

---

① 沈则瑾. 上海自贸区发挥"试验田"作用5年来已有127项创新成果在全国复制推广[N]. 经济日报，2018-10-28.
② 吴哲，王佳欣，侯琳琳. 广东自贸区形成385项制度创新成果 累计新设企业19.6万家[N] 南方日报，2017-12-30.

放行并作出了具体时限承诺，允许担保放行并列明了担保放行的情形。

在服务业扩大开放方面，新方承诺在速递、环境、空运等服务领域进一步开放市场。中方着眼于进一步扩大开放，支持相关区域协调发展，将法律、建筑和海运等上海自贸试验区自主开放措施作出约束性承诺，并进一步拓展了建筑、海运领域开放措施的适用范围。法律服务方面，中方承诺允许已在上海自贸试验区设立代表机构的新加坡律师事务所在上海自贸试验区内与中国律师事务所联营。联营期间，双方的法律地位、名称和财务保持独立，各自独立承担民事责任。联营组织的客户不限于上海自贸区，但联营组织的新加坡律师不得办理中国法律事务。①

建筑服务方面，中方承诺在上海自贸区、苏州工业园区、中新天津生态城、中新（重庆）战略性互联互通示范项目内设立的新加坡独资建筑企业可分别承揽位于上海市、苏州市、天津市、重庆市的中外联合建设项目。在此情况下，可免除对新加坡建筑企业在此类项目中的外资投资比例限制。海运服务方面，一是允许符合条件的新加坡海运服务提供者在上海自贸区、广东自贸区、福建自贸区、天津自贸区成立外商独资船舶管理公司。二是允许符合条件的新加坡海运服务提供者在上海自贸区、广东自贸区、福建自贸区、天津自贸区成立合资海运公司，外资可以拥有多数股权。三是在上海自贸区、广东自贸区、福建自贸区、天津自贸区设立的中新合资、合作国际船舶运输企业，其董事会主席和总经理可由中新双方协商确定。四是在上海自贸区、广东自贸区、福建自贸区、天津自贸区设立的合资、合作国际船舶运输企业，其拥有或光船租赁的船舶可以按照上海自贸区、广东自贸区、福建自贸区、天津自贸区国际船舶登记制度进行船舶登记。

在投资方面，中新升级议定书投资章节规定，双方相互给予对方投资者高水平的投资保护，纳入了征收补偿、最低待遇标准、转移等条款；相互给予准入后阶段的国民待遇和最惠国待遇；设置了金融审慎措施、根本安全、保密信息等例外条款以保护政府管理外资的政策空间，并纳入了全面的投资者与国家间争端解决机制。这些规定体现了我国自贸试验区扩容制度创新探索的最新开放保护措施和在国际投资缔约实践的最新发展，更好地体现了我国对双向投资的同等重视和保护。此外，双方还同意力争在升级议定书生效后一年内以负面清单方式启动投资自由化谈判。

① 中国—新加坡自由贸易协定升级版附录10：对协定附件5（服务贸易具体承诺减让表）的修改 [EB/OL]. 商务部中国自由贸易区服务网，2018-11-12.

在新增的电子商务章节，中新升级议定书的内容主要有电子认证和电子签名、在线消费者保护、个人信息保护、无纸化贸易、透明度等。在竞争方面，双方承诺在实施国内竞争法律法规时，禁止反竞争商业行为，促进和保护市场公平竞争环境；在竞争执法过程中，遵循透明、非歧视和程序公正原则；加强在竞争执法领域的交流与技术合作，不断增强各自竞争执法能力等。这些规定多是我国自贸试验区试行国际最新竞争制度创新探索的内容，将其写进议定书有利于提高双方在竞争和反垄断执法领域的透明度，有助于双方企业更好地遵守各自竞争法律法规，有利于双方共同营造维护公平竞争的市场环境，制止损害双边贸易和投资的垄断行为、促进双边贸易自由化和投资便利化。

综合上述 2013—2019 年我国自贸试验区扩容先试先行国际通行投资贸易新规的改革创新开放措施服务加快实施国家 FTA 战略的实践的分析，我们可以看到，国家在对外自贸协议谈判中，不断增加运用我国国内通过自贸试验区扩容先试先行的投资准入、货物贸易和服务贸易扩大开放、贸易便利化、对标国际高标准自贸规则等方面的制度创新开放措施，在电子商务、环境保护、竞争政策议题方面较好地落实了国务院"国发〔2015〕69号"文件推进规制谈判，加快建设高水平自由贸易区的任务，为中国加快完成 RCEP 谈判，推动尽早签署一个现代的、高质量的 RCEP 协议奠定了坚实的基础。

第二节 扩容服务国家加快实施 FTA 战略效果分析

一、扩容服务加快构建周边 FTA 任务的投资贸易效果

在落实 2015 年国务院 69 号文件重点加快与周边国家、地区商建自由贸易区的具体任务方面，"新时期"我国先后与周边国家韩国、柬埔寨建立了自由贸易区，与东盟 10 国、新加坡、巴基斯坦升级了自贸协定，这些加快实施国家 FTA 战略的措施，促进了我国与周边国家的双边与多边的投资与贸易。

（一）对中国与周边国家双边与多边贸易的带动

在货物贸易方面，与周边国家达成的原产地规则和零关税与通关一体化等贸易便利化措施和升级措施，进一步促进双边与货物贸易发展。中国与韩国在 2015 年双边货物进出口总额 2758 亿美元，2018 年达到 3134 亿美元，中韩自贸协定推动了双边贸易。① 东盟秘书处的统计数据显示,中国与东盟 10 国的货物贸易额在 2014 年为 3667.1 亿美元。2015 年双边升级自贸协定时,中国是东盟最大的贸易伙伴,东盟是中国第三大贸易伙伴、第四大出口市场和第二大进口来源地。2019 年双边进出口总额已达到 5078.6 亿美元。② 国家统计局数据显示,2020 年 1—10 月,中国和东盟货物贸易总额 3.79 万亿元,同比增长 7%,占外贸总值的 14.6%。从进出口数据来看,1—10 月,中国对东盟出口 2.11 万亿元,增长 7.3%;自东盟进口 1.68 万亿元,增长 6.6%;最终,中国对东盟的贸易顺差 4279.2 亿元,增加 10.1%。东盟已跃居成为中国第一大贸易伙伴,欧盟退居第二位,美国第三。

(二) 对中国与周边国家 (地区) 双边与多边投资的促进

在促进我国企业走出去的过程中,开展对外投资活动也取得了良好的效果。商务部统计数据 (2016、2020)③ 显示:2016 年年末,中国在亚洲的投资存量为 9094.5 亿美元,占中国在全球对外直接投资的 67%。2019 年年末,为 14602.2 亿美元,占 66.4%,主要分布在中国香港、新加坡、印度尼西亚、中国澳门、老挝、马来西亚、阿联酋、哈萨克斯坦、泰国、越南、韩国、柬埔寨等国家和地区。2016 年年末,中国对外直接投资存量前 20 位的国家 (地区) 累计达到 12288.77 亿美元,占中国对外直接投资存量的 92.4%。其中周边国家和地区有 8 个,分别是中国香港、新加坡、俄罗斯、印度尼西亚、中国澳门、老挝、哈萨克斯坦、越南。2019 年年末,中国对外直接投资存量前 20 位的国家 (地区) 累计达到 20308.7 亿美元,占中国对外直接投资存量的 90.5%。其中周边国家和地区有 8 个,分别是中国香港、新加坡、印度尼西亚、俄罗斯、中国澳门、老挝、马来西亚、哈萨克斯坦。

2016 年年末,中国设立境外企业排前 20 位的国家,企业数量累计有近 2.8 万家,占中国在国 (境) 外设立企业总数的 75.2%。其中周边国家 (地区) 有 12 个,包括中国香港、俄罗斯联邦、新加坡、日本、越南、韩国、印度尼西亚、老挝、泰国、柬埔寨、马来西亚、蒙古。2019 年年末,中国设立境外企业排前

---

① 数据来源:国家统计局的统计数据——中国统计年鉴 2019。
② 数据来源:中国—东盟自由贸易区商户门户中的数据。2014 年、2019 年东盟对中国货物贸易进出口数据。
③ 中华人民共和国商务部,国家统计局,国家外汇管理局. 2016 年、2019 年度中国对外直接投资统计公报 [M]. 北京:中国商务出版社,2016:19-22,41-42;2019:21-24,48-50。

20位的国家，企业数量累计有近3.2万家，占中国在国（境）外设立企业总数的73.8%。其中周边国家（地区）有12个，包括中国香港、新加坡、俄罗斯联邦、日本、越南、印度尼西亚、马来西亚、韩国、泰国、老挝、柬埔寨、印度。

从境外企业的国家（地区）分布情况看，2016年中国在亚洲设立的境外企业数量近2.1万家，占中国全球境外企业总量的55.8%，主要分布在中国香港、新加坡、日本、越南、韩国、印度尼西亚、老挝、阿拉伯联合酋长国、泰国、柬埔寨、马来西亚、蒙古等。在中国香港设立的境外企业近1.2万家。2019年中国在亚洲设立的境外企业数量增至2.5万家，占57.3%，主要分布在中国香港、新加坡、日本、越南、印度尼西亚、马来西亚、韩国、泰国、老挝、柬埔寨、印度、阿拉伯联合酋长国、缅甸等。在中国香港设立的境外企业增至1.4万家。

2013—2019年，从流量看，2013年中国对韩国直接投资2.7亿美元，2015年出现高峰，达到13.2亿美元，2018年达到10.3亿美元，2019年达到5.6亿美元。从存量看，中国对韩国直接投资存量在2013年达到13.6亿美元，2015年达到36.98亿美元，2019年达到66.7亿美元，中韩自贸协定促进中国企业投资韩国的效果明显。

同期，中国企业对东盟投资，从流量看，2013年中国对东盟直接投资72.7亿美元，2015年出现高峰，达到146.04亿美元，2017年达到141.2亿美元，2019年达到130.2亿美元。从存量看，中国对东盟直接投资存量在2013年达到356.7亿美元，2015年达到627.16亿美元，2019年达到1098.9亿美元。2016年年末，中国共在东盟设立直接投资企业4300家，雇用外方员工28.39万人。2019年年末，直接投资企业增至5600家，雇用外方员工近50万人。从流量的行业分布看，2016年制造业达到35.44亿美元，同比增长34.3%，占比34.5%，主要分布在印尼、越南、泰国、马来西亚等；批发和零售业达到19.63亿美元，占比19.1%，主要分布在新加坡、泰国等；租赁和商务服务业达到13.71亿美元，占比13.3%，主要分布在新加坡；房地产业达到12.46亿美元，占比12.1%，主要分布在马来西亚、新加坡等；电力、热力、燃气及水的生产和供应业达到6.64亿美元，占比6.5%，主要分布在越南、印尼、泰国；建筑业达到6.35亿美元，占比6.2%，主要分布在马来西亚、印尼等；金融业达到4.54亿美元，占比4.4%，主要分布在印尼、马来西亚等；农、林、牧、渔业达到3.74亿美元，占比3.6%，主要分布在缅甸、老挝、新加坡、柬埔寨等；采矿业达到2.41亿美元，占比2.3%。

2019年制造业达到56.71亿美元，占比43.5%，主要流向印度尼西亚、泰国、越南、马来西亚和新加坡等；批发和零售业达到 22.69 亿美元，占比 17.4%，主要流向新加坡；租赁和商务服务业达到 11.89 亿美元，占比 9.1%，主要流向新加坡、老挝、印度尼西亚；电力/热力/燃气及水的生产和供应业达到 8.9 亿美元，占比 6.9%，主要流向越南、印度尼西亚、柬埔寨、老挝；金融业达到 7.96 亿美元，占比 6.1%，主要流向新加坡、印度尼西亚、泰国、柬埔寨等；农、林、牧、渔达到 5.64 亿美元，占比 4.3%，主要流向老挝、新加坡等；建筑业达到 4.74 亿美元，占比 3.6%，主要流向柬埔寨、马来西亚、老挝缅甸、印度尼西亚等。以上分析表明，从 2016—2019 年，制造业一直是中国对东盟投资的主要行业。

流量分析显示，对韩国、东盟 10 国的直接投资，2015 年都是一个高峰，从国际角度看，这是自贸协定签订与升级的带动；从国内的角度分析，这也与 2015 年自贸试验区开启金融扩大开放的改革创新息息相关，体现了我国立足周边 FTA 建设与国内自贸试验区建设联动发展的推动作用。一个高水平、全面的自贸协定使得中国与周边国家企业获得前所未有的机遇。它不仅意味着更低的关税和更大的共同市场，更重要的是，促进了中国与周边国家产业链之间的专业化分工合作、更紧密地融合和竞争力的共同提升，实现在全球价值链中的共同发展、互利共赢。

二、扩容服务立足"周边战略"贸易效率

关于自贸试验区扩容与加快构建周边 FTA 任务联动发展的促进作用，我们还可从中国与周边的东盟、南亚等 16 个国家贸易效率提升的实证分析来进一步佐证。

2013—2019 年，上海自贸试验区探索接轨巨型 FTAs 倡导的国际通行投资贸易新规则和扩大开放的制度创新举措，已经形成了一大批基础性制度和核心制度创新开放措施，并陆续在全国复制推广。例如，上海自贸试验区率先试点了国内第一个国际贸易"单一窗口"。1.0 版、2.0 版和 3.0 版先后建成上线，功能模块增加到 9 个，覆盖 23 个口岸和贸易监管部门，实现了与国家"单一窗口"全面融合对接，与东盟十国等周边国家的"单一窗口"对接。同时上海口岸货物申报和船舶申报 100% 通过"单一窗口"办理，服务企业数超过 24 万家。[①] 这些通关一体

---

① 上海市统计局.2018 年上海市国民经济和社会发展统计公报［R/OL］.上海统计网，2019-03-01.

<<< 第九章 扩容接轨新时期国家加快实施 FTA 战略的探索

化举措不仅促进了我国的贸易扩大开放,也为国家加快与周边国家(地区) FTA 谈判提供了助力。鉴于数据的可得性,我们选取了 2006—2015 年中国与周边的东盟、南亚等 16 个国家的数据①,运用贸易结合度指数结合随机前沿引力模型实证分析了中国与 16 国之间的贸易效率及其影响因素。

(一)双边贸易结合度

从国别上看,中国同周边东南亚、南亚各国的贸易关系存在较大差异,通过引入贸易结合度指数 Iij 进一步阐释中国与周边的东盟、南亚等 16 个国家的贸易关系疏密的变化趋势。Iij 指数表明,如果 Iij>1,说明双方贸易关系密切,反之贸易关系疏远。双边贸易结合度指数表明:

整体上,中国出口与周边东南亚与南亚 16 国之间贸易的综合贸易结合度指数的区间为 0.5<Iij<2,这表明中国和 16 国之间的贸易互补性较强。且在 2006—2015 年十年间,贸易结合度指数均保持稳定增长趋势,表明中国与东南亚、南亚 16 个国家的贸易关系日趋紧密(见图 9.1、图 9.2)。

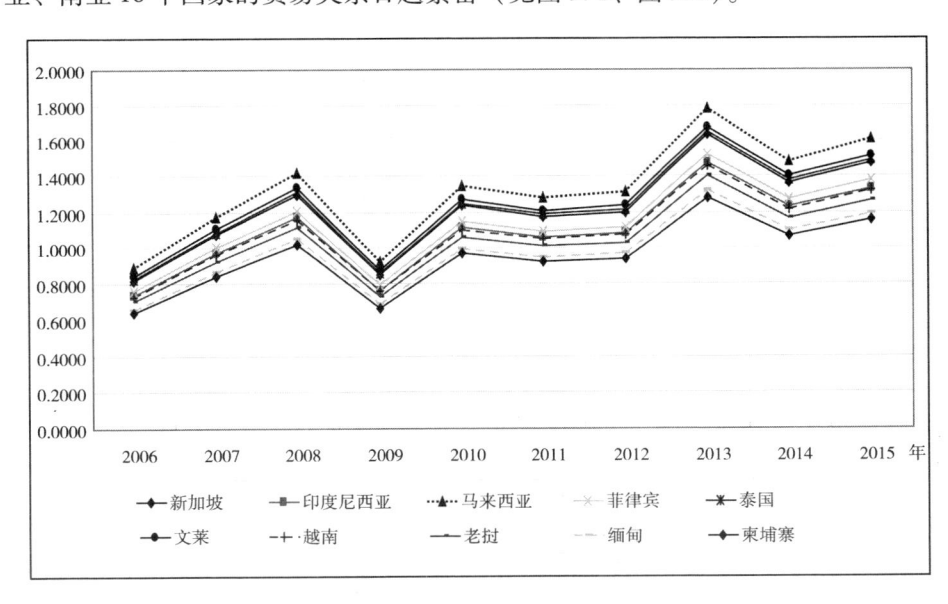

图 9.1 中国与东盟 10 国的贸易结合度指数

---

① 考虑国家贸易体量和数据的可得性,报告的样本国家为:新加坡,印度尼西亚,马来西亚,菲律宾,泰国,文莱,越南,老挝,缅甸,柬埔寨,孟加拉国,印度,马尔代夫,巴基斯坦,斯里兰卡,尼泊尔。

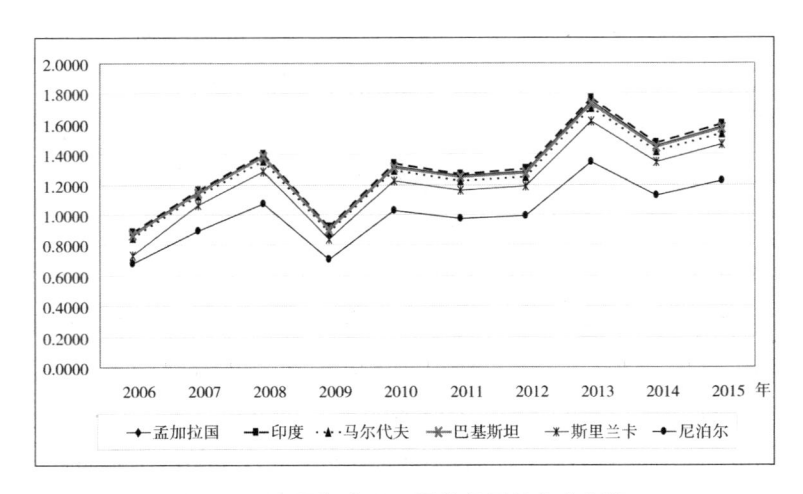

图 9.2 中国与南亚 6 国的贸易结合度指数

国别上，我们以 2015 年的数据为例，中国与东盟国家的贸易结合度总体高于中国与南亚国家的指数，在东盟 10 国中，中国与马来西亚的贸易结合度指数居于首位，新加坡、印度尼西亚、文莱、泰国与中国的贸易结合度指数也均高于 1.5，其他国家也均高于 1。特别是 2005 年后中国与东盟 10 国的贸易结合度指数上升更为迅速，这也反映了中国—东盟自由贸易区升级后的贸易效应的提升。而在南亚国家中，中国与斯里兰卡、孟加拉国之间的贸易互补性要高于其他南亚国家。2014 年在中国出口南亚进口的综合贸易指数中，从高到低的排序依次是尼泊尔、孟加拉国、斯里兰卡、马尔代夫、巴基斯坦、印度，中国与尼泊尔的贸易互补性最强，与印度的贸易互补性最弱。

从指数的变化趋势上看，中国与东盟 10 国和南亚 6 国在 2013 年时出现互补度最高点，随后有所下降，也反映出 2013 年贸易有可能受到中国上海自贸试验区成立的利好消息的强刺激，也能间接反映出周边国家对中国加快扩大开放，加快实施 FTA 战略在贸易上的认同。然而，并非所有国家都对此持积极态度，如印度对中国立足周边、辐射"一带一路"高标准自由贸易区网络建设持怀疑态度，印度是我国在南亚最大的贸易伙伴国，但基于历史因素和海权范围的博弈，印度对中国所倡导的这一全新的非零和的区域贸易模式消极应对。在这个意义上，充分展现与周边国家在自贸协议谈判上的非零和博弈性和周边国家之间的国家利益至上的国际经贸关系现状，对标高水平的现代自由贸易协定规则，开展自贸协定谈判，提高投资贸易自由化水平，畅顺双方的贸易通道还有很大的空间，为此，我们将基于随机前沿引力模型测算双方的贸易效率来深入阐释这一观点。

（二）基于随机前沿引力模型的贸易效率分析

传统引力模型是分析双边贸易量影响研究最为深远的模型之一，随机前沿引力模型是在传统引力模型的基础上引入前沿概念，在既定的情况下，随机前沿引力模型可以分析双边与多边贸易的最佳前沿水平，在此基础上判断两国的贸易效率，从而更加深入揭示双边贸易的关联性。基于篇幅的考虑，本部分只展示分析结果，从贸易效率及其影响因素角度论证中国与周边主要国家的贸易潜力巨大，签署双边与多边自由贸易协议措施得当，将会带来巨大的回报（实证结果见图9.3）。

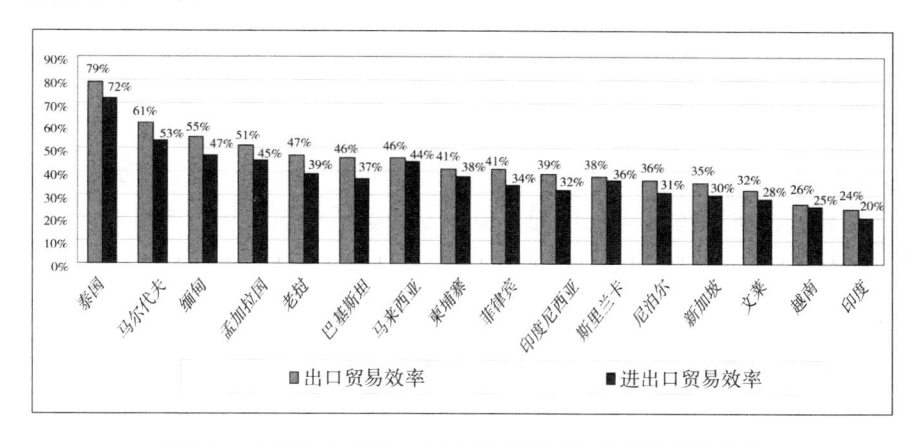

图9.3　中国与东南亚、南亚16个贸易伙伴国的贸易效率

图9.3反映了中国与周边东南亚和南亚16国在出口和进口贸易总额两方面的贸易效率。首先，它表明中国与泰国、马尔代夫、缅甸、孟加拉国4国贸易效率较高，说明这些国家的贸易潜力已被较好开发；与菲律宾、老挝、马来西亚、斯里兰卡、印尼、巴基斯坦、柬埔寨等6国贸易效率偏中，说明这些国家的贸易潜力尚有开发空间；与尼泊尔、新加坡、文莱、越南、印度等5国贸易效率较低。说明中国与这些国家之间的暂时的各种非经济因素的隐性贸易边界屏蔽障碍带来的阻力不小，例如，民族主义非理性情绪的影响，中国与印度的边界摩擦，中国与越南等南海沿岸国家的摩擦，特别是对中国南海石油资源的争夺（指2012—2016年的中国南海冲突）等非经济因素的边界屏蔽效应不可小视。同时也预示着中国与东南亚10国、南亚6国之间的贸易弹性很大，开展经贸合作的潜力巨大。我国应借助上海自贸试验区投资管理体制改革、扩大服务业开放、贸易便利化全国复制推广的制度创新，积极改善中国与周边国家的关

系，互联互通，从区域整体布局角度，支持各国发展开放型经济，开发区域整体的贸易潜力。

此后，我们补进了2016—2018年的数据，再次利用frontier4.1软件进行估算，估计结果显示：2016—2018年样本区间，贸易效率偏中的巴基斯坦、马来西亚、菲律宾、印尼四国；效率偏低的新加坡、越南、印度均超过了0.8，首先，说明了随着上海自贸试验区扩容接轨国家FTA战略立足周边的扩大开放的深入发展，非经济因素的影响日趋淡化，制度变迁、投资、贸易自由化、便利化的效应逐渐显现，双边贸易潜力得到了释放。其次，它也说明了贸易效率的高低与双边贸易量的大小没有必然的关联性，中国与印度之间一度贸易量大而效率最低就是明证。由此可见，我国与周边国家存在巨大的贸易潜力；通过加快"新时期"中国与周边国家的自由贸易区建设，带动双边贸易增长的商机看好。

（三）实证主要结论

本文运用了2006—2015年中国与周边东盟、南亚等16个国家的贸易数据，实证研究中国与周边东南亚、南亚主要国家的贸易效率及其影响因素，得出如下结论。

首先，双边贸易结合度指数的初步分析表明，中国和周边东南亚、南亚各国之间的贸易互补性较强，中国与这些国家的贸易往来日益紧密，但在民族经济主权利益至上的意识主导下，各国经贸关系是一种"近而不亲"的格局，通过商建互惠互利的自由贸易区网络推动共建共享、互惠投资的贸易合作，将更有利于稳定发展双边的长久经贸利益。

其次，随机前沿引力模型结果分析表明：一是GDP对中国的影响远小于其他国家，地理距离与商品贸易流量呈显著负向相关，中国与周边国家具有很大的贸易提升空间，通过贸易便利化改善贸易环境，是为中国与周边国家双边贸易带来新动能的务实选择。二是多边区域贸易协定，共同边界变量的影响不显著，亟须通过建设自由贸易区探索新的投资贸易自由化、便利化制度创新，持续释放制度红利，以激发贸易新动能。中国与周边国家的自由贸易区建设和配套自贸试验区先试先行的国际现代自由贸易区投资贸易新规则制度创新红利，能够显著促进中国和周边国家之间的投资贸易发展。2017—2019年，中国与东盟10国的投资贸易总额占中国对外贸易和对外投资总额的比重持续上升，这是对中国自贸试验区扩容制度创新成色最好的检验。三是2006—2015年样本区间与2016—2018年样本区间实证结果对比分析表明，中国在2013—2019年的投资贸易开放措施和扩大开放改革显著提高了中国与周边国家的整体投资与贸易效率，但不同国家间的差异很大，我国与周边贸易伙伴国之间尚有较大的贸易潜力可挖掘。

三、扩容服务 RCEP 多边自贸协议谈判结果分析

"新时期"自贸试验区扩容服务加快实施国家 FTA 战略的重头戏是服务 RCEP 多边自贸协议谈判，自贸试验区扩容持续试行国际通行投资贸易边界措施和边界内规制一体化新规，为我国在 RCEP 谈判中遇到的具有共性的难点、焦点、重点问题提供压力测试和实践依据，是检验 2013—2020 年自贸试验区扩容制度创新措施成色的最好试金石。

（一）RCEP8 年谈判，中国全力支持东盟主导

1. RCEP 的启动与 8 年谈判

"RCEP 是英文 Regional Comprehensive Economic Partnership（区域全面经济伙伴关系）的缩写。它是东盟国家首次提出，并以东盟为主导的，得到中国全力支持的区域经济一体化合作，是成员国间相互开放市场，实施高水平、高质量的区域经济一体化的组织形式。""2011 年 2 月 26 日，在缅甸内比都举行的第 18 次东盟经济部长会议上，首次提出 RCEP 的草案。在同年东盟峰会上东盟 10 国领导人正式批准了 RCEP。""2012 年 8 月底召开的东盟 16 国、中国、日本、韩国、印度、澳大利亚和新西兰的经济部长会议上，16 国达成共识，原则上同意组建 RCEP。"[①] RCEP 多边协议谈判与当年的 TPP 相比较，有许多体现东亚国家经济发展水平落差大的特点（具体参见表 9.1）。

表 9.1 TPP 与 RCEP 特点比较

TPP	RCEP
自由化程度高，坚持"无例外"原则	自由化程度相对较低，允许敏感、关键部门例外原则
美国主导	东盟主导
覆盖议题广，加入谈判门槛高	以跨境投资贸易自由便利问题为主
跨区域、分散	地域相对集中在东亚、东南亚、南亚
成员国间多数经济结构相似，竞争性大于互补性	不同产业结构，专业化分工互补性强

---

① 许宁宁. RCEP：东盟主导的区域全面经济伙伴关系［J］. 东南亚纵横，2012（10）：35-38.

续表

TPP	RCEP
经济水平高，2/3 为发达与中等收入国家	欠发达经济体较多

组建 RCEP 将巩固东盟在推动多边自由贸易协定方面的关键作用。与中国加快实施 FTA 战略，建设高标准自由贸易区网络的目标不谋而合，有利于打破美国联合盟友边缘化、遏制中国崛起的战略企图。因此，在 RCEP 8 年的谈判中（包括 31 次正式谈判、19 次部长级会议、4 次领导人会议），中国都力挺东盟的主导地位，减少来自国际单边主义、保护主义的打压和西方发达国家的敌视与干扰。2013 年 5 月在文莱举行第一轮谈判，2017 年在菲律宾发布 RCEP 首次领导人会议联合声明，2019 年 11 月在泰国第三次 RCEP 领导人会议发表取得重大进展的联合声明，2020 年 11 月在越南签署 RCEP 协定，几乎所有的重要节点、会议、宣言，都放在东盟国家。

2. RCEP 的正式签署与意义

2020 年 11 月 15 日，在第 4 次 RCEP 领导人会议上，区域全面经济伙伴关系协定（RCEP）正式签署。RCEP 的正式签署是 21 世纪以来，仅次于加入 WTO 的中国扩大开放的重大成果。与世界贸易组织（WTO）的规则不同，该协议平衡了"超 WTO"降低边境贸易壁垒的承诺和"WTO"解决边境监管问题的条款，旨在建立一种全面的经济伙伴关系，涵盖一系列广泛边界内规制一体化问题，如贸易、投资、技术合作、知识产权、竞争、电子商务和争端解决等。[1]因此，协定是"建立一个现代、全面、高质量和互惠的经济伙伴关系框架"[2]的多边大型自贸协定。

正式签署 RCEP 协定的 15 个成员国中，有澳大利亚、文莱、日本、马来西亚、新西兰、新加坡、越南等 7 个 CPTPP 成员国，他们主张的国际投资贸易新规制和许多边界内规制一体化措施在协定中得到了一定采纳，例如，知识产权、环境保护等体现公平贸易的标准一致化措施；竞争政策、投资准入负面清单、政府采购等竞争一致化措施；事中事后监管等法治和监管协同等监管一致化措施。有些新规则和边界内措施也是我国七年来，自贸试验区扩容先试先行的主要制度创新措施，也体现了国务院"国发〔2015〕69 号"文件对我国如何加快

---

[1] 迈克尔·马尔文达. RCEP 能否带领东盟走向曙光？[EB/OL]. 商务部公共商务信息服务网，2020-06-03.
[2] 商务部.《区域全面经济伙伴关系协定》(RCEP) 全文中译本 [EB/OL]. 商务部中国自由贸易区服务网，2020-11-15.

建设高水平 FTA 提出的"提高货物贸易开放水平，扩大服务业对外开放，放宽投资准入，推进规则谈判，提升贸易便利化水平，推进规制合作，推动自然人移动便利化，加强经济技术合作"8 项任务的具体体现。

因此，商务部国际司负责人高度评价协定："显著提升我国自由贸易区网络'含金量'，特别是 RCEP15 国之间经济结构高度互补，域内资本要素、技术要素、劳动力要素齐全。RCEP 协定的达成，成员国间货物、服务、投资等领域市场准入进一步放宽，原产地规则、海关程序、检验检疫、技术标准等逐步统一，将促进域内资本、技术、劳动力要素自由流动，强化成员间生产分工合作，拉动区域内消费市场扩容升级，推动区域内产业链、供应链和价值链进一步发展。有助于我国通过自贸试验区渐进式的扩容途径，更全面、更深入、更多元地对外开放，进一步优化对外贸易和投资布局，不断与国际高标准贸易投资规则接轨，构建更高水平的开放型经济新体制"，① 提升了我国的外向型产业的竞争力，巩固了我国泛太平洋产业链的中心的地位。

（二）RCEP 协定体现我国自贸试验区扩容服务国家加快实施 FTA 战略的重大进展

通观 RCEP 协定的内容，可以说 2013 年"新时期"开始以来，我国自贸试验区扩容试行的国际通行投资贸易新规则和各项开放措施能够在很大程度上得以运用。这些强制性的制度创新探索，在 RCEP 协定的货物贸易、原产地规则、海关程序和贸易便利化、服务贸易、自然人临时流动、投资、知识产权、电子商务、竞争、政府采购、争端解决等 11 个章节和 4 个市场准入承诺表附件的内容中都有所体现。

1. 自贸试验区试行的贸易便利化改革措施在 RCEP 协定中取得较大的突破

商务部国际司负责人指出，RCEP 整合了东盟与中、日、韩、澳大利亚、新西兰多个"10+1"自贸协定和其他已有的多对自贸伙伴关系。RCEP 通过采用区域累积的原产地规则，深化了域内产业链价值链。我国自贸试验区扩容落实国务院"国发〔2015〕69 号"制度创新探索的内容之一是探索边界内规制一体化的措施，即推进规制合作。区域累积的原产地规则就是规制一体化的一种措施，目的是降低 RCEP 域内各国的关税壁垒，降低零部件等中间品生产在区域内按产业链、供应链、价值链专业化分工生产的成本。随着 RCEP 协定生效后区域内 90% 以上的货物贸易零关税和"单一窗口"等海关便利化各项措施的兑

---

① 商务部新闻办公室. 商务部国际司负责同志解读《区域全面经济伙伴关系协定》（RCEP）之一 [EB/OL]. 商务部中国自由贸易区服务网，2020-11-15.

现，海关程序、检验检疫、技术标准等统一规则的落地，区域内按产业链、供应链、价值链的分工协作得到强化，域内贸易竞争力将得到大幅提升。

专家屠新泉（2020）[①]指出，"只要在 RCEP 区域内任何成员国进行出口加工增值生产，比如在中国、泰国和韩国进行增值的专业化分工生产各种零部件中间品，最后只要加总达到一个比例，就都被视为 RCEP 区域内产品其中一部分中间品产品，可在 RCEP 域内所有国家间免关税或享有低关税，从而体现了供应链专业化分工布局的优化。以前，两个签署了自贸协定的国家，如果有零件需要从第三国进口，就不能享受这种累积制。为规避贸易的壁垒，一些产业只能转移到低成本的国家，例如，从中国转移到越南。但现在可以在整个 RCEP 区域内部累积后，贸易的中间品可以来自 RCEP 缔约方的 15 个国家中的任何一个国家，显然，这种累积制有利于产业链在整个区域的优化布局。中国是全球三大产业链之一的泛太平洋产业链的中心，是整个东亚生产网络上的体量最大的一环，采取累积制的原产地规则可以使整个东亚生产网络上的半成品零部件更便利地在 RCEP 区域内的 15 个国家进行贸易或移动，这也意味着中国的原材料和半成品能够被更多地进口和使用，有利于巩固提升我国供应链和产业链的竞争力。"

2. RCEP 的中方投资负面清单展现了国内自贸试验区试行外商投资管理体制改革的最新进展[②]

商务部国际司负责人指出，在投资方面，我国首次在自贸协定项下以负面清单形式对投资领域进行承诺。中国等 15 国均采用负面清单方式对制造业、农业、林业、渔业、采矿业 5 个非服务业领域投资作出较高水平的开放承诺，大大提高了各方政策透明度。服务业领域投资日本、韩国、澳大利亚、新加坡、文莱、马来西亚、印尼等 7 个成员采用负面清单方式承诺，我国等其余 8 个成员采用正面清单承诺，并将于协定生效后 6 年内转化为负面清单。中方投资负面清单锁定我国自贸试验区扩容压缩外商投资负面清单改革成果：从 2013 年上海自贸试验区最先试行以"准入前国民待遇+负面清单"管理制度，到 2015 年以自贸试验区扩容方式扩大试行的范围，再到 2018 年全国统一负面清单制度的落地；自贸试验区版负面清单从 2013 年上海自贸试验区负面清单的 190 条特别管理措施"瘦身"到 2020 年全国自贸试验区版的 30 条，全国版负面清单从 2018 年的 48 条减少到 2020 年的 33 条等。

[①] 宋岩. 为什么说 RCEP 促进区域内产业链价值链融合？专家这样解读 [EB/OL]. 中国政府网，2020-11-17.

[②] 商务部新闻办公室. 商务部国际司负责同志《解读区域全面经济伙伴关系协定》（RCEP）之二 [EB/OL]. 商务部中国自由贸易区服务网，2020-11-16.

通过"负面清单管理制度",2018 年我国对第一、二、三产业全面放宽市场准入的改革,基本放开制造业投资准入,放宽农业和能源资源领域准入,2020 年进一步放宽制造业、农业准入等 7 年的外商投资管理体制的制度创新,这些在 RCEP 的投资章程中都得到了体现。同时,RCEP 投资章程还包含了公平公正待遇、征收、外汇转移、损失补偿等投资保护条款,以及争端预防和外商投诉的协调解决等投资便利化条款。这些条款都是在 2013 年上海自贸试验区成立时,试行的中美 BIT 谈判在公平竞争、权益保护议题上的难点、焦点、重点问题,试行积累的经验在 RCEP 谈判中得以运用,并写入了 RCEP 投资章程。

3. 自贸试验区试行的服务业扩大开放的改革措施在 RCEP 协定中也有所体现

服务贸易方面,商务部国际司负责人指出,中方服务贸易开放承诺达到了已有自贸协定的最高水平,承诺服务部门数量突破了我国入世的承诺,新增了研发、管理咨询、制造业相关服务、空运等 22 个部门,并提高了金融、法律、建筑、海运等 37 个部门的承诺水平。在金融服务、电信服务和专业服务三个附件,对金融、电信等领域作出了更全面和高水平的承诺,对专业资质互认作出了合作安排。例如,金融服务附件首次引入了新金融服务、自律组织、金融信息转移和处理等规则,就金融监管透明度作出了高水平承诺,为各方金融服务提供者创造了更加公平、开放、稳定和透明的竞争环境。这些承诺与我国自贸试验区扩容 7 年扩大服务业先试先行的改革努力不无关联。

4. 自贸试验区试行的国际高标准自贸规则改革措施在 RCEP 协定中也有体现

RCEP 协定纳入的知识产权、电子商务、竞争、政府采购等议题也是我国自贸试验区先试先行的国际高标准自贸规则的探索领域。RCEP 电子商务章是首次在亚太区域内达成的范围全面、水平较高的诸边电子商务规则成果,也反映了我国自贸试验区在这方面制度创新探索的成果。RCEP 政府采购章是我国首次在诸边协定中纳入政府采购的相关规则,知识产权章涵盖了著作权、商标、地理标志、专利、外观设计、遗传资源、传统知识和民间文艺、反不正当竞争、知识产权执法、合作、透明度、技术援助等广泛领域。这两方面的成果,对我国自贸试验区扩容深化与国际高标准贸易投资规则接轨,构建更高水平的开放型经济新体制起到了促进作用。[①]

---

① 商务部新闻办公室. 商务部国际司负责同志解读《区域全面经济伙伴关系协定》(RCEP)之三 [EB/OL]. 商务部中国自由贸易区服务网,2020-11-17.

第三节　扩容服务国家加快实施 FTA 战略动态演进讨论

一、扩容服务国家加快实施 FTA 战略进一步讨论

上海自贸试验区扩容服务国家加快实施 FTA 战略主要是为国家开展双边与多边自贸协议谈判提供风险压力测试，为建设现代、互惠、包容兼顾的高标准自由贸易区网络提供现实依据。未来，自贸试验区扩容如何进一步服务加快实施国家 FTA 战略呢？我们进行了以下讨论：

（一）进一步试行国际高水平自贸规则，为解决现有 FTA、BIT 谈判难点服务的讨论

截至 2021 年，正在谈判的双边自贸协议有中国与挪威等 6 个国家，升级自贸协定有中国与韩国等 3 个国家；多边自贸协议有中日韩和中国—海合会。正在谈的重要的 BIT 谈判有中欧、中英 BIT 谈判。无论是多边、双边自贸协议谈判，还是 BIT 谈判，国际高水平自贸规则和投资规则的重点、难点主要涉及投资准入、权益保护、公平竞争三大领域。特别是市场准入、国有企业竞争中立、高端服务业开放等，例如，规范国有企业行为的规则，强制技术转让和透明度，重新平衡市场准入，可持续发展、外资审查、政府采购、竞争政策、劳动法规等问题。

1. 加快服务业投资准入、负面清单管理方面难点的试行探索

在 RCEP 协定中我国承诺协定生效后 6 年内转化为负面清单。因此，这方面还需要加快通过自贸试验区进一步试行国际通行高水平投资规则，积累可行经验，为实现我国对 RCEP 的承诺和开展中日韩自贸谈判提供现实依据。例如，在外汇转移问题上，外汇自由转移是新一代高标准自贸规则投资政策的核心目标之一，而中国在资本项目下外汇转移方面还没有能找到解决放宽管制后"一放就乱，一管就死"的有效机制。在"重审批，轻监管"传统行政审批管理惯性思维的影响下，在扩大金融开放与有效防范"假创新，真违规"、热钱兴风作浪等金融风险上，可能要面对监管规章制度标准高、实际监管流于形式的挑战。针对这一难点，自贸试验区需要进一步加强对欧美负面清单管理模式的研究，借鉴欧美负面清单模式经验，例如，尽量对诸如银行、保险等关键核心部门进行不符措施描述；设置例外条款，如国家核心安全例外条款等；把我国金融等核心产业列入东道主有较大自主权的第二类负面清单中等。这些借鉴，使在自贸试验区内试行的负面清单管理既符合国际通行规则，又能在规则框架内最大

限度地保障国家安全,维护我国产业核心利益。

2. 加大权益保护方面的难点试行探索力度

在权益保护方面,存在各种涉外法律法规、国际仲裁制度流于形式,实际判决、仲裁案件执行难的问题。这与国内法律体系对涉外失信及违法行为惩罚力度相对不足和传统行政管理方式"大事化小,小事化了"的处理倾向,使得依据备案制、事中事后监管原则开展法治化管理流于形式有关,这会导致各种涉外投资和引进外资在非法避税、违规用工、产品安全、虚假宣传、歧视定价等问题上进一步加剧。针对这一难点,建议自贸试验区从法律法规等配套措施上把失信和违法行为的成本提高到禁止性水平,震慑失信违法者不敢越雷池一步。采取请进来的办法,制定长期培训规划,对现行监管人员进行降低行政执法,加强运用市场监管方式方法的监管能力的长期培训,提高法制基础上的市场监管能力与水平。对于反垄断和反不正当竞争(特别是近十年在无序环境崛起的新型互联网金融垄断和不正当竞争)、金融审慎监管、环境保护、劳动者权益保护保障等重点领域的监管建议采取走出去的办法,将新人送往高水平巨型FTAs国家学习,培养一支与国际接轨的新型监管队伍。

3. 加大公平竞争方面难点的试行探索力度

在公平竞争方面,如何开展国企竞争中立,是我国自贸试验区扩容与国际高标准自贸规则对接遇到的最大难题。虽然2014年,上海自贸试验区已把"竞争中立"列入创新政府管理方式的议事日程,努力营造国企、民企等各类所有制的运营主体之间公平、自由竞争的氛围。自贸试验区条例明文规定:自贸试验区内各类市场主体的平等地位和发展权利,受法律保护。区内各类市场主体在监管、税收和政府采购等方面享有公平待遇,并对与公平竞争相关的劳工权益保护、环境保护、透明度原则也有相应的规定和实际举措。但相对于投资准入、权益保护方面的改革力度,这方面的进展最慢。

国有企业行使政府职权,在保税港区建设时期是很普遍的现象。我们在上海自贸试验区调研考察中发现,企业要在自贸试验区运行顺利,必须符合四个利益:国家政策利益,行使政府职权的开发公司利益,开发区利益,企业利益,为国企、民企、外企创造一个公平、自由竞争的环境任重道远。例如,在自贸试验区开展跨境通、大宗商品交易中心建设的改革过程中,或多或少会出现新的国企垄断的蛛丝马迹。我们建议,近期自贸试验区除在透明度规则对接上进一步完善,明确国企的国际义务外,还要重点在完善自贸试验区的司法程序设计上下功夫,为自贸试验区内发生的各类诉讼案件提供高效、便捷的诉讼机制;完善与司法诉讼相关的仲裁与调解解决机制,保障当事人的合法权益和司法公正的实现。长期要把竞争中立环境建设与国企管理体制的改革挂钩，取消国企占有和耗费国有资源的优惠，通过混合经营改革把国企逐渐推向市场，与私企在同一条起跑线上展开竞争，确保国有实体和私人商业实体公平竞争的实现。

（二）加大接轨试行CPTPP国际高水平投资贸易新规则的范围，为加入CPTPP服务作准备的讨论

美国退出的TPP协议是自贸试验区扩容服务国家加快实施FTA战略试行对标高水平自贸协定范本之一，11个成员国中的秘鲁等8个国家都与我国签署了FTA协议。其中新加坡、马来西亚、文莱和越南4个国家是升级版中国—东盟自贸区成员国，东盟4国和澳大利亚、新西兰等6国是RCEP成员国，智利与我国有升级自贸协议。我国通过加入CPTPP进一步整合、升级中国与6个RCEP国家和智利、秘鲁自贸协定是有基础的。未来若时机成熟，中国还是有可能参加CPTPP协议的。

CPTPP的国际投资贸易新规则的很多规制一体化规章与我国加快实施FTA战略，建设开放型经济新体制的大方向是相向而行的。例如，体现自由贸易原则的货物、服务、投资、政府采购非歧视待遇与市场准入方面的规则；体现公平贸易原则的知识产权、环境、劳工、补贴、反垄断、国有企业方面的规章；价值链贸易原则，主要反映在促进区域性国际生产网络与区域内贸易和资本的自由流动方面的章程；体现价值贸易原则的卫生与健康、可持续发展、透明度、反腐败、发展方面的规章；体现安全贸易原则的经济（产业）、金融、生态、信息、隐私权、文化方面的部分规定；体现包容性贸易原则的中小企业、不发达国家、低技能劳动力、落后地区方面的规则等。我国通过自贸试验区扩容进一步试行这些规则，扩大测试风险压力的范围，为更好参与高标准的多边、双边自贸协议和BIT谈判积累经验，为服务加入CPTPP谈判做准备。

二、扩容服务国家加快实施FTA战略与"一带一路"倡议联动讨论

2013年9月、10月，上海自贸试验区成立之际。习近平总书记在访问中亚和东南亚国家期间，先后提出共建"丝绸之路经济带"和"21世纪海上丝绸之路"（简称"一带一路"）的倡议。开启了"一带一路"经贸合作机制的建设进程。[①]国发〔2015〕69号文件要求加快实施FTA战略要"坚持与推进共建'一带一路'和国家对外战略紧密衔接"，从国家顶层设计层面正式明确加快实施FTA

[①] 殷敏. 一带一路 战略与中国自贸区建设[C]//新常态与大战略——上海市社会科学界第十三届学术年会文集（2015年度）上海市社会科学界联合会会议论文集，2015：336-349.

战略与"一带一路"建设联动发展的建设框架。

（一）国家 FTA 战略与"一带一路"倡议联动机制讨论

1. 加快实施 FTA 战略和"一带一路"是我国"新时期"外贸总政策的两大车轮

"新时期"我国对外贸易政策的重点之一是加快实施 FTA 战略。这一战略的主要任务是建设立足周边、辐射"一带一路"、面向全球的高标准自由贸易区网络。但是，至今纳入我国国家机构统计的"一带一路"沿线的 65 个国家，包括 RCEP 国家与我国签署自贸协定的只有 15 个（见表 9.2 标有 * 号的国家），大多数国家与我国之间并没有自贸协定。"一带一路"空间覆盖了东南亚、南亚、中亚、西亚、中东欧及北非等地区；土地面积占全球面积的三分之一以上，人口占全球人口总额的 60%；国民生产总值占全球 GDP 的 32%。各国政局复杂多变，民族矛盾、民族冲突时有发生，经济发展落差极大，发达经济体、高收入的石油输出国、中等收入国家、低收入国家、赤贫国家共存"一带一路"区域。显然，FTA 战略无法惠及与我国没有自贸协议的"一带一路"国家和地区的经贸合作关系。于是，惠及"一带一路"沿线绝大多数国家和地区的"一带一路"跨境区域经贸合作机制应运而生。

表 9.2 "一带一路"沿线国家与地区分布

区域	国家
东南亚（11 国）	印度尼西亚 *、缅甸 *、柬埔寨 *、老挝 *、泰国 *、越南 *、菲律宾 *、新加坡 *、东帝汶、文莱 *、马来西亚 *
南亚（7 国）	阿富汗、孟加拉国、印度、巴基斯坦 *、斯里兰卡、尼泊尔联邦民主共和国、马尔代夫 *
中亚（5 国）	哈萨克斯坦、吉尔吉斯斯坦、塔吉克斯坦、土库曼斯坦、乌兹别克斯坦、蒙古
西亚北非（16 国）	巴林、伊朗、伊拉克、以色列、约旦、科威特、黎巴嫩、阿曼、巴勒斯坦、卡塔尔、沙特阿拉伯、叙利亚、土耳其、阿联酋、也门、埃及
中东欧（23 国）	阿尔巴尼亚、保加利亚、匈牙利、波兰、罗马尼亚、爱沙尼亚、拉脱维亚、立陶宛、格鲁吉亚 *、亚美尼亚、阿塞拜疆、白俄罗斯、摩尔多瓦、俄罗斯联邦、乌克兰、斯洛文尼亚、克罗地亚、捷克、斯洛伐克、北马其顿、波黑、塞尔维亚、黑山
东亚（2 国）	韩国 *、日本 *

资料来源：2020 年 12 月，根据国家商务部、统计局和外汇管理局 2014—2019 年的

《中国对外直接投资统计公报》数据整理。

从"新时期"我国对外贸易政策角度看，加快实施 FTA 战略的目标是建设高质量、高水平的现代区域经济合作共同体；而"一带一路"经贸合作机制的建设目标是经贸合作尽可能惠及"一带一路"国家的跨境区域合作新模式。加快实施 FTA 战略追求的是国家的长远利益；"一带一路"政策是加强我国与沿线各国经济贸易合作现实需求的体现。加快实施 FTA 战略侧重于基于意愿相投的、多边主义的，打造高标准自由贸易区网络的探路行动，彰显我国用多边主义、自由贸易、扩大开放反对单边主义、贸易保护主义的信心；"一带一路"侧重以经贸合作为主，求同存异，团结一切可以团结的力量共同发展，扩大"朋友圈"的国际经济领域里的"统一战线"，破解美国"去中国化"的企图，彰显"我国争取全球经济治理制度性权力"，"维护和拓展我国发展利益"。

因此，两者的目标方向相同，但侧重点不同。两者的共同点都是促进我国的对外投资贸易，帮助我国企业开拓国际市场，巩固中国在泛亚洲和泛太平洋产业链中的中心地位，增强我国产业的国际竞争力，是"新时期"落实我国对外经济贸易合作政策的两大车轮。

2. 加快实施国家 FTA 战略与"一带一路"倡议联动发展机制讨论①

上述分析表明，2013 年，中国开始推行加快实施 FTA 战略与"一带一路"联动发展的政策。之所以出现这种方向性的战略调整，是因为自 2010 年以来，国际经贸关系朝着国家利益至上的方向调整，特别是美国特朗普政府上台后奉行美国优先的贸易保护主义政策，中美贸易摩擦持续升级，中国与发达国家的贸易环境日趋恶化使然。中国加快实施 FTA 战略与"一带一路"倡议发展机制是一种以点带面、点面相结合的联动机制。

国家加快实施 FTA 战略重点放在负面清单投资准入、扩大服务业开放为主要内容的，立足周边，辐射"一带一路"高标准自由贸易区网络点的建设；"一带一路"倡议关注建立在 WTO 贸易投资便利化基础上的，最大限度覆盖"一带一路"沿线绝大多数国家经济贸易合作面的机制建设。两者互为补充、相互支撑、相辅相成。"点"强调规制一体化边界内措施的探索，"面"重在通过边界措施降低国家间开展投资贸易合作的贸易壁垒。"点"起到的是贸易增长极的示范带动作用，"面"的任务是普惠所有国家，为日后我国与"一带一路"国家商建自贸区扫清障碍。之所以采取这种联动机制，理由如下。

---

① 郭晓合. 中国—东盟自由贸易区建设：现状与前瞻［J］. 人民论坛·学术前沿，2016（10A）：36-43.

首先,"一带一路"区域的国家民族经济主权观念远高于世界其他区域,经济发展的极度不平衡,使得中国与"一带一路"国家之间的经贸合作形式的相互依赖程度远远低于以契约来维持的机构化一体化组织欧洲联盟和北美自由贸易区。在欧美国家,经济主权的概念已经很淡薄,各国之间的海关关卡、道路通行收费站等边界壁垒措施几乎全部取消,多年来形成的以专业化分工合作为主的"竞合"观,使得国家间的差异比较容易解决。而对中国与"一带一路"的各国来说,经济主权仍然是一个极其吸引人的概念。因为,一是中国与"一带一路"国家间的集体和平意识远较其他地区低,没有任何制度化机构来履行这一任务。二是许多国家由于长期处于被外国侵略或威胁,维护国家安全意识极高(包括中国),特别是一些发展中国家民族独立晚,长期以来倡导的民族独立精神根深蒂固,民族经济主权意识更为强烈。三是贸易的透明度一直是中国与"一带一路"各国之间贸易的障碍之一,即使政府提倡贸易自由化,国内的既得利益的反对浪潮也是此起彼伏。

其次,虽然中国与"一带一路"国家之间的集体安全感脆弱,开放性与歧视性、排他性共存,"一带一路"各国之间,各种贸易边界屏蔽障碍重重。但"一带一路"沿线的大多数国家都是 WTO 组织成员国,只要不涉及经济主权,各国依据 WTO 规章开展经贸合作,吸引外资来提高本国的经济发展水平的动力还是很足的,投资贸易的空间潜力巨大。多数国家在同一地区有激烈的竞争,例如,中国与"一带一路"国家中的最大的贸易伙伴东盟 10 国,多年来,南中国海沿岸国家存在争夺南海岛礁资源的南海争端。但是,国家间的冲突、排他性,并没有盖过中国与东南亚 10 国开展区域经济合作带动国家走向富强的强烈愿望。各国都意识到开放、引进外资、贸易是一件双赢的事,没有利益,交易的双方不会乐此不疲;而抵制外资,倡导国货,单方面封杀对方的单边主义是自毁的行为;在全球生产产业链中,一个产品的品牌完全有可能是中国的,技术是新加坡的,而制造却是越南的,抵制行为在实践中根本无从操作。

最后,从根本上说,竞争是企业进步的动力,没有国际竞争,国内企业就没有竞争压力,产品粗制滥造,最终受害的还是抵制国自己。要克服这种贸易障碍最现实的选择就是依据 WTO《贸易便利化协议》,推行贸易便利化举措,提升诸边贸易效率。在中国与"一带一路"经贸合作机制范围内,由于不存在制度化的机构来解决各成员国间的贸易纠纷,贸易便利化是以市场为动力的松散性、灵活性变通的运作方式来实现政策沟通、设施联通、贸易畅通、资金融通、民心相通等建设的,贸易便利化可操作的空间巨大。

"一带一路"的"五通"建设构想是想通过贸易投资便利化实现"一带一

路"倡议带来的南南贸易的扩大。作为中国向本地区提供的一项制度性公共产品,是建立在相互尊重国家主权、双边共赢基础上的跨境区域合作新模式。"一带一路"的多元性和开放灵活性超出现有的区域性合作组织,通过贸易投资便利化制度创新所释放的制度红利将会激发区域贸易投资新动能的产生。建设"一带一路"的任务是以贸易便利化、投资便利化为抓手构建国家间的区域合作新模式,实现与周边国家基础设施的互联互通,促进我国与周边国家的共同发展,实现双边及多边共赢。通过加快实施国家 FTA 战略,落实"一带一路"建设的行动方案,为我国与周边国家形成"五通",实现可持续增长与发展奠定坚实的基础条件。

(二)自贸试验区扩容与加快实施 FTA 战略、"一带一路"联动发展机制讨论

按照国家的顶层设计框架,自由贸易试验区的定位是国家外引内联的"试验田"。

2013 年以来,自贸试验区试行国际通行贸易投资新规则,为国家在加快实施推进立足周边,辐射"一带一路"高标准自由贸易区网络点的建设提供风险压力测试和可行的规章制度依据。同时,通过渐进式扩容方式,自贸试验区在全国各地交通枢纽区域布局,打造开放型经济新体制外引内联贸易增长点,推动国家全方位扩大开放。

自贸试验区先试先行 WTO 贸易便利化规则,开展通关一体化等一系列的投资贸易便利化制度创新。对外,为"一带一路"的"五通"建设提供源源不断的弹药,推动我国与"一带一路"沿线国家经贸合作的发展。对内,自贸试验区通过渐进式扩容方式,即"自贸试验区—CSSZ—区外"的分级复制推广机制,推动全国的通关一体化、区港一体化等一系列改革。通过改革,加快建设面向东南亚、中亚、欧洲等地区的国际物流大通道,促进内陆同沿海沿边协调开放、一体发展,助力"中国制造"参与全球生产产业链、供应链、价值链的融合发展,提升"中国制造"国际竞争力,维护和拓展我国的发展利益。

因此,自贸试验区扩容与加快实施 FTA 战略、"一带一路"联动发展机制是一种建立在外引内联基础上的,"以线连点""以点带面",实现"点、线、面"相结合的三位一体联动发展的机制(以下简称"三位一体联动机制")。2015 年以来我国开展"三互"大通关改革方案的实施实践就是明证。

根据 2015 年海关总署对国发〔2014〕68 号文件《落实"三互"推进大通关建设改革方案》(以下简称"方案")的解读,方案畅通大通道的内容有三:

第一,打通关键点。一是完善口岸开放布局。方案提出加大对内陆和沿边

地区口岸开放的支持力度，布局国际物流大通道关键节点。二是探索联合监管，推广"一地两检"的查验模式等，完善国际执法互助，降低人员、商品、资金、信息跨境流动的时间和成本。三是在总结上海自贸试验区内外贸同船运输、国轮捎带试点的基础上，方案破除内贸物流和外贸物流的制度"藩篱"，扩大内外贸同船运输、国轮捎带、国际航班国内段货物运输的适用范围，提升运力资源综合效能。

第二，畅通主干线。在现有已经形成"渝新欧""义新欧""蓉欧""郑欧"等十多条国际物流大通道基础上，积极协调相关国家打造中蒙俄经济走廊，规划建设孟中印缅经济走廊、中巴经济走廊。方案围绕"一带一路"和长江经济带等国家战略，从建立与之相适应的通关管理机制等"软件"着手，打通"国内段"与"国际段"并举。在国内段，着力畅通多式联运，在水运、空运、铁路、公路等交通枢纽建设多式联运物流监管中心，对多式联运，除需在口岸实施检疫和检验的商品、运输工具、包装容器外，实现多式联运一次申报、指运地（出境地）一次查验，对换装地不改变施封状态的予以直接放行，积极支持发展江海、铁海、陆航等多式联运。在国际段，我国通过与毗邻的11个国家和地区签署、修订了双边政府间边境口岸开放及其管理制度协定，与俄罗斯、哈萨克斯坦等国建立了口岸协作和交流机制，开通了中哈巴克图口岸农产品快速通关"绿色通道"，中欧海关"安智贸"，AEO互认等发展良好。方案提出要继续畅通大通道建设，驱动沿线国家通关管理措施的"兼容"，减少"梗阻"，实现物流提速。

第三，拓展辐射面。方案注重通过物流通，辐射商贸通、投资通、金融通、服贸通，形成改革乘数效应，提出加快自贸试验区监管制度创新与复制推广。对试点成熟的制度创新措施，根据相关条件满足程度，建立"自贸试验区—海关特殊监管区域—区外"的分级复制推广机制，推动全方位扩大开放。把上海自贸试验区28项制度创新在全国推广复制；在全国其他海关特殊监管区域复制推广期货保税交割、境内外维修、融资租赁、进口货物预检验、动植物及其产品检疫审批负面清单等制度创新。

（三）"三位一体联动机制"的实施效果检验

2013年以来，作为国家顶层设计的"三位一体联动机制"在扩大开放、贸易便利化制度变迁上，相互配合发展，成效突显。

1. 上海自贸试验区外引内联桥头堡的作用

我们认为，从区位看，上海为龙头的长江经济带是连接丝绸之路经济带和

21世纪海上丝绸之路的海陆空三位一体的交通枢纽。上海自贸试验区扩容起到积极融入服务"三位一体联动机制"建设,发挥桥头堡的作用。2018年,浦东新区企业在新加坡、捷克等30个"一带一路"沿线国家投资近200个项目,中方投资额达46.8亿美元;2019年,浦东企业在新加坡、捷克等32个"一带一路"沿线国家投资的项目增加到454个,中方投资额增加到74.2亿美元。① 服务"三位一体联动机制"的桥头堡作用持续发挥。在2018年上海举行的首届"进博会"上,有来自58个"一带一路"沿线国家的1000多家企业参展,占参展企业总数的近三分之一。② 在2019年的进博会上,181个国家和国际组织参会,3800多家企业参展,累计意向成交额711.3亿美元,比首届增长23%。

2. "三位一体联动机制"贸易带动成效

2014—2019年,"一带一路"贸易增长速度高于中国对外贸易增速。根据中国海关的统计数据,受中美贸易战的不利因素影响,2019年,中国对外贸易整体较2018年下降1%,但中国与"一带一路"沿线国家的贸易规模依然保持了6%的增速。整体看,从2015年以来,中国与"一带一路"沿线国家的平均贸易增速高于中国对外贸易增速4个百分点,保持了较快的增长速度。同时,中国与"一带一路"沿线国家的贸易在中国进出口中的比重也持续上升。国家统计局统计数据显示,我国提出"一带一路"倡议后的第一年,2014年中国与"一带一路"沿线国家的进出口总额为11206.2亿美元,占同年中国贸易总额的26.0%;2018年,受中美贸易战影响,"一带一路"贸易提升到27.4%,2019年进一步提升到29.4%。中国与"一带一路"贸易已成为推动我国对外贸易发展的重要动力。

3. "三位一体联动机制"投资带动成效③

2017年,中国境内投资者对"一带一路"沿线的57个国家近3000家境外企业进行了直接投资,涉及国民经济17个行业大类,当年累计投资201.7亿美元,同比增长31.5%,占同期中国对外直接投资流量的12.7%。主要投向新加坡、哈萨克、马来西亚、印尼、俄罗斯、老挝、泰国、越南、柬埔寨、巴基斯坦、阿联酋等国家。近五年中国对沿线国家累计直接投资807.3亿美元。

2017年年末,中国对"一带一路"沿线国家的直接投资存量为1543.98亿

---

① 上海市统计局.2019年上海市国民经济和社会发展统计公报［R/OL］.上海统计网,2020-03-09.
② 冯其予.我国消费市场稳健发展基本面不会变［N］.经济日报,2019-01-25.
③ 中华人民共和国商务部、国家统计局、国家外汇管理局.2017年、2019年度中国对外直接投资统计公报［M］.北京:中国商务出版社,2017:15,22;2019:21,29.

美元,占中国对外直接投资存量的 8.5%。存量位列前十的国家是:新加坡、俄罗斯、印尼、哈萨克、老挝、巴基斯坦、缅甸、柬埔寨、阿联酋、泰国。

2019年,中国境内投资者共对"一带一路"沿线的63个国家近1.1万家境外企业进行了直接投资,涉及国民经济18个行业大类,当年累计投资186.9亿美元,同比增长4.5%,占同期中国对外直接投资流量的13.7%。主要投向新加坡、印尼、越南、泰国、阿联酋、老挝、马来西亚、哈萨克、柬埔寨等国家。2013—2019年中国对沿线国家累计直接投资1173.1亿美元。2019年年末,中国对"一带一路"沿线国家的直接投资存量为1794.7亿美元,占中国对外直接投资存量的8.2%。存量位列前十的国家是:新加坡、印尼、俄罗斯、老挝、马来西亚、阿联酋、哈萨克、泰国、越南、柬埔寨。对"一带一路"沿线国家投资稳步增长。

(四)"三位一体联动机制"进一步讨论

1. 错位发展,建设各具特色的"迷你版功能自由贸易区"

上海自贸试验区7年的渐进式扩容实践,在全国布局了21个自贸试验区,逐步形成了"1+3+7+1+6+3"的自贸试验区发展格局。但是,2019年开始,国家加快了试验区扩容的步伐,不到两年,新增9个试验区,新增试验区如何建设发展?原有试验区如何再立新功?这些尚有很大的探索空间。我们认为,国际通行投资贸易新规则细目很多,每个自贸试验区不应仅仅是上海自贸试验区扩容复制推广的对象,也应是先试先行各种新规则细目的主动承担者,应该错位发展,建设各具特色的"迷你版功能自由贸易区"。在国家顶层设计的定位框架下,每个自贸试验区应结合本地的产业特色,重点探索试行与本地区优势产业关联度大的专项国际通行投资贸易新规则细目。例如,云南是边贸和国际旅游大省,云南自贸试验区对这些方面的国际投资贸易新规细目动向会更加关注,应主动承担这些专项细目新规则的先试先行的探索,形成可复制可推广的经验,向全国各地反向复制推广。又如,湖南是制造业大省,对货物贸易便利化的国际通行新规则细目的新动向会更关注,如原产地规则,重点探索先试先行这方面的新规,建设独具湖南特色的原产地规则功能的"迷你版自由贸易区"。

2. 依据各自区位优势探索错位联动机制

国际通行投资贸易新规则可分为两大部分,WTO规章范畴的第一代贸易政策:关税、贸易便利化等WTO的一系列边界措施;巨型FTAs探索的第二代贸易政策:知识产权、环境、竞争、投资、法治等标准、竞争和监管一致化等超出WTO范围的规制一体化边界内措施。我国周边和"一带一路"国家可划分为

"丝绸之路经济带"沿线国家和"21世纪海上丝绸之路"沿线国家。与我国有双边、多边自贸协定（包括高水平的RCEP）的国家主要分布在"一路"沿线；"一带"沿线国家主要是WTO成员国。我国"1+3+7+1+6+3"等21个自贸试验区也可划分为"一路"国内段自贸试验区和位于"一带"国内交通枢纽地区的自贸试验区两大部分。因此，自贸试验区扩容服务国家加快实施FTA战略和"一带一路"的"三位一体联动机制"可依据各自区位优势，进一步深入探索错位联动。上海、海南等国内段沿海自贸试验区贸易增长极，侧重于差别化探索规制一体化等高标准自由贸易区规则各项细目，分工打造各具特色的全球高端资源要素配置的各项核心功能，与"一路"沿线高水平FTA建设联动。重庆、陕西、黑龙江等位于欧亚大陆桥、中欧班列国际大通道、西部陆海新通道节点的国内段自贸试验区贸易增长极，侧重于差别化探索与本地优势产业息息相关的WTO贸易便利化各项细目，分工打造各具特色的制造业和服务业融合要素配置的各项核心功能，与"一带"国际物流大通道等"五通"建设联动。

3. 三位一体联动机制对接"一带一路"产能合作园区建设

首先，以上海自贸试验区为例，探索以上海自贸试验区为龙头的中国沿海沿带自贸试验区对接"一带一路"国际大通道建设与沿线国家市场型产能合作园区建设联动发展的策略。即建设以中国自贸试验区扩大开放试验的贸易便利化，国际通行市场制度建设为抓手；以港口、道路、电力基础设施项目建设为先导，打造便利化的国际大通道交通物流网络；积极开展建材、通信、纺织、造船、化工、新能源汽车、5G为代表的"新基建"等领域的投融资、贸易便利化的市场型产能合作方式；使国内优势产能转移到"一路"沿线国家，为后者提供性价比高的优质装备，形成一种互动的有机连接，互利共赢的产能合作机制，培育"一带一路"建设时期的贸易新动能。探索的主要举措如下：

一是重点打造以上海自贸试验区为龙头的中国沿海自贸试验区与"一带一路"沿线国家"园区经济"企业合作运行机制，开展三个协同推进。自贸试验区的货物贸易便利化与"一带一路""园区经济"建设协同推进。自贸试验区的资金融通便利化与"一带一路"亚洲基础设施投资银行基础建设投资协同推进，畅通融资渠道，支持新型贸易发展。园区企业沿"一带一路"走出去实践与自贸试验区制度创新协同推进，搭建区域与次区域合作多层次平台，为沿线国家培育新的园区贸易增长级，并与国内产业链、供应链对接。

二是完善互联互通设施，畅顺贸易通道，推动海陆空港口基础设施建设，增加中国沿海自贸试验区对接"一带一路"沿线的网点，并加强与内陆省份合作，促进海陆空多式联运的发展；推动5G信息基础设施建设，打造自贸试验区与"一带一路"沿线国家和地区信息互联互通的平台，满足沿线国家外向型经济发展的需要。

三是构建联动发展的点、线、面结合的渐进式传导对接机制。建立起以上海自贸试验区为龙头的我国沿海沿带自贸试验区与我国企业在"一带一路"沿线国家中建立的境外经贸合作区为对接基点，推进点辐射对接；以我国沿海沿带各类CSSZ与"一带一路"沿线国家海陆空枢纽港为传导中转基地，推进线辐射对接；扩大我国在"一带一路"沿线国家的境外经贸合作区的建设，带动当地外向型经济的发展，稳步推进面辐射对接。

通过这种联动对接机制的建设，可有效地促进中国与沿线国家运输、贸易、服务成本的下降和沿线国家国内新生产中心的生成，使得更多的国家进入现有亚太生产网络，提高沿线各国国际分工参与度，提升有助于沿线各国国家经济主权强化和经济升级的互补性区域一体化组织的效率，改善中国与沿线国家"近而不亲"的现状，产生联动效应，促进中国与沿线国家的投资贸易发展。

改革开放四十多年以来，在我国建立起来的自贸试验区、6种CSSZ和各种类型的高新区与经济开发区是落实我国扩大对外开放和"一带一路"倡议的先行示范区，有必要建立起以自贸试验区为基点，推进点辐射对接；以全国160个综合保税区等CSSZ为传导中转基地，推进线辐射对接；以全国各地城镇种类高新技术开发区与经济开发区为基地，推进面辐射的点、线、面相结合的渐进式对接的有效传导机制。最终把我国自贸试验区扩容建设、东西双向开放与"一带一路"沿线国家加快实施FTA战略三位一体结合在高水平的开放平台上，形成开放型经济新体制。

要实现上述目标，就需要积极探讨利用自贸试验区扩容接轨高标准自由贸易区规则的最新试验成果的有效路径，在海关、税收、投融资便利化等方面做好对接，为双方企业开展合作清碍搭台。在融资方面，双方企业应充分利用中国自贸试验区融资租赁、跨境投融资方面的金融创新成果；利用亚投行、丝路基金等区域性金融机构和基金，为优质项目提供投融资支持。携手与"一带一路"沿线国家合作建设衔接"一带一路"的海运水运网、高速公路铁路网、航空网和5G通信观览网。通过"三位一体联动机制"与"一带一路"国家各自发展战略充分对接，积极推进相关领域务实项目的开展，为实现中国与"一带一路"沿线国家的错位发展、全方位互利共赢合作而努力。

第十章

主要结论与建议

第一节　扩容接轨国家 FTA 战略探讨的主要结论

归纳上述内容，我们把 2013 年国家在上海首设自贸试验区后，自贸试验区通过渐进式扩容方式不断为国家加快实施 FTA 战略开展双边与多边自由贸易协议谈判提供实践依据和防控化解风险经验的时期定位为"新时期"。报告以九个章节的篇幅探讨"新时期"上海自贸试验区扩容接轨国家 FTA 战略问题。主要结论归纳如下。

一、扩容服务国家加快实施 FTA 战略的必要性

我们认为，在全球经济多极化与国家主义盛行并存，经济重新洗牌的大背景下，全球经济结构高级化，生产方式出现以价值链为中枢，以供应链为降低流通成本的连接纽带，以高技术中间品为抓手，外包加工、多国分工协作生产的产业链为基础的第二、三产业融合发展的趋势。由于多哈会谈陷入僵局，很多国家转向更有针对性的高标准自由贸易协议的谈判，谈判重心也从商品货物的自由流通，转向促进生产要素自由流通和服务贸易自由化。但是，在高标准巨型 FTAs 谈判中，中国都没能参与。国内出现经济增长持续下行，产能过剩，开放制度供给结构性失衡——服务贸易开放滞后于货物贸易开放，基础产业、第三产业开放相对滞后于制造业、第二产业开放，中西部开放相对滞后于东部开放，有序的法制市场经济体制建设跟不上扩大开放的步伐，扩大开放尚有巨大空间的局面。在这种背景下，国家顶层设计提出在上海设立首个自贸试验区，通过渐进式扩容在全国各地设置若干个自贸试验区，试行高标准巨型 FTAs 谈判投资贸易新规则，为国家参与多边、双边自贸协议提供实践依据，加快实施 FTA 战略服务。最终通过签署高水平多边自贸协定，强化中国与亚太各国产业链、供应链、价值链的融合，巩固中国在泛亚洲、泛太平洋产业链中的中心地位。

二、自贸试验区扩容如何服务国家加快实施 FTA 战略问题的主要观点

（一）通过对 FTA、FTZ、CSSZ 和自贸试验区之间的联系与区别的辨析，我们澄清了自贸试验区不是简单的 CSSZ 功能的扩大，建设目标也不是建设国际通行的 FTZ 的模糊认识。

（二）从国家加快实施 FTA 战略"新时期"角度分析，我们把自贸试验区假设为一个"迷你版功能型现代自由贸易区"，那么自贸试验区扩容就是在全国设立若干个分工不同、各具特色的"迷你版功能型现代自由贸易区"，在全国范围全方位布局服务接轨国家加快实施 FTA 战略的"试验田"。

（三）自贸试验区是先试先行国际投资贸易最新规则，贯彻"新时期"国家加快实施 FTA 战略新构思，带动全国扩大开放的试验区，提升 CSSZ 的国际竞争力和探索国际高水平 FTZ 建设三者功能兼有，三位一体的强制性制度变迁与诱制性制度变迁相结合的创新试验区。通过扩容路径在全国全方位布局"迷你版功能型现代自由贸易区"增长极，实现开放经济的空间优化和制度创新经验的全国复制推广，为国家加快实施 FTA 战略提供安全保障，与我国立足周边、辐射"一带一路"，面向全球自由贸易区网络建设联动发展，促进中国与亚太地区各国产业链、供应链、价值链的融合，巩固中国在泛亚洲、泛太平洋产业链中的中心地位，以最小的改革成本获取最大的 FTA 战略效应。

三、针对自贸试验区如何扩容的观点

（一）研究运用克鲁格曼"国际贸易—城市—区域"理论思路探讨自贸试验区的空间布局与优化问题。通过投资贸易开放制度增长极的培育带动外向型制造业与服务业融合发展的现代产业围绕增长极集聚，带动周边地区经济的转型升级。但是，每个增长极的辐射范围有限，因此，需要在全国各地具有流动区位优势的交通枢纽地区合理布局若干自贸试验区增长极，优化全国各地经济转型升级的空间布局。

（二）自贸试验区扩容的逻辑是以上海自贸试验区为外引内联龙头，以长江经济带为主轴，由东向西纵向扩容；以全国南北极具要素流动区位优势的交通枢纽城市为支撑点由中向南北方向横向扩容，通过 7 年时间分 6 批先后在全国东西南北中全方位布局"1+3+7+1+6+3"等 21 个自贸试验区，扩大试验区范围。21 个"迷你版功能型现代自由贸易区"以上海自贸试验区试点内容为主，结合地方特点，充实新的试点内容。各项改革试点经验由自贸试验区通过分布在全国各地的 CSSDZ 复制推广到全国范围。

（三）依据点轴开发的思路，由单个自贸试验区的增长极点辐射，将扩展至发展轴的线辐射扩散，最终形成"面辐射扩散"。这种由点辐射扩散、线辐射扩散和面辐射扩散组成的自贸试验区扩容方式，可以加强增长极、发展轴和全国整体区域制度流动的广度和密度，形成各具特色的改革开放新高地。依据 7 年来的扩容实践，我们将上海自贸试验区扩容渐进式扩大开放路径归纳成"一点四线三面"（详细论述见前文 71-72 页）。

（四）自贸试验区扩容空间布局的优化。一是在上海设立 PFTZ，可能形成最强辐射力的开放制度增长极，引领示范服务全国各地 PFTZ。但是，增长极的辐射力会随着辐射半径从中心向外延伸而趋于弱化，实施点扩散的扩容是必然的选择。二是轴线结构布局的优化。轴线结构布局有"21 世纪海上丝绸之路"发展轴与"长江经济带"和"丝绸之路经济带"发展轴等三条轴线，其中"21 世纪海上丝绸之路"发展轴是中国设立 PFTZ 的主轴，应在考量各地中心城市区位优势的基础上，采取在"海丝路"主轴上增加各 PFTZ 内部增长点的数量、规模及密度。2020 年 8 月国务院发布的浙江自贸试验区扩区的决定正是优化轴线结构布局，强化 PFTZ 开放制度增长轴的辐射带动作用的重大举措。三是网格型网络结构布局的优化。在"海丝路"发展轴与"长江带""丝绸带"国内段，初步构成了沿海、沿路、沿带、沿边，国内东西南北中网格型网络开发空间结构；推进国内高水平、高质量的"自贸试验区+全国 CSSZ"的扩大开放网络与周边、"一带一路"三条欧亚大陆桥发展轴国外段节点衔接；推动周边、"一带一路"沿线 FTA 网络建设联动发展，不断深化经贸关系，构建优势互补、合作共赢的"一带一路"大市场。

四、自贸试验区试行制度创新主要举措与全国复制推广

（一）我们认为由于 TPP 议题的很多内容与我国深化改革开放的基本方向一致，自贸试验区主要选择 TPP 谈判议题中反映第二代贸易政策的国际投资贸易新规则先试先行；但是，2013 年，TPP 谈判文本细节没有公开，上海自贸试验区启动第一步，选择中美 BIT 谈判中所反映的 TPP 投资贸易新规则进行试点。试行的重点是 TPP 探索的规制一体化边界内措施，主要开展外商投资管理体制改革、扩大服务业开放、贸易便利化三大改革。

（二）外商投资管理体制改革。外商投资管理体制改革重心是开展投资准入、公平竞争、权益保护三大领域的规制一体化创新探索。在三大改革中，外商投资管理体制改革成果最突显：负面清单制度从局部试点走向全国统一实施，第一、二、三产业市场准入大幅度放宽，负面清单动态调整，从2013年的自贸试验区版的190条"瘦身"到2020年全国版的33条，"全国一张清单"体系日趋完善；同时，开展外商投资管理备案制和事中事后监管等一系列配套改革，初步建立起与国际接轨的、符合中国实际的、新型的外商投资管理基本制度框架。从扩容服务加快实施FTA战略角度看，为我国开展多边、双边自贸协议谈判取得突破性进展提供了有力的支持。

（三）扩大服务业开放。归纳整理六大服务业扩大开放举措，强制性制度变迁开放措施表现在暂停或取消投资者资质要求、股比限制、经营范围限制等准入限制措施等方面。其中金融领域开放力度最大，开展了金融市场开放、自由贸易账户体系、人民币跨境支付系统、外汇资金集中运营管理、利率市场化、投融资汇兑便利化等一系列的金融制度创新的试点，力图通过放宽投资准入，激化竞争，打破行业垄断的坚冰。航运和技术服务业，开放措施较多，取得一定效果。在2019年全国外商直接投资的主要行业中，信息传输、软件和信息技术服务业、租赁和商务服务业，实际使用金额分别比上一年增长29.4%和20.6%。而其他服务业的开放措施主要在投资准入领域开展。服务业的扩大开放有利于我国第二、三产业融合发展的高附加值外商投资的流入。[1]

（四）贸易便利化。归纳总结自贸试验区贸易便利化举措，首先，贸易便利化目标是提高贸易竞争力，带动中间品贸易向发展高附加值、高技术含量外向型中间品产业转型，促进第二、三产业融合发展。其次，贸易便利化的制度创新主要依据WTO贸易便利化协议，开展国际贸易"单一窗口"建设，简化通关流程、区港一体化、降低通关成本展开。再次，贸易便利化政策的动态演进主要体现在四大改革措施上：全面实现"证照分离""一业一证"；建成国际先进水平的国际贸易"单一窗口"；建立安全高效便捷的海关综合监管新模式；建立检验检疫风险分类监管综合评定机制。2019年以后，贸易便利化政策重心开始转向建设投资贸易自由化便利化制度体系和优化营商环境的探索。提出建立以投资贸易自由化为核心的制度体系，打造全球高端资源要素配置的核心功能，"补链、强链"，提升我国产业链在全球的竞争力的建设目标。截至2019年，全国自贸试验区共推出对标高标准国际经贸规则的贸易便利化64项事项，为国家与各国开展贸易畅通提供了物流效率、海关管理、政府管理和金融电子商务发展等一系列配套措施，为"新时期"我国开展多边、双边自贸协议谈判提供了

---

[1] 数据来源：国家统计局《2019年国民经济和社会发展统计公报》。

现实依据。

据商务部统计，截至 2020 年 7 月，"在国家层面，自贸试验区已累计向全国或特定区域复制推广了 260 项制度创新成果，其中，优化政府监管领域成果 60 项，投资自由化便利化领域 76 项、贸易便利化领域 76 项。在地方层面，18 个自贸试验区已在本省份内推广了 1151 项制度创新成果"[①]。

五、"新时期"自贸试验区扩容服务国家加快实施 FTA 战略的主要观点

（一）我们认为，国务院国发〔2015〕69 号文件体现了"新时期"的加快实施国家 FTA 战略的主要政策措施。在"新时期"的最初两年，最能突显我国自贸试验区先试先行的开放措施，服务加快实施国家 FTA 战略的双边自贸协定的有中瑞、中韩、中澳协定。中瑞协定首次将政府采购、环境、劳工与就业合作、知识产权、竞争等"规制一体化"议题内容写进协议中，体现了上海自贸试验区在这些方面试行制度创新的探索成果。在中韩协定中，我国首次承诺在第二阶段谈判将采用准入前国民待遇和负面清单模式开展服务贸易和投资谈判。在中澳协定中，澳方承诺以负面清单方式对中国开放服务部门，是全球首个以负面清单方式对中国作出服务贸易承诺的国家。

2015 年年底—2019 年，更能集中体现"新时期"国家对外自贸协议谈判运用自贸试验区先试先行"规制一体化"国际通行投资贸易新规则最新成果的协定主要有：中国与东盟（"10+1"）、智利、新加坡的自贸协定升级。

国家在对外自贸协议谈判中，不断增加运用我国国内自贸试验区扩容先试先行的投资准入、货物贸易和服务贸易扩大开放、贸易便利化、对标国际高标准自贸规则等方面的制度创新开放措施，在电子商务、环境保护、竞争政策议题方面较好地落实了国发〔2015〕69 号文件推进规制谈判，加快建设高水平自由贸易区的任务，为中国完成 RCEP 谈判，签署一个现代的、高质量的 RCEP 协议奠定了坚实的基础。

（二）2020 年的 RCEP 协定体现我国自贸试验区扩容服务国家加快实施 FTA 战略的重大进展。通观 RCEP 协定的内容，可以说 2013 年"新时期"开始以来，我国自贸试验区扩容试行的国际通行投资贸易新规则和各项开放措施在很大程度上得以运用。这些强制性的制度创新探索，在 RCEP 协定的货物贸易、原产地规则、海关程序和贸易便利化、服务贸易、自然人临时流动、投资、知

---

① 商务部. 商务部召开关于自贸试验区第六批改革试点经验网上专题新闻发布会 [EB/OL]. 商务部网，2020-07-10.

识产权、电子商务、竞争、政府采购、争端解决等11个章节和4个市场准入承诺表附件的内容中都有所体现。在投资方面，我国首次在自贸协定项下以负面清单形式对投资领域进行承诺；服务贸易方面，中国服务贸易开放承诺达到了已有自贸协定的最高水平；RCEP协定纳入的知识产权、电子商务、竞争、政府采购等议题，反映了我国自贸试验区在这些方面制度创新探索的最新成果。

（三）我们认为，加快实施FTA战略和"一带一路"是我国"新时期"外贸总政策的两大车轮。在国内，9年来我国自贸试验区建设通过渐进式扩容，初步形成了网格型网络结构全方位布局。对外，国内段沿海自贸试验区贸易增长极，与"海丝路"沿线国家高水平FTA建设联动；"丝绸带"沿线国内段自贸试验区贸易增长极，与"一带"沿线国家贸易便利化建设联动。初步形成自贸试验区扩容与加快实施FTA战略、"一带一路"建设的有机联动。这种联动发展机制是一种建立在外引内联的基础上，"以线连点""以点带面"，实现"点、线、面"相结合的三位一体错位发展的联动机制。

第二节 扩容接轨国家FTA战略的不足与政策建议

一、自贸试验区扩容空间布局和全国复制推广的短板与政策建议

（一）自贸试验区扩容空间布局的短板与优化建议

一是现有21个自贸试验区全部布局在胡焕庸线东侧，西侧"丝绸之路经济带"一个没有，显然实现全国全方位开放尚有补缺的空间。我们认为探寻制度创新复制推广方式将成为试验区持续发挥作用的关键。我们建议复制推广更应考虑兼顾效率与公平的空间布局，缩小区域发展不平衡的差距，以"点示范，线推广"，带动国家全方位开放格局的形成。建议在西侧"丝绸带"沿线国内段区位条件好的经贸节点增设自贸试验区。

二是部分自贸试验区区内增长点选址存在不合理的布点。部分自贸试验区增长点选择的区位条件不理想，经贸增长点的辐射半径偏小，存在诸如扩区前浙江自贸试验区偏于舟山一地，对周边地区经贸发展带动作用偏弱的不足，无法满足国内国际双循环新形势下建设高水平、高质量开放型经济新体制的新需求。建议推动前期建设存在选址不合理的试验区扩区升级，进一步优化区内增长点的布局，把经贸增长点辐射半径大的，区位位于RCEP域内产业链、供应链、价值链国内节点上的产业链集群区域划入试验区，为国家的"补链、强链"战略服务。

（二）各地自贸试验区内部增长点规划建设的短板与优化建议

通过对上海自贸试验区的多次调研，我们发现自贸试验区内部增长点规划建设不经济，存在大量的资源浪费现象。例如，在上海自贸试验区区内的各个"园区"规划建设中，除了龙头"园区"外高桥之外，其他"园区"大量的基础设施空置率非常高。例如，浦东机场综保区2号办公楼项目建筑面积11.8万平方米，建成三年多以来一直空置，造成了资源的浪费。2020年10月，作者与浦东机场综保区相关人员座谈，海关部门某负责人发言指出，他这两年走访不少全国各地综保区，这种基础设施空置浪费现象普遍存在。因此，我们认为各地扩区不可盲目上马，一定要科学选址，有所为，有所不为；进一步研究PFTZ扩容的总体空间密度，每个PFTZ的选址、规模、辐射半径等区位条件，是否存在距离不合理导致点轴联动效果不佳，重复建设，资源的浪费；同时"园区"所在城市的经济总体水平，外向型经济的发展水平，与周边城市的产业关联度也需考量。这些因素对试验区复制推广的效果和增长极吸引内外投资，未来产业空间集聚的效果和对周边地区产业发展的带动效果至关重要。为此，我们建议把未来各地自贸试验区建设重点放在现有资源的优化整合上，提高资源的空间布局效率。

二、投资体制改革、扩大产业开放、贸易便利化方面的短板与政策建议

（一）外商投资管理体制改革的短板与政策建议[①]

一是产业市场准入方面，限制性措施仍然不少，经济自由度依然不足。负面清单从上海自贸试验区2013年版190项特别措施减少到2020年全国版的33项，自贸试验区的产业开放度明显提高。但是，即使减少到33项，在国内纵向比进步很大，与国外要素流动限制性措施较少的国家相比，在表现形式、内容、透明度、投资定义等方面差距不小，按传统行政办法管理的限制性措施仍然很多，相关职能部门的惯性权力管理思维依然很重，"放、管、服"改革任重道远。

二是与国际通行市场管理规则相比较，尚有较大距离。从制度经济学角度分析，如果市场的竞争性不足，是不完全的，信息的反馈又是分割的且交易费

[①] 竺彩华，李光辉，白光裕.中国建设自由贸易港的目标定位及相关建议[J].国际贸易，2018（03）：9-15.

用又是显著的，那么一项无效率的制度将会持续存在，并把经济增长锁定在一个低水平的陷阱之中。要脱离这一陷阱，即使通过强大的外力推进，要改变运转多年的审批制度，不仅会受到来自惯性审批思维的阻力，还会受到来自受益审批制利益集团的抗争，审批行政体制改革路径依赖特征非常突出。各级政府职能部门在贯彻执行宏观调控、提供公共产品和服务、市场监管这三大职能方面还有很长的路要走。

三是营商环境与国际先进标准仍有差距。虽然在2020年世界银行的《营商环境报告》中，2019年我国的排位为31位，比2017年大幅上升了47位，但拿国际先进标准来对标，距离还不小。首先，自贸试验区在离岸贸易、金融等相关税制上与国际惯例还有差距。其次，自贸试验区投资经营业务相关的法律尚属空白，缺少专门的立法保障，不利于知识产权保护，也不利于形成稳定的营商环境。特别是在公平贸易竞争中立政策、知识产权和劳工等权益保护、依法行政方面的改革相对滞后。再次，自贸试验区出台的相关方案、管理方法、条例是政策性文件、地方规章法规，不属于国家层面的法律文件。依法行政局限于自贸试验区试行范围，自贸试验区法律地位不高，独立性不强，没有行政权，与发达国家的由国家立法相比，中国自贸试验区的低阶位法规导致立法权威性弱、宏微观管理体制协同性差、法律适用性问题突出、执法难度大等问题。即使全国层面出台相关法律法规，例如，知识产权问题，虽然国家出台众多加大保护知识产权的法规，但在"民不告，官不究"和"大事化小、小事化了"的惯性思维影响下，也会遇到执行难的顽症，导致其在国家地方体制机制改革创新方面的示范作用大于推广落实。

我们认为，进一步改革开放的任务还有很多，近期优先推进的主要有3项：首先，权益保护方面需要加快扩大开放与改革的步伐，在标准一致化（知识产权、劳工等）、竞争一致化（竞争中立政策、国有企业、政府采购等）等公平贸易规制方面出台更多接轨国际通行新规制的开放措施。同时加强全国层面的法律法规的制定，促进经济由无序的市场经济向有序法制基础上的市场经济转型发展。

其次，加快推进符合国际惯例的税制改革，试验区在离岸税制上与国际惯例有差距，需要出台更多的接轨措施：一是降低区内离岸贸易企业的所得税和流转税的税负，加大对相关外企的吸引力。二是现行税制设计不适应跨境投资发展需求，需要改进。三是完善促进金融业发展的离岸金融税制（如信托等离岸金融衍生工具的税收政策）。

最后，加强事中事后监管的建设。采取轻税重罚的市场监管手段有序监管，替代传统的"轻罚重刑""无序"监管。事中事后监管不等于不管，而是主动监管，依法监管。处罚重在经济上，少关人，少判刑。对违法牟利处罚太轻等于变相鼓励经济犯罪，加大经济处罚力度，使违法经营无利可图，违法经营或许会大幅减少。

（二）服务业扩大开放的短板与政策建议

"服务业开放程度不高，金融领域开放创新不及预期。"[①] 例如，上海自贸试验区金融开放制度创新全国力度最大，但离2013年制定的《中国（上海）自由贸易试验区总体方案》（以下简称"总体方案"）关于"加快探索资本项目可兑换和金融服务业全面开放"的目标尚有较大距离。经常项目开放较高，资本项目管制较严格。在货币兑换自由、人民币资本项目可兑换，CSSZ 税收政策，离岸业务等方面的建设离实现建设目标尚有距离。在弱肉强食的现实世界中，资本自由流通是强者的规则。当前，我国金融垄断现象依旧，普惠金融尚不能照顾底层老百姓的金融需求，金融服务业竞争力还不足以支持人民币自由流通，建议自贸试验区的试行，采取更加变通灵活、投资便利化的方式放松资本项目的管制，金融服务业扩大开放现阶段的重心应通过金融服务全体民众的改革，围绕打破畸形的金融垄断结构，提升国家金融服务业竞争力，开展定向便利化、精准便利化的制度创新。服务业扩大开放只是万里长征走完的第一步，还需持续提高开放度（详细论述和政策建议见189-199页，此处不再赘述）。

（三）贸易便利化的短板与政策建议

一是商品贸易开放方面，与发达国家倡导的零关税、零补贴、零壁垒的"三零原则"尚有较大的距离。例如，2018年，我国平均关税已降到7.5%，全球为5%，美国是2.5%。全国货物贸易进一步扩大开放度尚有空间。二是贸易投资便利化还有较大提升空间。自贸试验区贸易监管措施与国际经贸新规则高标准仍有差距，主要体现在通关便利化方面。三是自贸试验区对内资的吸引力远大于对外资的吸引力。外资最高占比35%，内资占绝对优势地位。国际营商环境没有达到国际先进标准，尚有改善空间（详细论述和政策建议见前文240-241页）。

从服务国家加快实施FTA战略角度看，我们提出如下建议：

一是自贸试验区扩容试行针对不同经济发展水平的国家实施差异化的贸易便利化。二是开展差异化互联互通建设，提升贸易便利化水平（详细论述见前

[①] 陆燕. 自贸区建设成效、问题及发展方向[J]. 人民论坛，2020（9C）：16-19.

文 241-243 页)。三是国际通行投资贸易新规则细目很多,每个自贸试验区不应仅仅是上海自贸试验区扩容复制推广的对象,也是先试先行各种新规则细目的主动承担者,应该错位发展,建设各具特色的"迷你版功能型自由贸易区"。在国家顶层设计的定位框架下,每个自贸试验区应结合本地区的产业特色,重点探索试行与本地区优势产业关联度大的专项国际通行投资贸易新规则细目(详细论述见前文 277-279 页)。

总之,自贸试验区扩容建设的目的是带动国家持续扩大开放和促进经济由无序的市场经济向有序的法制基础上的市场经济转型发展。但是,在试行过程中,不可避免地存在国家扩大开放的战略与地方想要的优惠政策惯性思维的博弈。9 年来,自贸试验区扩容先试先行建设取得了巨大成就,多数建设任务进展顺利,并一一达成。但是,自贸试验区扩容 9 年建设与 2013 年总体方案的建设目标尚有距离,自贸试验区要全方位落实 2013 年总体方案规划的建设目标,加大投资贸易自由化的改革力度势在必行。

第三节 扩容接轨国家 FTA 战略展望

展望未来,自贸试验区扩容如何进一步服务加快实施国家 FTA 战略呢?我们有以下几点建议。

一、进一步试行国际高水平自贸规则,加大试行 CPTPP 投资贸易新规则的范围

自贸试验区扩容试行国际投资贸易新规则要关注新一轮国际经贸规则的动态演进和竞争焦点。首先,试行全面接轨"三零原则"等国际自贸协定谈判前沿性议题和 CPTPP 促使成员国更多使用区域内材料和货物的"原产地原则"方面的边界内措施。其次,加快服务业投资准入,负面清单管理方面难点的试行,为落实 RCEP 协定中我国承诺协定生效后 6 年内服务业投资准入转化为负面清单服务;加快服务贸易、数字贸易等新一轮国际贸易规则的竞争焦点议题的试行,进一步扩大金融市场的开放,开展金融服务贸易的制度创新探索,例如,负利率主权债券的发行等。再次,加大权益保护和公平竞争方面难点试行的探索力度,特别是不同巨型 FTAs 协定对"竞争中立原则"差别化的表述与执行。为落实 RCEP 协定和解决现有 FTA、BIT 谈判难点服务,同时,在美国新一届政府提出中美关系以竞争"共存"战略构思的背景下,我国启动加入 CPTPP 谈判

是可以提上议事日程的①（详细论述见前文 263-265 页）。

二、自贸试验区扩容与加快实施 FTA 战略、"一带一路"联动发展，加强"三位一体联动机制"的建设

一是依据各自区位优势探索错位联动机制。上海等国内段沿海自贸试验区贸易增长极，侧重于差别化探索规制一体化等高标准自贸规则的各项细目，分工打造各具特色的全球高端资源要素配置的各项核心功能，与"一路"沿线高水平 FTA 建设联动。重庆等位于欧亚大陆桥国际大通道国内段自贸试验区贸易增长极，侧重于差别化探索与本地优势产业息息相关的 WTO 贸易便利化的各项细目，分工打造各具特色的制造业和服务业融合要素配置的各项核心功能，与"一带"国际物流大通道等"五通"建设联动。

二是三位一体联动机制对接"一带一路"产能合作园区建设。首先，探索以上海自贸试验区为龙头的中国沿海沿带自贸试验区对接"一带一路"国际大通道建设与沿线国家市场型产能合作园区建设联动发展的策略。其次，构建国内自贸试验区与"一带一路"沿线自贸区网络、国际大通道建设联动发展的点、线、面相结合的渐进式传导对接机制。通过这种联动对接机制的建设，促进中国与沿线国家运输、贸易、服务成本的下降和沿线国家国内新生产中心的生成，融入现有亚太生产网络，提高沿线各国国际分工参与度，改善中国与沿线国家"近而不亲"的现状，产生联动效应，促进中国与沿线国家投资贸易发展（详细论述见前文 272-274 页）。

通过国内自贸试验区加各类"园区"网络建设与国外 RCEP 多边和双边自由贸易区加产业园区网络建设加"一带一路"国际大通道建设三位一体联动发展，促进域内各国产业链、供应链、价值链的融合，巩固中国在泛太平洋产业链中的中心地位，实现以最小的改革成本获取最大的 FTA 战略效应的目的。

---

① 张茉楠. 中国应加快适应新一轮国际经贸规则演变［N］. 中国经济时报，2020-07-27.

主要参考文献

一、中文著作、译著

[1] 陈洪波. 港口与产业互动关系实证研究 [M]. 杭州：浙江大学出版社，2013.

[2] 成思危. 从保税区到自由贸易区：中国保税区的改革与发展 [M]. 北京：经济科学出版社，2004.

[3] 段进. 城市空间发展论 [M]. 南京：江苏科学技术出版社，1999.

[4] 樊纲，王小鲁，朱恒鹏. 中国市场化指数——各地区市场化相对进程2011年报告 [R]. 北京：经济科学出版社，2012.

[5] 郭晓合，等. 中国（上海）自由贸易试验区建设与发展 [M]. 北京：社会科学文献出版社，2016.

[6] 柯武刚，史漫飞. 制度经济学——社会秩序与公共政策 [M]. 北京：商务印书馆，2000.

[7] 上海财经大学自由贸易区研究院，上海发展研究院. 全球自贸区发展研究及借鉴 [M]. 上海：格致出版社，2015.

[8] 上海财经大学自由贸易区研究院，上海发展研究院. 中国（上海）自由贸易试验区发展研究报告 [R]. 上海：上海财经大学出版社，2013.

[9] 孙元欣. 2015中国自由贸易试验区发展研究报告 [R]. 上海：格致出版社，2015.

[10] 孙远东. 从海关特殊监管区域到自由贸易园区——中国的实践与思考 [M]. 北京：首都经济贸易大学出版社，2014.

[11] 肖林，马海倩. 国家试验：中国（上海）自由贸易试验区制度设计 [M]. 上海：上海人民出版社，格致出版社，2014.

[12] 多米尼克·萨尔瓦多. 国际经济学（第10版）[M]. 杨冰，等译. 北京：清华大学出版社，2011.

[13] 菲尼. 制度安排的需求与供给 [M] //V. 奥斯特罗姆. 制度分析与发展的反思——问题与抉择. 北京：商务印书馆，1992.

[14] 拉坦. 诱致性制度变迁理论 [M] //财产权利与制度变迁——产权学派与新制度学派译文集. 上海：上海人民出版社，2004.

[15] 罗布森. 国际一体化经济学 [M]. 上海：上海译文出版社，2001.

[16] 诺斯，张五常. 制度变革的经验研究 [M]. 北京：经济科学出版社，2003.

[17] 陶蔚莲，李九领. 中国（上海）自由贸易试验区建设与海关监管制度创新 [M]. 上海：上海人民出版社，2014.

[18] 包群，许和连，赖明勇. 贸易开放度与经济增长：理论及中国的经验研究 [J]. 世界经济，2003（02）：10-18.

[19] 蔡春林. 中国海关特殊监管区贸易增长极的空间效应研究 [D]. 上海：华东师范大学，2019.

[20] 曹吉云，佟家栋. 两经济体建立自由贸易区的影响因素研究 [J]. 经济管理，2011（11）：9-16.

[21] 程进，曾刚，张云伟. 中国沿海大都市出口加工区生命周期研究——以上海金桥出口加工区为例 [J]. 地理科学，2012（12）：1417-1423.

[22] 陈福中，陈诚. 贸易开放水平、区位差异与中国经济增长——基于1994—2011年中国省级数据的实证考察 [J]. 国际贸易问题，2013（11）：82-93.

[23] 陈林，邹经韬. 中国自由贸易区试点历程中的区位选择问题研究 [J]. 经济学家，2018（06）：29-37.

[24] 陈淑梅，全毅. TPP、RCEP谈判与亚太经济一体化进程 [J]. 亚太经济，2013（02）：3-9.

[25] 成清涛. 上海自贸区或可成为中国加入TPP的窗口 [J]. 经济导刊，2013（11）：7.

[26] 樊纲. 两种改革成本与两种改革方式 [J]. 经济研究，1993（01）：3-15.

[27] 樊纲，王小鲁，张立文，等. 中国各地区市场化相对进程报告 [R]. 经济研究，2003（03）：3-15.

[28] 樊纲，王小鲁，马光荣. 中国市场化进程对经济增长的贡献 [J]. 经济研究，2011（09）：4-16.

[29] 范超. 知识产权保护全球化体制变革与我国的应对策略 [J]. 国际贸

易，2014（01）：25-29.

[30] 弗朗索瓦·佩鲁. 略论增长极概念 [J]. 经济学译丛，1988（9）：112-115.

[31] 傅强，王静. 我国服务业 FDI 结构、技术进步与经济增长 [J]. 工业技术经济，2014（09）：114-121.

[32] 傅晓霞，吴利学. 制度变迁对中国经济增长贡献的实证分析 [J]. 南开经济研究，2002（04）：70-75.

[33] 付玉婷. 中国（上海）自由贸易试验区与中美 BIT 对接问题研究——我国外商投资改革路径分析 [D]. 上海：华东师范大学，2014.

[34] 高振王，帆叚珺. 保税区向自由贸易区转型的路径与政策探讨 [J]. 经济研究参考，2017（64）：11-16.

[35] 龚柏华. 中国（上海）自由贸易试验区外资准入"负面清单"模式法律分析 [J]. 世界贸易组织动态与研究，2013（06）：23-33.

[36] 郭天琦. 上海自贸区负面清单管理模式的思考与建议 [J]. 北方经济，2014（07）：57-59.

[37] 郭晓合. 中国—东盟自由贸易区建设：现状与前瞻 [J]. 人民论坛·学术前沿，2016（10）：36-43.

[38] 郭晓合，陈雯诗. 上海自贸区负面清单与国际 BIT 谈判接轨研究 [J]. 经济体制改革，2015（04）：156-160.

[39] 郭晓合，戴萍萍. 基于引力模型的中国金融服务贸易便利化研究——以中国自贸试验区为视角 [J]. 国际商务：对外经济贸易大学学报，2017（06）：55-64.

[40] 郭晓合，赖庆晟. 上海自由贸易区建设问题探讨 [J]. 民生周刊（学术版），2013（09）.

[41] 郭晓合，赖庆晟. 上海自贸试验区深化国有企业改革问题研究 [J]. 管理现代化，2015（04）：46-48.

[42] 郭晓合，叶修群. 从中国入世到上海自贸区扩区的产业连锁效应 [J]. 经济与管理研究，2016（08）：43-51.

[43] 何莉. 对外贸易、制度变迁与地区经济增长的差异性 [J]. 财经科学，2008（08）：110-116.

[44] 何国平. 制度变迁与国家的关系——新制度经济学相关理论考察 [J]. 生产力研究，2005（05）：110-116.

[45] 胡枚玲，张军旗. 论 CPTPP 规制合作的新范式及中国应对 [J]. 国际

贸易，2019（10）：35-41.

［46］胡剑波. 内陆自由贸易园区发展的国际经验与启示［J］. 经济评论，2014（05）：52-58.

［47］黄敏行. 论区域经济发展的点轴开发和重点开发轴线［J］. 求索，1995（03）：23-25.

［48］黄奇帆. 扩大开放、深化改革、加强联合，推动"西三角"成为中国内陆增长极［J］. 四川大学学报（哲学社会科学版），2010（05）：19-20.

［49］黄上国. 开放对制度变迁的影响机制研究——兼论中国入世的制度转型效应［D］. 杭州：浙江大学，2005.

［50］黄少安. 关于制度变迁的三个假说及其验证［J］. 中国社会科学，2000（04）：37-49.

［51］黄志勇，李京文. 中国保税港区发展战略研究［J］. 国际贸易问题，2012（06）：32-39.

［52］吉亚辉，王凡. 空间经济学视角下的我国FDI区位选择——空间计量分析［J］. 西南民族大学学报（人文社会科学版），2012（08）：100-105.

［53］吉亚辉，陈智. 生产性服务业与高技术制造业协同集聚——基于区域创新能力的空间计量分析［J］. 科技与经济，2018（05）：26-30.

［54］靳文辉. 制度竞争、制度互补和制度学习：地方政府制度创新路径［J］. 中国行政管理，2017（05）：15-19.

［55］赖庆晟. 我国渐进式扩大贸易开放路径研究——从保税区到自由贸易试验区［D］. 上海：华东师范大学，2016.

［56］赖庆晟，郭晓合. 上海自贸区扩容强化制度变迁辐射能力研究［J］. 技术经济与管理研究，2015（12）：127-131.

［57］赖庆晟，郭晓合. 扩大开放对我国制度变迁的空间溢出效应［J］. 经济体制改革，2015（01）：54-58.

［58］李宏亮，谢建国. 服务贸易开放提高了制造业企业加成率吗——基于制度环境视角的微观数据研究［J］. 国际贸易问题，2015（07）：28-40.

［59］李鲁，张学良. 上海自贸试验区制度推广的"梯度对接"战略探讨［J］. 外国经济与管理，2015（02）：69-80.

［60］李墨丝，沈玉良. 从中美BIT谈判看自由贸易试验区负面清单管理制度的完善［J］. 国际贸易问题，2015（11）：73-82.

［61］李朴民. 共建丝绸之路经济带，共享繁荣发展新机遇［J］. 宏观经济管理，2014（08）：4-5.

［62］李强，魏巍. 制度变迁与区域进出口贸易的关联强制性抑或诱致性［J］. 改革（重庆），2013（02）：11-18.

［63］李强，徐康宁. 制度质量、贸易开放与经济增长［J］. 国际经贸探索，2017（10）：4-18.

［64］李媛，崔思. FDI与经济增长——对金融市场作用的实证研究［J］. 中央财经大学学报，2015（S1）：83-87.

［65］林毅夫，李永军. 必要的修正——对外贸易与经济增长关系的再考察［J］. 国际贸易，2001（09）：22-26.

［66］刘晨阳. "跨太平洋战略经济伙伴协定"与美国的亚太区域合作新战略［J］. 国际贸易，2010（03）：56-59.

［67］刘洪愧，谢谦. 上海自由贸易试验区金融开放创新实践及制约因素辨析［J］经济纵横，2017（12）：56-66.

［68］刘伟，李绍荣. 所有制变化与经济增长和要素效率提升［J］. 经济研究，2001（01）：3-9.

［69］刘雪红. 欧美TTIP贸易管制合作新范式与中国因应［J］. 上海财经大学学报，2018（05）：139-152.

［70］刘再起，张瑾. 中国特色自由贸易试验区开放升级研究——基于负面清单的分析［J］. 学习与实践，2019（12）：28-36.

［71］陆大道. 关于"点—轴"空间结构系统的形成机理分析［J］. 地理科学，2002（01）：1-6.

［72］陆大道. 国土开发与经济布局的"T"字型构架与长江经济带可持续发展［J］. 开发研究，2018（11）：43-47.

［73］吕林，刘芸，朱瑞博. 中国（上海）自由贸易试验区与长江经济带制造业服务化战略［J］. 经济体制改革，2015（04）：70-76.

［74］诺斯. 历时经济绩效［J］. 经济译文，1994（06）：1-7.

［75］裴长洪. 全球治理视野的新一轮开放尺度：自上海自贸区观察［J］. 改革（重庆），2013（12）：30-40.

［76］阙澄宇，黄志良. 资本账户开放对货币国际化的影响：基于制度环境视角［J］. 世界经济研究，2019（06）：17-27.

［77］任春杨，毛艳华. 新时期中国自贸试验区金融改革创新的对策研究［J］. 现代经济探讨，2019（10）：1-8.

［78］任佩瑜，向朝进，吕力. 西部工业增长极的再造［J］. 管理世界，2002（07）：45-51.

[79] 邵骏. 服务业市场结构与制度环境对产业结构服务化的影响研究 [D]. 广州：暨南大学，2014.

[80] 盛斌，高疆. 透视 TPP：理念、特征、影响与中国应对 [J]. 国际经济评论，2016（01）：20-36.

[81] 沈翔峰. 中国（上海）自由贸易试验区接轨 TPP 问题研究——有中国特色的自由贸易园区建设探索 [D]. 上海：华东师范大学，2014.

[82] 石静霞，杨幸幸. TPP 金融服务规则评析 [J]. 社会科学家，2017（11）：113-120.

[83] 宋锡祥，闵亮. 美欧 TTIP 谈判最新进展及中国的应对策略 [J]. 国际商务研究，2015（03）：66-76.

[84] 苏理梅，彭冬冬. 负面清单管理模式对服务业国际竞争力的影响研究 [J]. 上海财经大学学报，2017（04）：41-51.

[85] 随洪光，刘廷华. FDI 是否提升了发展中东道国的经济增长质量——来自亚太、非洲和拉美地区的经验证据 [J]. 数量经济技术经济研究，2014（11）：3-20.

[86] 孙南翔. 美墨加协定对非市场经济国的约束及其合法性研判 [J]. 拉丁美洲研究，2019（01）：60-77.

[87] 孙浦阳，张龑. 外商投资开放政策、出口加工区与企业出口生存——基于产业关联视角的探究 [J]. 经济学（季刊），2019（02）：701-720.

[88] 孙兆旭，陈东景. 中国经济制度变迁与经济增长关系实证研究 [J]. 开发研究，2018（06）：8-13.

[89] 太平，姜舰，庄芮. 中国（上海）自由贸易试验区外资管理制度变革问题与突破 [J]. 国际贸易，2014（08）：51-53.

[90] 涂人猛，周茂权. 点轴理论与区域经济布局 [J]. 经济问题探索，1993（04）：14-16.

[91] 汪海. 沿海创新增长极引领中国经济转型升级 [J]. 现代经济探讨，2015（04）：49-53.

[92] 王碧珺. 中美 BIT 谈判突破释出改革信号 [EB/OL]. 财新网，2013-07-15.

[93] 王丽平，狄凡莉. 创新开放度、组织学习、制度环境与新创企业绩效 [J]. 科研管理，2017（01）：91-99.

[94] 王江，吴莉. 中国自贸试验区贸易投资便利化指标体系构建 [J]. 统计与决策，2018（22）：65-67.

[95] 魏磊, 张汉林. 美国主导跨太平洋伙伴关系协议谈判的意图及中国对策 [J]. 国际贸易, 2010 (03): 54-58.

[96] 伍艳. 试论上海自贸区外商投资准入管理体制改革 [J]. 当代经济, 2014 (06): 64-65.

[97] 习近平. 加快实施自由贸易区战略, 加快构建开放型经济新体制 [N]. 人民日报, 2014-12-07 (1).

[98] 辛冲冲, 陈志勇. FDI持续流入对中国经济增长与就业的驱动效应研究——基于LMDI模型的再检验 [J]. 软科学, 2018 (05): 1-4.

[99] 薛荣久, 杨凤鸣. 跨太平洋伙伴关系协定的特点、困境与结局 [J]. 国际贸易, 2013 (05): 49-53.

[100] 徐志寒, 徐枫. 创新上海自贸区负面清单管理模式的思考 [J]. 江南论坛, 2014 (05): 24-25.

[101] 薛荣久. 跨太平洋伙伴关系协定的特点、困境与结局 [J]. 国际贸易, 2013 (05): 49-53.

[102] 杨彩玲. "一带一路" 下保税物流园区功能优化研究——以吉林省为例 [J]. 宏观经济管理, 2017 (12): 76-180.

[103] 杨荣珍, 贾瑞哲. 欧加CETA投资协定负面清单制度及对中国的启示 [J]. 国际经贸探索, 2018 (12): 107-118.

[104] 杨志远, 谢谦. 负面清单管理模式提高了上海自贸区服务业开放水平吗? [J]. 国际贸易, 2016 (11): 11-14.

[105] 叶修群. 我国自由贸易园区 (FTZ) 经济效应研究 [D]. 上海: 华东师范大学, 2018.

[106] 叶修群. 保税区与出口加工区对工业企业选址的影响——基于中国省级面板数据的实证分析 [J]. 中央财经大学学报, 2018 (10): 961-104.

[107] 叶修群, 郭晓合. 我国沿海自由贸易园区的贸易效应——基于面板数据的引力模型分析 [J]. 经济经纬, 2016 (04): 74-79.

[108] 叶修群, 郭晓合. 保税区、出口加工区与加工贸易发展——基于中国省级面板数据的实证研究 [J]. 重庆大学学报 (社会科学版), 2018 (05): 18-28.

[109] 尹政平, 李光辉, 杜国臣. 自贸试验区主动对接国际经贸新规则研究 [J]. 经济纵横, 2017 (11): 39-44.

[110] 约翰·沃雷, 黄杨荔. 全球大型贸易协定及其对中国的影响 [J]. 国际经济评论, 2014 (04): 158-160.

[111] 约瑟夫·斯蒂格利茨,陈俊君. 贸易协定骗局:跨太平洋伙伴关系的六大问题 [J]. 金融市场研究, 2016 (08): 9-20.

[112] 张汉林,盖新哲. 自由贸易区来龙去脉、功能定位与或然战略 [J]. 改革(重庆), 2013 (09): 98-105.

[113] 张建中,赵子龙,乃哥麦提·伊加提,等. 综合保税区对腹地区域经济增长的影响:"极化效应"还是"涓滴效应"——基于2011—2016年32个综合保税区数据的实证研究 [J]. 宏观经济研究, 2019 (09): 153-167.

[114] 张珺,展金永. CPTPP和RCEP对亚太主要经济体的经济效应差异研究——基于GTAP模型的比较分析 [J]. 亚太经济, 2018 (03): 12-20.

[115] 张幼文. 自贸区试验与开放型经济体制建设 [J]. 学术月刊, 2014 (01): 11-19.

[116] 章韬,咸人杰. 集聚—出口双促进政策的溢出效应——来自出口加工区的微观企业证据 [J]. 国际贸易问题, 2017 (03): 26-38.

[117] 钊阳,桑百川. 对标高标准国际经贸规则优化外商投资制度环境 [J]. 国际贸易, 2019 (10): 19-26.

[118] 郑展鹏,曹玉平,刘志彪. 我国自由贸易试验区制度创新的认识误区及现实困境 [J]. 经济体制改革, 2019 (06): 53-59.

[119] 仲伟周,陈晨. 制度变迁、外商直接投资与服务业增长方式 [J]. 财贸研究, 2018 (01): 27-39.

[120] 周新生,邇玉洁. 中国服务业FDI与服务出口技术复杂度相关性研究 [J]. 国际经济合作, 2017 (09): 55-60.

[121] 邹璇. 空间经济学研究范式分析 [J]. 西部论坛, 2011 (04): 1-6.

[122] 褚童. 巨型自由贸易协定框架下国际知识产权规则分析及中国应对方案 [J]. 国际经贸探索, 2019 (03): 80-95.

二、英文著作

[1] ANSELIN L. Spatial Econometrics: Methods and Models [M]. Dordrecht: Kluwer Academic Publishers. 1988.

[2] BOUDERVILL E. Problems of Regional Economic Planning [M]. Edinburgh: Edinburgh University Press. 1966.

[3] DANIAU J. F. The Common Market: Its Structrure and Purpose [M]. New York: Frederick A Praeger. 1960.

[4] DUNNING JOHN H. The Multinational Enterprise [M]. London: RlE In-

ternational Business The multinational enterprise. 1971.

[5] HIRSCHMAN A. O. The Strategy of Economic Development [M]. New Havens: Yale University Press. 1958.

[6] NORTH D C. Institutions, Institutional Change, and Economic Performance [M]. Cambridge: Cambridge University Press, NewYork. 1990.

[7] SCITOVSKY T. Economic Theory and European Integration [M]. London: George Allen and Unwin, 1958.

三、英文期刊

[1] HIRSCHMAN A O., TODARO. Sensitivity Analysis of Cross – Country Growth Regressions [J]. American Economic Review, 1970: 942-63.

[2] BALASSA B. Exports and Economic Growth: Further Evidence [J]. Journal of Development Economics, 1978 (05).

[3] Bai Chong-en, Li David D, Zhigang Tao, Yijiang Wang. A Multi-task Theory of the State Enterprise Reform [J]. Journal of Comparative Economics, 2000, 28 (04): 716-738.

[4] B. ROBERT J. Sala-i-Martin X. Economic Growth [M]. McGraw-Hill, Cambridge: The MIT Press, 1995.

[5] BELLOUMI, MOUNIR. The relationship between trade, FDI and economic growth in Tunisia: An application of the autoregressive distributed lag model [J]. Economic Systems, 2014, 38 (02): 269-287.

[6] JUGURNATH B, STEWART M, BROOKS R. Asia/Pacific Regional Trade Agreements: An empirical study [J]. Journal of Asian Economics, 2007 (06): 974-987.

[7] BUCKLEY P J, CASSON M. The Future of the Multinational Enterprise in Retrospect and in Prospect [J]. Journal of International Business Studies, 2003, 34 (02): 219-222.

[8] CAVES R E. Multinational Enterprise and Economic Analysis, 3rd Edition [M]. Cambridge: Cambridge University Press, 2007.

[9] BERGSTEN C, SCHOTT J. Submission to the USTR in Support of a Trans-Pacific Partnership Agreement [R]. Peterson Institue for Internationa Economics 2010-01-25.

[10] CHIRATHIVAT S. ASEAN-China Free Trade Area: background, impli-

cations and future development [J]. Journal of Asian Economics, 2002 (13): 671-686.

[11] CHENERY H B., STROUT AM. Foreign Assistance and Economic Development [J]. American Economic Review, 1966, (4): 149-179.

[12] DUNNING J H. Theories and Paradigms of International Business Activities [M]. Northampton, MA: Edward Elgar Publishing, 2002.

[13] V Feliberty, A Miguel. The performance of the United States foreign trade zones and their impact on export intensity (a panel data approach) [J]. Dissertations & Theses Gradworks, 2013.

[14] Grossman and Helpman. The Plitics of Free Trade Agreement [J]. American Economic Revie, 1995: 667-690.

[15] HAKIMIAN H. Iran's Free Trade Zones: Back Doors to the International Economy? [J]. Iranian Studies. vol.44 (6), 2011: 851-874.

[16] HALAERT J J. Can Regional Integration Accelerate Development in Africa CGE ModelSimula tions of the Impact of the SADCFTA on the Republic of Madagascar [Z]. MF Working Papers No.66 Intemational Monetary Fund, 2007.

[17] HYMER. S. The International Operations of National Firms: A Study of Direct Investment [M]. Cambridge: The MIT press, 1976: 260-264.

[10] Hymen S, Despard L E. THE INTERNATIONAL OPERATIONS OF NATIONAL FIRMS: A STUDY OF DIRECT FOREIGN INVESTMENT [J]. Foreign Affairs, 1960, 9 (02): 103-104.

[19] HYMER. S. The International Operations of National Firms: A Study of Direct Invesent [M]. Cambridge: The MIT press, 1976: 260-264.

[20] JENKINS M., ARCE R. Do backward linkages in export processing zones increase dynamically? Firm-level evidence from Costa Rica [J]. Journal of Bussiness Research, 2016, 69 (02): 400-409.

[21] JOHANSSON H, NILSSON L. Export processing zones as catalysts [J]. WORLD DEVELOPMENT, 1997, 25 (12): 2115-2128.

[22] Kim Sang Kyum. An Analysis on Measuring the Economic Benefit of Free Trade Zones: Case Studies on Preliminary Feasibility Studies in Korea [J]. Journal of Korea Trade, 2010, 14 (02): 55-80.

[23] Kindle Berger, C P (1969), American Business Abroad [M]. New Haven: Yale University Press, 1975: 109-120.

［24］KOJIMA K. Japanese-Style Direct Foreign Investment［J］. Japanese Economy, 1997, 14（03）: 52-82.

［25］KRUEGER A. O.. Trade Creation and Trade Diversion Under NAFTA. NBER Working Paper No. 7429 National Bureau of Economic Research Inc, 1999.

［26］KRUGMAN P. IS Bilateralism Bad［M］. in Helpman and Razin. (eds) International Trade and Trade Policy, Cambridge: The MIT Press, 1991.

［27］LEVINE R, RENELT D. A Sensitivity Analysis of Cross-Country Growth Regressions［J］. AmericanEconomicReview, 1992, 82（04）: 942-963.

［28］Lin, J. Y. An economic theory of institutional change: induced and imposed change［J］. Cato Journal, 1989（02）: 1-33.

［29］Lucas RE. On the mechanics of economic development［J］. Quantitative Macroeconomics Working Papers, 1999, 22（01）: 3-42.

［30］FUJITA M , KRUGMAN P. The Spatial Economy—Cities, Regions, and International Trade［M］. Cambridge: The MIT Press, 2001.

［31］MICHAEL E. PORTER. Competitive strategy-Techniques for analyzing industries and competitors［M］. The Free Press, 1998.

［32］NWAOGU U G , RYAN M J. FDI, Foreign Aid, Remittance and Economic Growth in Developing Countries［J］. Review of Development Economics, 2015, 19（01）: 100-115.

［33］VERNON R. International investment and international trade in the product cycle, Quarterly［J］. Journal of Economics, 1996（05）: 4-6.

［34］R. E. J. LUCAS, On the Mechanics of Economic Development［J］. Journal of Monetary Economics, 1988（22）: 3-42.

［35］VERMON R. International investment and international trade in the product cycle［J］. International Executive, 1966, 8（04）: 16.

［36］RUGMAN A M. Inside the Multinationals 25th Anniversary Edition: The Economics of Internal Markets［M］. New York : Palgrave Macmillan, 2006.

［37］Schrank, Andrew. Export processing zones in the Dominican Republic: Schools or stopgaps?［J］. World Development. Vol. 36（08）, 2008: 1381-1397.

［38］SEYOUM, RAMIREZ. Foreign Trade Zones in the United States: A Study with Special Emphasis on the Proposal for Trade Agreement Parity［J］. Journal of Economic Studies, 2012, 39（01）: 13-30.

［39］TEMIZ D , KMEN G A. FDI inflow as an international business operation by MNCs and economic growth: An empirical study on Turkey [J]. International Business Review, 2014, 23 (01): 145-154.

[40] KAWAKAM T, DOI M. Port capatical formation and economic development in Japan: A vector autoregression approach [J]. Review of Economic Desigh, 2004, 83 (04): 723-732.

[41] TIEBOUT, C. A. Pure Theory of Local Expenditures [J]. Journal of Political Economy, 1956, 64: 416-424.

[42] URATA S, KYOTA K. The Impacts of an East Asia FTA on Foreign Trade in East Asia [J]. NBER-East Asia Seminar on Economic, 2003, 14: 217-252.

后　记

中国自由贸易试验区建设研究的学术专著是华东师范大学经济管理学部郭晓合教授主持的国家社科基金面上项目"上海自贸区扩容接轨国家自贸区战略研究"（批准号 15BGJ026）的最终研究成果；我们的写作目的是总结推广中国自贸试验区的制度变迁试点经验，为我国新时期扩大开放，建立新型开放经济体制提供科学依据和可操作的对策建议。

本书通过对 FTA、FTZ、CSSZ 与自贸试验区的联系与区别的辨析，澄清了自贸试验区不是简单的 CSSZ 功能的扩大；指出自贸试验区是先试先行国际投资贸易最新规则，贯彻"新时期"国家加快实施 FTA 战略新构思，带动全国扩大开放，提升 CSSZ 的国际竞争力和探索国际高水平 FTZ 建设三者功能兼有的强制性制度变迁与诱制性制度变迁相结合的创新试验区。进而本书以贸易增长极、渐进式制度变迁、克鲁格曼"国际贸易—城市—区域"的理论为依据，探讨中国自贸试验区的空间布局与优化问题，论述自贸试验区渐进式扩容的空间布局模式、路径；自贸试验区试行的负面清单、六大服务业扩大开放、贸易便利化等制度创新的主要举措与全国复制推广；自贸试验区扩容与加快实施 FTA 战略、"一带一路"联动发展，加强"三位一体联动机制"建设的主要思路与内容。写作强调准确反映自贸试验区的建设历程，新时期国家顶层设计的战略意图。读者以全国从事相关工作的党政干部、外向型企业人员、高校相关专业师生为主。

本书的总体写作框架和大纲由郭晓合教授设计并提供资料，各章分工如下：第一、第三、第五、第九、第十章由郭晓合撰写；第二章、第四章由赖庆晟、郭晓合共同撰写；第六、第七、第八章的第二节实证论述部分由叶修群撰写，其他各节由郭晓合撰写；课题组其他成员蔡春林、戴萍萍、陈雯诗、付玉婷、沈翔峰、陆露在各章节写作中做出的贡献，书中也以注释的形式一一标出，全书最后由郭晓合统撰定稿。

任何略有新意的学术著述，都是在众多学者研究的基础上进行的。在本专著的写作过程中,我们参阅和引用了国内外大量的研究文献、统计数据和网站提供的资料和数据,在此我们向这些研究文献的作者和网上资料数据提供者表示深深的谢意。

郭晓合
2021 年 7 月 8 日于
上海华东师范大学经济与管理学部